CATACOMBES

DE ROME

DESCRIPTION DES PLANCHES

CATACOMBES

DE

ROME

ARCHITECTURE
PEINTURES MURALES, LAMPES, VASES, PIERRES PRÉCIEUSES GRAVÉES, INSTRUMENTS
OBJETS DIVERS, FRAGMENTS DE VASES EN VERRE DORÉ
INSCRIPTIONS, FIGURES ET SYMBOLES GRAVÉS SUR PIERRE

PAR

LOUIS PERRET

OUVRAGE PUBLIÉ PAR ORDRE ET AUX FRAIS DU GOUVERNEMENT

SOUS LA DIRECTION D'UNE COMMISSION

COMPOSÉE DE

MM. AMPÈRE, INGRES, MÉRIMÉE, VITET

MEMBRES DE L'INSTITUT

VOLUME SIXIEME

DESCRIPTION DES PLANCHES

DES VOLUMES I, II, III, IV, PAR LOUIS PERRET; DU VOLUME V, PAR LÉON RENIER

VASE SURMONTÉ DU MONOGRAMME ENTRE DEUX COLOMBES
GRAVÉ SUR UNE PIERRE SÉPULCRALE

PARIS

GIDE ET J. BAUDRY, ÉDITEURS

DE L'ARCHITECTURE DU Ve AU XVIIe SIÈCLE, MONUMENT DE NINIVE, VOYAGE EN PERSE, ETC., ETC.

5 RUE BONAPARTE, PRÈS DE L'INSTITUT

M DCCC LV

DESCRIPTION

DES PLANCHES

DU PREMIER VOLUME

FRONTISPICE

MADONE ATTRIBUÉE A SAINT LUC

Planche I. — Cette image est peinte sur une plaque épaisse de bois, et semble en harmonie avec les traits de la bienheureuse Vierge, tels que les plus anciens auteurs ecclésiastiques nous les ont transmis.

On n'est pas d'accord sur l'époque où elle a été déposée à Sainte-Marie-Majeure. Les uns croient que c'est au moment même de la fondation de la basilique par le pape Libère, vers le milieu du IVe siècle; les autres affirment que c'est vers le milieu du Ve siècle, lorsque saint Sixte III fit reconstruire l'édifice[1]. Dès son élévation au saint-siège, vers l'année 1605, le pape Paul V commença dans cette église l'érection de la chapelle qui porte son nom : elle était destinée à recevoir l'image miraculeuse, conservée précédemment, d'abord au-dessus de la *Porta Regia*, et plus tard dans le grand *ciborium* de l'autel de Saint-Grégoire. C'est dans cette magnifique chapelle qu'elle est aujourd'hui exposée à la vénération des fidèles.

Saint François de Borgia obtint du pape saint Pie V la permission d'en faire faire une copie, et c'est, d'après cette peinture, qu'on voit encore à Rome, dans la chambre de Saint-Stanislas de Kostka, au noviciat des jésuites, qu'il s'en est répandu de nombreuses reproductions dans le monde chrétien.

Sa Sainteté Pie IX a bien voulu nous permettre de faire une copie d'après l'original même.

La tradition vulgaire qui attribue cette antique peinture à saint Luc, a prévalu à Rome, malgré l'opinion contraire qu'ont professée plusieurs critiques et que semble autoriser un texte de saint Augustin[2].

Quoi qu'il en soit, il est au moins avéré que, depuis bien des siècles, cette image est l'objet d'une très-grande vénération de la part des souverains pontifes, du peuple de Rome, et des catholiques de toutes les nations qui affluent dans la capitale du monde chrétien.

CATACOMBE DITE PLATONIA

NOTICE

Cette Catacombe est contiguë au chevet de l'église Saint-Sébastien, qui est située sur la voie Appienne.

Elle a porté, la première, et porte encore spécialement le nom de *Catacombe* (κατάκυμβος) qui signifie lieu *cave* et *profond*, et que nous attribuons aujourd'hui à tous les cimetières des premiers chrétiens. Bosio pense qu'elle a dû porter autrefois le nom de *Catatombe*, qui signifie *près des tombeaux*, des mots grecs κατά et τύμβος, parce que en effet, dit-il, là devait être autrefois l'entrée du cimetière de Saint-Calixte[3]. Quoi qu'il en soit, c'est à cette Catacombe exclusivement

1. De Angelis, *Basilicæ S. Mariæ Majoris*, lib. III, c. IV, p. 244.
2. *De Trinit.*, lib. VIII, 7.

3. *Roma sotterr.*, p. 179. Roma, 1632.

qu'avait été donné, dans les temps primitifs, le nom de *Catacombe*, comme on le voit dans saint Grégoire[1], et dans le calendrier publié par le P. Boucher[2] et appartenant à l'époque du pape Libère. Ce qui est plus important peut-être, et qui paraît unique, c'est que les mots IN CATACVMBAS se lisent dans une inscription transportée de Rome à Milan, conservée à la bibliothèque Ambroisienne, et que nous donnons dans ce volume, planche xxxiii, n° 7.

Cette Catacombe est appelée plus particulièrement la *Platonia*, nom que l'on fait dériver du grec πλατεῖα, *large*, et qui lui aurait été donné à cause de larges plaques de marbre dont le pape saint Damase la fit revêtir en 380[3]. Ces travaux eurent lieu de concert avec le clergé romain, à la suite d'un vœu prononcé pour l'extinction du schisme d'Ursicinus. Saint Damase en a perpétué le souvenir par l'inscription suivante :

SANCTORVM QVICVMQVE LEGIS VENERARE SEPVLCHRVM
NOMINA NEC NVMERVM POTVIT RETINERE VETVSTAS
ORNAVIT DAMASVS TVMVLVM COGNOSCITE RECTOR
PRO REDITV CLERI CHRISTO PRAESTANTE TRIVMPHANS
MARTYRIBVS SANCTIS REDDIT SVA VOTA SACERDOS[4]

D'autres papes firent exécuter à la *Platonia* divers travaux en l'honneur de saint Pierre et de saint Paul et des saints martyrs qui y avaient été ensevelis. Les auteurs romains citent particulièrement Sixte III[5].

Ce qui attache le plus d'intérêt à la *Platonia*, et justifie le mieux la dévotion dont elle est l'objet depuis tant de siècles, ce sont les traditions qui en font le plus ancien des cimetières chrétiens de Rome, et la sépulture momentanée des apôtres saint Pierre et saint Paul. Suivant l'une de ces traditions, des chrétiens d'Orient voulurent enlever, pour les rendre à leur patrie, les corps des saints apôtres, qu'ils regardaient comme leur bien propre; ils les déposèrent à la *Platonia*, à deux milles de la ville, avec l'intention de les en retirer au premier moment favorable pour en exécuter le transport définitif. Mais quand ce moment parut se présenter, ils en furent empêchés, suivant les uns par les chrétiens de Rome, suivant les autres par une manifestation miraculeuse du ciel; et peu de temps après les corps furent réintégrés dans leurs tombeaux respectifs, celui de saint Pierre aux grottes vaticanes, celui de saint Paul sur la voie d'Ostie.

Cette tradition a pour elle l'autorité de Saint Grégoire, qui la regarde comme constante dans sa lettre à l'impératrice Constantina[6]. Elle avait aussi, bien antérieurement, l'autorité du pape saint Damase, qui la rapporte dans une inscription en

vers, qu'il fit graver sur une pierre de cette Catacombe, pour en perpétuer le souvenir. Voici cette inscription :

HIC HABITASSE PRIVS SANCTOS COGNOSCERE DEBES
NOMINA QVISQVE PETRI PARITER PAVLIQVE REQVIRIS
DISCIPVLOS ORIENS MISIT QVOD SPONTE FATEMVR
SANGVINIS OB MERITVM CHRISTVM PER ASTRA SECVTI
AETHERIOS PETIERE SINVS REGNAQVE PIORVM
ROMA SVOS POTIVS MERVIT DEFENDERE CIVES
HAEC DAMASVS VESTRAS REFERAT NOVA SYDERA LAVDES[7]

La double allusion est frappante, et ne laisse aucun doute sur la tentative des orientaux, et sur le droit qu'avait Rome de garder *ceux qui étaient devenus ses concitoyens*.

Deux tableaux très-anciens, placés dans la basilique vaticane, et que Bosio a reproduits dans son ouvrage[8], représentent le double événement de cette première tradition.

L'autre tradition se rapporte à une translation postérieure et plus durable, mais qui ne peut concerner que le corps de saint Pierre, celui de saint Paul ayant été à l'abri des profanations dont la crainte avait motivé cette translation, comme l'observe judicieusement le R. P. Marchi[9]. Vers l'année 218, l'empereur Élagabale, ayant voulu, ainsi que le rapporte son biographe[10], agrandir le cirque du Vatican pour les courses extravagantes de ses quadriges d'éléphants, le pape saint Calixte effrayé de cette entreprise, se hâta, par une pieuse précaution, de faire transporter le corps de saint Pierre dans les Catacombes, où il aurait été ainsi déposé pour la seconde fois, si l'on accepte les deux traditions. Ce dernier fait n'est rappelé par aucun auteur ancien; mais le calendrier du P. Boucher semble lui donner de l'autorité, lorsqu'il annonce ainsi la fête des saints apôtres : *Tertio kalendas julii, Petri in catacumbas Pauli Ostiense Tusco et Basso coss.* Chose remarquable! Le calendrier mentionne le consulat de Tuscus et de Bassus, qui eut lieu en 258. Il résulterait de là que le retour de saint Pierre au Vatican aurait eu lieu cette année, ce qui donnerait environ quarante ans au séjour de son corps dans les Catacombes; ainsi l'ont entendu le P. Pagi, Ruinart, et, plus récemment, le R. P. Marchi[11].

On dit que le siège sur lequel le pape saint Étienne Ier a été martyrisé au cimetière de Saint-Calixte, fut déposé dans la *Platonia*[12], ce qui expliquerait pourquoi on a placé dans une loge de cette Catacombe l'inscription qui rappelle son martyre. On voit aujourd'hui ce même siège dans l'église des Chevaliers de Saint-Étienne, à Pise.

À peu près au milieu de la *Platonia*, sous l'autel même, est un puits divisé en deux compartiments, où furent déposés

1. *Regist. Epist.*, lib. IV, 30.
2. Ce nom y est inscrit deux fois : le 20 janvier et le 29 juin.
3. Anast. *in Leon. III*, t. I, p. 309. — *In Sixto III*, t. III, p. 107.
4. Bosio. *Roma sotterr.*, p. 185.
5. Anast. *in Sixto III*, t. III, p. 108.
6. *Regist. Epist.*, lib. IV, 30.
7. Bosio. *Roma sotterr.*, p. 183.
8. *Ibid.*, p. 181, 183.
9. *Monum. delle art. crist. primit.*, t. I, p. 200.
10. Lamprid. *Heliogabal.*, 23.
11. *Monum. delle art. crist. primit.*, t. I, p. 206.
12. *Ibid.*, t. I, p. 217.

les corps des saints apôtres par les orientaux. Nous avons eu l'insigne honneur de descendre nous-même dans ce puits vénéré, en compagnie de monseigneur Lucquet, évêque d'Hésebon, et de monseigneur le camérier de Mérode. Il était rempli de terre à la hauteur d'un mètre. Nous y trouvâmes quelques débris de vases. Cette terre et ces débris furent déposés par nous en un lieu saint. Nous ne devons pas oublier de dire ici avec quel respectueux empressement les deux honorables prélats nous aidèrent dans cette pieuse opération. Des traces de fresques, que l'on voyait à peine, nous firent espérer que la paroi en était couverte. Nous essayâmes, pendant plusieurs jours, d'enlever avec précaution l'épaisse couche de nitre qui la couvrait depuis tant de siècles, et c'est avec beaucoup de peine que nous sommes parvenus à découvrir ces peintures, que nous publions dans cet ouvrage. Ces fresques portent toutes les caractères du IVe siècle, et correspondent ainsi au temps où saint Damase fit revêtir de plaques de marbre l'intérieur du sanctuaire.

DESCRIPTION DES PLANCHES

MÉDAILLE

REPRÉSENTANT S^T PIERRE ET S^T PAUL

PLANCHE II. TITRE. — Cette médaille, qui est actuellement au musée chrétien du Vatican, est en bronze : elle a été trouvée au cimetière de Saint-Calixte, par Boldetti, et publiée par lui et par Polidori[1]. Le style en est assez bon; et, quoique la date en soit inconnue, elle appartient probablement, ainsi que le fait supposer le lieu où elle a été découverte, à une époque que l'on peut appeler antique. D'ailleurs, le caractère des deux figures qu'elle représente, semble conforme au type traditionnel d'après lequel on avait coutume, dans les premiers siècles de l'Église, de reproduire, plus ou moins fidèlement, les images des deux princes des apôtres. Nous disons plus ou moins fidèlement; car le savant Buonarruoti[2] regrette que, dans la plupart des verres qu'il a publiés, ce type ne soit guère reconnaissable. Cependant il en est quelques-uns où il est exactement conservé. Quelle que soit au surplus la grossièreté de ces ébauches, il nous semble qu'on peut y reconnaître encore au moins les traits principaux du type, c'est-à-dire, la barbe et les cheveux épais et crépus de saint Pierre, le front chauve, le nez aquilin et la barbe longue de saint Paul[3]. Ce qui donne lieu à faire sur tous ces dessins une observation analogue à celle de Polidori sur les urnes sépulcrales : ce savant a remarqué en effet que les sculpteurs, quand ils représentent les deux apôtres, leur conservent toujours la même physionomie.

A quelque époque que ce type primitif ait été exécuté, il existait dans la première moitié du IVe siècle, sous le pontificat de saint Sylvestre (314-336), et il était déjà alors regardé comme fort ancien. On connaît le fait rapporté, d'après les actes de saint Sylvestre, dans la lettre du pape Hadrien Ier à Constantin et à Irène. Deux vieillards inconnus à Constantin-le-Grand lui apparurent pendant son sommeil; instruit de cette apparition, le pape saint Sylvestre mit sous les yeux de l'empereur les portraits de saint Pierre et de saint Paul, et Constantin déclara que cette peinture ressemblait aux deux vieillards présents à sa mémoire. Polidori, dans sa savante dissertation sur les images de saint Pierre et de saint Paul, regarde ce fait comme incontestable, parce qu'il est confirmé par l'autorité même d'Hadrien Ier, qui, en 787, dans sa fameuse lettre, lue au deuxième concile de Nicée, s'en servit comme d'un argument puissant contre l'hérésie des iconoclastes[4].

La peinture montrée par saint Sylvestre à Constantin, et conservée dans le trésor de l'église « servit de modèle, dit « M. Raoul-Rochette, pour toutes les images qui la reprodui- « sirent dans le cours des âges suivants, tant en peinture qu'en « mosaïque, depuis celle de la basilique *Liberiana* et de Saint- « Paul-hors-les-Murs, exécutées en 440 et 443, sous Sixte III « et sous Léon Ier, jusqu'à celles de Sainte-Marie *in Dominica*, « de Sainte-Praxède et de Sainte-Cécile, qui datent du com- « mencement du IXe siècle, sous le pontificat de Pascal Ier[5] ».

Nous venons de reconnaître que le type primitif et traditionnel des figures de saint Pierre et de saint Paul remonte à une haute antiquité, et que c'est à l'Église romaine que nous en devons la précieuse conservation. Mais la célèbre peinture où ce type est pour ainsi dire fixé, offrait-elle les véritables traits des deux princes des apôtres? Polidori n'en doute nullement. Il ne pense pas qu'il soit raisonnable d'admettre que

---

1. *Osservaz. sopra i cimit.*; p. 198, tav. 2, n° 1. — *Sulle imag. dei SS. Pietro e Paolo*, Milano, 1834, frontispizio.
2. *Vetri cimit.*, p. 75.
3. Voyez notre IVe vol., pl. XXI, n° 3.
4. *Sulle imag. dei SS. Pietro e Paolo*, Milano, 1834, p. XIII, LII.
5. *Tableau des Catacombes*, Paris, 1837, p. 207.

les deux saints aient apparu à Constantin sous des traits autres que ceux qu'ils avaient eus réellement pendant leur vie[1].

Un mot sur la physionomie de saint Pierre et de saint Paul. Nous nous bornerons à citer Nicéphore-Calliste, historien grec du XIVᵉ siècle. Malgré le peu d'autorité que lui donnent les critiques, Polidori n'hésite pas à admettre comme vrai ce qu'il écrit sur ce point, parce que, dit-il, il l'a tiré d'auteurs dignes de confiance, parce que des savants tels que Barouius, Sandini et Tillemont l'ont confirmé, et parce qu'enfin toutes les images citées plus haut y sont conformes.

Voici l'exacte et minutieuse description de Nicéphore; nous citons la traduction latine de Langi : *Staturam autem et corporis formam divi Apostoli, quantum per descriptionem simpliciorem assequi licet, talem habuere. Petrus equidem non crassa corporis statura fuit, sed mediocri, et quæ aliquanto esset erectior, facie subpallida et alba admodum : capilli et capitis et barbæ crispi et densi, sed non admodum prominentes fuere : oculi quasi sanguine respersi et nigri, supercilia sublata : nasus autem longior ille quidem, non tamen in acumen desinens, sed pressus, simusque magis. Paulus autem corpore erat parvo et contracto, et quasi incurvo, atque paululum inflexo, facie candida, annosque plures præ se ferente, et capite calvo : oculis multa inerat gratia, supercilia deorsum versum vergebant; nasus pulchre inflexus, idemque longior : barba densior et satis promissa : eaque non minus quam capitis coma, canis etiam respersa erat[2].*

Pɴᴀɴᴄʜᴇ ɪɪɪ. PLAN DE LA PLATONIA. — Bosio a donné en petit le plan de la *Platonia*[3]. Le R. P. Marchi a consacré deux planches à ce monument, dans son ouvrage[4].

La *Platonia* se distingue des autres Catacombes, en ce qu'elle est à moitié hors de terre, et qu'au lieu d'être pratiquée dans le tuf, elle est construite en pierre. On descend dans la *Platonia* proprement dite, c'est-à-dire, dans l'église souterraine, par deux escaliers, l'un H, du côté de la voie Ardéatine, l'autre H, du côté de la voie Appienne; ce dernier escalier va rejoindre l'ancien escalier G, dont la première entrée n'existe plus. L'église est voûtée, et présente un espace semi-circulaire, très-profond, recevant la lumière d'en haut, par une fenêtre qui a remplacé quatre soupiraux longs et étroits qui existaient autrefois. Treize niches ou *arcosolia* N[5], avec ornements en stuc, en décorent les parois. D'après Severano, il y en avait quatorze; mais on en détruisit une pour construire l'escalier I, qui fut fait par le cardinal Borghèse au XVIIᵉ siècle[6]. On voit encore la place de l'antique siège pontifical indiqué dans le plan par une petite saillie, devant la quatrième niche à gauche. Des siéges O sont adossés aux parois dans toute l'étendue du pourtour. Sur l'un de ces bancs, un grand vase en terre, indiqué par la lettre Q, est incrusté dans le mur : la destination n'en est pas bien connue. Presque au centre se trouve le puits vénéré P, où furent déposés pendant quelque temps les corps

de saint Pierre et de saint Paul. Au-dessus est placé un ancien autel de marbre, qui en recouvre entièrement l'ouverture. Autour de cet autel, le pavé présente quelques fragments d'inscriptions, tirés des cimetières. A gauche de l'escalier H au point M, est l'entrée de la salle J. Cette salle est éclairée par une fenêtre; la voûte et les murs sont ornés de fresques. On voit sur un support carré une table de marbre K, ou fragment d'inscription, à date consulaire. Des siéges L sont adossés aux murs, l'un à l'angle de la salle opposé à l'entrée, l'autre à droite de l'entrée. Il importe de dire que l'ancienne entrée se trouvait près de la fenêtre actuelle, comme l'indiquent encore certaines traces d'un escalier dans le mur; les lettres G désignent la place de cet escalier.

Pʟᴀɴᴄʜᴇ ɪᴠ. COUPE LONGITUDINALE DE LA PLATONIA ᴇᴛ sɪᴇ̀ɢᴇ ᴘᴏɴᴛɪғɪᴄᴀʟ ᴅᴜ ᴘᴀᴘᴇ sᴀɪɴᴛ Éᴛɪᴇɴɴᴇ Iᵉʳ. — Cette coupe est faite sur les lignes AB, CD et EF. Elle présente la voûte en courbe légèrement elliptique. Les *arcosolia* forment un avant-corps d'environ un mètre de saillie et trois mètres de hauteur. Sur l'un des siéges adossés aux parois du pourtour est placé le vase de terre dont nous avons parlé dans l'explication de la planche ɪɪɪ. Presque au milieu de l'église, on voit la coupe longitudinale du puits avec son ouverture. A droite se trouve l'escalier de la voie Ardéatine; à gauche, celui de la voie Appienne, au milieu duquel se trouve la salle ornée de fresques; on entrevoit dans cette salle la figure de saint Paul.

Le dessin du siège pontifical du pape saint Étienne Iᵉʳ, que nous donnons au bas de cette planche, a été fait d'après le monument même qui se trouve à Pise dans l'église des Chevaliers de Saint-Étienne, au-dessus du maître-autel.

Pʟᴀɴᴄʜᴇ ᴠ. COUPE TRANSVERSALE DE LA PLATONIA*[7]. — Cette coupe donne la perspective du côté de la voie Appienne, et laisse voir l'escalier d'entrée, la voûte à forme elliptique, les siéges, le partie du sol de la salle où se trouve l'ouverture du puits, et à droite le vase de terre, et la place du siège pontifical. On distingue exactement la disposition et la forme des *arcosolia*, monuments qui se rencontrent souvent aux Catacombes : c'était là que se déposaient les corps des martyrs.

Pʟᴀɴᴄʜᴇ ᴠɪ. PUITS DE LA PLATONIA. — Pʟᴀɴ, ᴄᴏᴜᴘᴇ ᴛʀᴀɴsᴠᴇʀsᴀʟᴇ sᴜʀ ʟᴀ ʟɪɢɴᴇ AB. — Cᴏᴜᴘᴇ ʟᴏɴɢɪᴛᴜᴅɪɴᴀʟᴇ sᴜʀ ʟᴀ ʟɪɢɴᴇ CD. — E, ᴏʀɴᴇᴍᴇɴᴛs ᴅᴇ ʟᴀ ᴠᴏᴜ̂ᴛᴇ. — Le plan et les deux coupes ont été aussi publiés par le R. P. Marchi*[8].

Le plan montre la forme presque carrée du puits et sa division en deux sépulcres égaux, dont l'un à droite, présente cette circonstance singulière qu'il est tout perforé de petits trous. Les lignes ponctuées indiquent les cinq segments de

1. *Sulle fisiog. dei SS. Pietro e Paolo*, Milano, 1834, p. LVII, LIII.
2. *Eccles. hist. lat. interp.*, t. I, p. 165.
3. *Roma sotterr.*, p. 185.
4. *Monum. delle art. crist. primit.*, t. I, tav. XXIX, XL.

5. Pour l'explication du mot *arcosolia*, voyez la dernière note de la planche XVI.
6. *Mem. sacr. delle sette chiese*, t. I, p. 442.
7. Nous indiquons ainsi par un astérisque les monuments que nous croyons inédits.
8. *Monum. delle art. crist. primit.* t. I, tav. XXII.

cercle de la voûte, et l'ouverture du puits, près de laquelle est pratiquée une autre petite ouverture.

La coupe transversale donne le côté du puits opposé à l'ouverture, où apparaît Notre-Seigneur entre saint Pierre et saint Paul. Elle montre en outre la voûte à cinq segments de cercle, et les deux sépulcres revêtus de marbre, qui ont environ un mètre de hauteur.

La coupe longitudinale présente l'ouverture du puits, la petite ouverture qui lui est voisine, au haut du mur à droite ; un des segments de la voûte avec ses ornements crucifères, dont la partie indiquée par le rouge plus foncé est la seule bien conservée ; enfin la table de marbre qui sépare les deux tombeaux.

Au haut de la planche, le dessin E, donne plus en grand les ornements de la voûte.

PLANCHE VII. NOTRE-SEIGNEUR, SAINT PIERRE ET SAINT PAUL. (PEINTURE DE LA COUPE TRANSVERSALE DU PUITS.) — Le R. P. Marchi a donné en petit seulement deux figures de cette fresque.

Notre-Seigneur apparaît sous la forme d'un jeune homme d'une céleste beauté ; sa tête est ornée d'un nimbe et d'une longue chevelure ; il est vêtu d'une tunique et d'un manteau qu'il porte avec majesté. Sa main droite est étendue vers saint Pierre, auquel on peut penser qu'il remet les clés, dont on croit voir les anneaux. Le buste seul de Notre-Seigneur est visible ; le reste du corps est caché par une espèce de nuage. A sa gauche se tient saint Paul debout aussi bien que saint Pierre ; tous deux sont représentés jeunes et sans barbe comme Notre-Seigneur. Leurs attitudes sont différentes : celle de saint Paul n'offre rien de remarquable ; mais celle de saint Pierre est d'une expression qui peint bien l'état de son âme, au moment où il reçoit l'insigne faveur de son divin maître. Les costumes des deux apôtres sont aussi différents : saint Paul est vêtu d'une tunique et d'un manteau sur lequel on remarque la lettre I[1] ; saint Pierre semble vêtu d'une double tunique. Tous deux sont chaussés de sandales. Le tableau se termine par deux palmiers.

On croit que le caractère de cette fresque est bien celui de la fin du IVe siècle, comme nous l'avons dit plus haut.

PLANCHE VIII. UN APOTRE. PEINTURE DE LA COUPE LONGITUDINALE DU PUITS[*]. — Cette figure est la seule qui soit assez conservée, pour que nous ayons pu essayer de la reproduire. Elle est debout et tient à la main droite une couronne à bandelettes. La tunique et le manteau forment son vêtement. Il ne reste que des traces confuses des autres figures d'apôtres ; celle-ci peut donner une idée de l'ensemble de cette composition.

PLANCHE IX. NOTRE-SEIGNEUR PORTÉ PAR DEUX ANGES[*]. — Cette fresque et les cinq suivantes sont peintes soit sur la voûte, soit sur les murs de la salle J. On pense qu'elles sont du XIIe siècle. Nous avons cru devoir les reproduire,

quoiqu'elles n'appartiennent pas à l'âge des Catacombes, parce qu'elles nous ont paru de quelque mérite, sous le rapport de l'art.

Deux anges, aux ailes déployées, la tête entourée de nimbes, et vêtus de longues tuniques, soutiennent de chaque côté, entre leurs bras étendus, l'auréole au milieu de laquelle Notre-Seigneur est assis : sa tête, dont il ne reste que le contour, est ornée du nimbe ; sa main droite est levée comme pour imposer l'attention, et sa gauche tient un livre quadrangulaire où on lit ces mots : EGO SVM. Il est vêtu de la tunique et du manteau.

PLANCHE X. NOTRE-SEIGNEUR EN CROIX[*]. — Il ne reste de cette fresque que le haut du corps de Notre-Seigneur. De chaque côté on voit au-dessus deux anges, au-dessous deux traces de nimbes qui font supposer la présence de deux figures de saints. La tête de Notre-Seigneur a l'auréole crucifère ; ses cheveux sont longs et partagés sur le front à la nazaréenne. On admire l'expression de douleur de la figure.

PLANCHE XI. SAINT PAUL[*]. — Cette fresque nous rappelle d'une manière frappante le type traditionnel de saint Paul : son front chauve, son nez aquilin, et sa barbe pendante. Sa tête est nimbée. Il tient une épée de la main droite, comme le fait supposer la lame qui dépasse son épaule. Cet attribut ne se voit pas dans ses images des temps anciens. La coupe longitudinale, planche IV, montre la place qu'occupe cette figure dans la salle J. Nous supposons que la figure de saint Pierre, qui n'existe plus, faisait pendant avec celle de saint Paul.

PLANCHE XII. UN SAINT[*]. — Il ne reste de cette fresque que le buste. La tête nimbée est ornée d'une mitre. La figure est vénérable, non-seulement par la barbe et les cheveux blancs, mais encore par l'ensemble des traits et de la physionomie, qui impriment le respect. La main droite, dont l'index et le médium sont étendus, tandis que les autres sont pliés, se lève pour bénir. A l'épaule gauche est le bâton pastoral ; sur la poitrine le pallium. C'est peut-être l'image du pape saint Damase qui restaura la Platonia.

PLANCHE XIII. UNE SAINTE[*]. — Cette figure, dont le buste seul nous reste, est dans l'attitude de la prière ; la tête est ornée d'une couronne et du nimbe ; elle est remarquable par sa beauté et par une expression d'angélique douceur. On présume qu'elle représente la sœur du pape saint Damase.

PLANCHE XIV. ORNEMENTS D'UNE VOUTE[*]. Cette fresque est placée à la voûte de l'escalier U, dans la partie qui avoisine la salle J. Rien de plus riche et de plus brillant de couleurs, rien de plus varié et de plus gracieux que les compartiments et les entrelacs dont se compose l'ensemble des ornements. Au milieu des compartiments sont des rosaces, des étoiles, et des oiseaux symboliques.

---

1. *Monum. delle art. crist. primit.*, t. I, tav. XLI.

2. Quant à ce qui concerne la signification des lettres sur les vêtements, elle est fort incertaine : Suarès (*Diatriba de vestibus litter..* p. 7) croit que les vêtements *litterati* étaient un signe de distinction chez les Romains.

CIMETIÈRE DE SAINT-CALIXTE

NOTICE

Le mot *cœmeterium*, dérivé du mot grec (κοιμητήριον), signifie littéralement un dortoir. L'usage de ce mot pour désigner un lieu où l'on dépose les restes des morts, est exclusivement chrétien, et il rappelle le dogme de la résurrection. Il était usité dans ce sens dès les premiers temps du christianisme, et il se lit sur quelques monuments de cet âge, et notamment dans deux inscriptions que nous donnons dans notre cinquième volume [1].

Le cimetière de Saint-Calixte est situé entre la voie Ardéatine et la voie Latine, et il s'étend sous la voie Appienne, où est son centre. La partie dont nous allons donner les monuments a son entrée plus rapprochée de la voie Ardéatine. Suivant les actes du martyre du pape saint Étienne Ier, regardés comme authentiques par Baronius et Berti [2], il aurait porté autrefois le nom de Lucine. Bosio et Aringhi [3] voient dans cette Lucine la matrone romaine, disciple des apôtres, dont il est parlé au Martyrologe romain [4]; et ils présument qu'elle pourrait être la fondatrice de ce cimetière; ce qui ferait remonter bien haut l'origine de ce monument.

Quoi qu'il en soit, si saint Calixte lui donna son nom, ce ne peut être parce que l'illustre pontife en aurait été le fondateur : de nombreux monuments trouvés dans cette partie des Catacombes, donnent lieu de lui reconnaître une plus haute antiquité [5]. Ce ne fut pas non plus, comme pour d'autres martyrs, parce que ses restes y auraient été déposés : car nous savons qu'il reçut la sépulture dans le cimetière du saint prêtre Calépode, près de ce martyr, qu'il avait pris soin lui-même d'ensevelir peu de temps auparavant [6]. On ne saurait donc attribuer la dénomination actuelle de ce cimetière, qu'à ce fait, fort probable, que saint Calixte l'aurait embelli, agrandi ou réparé. Ce nom se trouve dans les écrits hagiologiques les plus anciens : il se lit jusqu'à treize fois dans le calendrier romain du P. Boucher; plusieurs fois aussi dans l'ancien Martyrologe qu'on a attribué à saint Jérôme, notamment au sujet des papes saint Sixte, saint Eusèbe, etc. Au reste, cette dénomination n'a pas une application bien rigou-

reusement précisée, et que tous entendent de même : il paraît au contraire qu'à diverses époques, comme aujourd'hui, on a souvent réuni sous cette appellation commune, des cimetières qui portent aussi d'autres noms, et dont les principaux sont ceux de Saint-Prétextat, de Saint-Zéphyrin, de Saint-Sixte, et de Sainte-Cécile. Quoique ces divers cimetières se rattachent tous au cimetière de Saint-Calixte comme à leur centre, nous avons cru devoir conserver la classification des anciens auteurs, pour faciliter l'étude et les recherches dont ils pourraient être l'objet.

Saint Calixte succéda au saint pape Zéphyrin, sous le règne d'Élagabale; il occupa la chaire pontificale durant cinq années [7], et vit une partie du règne de Sévère-Alexandre, qui se montra généralement assez favorable aux chrétiens, mais sous lequel cependant on connaît plusieurs martyrs. Le saint pontife fut de ce nombre, et il est désigné comme tel par les plus anciens monuments hagiologiques [8]. On dit communément qu'il fut précipité dans un puits [9] situé dans l'église qui est placée sous son invocation, près de celle de Sainte-Marie *in Trastevere*. Nous avons vu que l'on dit avoir été le théâtre et l'instrument de son martyre.

Parmi les martyrs innombrables inhumés dans ce cimetière [10], quelques-uns ont laissé leur nom à différentes parties de ce monument; nous citerons seulement saint Sixte et sainte Cécile. Quant à Prétextat (ou saint Prétextat), nul monument authentique ne semble le faire connaître.

Saint Sixte II fut martyrisé aux Catacombes, sous Valérien, en 258, le jour où l'Église célèbre encore sa fête. Saint Cyprien annonçait ainsi cette mort à son clergé : *Xistum autem in cœmeterio animadversum sciatis octavo iduum Augustarum die, et cum eodem Quartum* [11]. Comme on le voit, le lieu de son martyr n'est point indiqué; mais il est déterminé par d'antiques monuments ecclésiastiques. D'ailleurs, on lit dans le Martyrologe romain au 6 août : *Roma via Appia in cœmeterio Callisti natalis Beati Xysti secundi Papæ et Martyris*, etc...

L'édit sanglant de Valérien avait paru : déjà plusieurs martyrs

---

1. Voyez pl. XV, nᵒ 15, et pl. XXIX, nᵒ 87.
2. Godescard, *Vies des Pères, etc.*, au 11 août.
3. *Roma sotterr.*, p. 173. — *Roma subterr.*, t. I, p. 150. Roma 1651.
4. *Martyrol., prid. kal. Jul.*
5. Outre bien d'autres monuments dont le style accuse la date, Boldetti a donné des inscriptions de l'âge d'Hadrien, d'Antonin, et de Claude-le-Gothique. *Osserva. sopra i cimit.*, p. 233, 232 et 80).
6. Hieronym., *Vetust. Martyrol.*, ad 14 octob.
7. Euseb., *Eccles. hist.*, VI, 21; cf. Chron.
8. Boucher, *Kalend. roman.*, ad 14 octob.
9. Voir le Martyrologe romain au 14 octobre, avec les notes de Baronius.
10. D'après une inscription citée par Bosio (*Roma sotterr.*, p. 178), et placée au-dessus d'une des portes qui donnent entrée par la basilique de Saint-Sébastien à une partie du cimetière de Saint-Calixte, 174,000 martyrs et 46 pontifes auraient été déposés dans ce lieu. Douze de ces derniers sont mentionnés dans le calendrier du P. Boucher.
11. *Epist. ad Success.*, éd. Paris. 1670. — *Cum eo diaconos quattuor*, éd. Rom. 1563.

avaient victorieusement succombé sous le fer des bourreaux; le pape saint Étienne Ier avait été frappé sur son siége pontifical, dans les Catacombes mêmes, au moment où il achevait le saint sacrifice; le même sort et la même gloire étaient réservés à son digne successeur. Saint Sixte souffrit et mourut comme lui dans ces souterrains encore humides du sang de tant de martyrs. Saint Laurent, son disciple bien-aimé, lui demandait en pleurant pourquoi il ne voulait pas qu'il partageât ses souffrances et sa mort; le saint pontife le consola en lui disant qu'il le suivrait dans trois jours; et, en effet, trois jours après, s'accomplissait à la gloire du maître et du disciple, l'un des plus héroïques martyres dont l'Église ait conservé le souvenir [1].

Sainte Cécile, de l'illustre famille des Cæcilius, mais plus illustre encore par ses vertus que par sa naissance, souffrit le martyre sous l'empire d'Alexandre-Sévère. Son corps fut enseveli au cimetière dont nous parlons, et y resta pendant les six siècles qui s'écoulèrent depuis l'année 230, où il y fut déposé, jusqu'à l'année 821, où il fut miraculeusement découvert. Le pape saint Pascal Ier, qui semblait avoir la mission de peupler de martyrs les églises de Rome, obéissant aux paroles de la sainte qui lui apparut, eut le bonheur de découvrir ses précieuses dépouilles, et de les placer dans la magnifique église qu'il fit construire sous l'invocation de la vierge martyre. Le nom de sainte Cécile est inséré au canon de la messe; il brille parmi les noms les plus célèbres qui font la gloire des Catacombes.

Nous devons ajouter, en terminant cet historique, que suivant d'Agincourt [2], le chanoine Settele [3] et M. Raoul-Rochette [4], les peintures du cimetière de Saint-Calixte, sont les plus anciennes de la Rome souterraine, et qu'elles en sont par conséquent les plus belles.

Au moment où nous terminons cette notice, nous apprenons par la *Civiltà cattolica* (1er juillet 1854) que des fouilles, exécutées dans le cimetière de Saint-Calixte, sous l'habile direction de M. le ch. de Rossi, ont donné lieu à de nouvelles découvertes, les plus importantes qui aient été faites depuis Bosio.

Jusqu'alors, une tradition à peu près universelle avait reconnu le centre du cimetière de Saint-Calixte dans les souterrains placés sous la basilique de Saint-Sébastien. C'est là qu'on montrait les tombeaux des pontifes que l'histoire nous apprend avoir été déposés dans ce cimetière, et l'on croyait de plus, que le pape Urbain avait placé dans le même lieu *inter collegas episcopos*, la glorieuse martyre sainte Cécile. Depuis deux ans M. de Rossi, appuyé sur des monuments authentiques, n'avait pas craint de se mettre en opposition avec ce sentiment commun. Il prouva qu'il fallait chercher les tombeaux des pontifes et de sainte Cécile sous les *vignes* qui appartiennent à M. Vizia et à M. Molinari. Le résultat des fouilles opérées sous sa direction a montré combien son appréciation était juste.

Dans les *vignes* que nous venons de mentionner, on apercevait un antique édifice considéré comme une basilique chrétienne. Il s'y trouvait un grand escalier embarrassé de terre et de ruines, qui aboutissait au second étage du cimetière; d'immenses décombres bouchaient les entrées et les cryptes dont les anciens fidèles s'étaient ménagé l'accès au moyen de cet escalier. A peine eut-on déblayé de quelques pieds l'entrée principale, qu'on découvrit une magnifique série de constructions qui arrivaient jusqu'à la superficie du sol. A droite, une grande porte donnait entrée à une première crypte également pleine de terre et de ruines. L'enduit des parois apparut aux regards du savant explorateur, tout couvert d'inscriptions soit grecques, soit latines. C'étaient autant de souvenirs de la piété des nombreux pèlerins qui avaient visité ces lieux, et en même temps une preuve bien forte que cette partie du cimetière était la plus remarquable de toutes. Le plus grand nombre de ces inscriptions étaient simplement des noms, ou écrits en toutes lettres, ou abrégés et disposés en monogrammes; ou bien encore c'étaient de pieuses prières. Un certain Elaphis avait écrit : Ελαφις εις μνιαν εχετε; un Denys : Διονυσιος εις μνιαν εχετε; un autre, sans citer son propre nom, écrivait seulement : *in mente habete*. Il y avait plusieurs invocations ou acclamations faites par des pèlerins, non pas pour eux-mêmes, mais pour d'autres personnes qui leur étaient chères, tantôt avec ces formules solennelles : ζη εν θεω, *vivat in Domino*, *vivat in Deo*; quelquefois les deux langues étaient mêlées : *vivat in* θεω; tantôt avec des prières particulières, par exemple : *Otia petite... pro parente* (et) *fratribus eius... (ut) vivant cum bono*, ou *pet(ite) ut Verecundus cum suis bene naviget*. Les caractères cursifs bien formés, la langue, le style, l'orthographe et la nomenclature de ces inscriptions ont convaincu M. de Rossi qu'elles ont été tracées entre le troisième et le quatrième siècle de l'ère chrétienne. Voilà donc un nouveau témoignage de la confiance générale et solennelle que les chrétiens de ce temps-là mettaient dans les prières des martyrs; et voilà, en même temps, une preuve convaincante de ce que nous avons avancé relativement à la célébrité primitive du cimetière de Saint-Calixte. Mais quelle que soit l'importance des inscriptions déjà mentionnées, celle des deux suivantes est bien plus grande encore. La première est comme un élan d'admiration pour la sainteté de cet hypogée; elle est ainsi conçue : *Gerusalem civitas et ornamentum martyrum Dni, cuius.... L'autre est une double invocation qui ne s'adresse pas aux martyrs en général, mais qui en invoque un par son nom : *Suste sancte, sancte Suste*. Ce nom, cette invocation furent pour M. de Rossi comme une nouvelle révélation : elle le convainquit que dans cette crypte avaient été déposés la plupart des pontifes du troisième siècle; que dans les cryptes environnantes reposait le corps de sainte Cécile, avec un grand nombre de martyrs, et que c'était bien là le centre du cimetière de Saint-Calixte, qu'il avait cherché par des travaux si pénibles et avec des efforts si persévérants.

Les nombreuses indications, que lui avaient fournies tant de monuments authentiques, ne permettaient plus d'hésitation. Ayant fait enlever les décombres dont la crypte était remplie, il se mit à en examiner jusqu'aux fragments les plus petits.

---

1. Godescard, *Vies des Pères*, etc. Saint Sixte au 6 août, et saint Laurent au 10 août.
2. *Hist. de l'Art.*, t. V, p. 20.
3. *Memoria sull' import. dei monum. crist.*, p. 77.
4. *Tableau des Catacombes*, p. 102

Quelques-uns étaient écrits en très-beaux caractères, connus sous le nom de caractères damasiens[1], parce que le pontife Damase les avait employés dans les inscriptions qu'il avait consacrées au souvenir des martyrs. Ces fragments appartenaient non pas à une seule, mais à plusieurs inscriptions, nouvelle preuve que dans cette crypte reposaient les restes d'un grand nombre de martyrs. Et en effet, sur la porte, dans le mur intérieur, apparaissaient la trace et l'enchaînement d'une inscription grandiose, qui se rapportait au *cubiculum* tout entier. M. de Rossi en conclut que c'était l'inscription de Sixte III, dont il est dit : *ibi scripsit nomina Episcoporum et martyrum commemorans*.

Cette crypte célèbre, où de nombreux fragments de marbre et de porphyre annoncent la plus riche ornementation, contient en effet les tombeaux de saint Sixte et de plusieurs autres pontifes, parmi lesquels M. de Rossi, avec la haute sagacité qui le distingue, a déjà rétabli les inscriptions grecques des papes Eutychien, Anthère, Fabien et Lucius, qui occupèrent le siége pontifical entre l'année 235 et l'année 275 de notre ère. M. de Rossi a retrouvé encore, mais en cent douze fragments, l'inscription métrique où saint Damase se déclarait indigne de reposer près de tant de martyrs, et qui, grâce à la piété de quelques pèlerins qui l'avaient relevée, a pu être publiée dans les œuvres du saint pontife. Nous la reproduisons dans son entier d'après Bosio[2] :

HIC CONGESTA IACET QVAERIS SI TVRBA PIORVM
CORPORA SANCTORVM RETINENT VENERANDA SEPVLCRA
SVBLIMES ANIMAS RAPVIT SIBI REGIA CAELI
HIC COMITES XYSTI PORTANT QVI EX HOSTE TROPHAEA
HIC NVMERVS PROCERVM SERVAT QVI ALTARIA CHRISTI
HIC POSITVS LONGA VIXIT QVI IN PACE SACERDOS
HIC CONFESSORES SANCTI QVOS GRAECIA MISIT
HIC IVVENES PVERIQVE SENES CASTIQVE NEPOTES
QVIS MAGE VIRGINEVM PLACVIT RETINERE PVDOREM
HIC FATEOR DAMASVS VOLVI MEA CONDERE MEMBRA
SED CINERES TIMVI SANCTOS VEXARE PIORVM

Enfin, une découverte non moins précieuse vint mettre le comble à ses vœux et couronner ses efforts : ayant ouvert la porte de la crypte voisine, il vit apparaître des restes de peintures sur un enduit renouvelé à différentes époques, et des traces de noms gravés, signes évidents de l'antique vénération des fidèles. Il s'empressa d'écarter les ruines qui couvraient l'enceinte, et bientôt l'image d'une femme richement parée lui révéla la présence du tombeau de sainte Cécile, qui, seule de son sexe, mérita la gloire de reposer à côté des pontifes et de donner son nom à ce sanctuaire.

D'autres détails nous sont fournis par les *Annali delle scienze religiose* (sept. oct. 1853). D'après cette Revue, la commission d'archéologie sacrée établie dans un but de sage prévoyance par Sa Sainteté Pie IX, aurait découvert parmi d'autres monuments du plus haut intérêt :

1° Les images des quatre saints pontifes au-dessus desquelles on lit les inscriptions suivantes :

    S̄C̄S ✝ SVSTVS PP. ROM....
    S̄C̄I ✝ COR[N]EL[I] P̄P̄. S̄CI ✝ [C]IPRI[A]N[I]

2° Le couvercle en marbre d'un sarcophage chrétien colossal, avec l'inscription du saint pontife Eusèbe ;

3° Une image représentant la Sainte Vierge et son divin Fils qui reçoit l'adoration des mages. Ceux-ci sont au nombre de quatre, exemple très-singulier dans la peinture chrétienne des premiers siècles ;

4° Une peinture qui nous montre saint Pierre soutenu par le Sauveur sur les eaux de la mer ;

5° Le symbole du poisson qui porte sur son dos une petite corbeille de pains, allusion que beaucoup de raisons démontrent ne pas avoir trait au miracle évangélique de la multiplication des pains et des poissons, mais bien plutôt à la divine Eucharistie elle-même ;

6° Diverses inscriptions qui confirment le dogme catholique relativement à l'invocation des saints et à la prière pour les morts. Nous citerons seulement les suivantes :

KATTHΠPOIΓKAΛ   ....H· IVH
IOYN· AYΓENΔE   ....I VIBAS
ZHCAICENKWKAI   IN PACE ET PETE
EPWTAYΠEPHΔWN   PRO NOBIS
        VICTORIA· REFRIGER[ET]
        ISSPIRITVS TVS IN BON[O]

Nous trouvons encore dans l'*Osservatore romano* du 16 juin 1851 l'inscription suivante, qui est gravée sur le ciment, et a été découverte dans ce cimetière par le R. P. Marchi et M. de Rossi :

    BENEMERENTI SORORI BON[OSAE IN PACE ✠
            VIIII KAL NOB
        DEVS CHRISTVS OMNIPOTE[N]S
    SPIRIT[VM] TV[VM] REF[R]IGERET [IN] ✠

Cette épitaphe, comme on le voit, fut dictée par une foi ferme à la divinité de Jésus-Christ, comme le prouvent les mots DEVS CHRISTVS OMNIPOTE[N]S et à l'existence du purgatoire, comme le prouve le mot REF[R]IGERET.

Outre les peintures que nous avons dessinées dans ce cimetière et dont nous allons nous occuper, nous y avons recueilli un certain nombre d'inscriptions ou de fragments d'inscriptions, qui ont été découverts en 1849 et en 1850, et que nous publions dans notre cinquième volume, planches LVI et LVII.

1. On trouvera au Ve vol. de notre ouvrage, pl. XXXIX, n° 131, le type de ce caractère.

2. *Roma sotterr.*, p. 190.

ENTRÉE DU CIMETIÈRE

Planche xv. titre. — Cette entrée, qui est pratiquée dans le tuf, s'ouvre sur le bord de la voie Ardéatine. C'est près de cette voie que se trouve le cimetière *secret* de Saint-Calixte, dont nous allons donner le plan.

PLAN GÉNÉRAL

Planche xvi. Nous reproduisons ce plan d'après le dessin de Bottari[1].

Des cinq étages que ce cimetière avait autrefois, il n'y en a que deux d'indiqués sur le plan. Parmi les innombrables galeries de ces étages qui communiquent par les escaliers n°s 11, 12 et 13, les unes présentent une solution de continuité, soit à cause des éboulements qui sont survenus, soit à cause des déblais dont on les a comblées, soit enfin parce qu'elles sont restées inachevées; les autres, et c'est le plus grand nombre, aboutissent aux chapelles, aux cryptes et aux *cubicula*. Elles sont étroites, percées de distance en distance de *luminaria* aujourd'hui fermés, et presque toutes bordées de chaque côté de plusieurs rangées de sépulcres ou *loculi*. On y voit quelques *arcosolia*[2]. Deux choses ont besoin d'explication : c'est d'une part le dédale des galeries, qui se ramifient, se croisent et s'entrelacent dans tous les sens, et d'autre part la dissémination, si remarquable, des chapelles n° 2, des cryptes n° 3, et des *cubicula* n° 4, sur tous les points du cimetière.

Il faut se souvenir que c'est au temps des persécutions que les premiers chrétiens ont commencé à se réunir dans les Catacombes, toujours en secret, pour trois objets : pour prier, pour ensevelir les morts, et souvent pour s'y cacher eux-mêmes. Or rien n'était plus favorable à ce triple but que ce labyrinthe, qui leur servait de refuge contre les investigations des païens, et que cette différence des lieux de réunion, qui leur permettait de fuir dans toutes les directions au moment du danger. On remarque n° 10, une carrière de tuf sans tombeaux, qui communique avec le cimetière, et pouvait au besoin servir d'entrée et de sortie.

Dans ces vastes galeries règne l'obscurité la plus profonde. L'âme s'y sent pénétrée d'une religieuse terreur.

Horror ubique animos, simul ipsa silentia terrent.

1. *Scult. e pittur.*, t. I, tav. ii.

2. Pour l'explication des mots *chapelles*, *cryptes*, *cubicula*, *loculi*, *arcosolia*, voyez notre préface, page 14, où nous avons à signaler une omission, savoir : que les mots CRYPTA, CVBICVLVM se retrouvent dans les inscriptions comme le mot ARCOSOLIVM; voyez notre Ve vol., pl. XXIX, n° 67, pl. XXXI, n° 80 et pl. LXXV, n° 4. L'expression *arcosolium* paraît être une expression exclusivement chrétienne. On a cru longtemps qu'il en était de même de la forme de ce genre de sépulcre; cette opinion ne peut plus être admise, ce nous semble, depuis les

CHAPELLE PEINTE A DEUX SALLES

Planche xvii. PLAN. — Bosio n'a publié qu'une salle de cette chapelle[3]; le R. P. Marchi les a données toutes les deux[4].

Cette chapelle se compose de deux salles : l'une A, destinée aux hommes, l'autre B, destinée aux femmes. Elles communiquent entre elles par une galerie, qui coupe à angle droit leur couloir d'entrée. Toutes deux sont carrées, égales, ornées aux quatre angles de colonnes bases et à chapiteaux de stuc; enfin chacune renferme trois tombeaux pratiqués dans le sol.

Planche xviii. SALLE A DES HOMMES. VUE PERSPECTIVE. — La voûte d'arête, avec des arcs-doubleaux, est légèrement cintrée; elle est supportée par des colonnes, dont les chapiteaux se composent de simples moulures. On n'aperçoit que deux *arcosolia* : celui du côté droit, et celui du fond qui se termine en cul-de-four. L'autel de ce dernier est représenté sans la table ou *mensa*.

Cette salle a perdu quelques-unes de ses belles peintures, qui existaient encore du temps de Bosio, et dont il nous a laissé la reproduction malheureusement trop infidèle, suivant l'habitude de son époque. Cette reproduction suffit du moins pour donner quelque idée de l'ensemble de la composition, et pour compléter ce qui nous en reste[5].

Au-dessus de l'*arcosolium* principal, où est représenté Orphée, on ne voit plus la Sainte Vierge assise et présentant l'Enfant Jésus à l'adoration des Mages, ni à droite Moïse frappant le rocher; seulement à gauche, se trouve le personnage de la planche xxi. Il est en face d'un monument ou peut-être d'une ville effacée. Au fond de l'*arcosolium* à droite, on ne distingue pas Élie enlevé au ciel, ni au-dessus l'orante avec cette inscription : DEPOSITA III· ID· IVN· IN PACE, ni enfin la résurrection de Lazare. Le Noé de la planche xxii se trouve au milieu. Au fond de l'*arcosolium* à gauche, on voyait Daniel entre deux lions; au-dessus il n'existe de peintures qu'aux deux côtés de la paroi, savoir : celle de Moïse quittant sa chaussure, et celle de Job; nous les donnons dans les planches xxiv et xxv. A la voûte de la salle, on distingue à peine, au milieu des compartiments qui la divisent, quelques traces du buste de Notre-Seigneur. Nous n'avons pu le reproduire, et nous le regrettons d'autant plus, que, suivant quelques savants, c'est un des plus anciens monuments iconographiques qui expriment le type traditionnel de la figure du Christ[6]. Au-

récentes découvertes de M. de Saulcy, dont nous aurons à parler dans les notes de la pl. LXVIII de ce volume. Pour l'explication du mot LVMINARIA, voyez notre préface, p. 14, et les notes descriptives de la pl. LIII de ce volume.

3. *Roma sotterr.*, p. 251.

4. *Monum. delle art. crist. primit.*, t. I, tav. xxvii.

5. *Roma sotterr.*, p. 251 à 259.

6. Voyez les notes descriptives de la pl. XXVIII de ce vol.

dessous des *arcosolia* on peut distinguer les ornements que nous donnons dans la planche xxii.

Planche xix. SALLE B DES FEMMES. VUE PERSPEC-
TIVE. — Cette salle à voûte d'arête, avec arcs-doubleaux et colonnes à chapiteaux à larges tailloirs, présente un *arcosolium* dans le fond, un autre à gauche, et à droite plusieurs *loculi*.

Planche xx. ORPHÉE JOUANT DU LUTH. — On ne doit pas s'étonner de voir, dans les cimetières chrétiens de Rome, figurer parmi les personnages de la Bible, le personnage mythologique d'Orphée, représenté de la même manière que sur les monuments païens; c'est un fait généralement admis, que les premiers chrétiens se formèrent d'Orphée, adoucissant les bêtes féroces avec les sons de sa lyre, une sorte d'image symbolique du Christ, domptant les passions des hommes et les attirant à lui par le charme de sa doctrine[1].

Cette fresque se voit au fond de l'*arcosolium*, en face de l'entrée de la salle des hommes. Orphée y est représenté entre deux arbres, vêtu d'une tunique, coiffé du bonnet phrygien, tenant de la main gauche la lyre à cinq cordes, et levant l'index de la main droite, comme pour commander l'attention aux animaux qui l'environnent.

Planche xxi. UN PERSONNAGE BÉNISSANT. — C'est ainsi qu'au premier abord on est tenté de caractériser cette magnifique peinture. Mais, quand on considère plus attentivement cette pose si noble et si ferme, cette main étendue, et cette belle figure, dont rien n'égale la sublime et singulière expression, on croit y voir un prophète, au moment où il est inspiré d'en haut pour prédire l'avenir au peuple de Dieu. Telle est l'opinion de Bosio[4]. Ce qui semblerait la confirmer, c'est que ce personnage est placé devant une ville, comme nous l'avons dit plus haut. Toutefois, s'il en est ainsi, ce prophète paraîtrait mêler à ses paroles quelques bénédictions du ciel. Tout est admirable dans cette peinture, jusqu'à la toge à longs plis, d'une si riche couleur, et qui se drape avec tant de majesté sur les épaules du prophète.

Planche xxii. ORNEMENTS DIVERS SOUS LES ARÇO-
SOLIA DE LA SALLE A. * — Ces ornements qui nous paraissent remonter à une époque très-ancienne, comme les peintures dont ils font partie, nous donnent une idée du goût de cette époque. Il n'est pas sans intérêt de les comparer avec ceux des autres siècles, que nous avons donnés dans les planches xiv, lxv et lxvi de ce volume.

Planche xxiii. NOÉ DANS L'ARCHE. LA COLOMBE AVEC LE RAMEAU D'OLIVIER. — Noé dans l'arche est un des sujets bibliques le plus fréquemment représentés dans les fresques des Catacombes. Les premiers chrétiens y voyaient un souvenir éclatant de la justice de Dieu sur les hommes, et de sa bonté à l'égard de Noé et de sa famille. Ils y voyaient, comme plus tard tous les Saints Pères[5], la figure de l'Église flottant sur les grandes eaux des persécutions, et celle de Jésus-Christ véritable Noé, chef d'un nouveau peuple sauvé dans une arche nouvelle. La colombe avec le rameau d'olivier était le présage de l'heureux temps où, la paix étant enfin rendue à l'Église, le sang des martyrs deviendrait la semence d'une multitude de chrétiens.

Nous rappellerons ici une peinture fort curieuse publiée par Bottari[6], où Noé est représenté dans l'arche, qui est placée elle-même dans une barque. C'est, aux yeux de quelques savants, la double figure de l'Église[7]. Nous aurons occasion de revenir sur cette double allégorie, dans notre quatrième volume, en expliquant une pierre gravée de la planche xvi, n° 85. La forme de l'arche, comme l'indiquent le mot hébreu[8] et les dimensions données par la Bible, était un carré long. Il est à remarquer que les artistes des Catacombes la représentent sous une forme cubique, sans doute parce que c'est là un symbole plus expressif de la stabilité de l'Église, dont l'arche était la figure. *Quadratum enim*, dit saint Augustin, *quacunque verteris, firmiter stat*[7]. Sur une des inscriptions que nous donnons, la figure de l'arche présente cette singularité, qu'elle est marquée de points sur un des côtés du cube[8].

La peinture dont il est ici question représente Noé à la fenêtre de l'arche, sous la forme d'un jeune homme, vêtu d'une tunique blanche. Son attitude, ses bras étendus et sa belle physionomie semblent exprimer son empressement à revoir la colombe, qu'il a envoyée pour la seconde fois, et qui n'arriva que le soir avec le rameau d'olivier.

Planche xxiv. MOISE QUITTANT SA CHAUSSURE. — Moïse est aux yeux de tous les Saints Pères, l'un des plus frappants et des plus admirables symboles de Jésus-Christ. Chacune des circonstances de sa vie renferme quelque allusion mystique à la vie toute divine de Notre-Seigneur, et quelque salutaire instruction pour les fidèles. Aussi est-il un des sujets le plus souvent retracés dans les fresques et sur les sarcophages des Catacombes. Cependant il n'est représenté dans les peintures des Catacombes que dans quatre circonstances de sa vie; ainsi, on le voit: 1° obéissant à Dieu qui lui ordonne de quitter sa chaussure; 2° montrant aux Israélites la manne tombée du ciel; 3° recevant de Dieu les tables de la loi; 4° faisant jaillir l'eau du rocher. De ces quatre sujets, le premier et le dernier sont les seuls que nous ayons donnés dans notre ouvrage. Celui de Moïse quittant sa chaussure, l'a été plusieurs fois; mais la plus belle peinture est, sans contredit, celle que nous avons reproduite dans ce dessin.

1. Clem. Alex., *Admon. ad gent.*, p. 3.
2. *Roma sotterr.*, p. 255.
3. S. Cypr. *Epist.* 74 *ad Pompeium*. — S. Chrysost. *Homil. de laud. S. Pauli Apost.*
4. *Scult. e pittur.*, t. II, tav. cxviii, n° 9.
5. *Ibid.*, t. II, p. 154.
6. Cornel. a Lapid., *Comment. in Genes.*, t. I, p. 100.
7. *Contr. Faust.*, lib. xii, c. 14.
8. Voyez vol. V, pl. LXXVII, n° 8.

La figure de Moïse retrace à elle seule tous les souvenirs de l'imposante et merveilleuse apparition de Dieu dans le buisson ardent[1]. Quelle expression! quelle attitude! Avant de quitter sa chaussure, Moïse écoute encore la voix de Dieu qu'il n'entend plus; il obéit en tremblant; une sainte terreur semble glacer ses mouvements. La longue tunique blanche bordée de pourpre, dont il est revêtu, relève avec énergie le teint hâlé du pasteur d'Horeb. Ne croit-on pas reconnaître dans cette fresque le même pinceau qui créa le personnage représenté dans la planche XXI?

Planche XXV. JOB. — Bottari[2] n'est pas éloigné de reconnaître Job dans ce personnage, qui représente un jeune homme assis, vêtu d'une tunique blanche. A part la jeunesse, qui n'est pas conforme à l'exactitude historique, la tristesse qu'expriment la physionomie et l'attitude de la figure, peut donner quelque probabilité à cette opinion. Cette peinture, bien inférieure aux précédentes, n'est cependant pas sans mérite.

PEINTURES DE L'ARCOSOLIUM

D'UNE GALERIE

Planche XXVI. RÉSURRECTION DE LAZARE. — Cette fresque et la suivante rappellent plutôt qu'elles ne représentent le fait miraculeux dont parle l'Évangile. On n'y reconnaît ni l'âge de Notre-Seigneur peint sous la forme d'un jeune homme, ni l'âge de Lazare, peint sous celle d'un enfant, ni le suaire qui couvrait la face du défunt. Lazare a le corps enveloppé de bandelettes[3] semblables à celles dont on emmaillotte les nouveaux-nés. Il est debout sur l'une des marches du sépulcre, qui a la forme d'un petit temple.

Le Christ est vêtu de la tunique et du manteau; il tient de la main droite la verge, signe de sa puissance divine, et il en touche la tête de Lazare.

Il ne faut voir dans ces peintures que la représentation mystique de la résurrection des corps, figurée par celle de Lazare, comme le remarquent les Pères de l'Église[4]. A une époque où le sacrifice de la vie était un devoir pour tous, tous avaient besoin de se souvenir de ce dogme consolateur, et les artistes chrétiens s'empressaient de le symboliser aux yeux de tous.

Planche XXVII. LA MULTIPLICATION DES PAINS. — Le Christ, comme dans la planche précédente, est debout, sous la figure d'un jeune homme, vêtu d'une tunique à bordures. Il tient de la main droite la verge, et l'étend sur les sept corbeilles[5] garnies de pains et déposées à ses pieds[6].

Nous sommes fondés à voir dans la multiplication des pains un emblème de l'Eucharistie : telle a toujours été la pensée des Pères de l'Église; les artistes chrétiens n'ont fait que la traduire aux yeux des fidèles. En exprimant le symbole de l'Eucharistie par le fait miraculeux des pains, ils observaient, avec la loi du secret, celle du langage symbolique.

TÊTE DE NOTRE-SEIGNEUR[7]

Planche XXVIII. PEINTURE TRANSPORTÉE DU CIMETIÈRE DE SAINT-CALIXTE AU MUSÉE CHRÉTIEN DU VATICAN. — De quel prix n'auraient pas été pour nous les moindres détails sur la forme corporelle dont il a plu à l'Homme-Dieu de revêtir son humanité! Et cependant les Évangélistes, si minutieux dans le récit des actes de Jésus-Christ, ne nous disent pas un mot de sa personne ni de sa physionomie. Il semble qu'ils aient dédaigné de satisfaire sur ce point un désir qui nous paraît légitime, mais qui n'est après tout, aux yeux de la foi, qu'une curiosité inutile. Toutefois, il est permis de le croire, les disciples, les apôtres eux-mêmes, ont dû suppléer au silence des historiens sacrés. Il est même impossible, ce semble, de ne pas admettre que ceux des premiers chrétiens qui n'avaient pas eu le bonheur de voir le divin maître, ne se soient adressés à eux, qu'ils n'en aient obtenu de nombreux détails sur l'extérieur de Jésus, et qu'ainsi la tradition n'ait pu conserver la figure du Christ, sinon entière et parfaite, du moins les principaux traits qui la distinguent. Telle est l'origine la plus vraisemblable du type primitif et traditionnel des traits du Sauveur, si, comme le pensent quelques savants[8], ce type remonte jusqu'aux temps antiques.

Le plus ancien des monuments iconographiques qui servent de base à cette opinion, est cette peinture du cimetière de Saint-Calixte, dont nous avons déjà parlé, dans la description de la planche XVIII: on s'accorde en effet à reconnaître que les fresques de ce cimetière sont les plus voisines du premier âge du christianisme. Malheureusement, cette peinture, qui a été publiée dans le recueil de Bottari, et dont M. Raoul-Rochette nous a donné une exacte description[9], est presque entièrement effacée aujourd'hui, et il nous a été impossible de la reproduire. Quelque inexacte que puisse être la reproduction de Bottari, qui paraît être la copie de celle de Bosio[10],

---

1. *Exod.* c. III, 1, 6.
2. *Scult. e pittur.*, t. II, p. 66.
3. *Joan.*, XI, 44.
4. S. Chrysost., t. III, *Homil. in quatr. Lazar.*
5. On sait que les Évangélistes rapportent deux miracles de la multiplication des pains. Le premier s'opéra sur cinq pains, le second sur sept. (*Matth.*, XIV, 16 à 21; XV, 32 à 38. — *Marc.*, VI, 38 à 44; VIII, 1 à 9. — *Luc.*, IX, 12 à 17).
6. Il est à remarquer que dans les fragments de verres des Catacombes, les cor- beilles sont le plus souvent remplacées par des vases. Voyez notre IVe vol., pl. XXIV 28 et 30; pl. XXIX, 68; pl. XXXI, 92.
7. M. Raoul-Rochette, *Discours sur l'orig. des typ. imit.*, p. 26, 27. — M. Bonnety, *Annal. de phil. chrét.*, t. XVIII, p. 381. — M. J. Brunail, *Dissert. de Christ. veter. monum.*, p. 254.
8. *Scult. e pittur.*, t. II, tav. III.
9. Ouvrage cité, p. 25, 26.
10. *Roma sotterr.*, p. 263.

on ne saurait douter qu'elle n'en ait pas conservé au moins les principaux traits, qui forment le type dont il s'agit.

Ce monument iconographique, qui servirait ainsi à faire remonter jusqu'aux temps antiques le type traditionnel de la figure du Christ, ne ferait-il pas penser que c'est des Catacombes que ce type s'est répandu dans le monde chrétien? Il nous a semblé que cette dernière opinion, qu'il ne nous est guère possible de ne point partager, s'appuierait de l'autorité d'un savant archéologue, l'abbé Joseph Brunati[1], qui pense même que la peinture du cimetière de Saint-Calixte a pu inspirer le génie de Léonard de Vinci, de Raphaël et d'Annibal Carrache. Espérons qu'un jour de nouveaux monuments viendront confirmer une opinion, qui donne une gloire de plus aux Catacombes. Si, comme on le pense à Rome, près des trois quarts de la Rome souterraine sont encore à découvrir, la nouvelle impulsion donnée par l'illustre Pie IX aux fouilles qui s'y font chaque année, nous promet d'immenses résultats pour l'art chrétien.

Un mot sur la beauté du type traditionnel de la figure du Christ. Il faut avouer que ce type a dû subir de profondes altérations dès le second siècle, où s'éleva une controverse sur la forme corporelle de Notre-Seigneur. D'une part, on soutenait qu'il était en effet d'une beauté accomplie; d'autre part, qu'il était entièrement dénué de noblesse et de beauté. Cette dernière opinion prêta de nouvelles armes aux païens, et l'on sait le parti que Celse en tira, dans son ouvrage contre le christianisme, si victorieusement réfuté par Origène[2].

Quoi qu'il en soit de ces deux opinions, sur lesquelles l'Église ne s'est jamais prononcée, il paraît que les premiers artistes chrétiens de Rome, ont toujours partagé la première; c'est ce dont on peut juger par les images du Christ que nous avons reproduites dans nos dessins[3]. La tête que nous publions ici n'a pas, il est vrai, la beauté des autres images de Notre-Seigneur; mais, malgré son caractère judaïque trop prononcé, elle a conservé le type traditionnel. C'est au mauvais effet de l'imitation de la mosaïque, et surtout au pinceau inhabile qui l'a tracée, mais non à une intention systématique, qu'il faut attribuer le peu de beauté de cette figure.

LA CÈNE[4]

Planches xxix et xxix *bis*. Cette peinture, comme on nous l'a dit à Rome, a été transportée du cimetière de Saint-Calixte, au musée chrétien du Vatican.

Ce sujet, qui a été si souvent reproduit par les peintres modernes, et qui l'a été notamment par Léonard de Vinci, présente ici quelques particularités qui doivent être signalées. D'abord, il n'y a sur la table rien qui rappelle la Cène : on n'y voit ni pain, ni vin, ni plat, ni coupe; on n'aperçoit, de distance en distance, que certaines traces rouges, qui se refusent, ce nous semble, à toute espèce d'explications. Cette fresque contredirait l'assertion des archéologues qui ont avancé que la Cène n'avait jamais été représentée dans les Catacombes. Il est vrai que l'exclusion d'un tel sujet les étonne, puisqu'il suffisait, disent-ils, de le traiter d'une manière purement historique, pour ne point compromettre le secret du dogme. Aussi n'expliquent-ils cette exclusion que par la réserve extrême qu'on s'imposait à l'égard du mystère de la sainte Eucharistie. Il faut avouer que c'était le plus grand arcane de la foi, et qu'on ne pouvait user de trop de précaution pour le dérober aux profanes. Il faut avouer aussi que la fresque dont il s'agit, où ne retraçant du fait historique de la Cène que la table, et la réunion des douze Apôtres avec Notre-Seigneur, ne pouvait mieux dissimuler toute espèce de signification dogmatique.

Cette extrême discrétion de l'artiste chrétien a rendu bien difficile l'explication de sa pensée dans cette peinture. S'il nous est permis d'émettre une opinion personnelle, nous dirons avec toute la réserve que nous devons nous prescrire ici, que peut-être l'artiste, fidèle à la loi du secret, n'a voulu représenter la Cène que sous une forme purement symbolique. Le *volumen* placé dans la main gauche de Notre-Seigneur, et sa main droite placée dans celle de saint Pierre, ne serait-ce pas le double symbole de la nouvelle alliance, *novi testamenti, novi fœderis*[4], que Jésus-Christ a contractée avec son Église, dans la personne de saint Pierre, en présence des douze Apôtres, par la divine institution de l'Eucharistie?...

Sous le rapport de l'art, on admire généralement l'ensemble de cette peinture, la pose simple et naturelle des personnages, et la beauté vraiment antique des costumes et des draperies.

Au moment où nous terminons cette note, de nouveaux renseignements nous parviennent sur la Cène du musée chrétien du Vatican : on aurait à se plaindre de la maladroite restauration qui en a été faite il y a quelques années. Le nimbe crucifère sur la tête de Notre Seigneur, dans une peinture qu'on croit à Rome du ive siècle, serait une faute grave dans une telle restauration. Ce pourrait n'être pas la seule, et nous ne sommes que trop justifiés de notre extrême réserve dans l'explication que nous avons hasardée.

PEINTURES
INSCRIPTIONS ET INSTRUMENTS
RELATIFS AUX FOSSOYEURS

Planche xxx. UN FOSSOYEUR AVEC SES INSTRUMENTS. — Nous reproduisons cette peinture d'après Bol-

---

[1]. *Dissert. de Christ. veter. monum.*, p. 254, et note 8 de la même page.
[2]. *Adv. Celsum.*

[3]. Voyez vol. I, pl. VII, XXIX, L ; — vol. II, pl. XXXII, XLIX ; — vol. III, pl. LIII.
[4]. *Matth.*, XXVI, 28. — *Marc.*, XIV, 24.

.detti[1], qui la découvrit au cimetière de Saint-Calixte.

Voici, en peu de mots, ce que nous avons recueilli, des auteurs les plus accrédités, sur les fossoyeurs. D'abord on paraît les confondre sous ces trois dénominations : *fossarii*, *fossores* et *copiatæ*. La dernière leur est donnée plusieurs fois par les écrivains ecclésiastiques et dans le code Théodosien[2], mais bien postérieurement à leur institution. La première ne leur est donnée que deux fois : l'une par l'auteur du livre *De septem ordinibus ecclesiæ*, et l'autre par une épitaphe du cimetière de Saint-Calépode, publiée par Boldetti[3]. FELIX FOSSARIVS IN PACE. Quant à la seconde, on compterait par centaines les inscriptions où elle leur est donnée, et on en trouvera un assez grand nombre dans les planches suivantes.

La dénomination primitive est évidemment celle de *fossarii* ou de *fossores*. Les *fossores* étaient-ils bien les mêmes que les *fossarii*? La plupart des auteurs ont admis cette identité, contre laquelle on ne saurait faire d'objections bien graves. Il est vrai qu'à s'en tenir à l'auteur de *De septem ordinibus*[4], qui place les fossoyeurs parmi les clercs sous le nom de *fossarii*, au premier rang de la hiérarchie cléricale, on pourrait, à la rigueur, supposer que les *fossores* étaient de simples manœuvres placés sous la direction des *fossarii*; mais un *Indiculus* donné par saint Optat, page 92, et cité dans les notes sur Anastase[5], qui remonte à la persécution de Dioclétien, et qui présente immédiatement après les sous-diacres l'indication des fossoyeurs sous le nom de *fossores*, confirmerait entièrement l'opinion générale sur l'identité des *fossarii* et des *fossores*.

L'institution des fossoyeurs est d'une haute antiquité; elle serait aussi ancienne que l'Église, si, comme on l'a supposé, et ce qui ne serait point invraisemblable, l'origine de ces clercs remonte à ces jeunes gens dont il est parlé dans les Actes des Apôtres, qui prirent soin d'ensevelir Ananie et Saphire[6]. Quoi qu'il en soit, cette institution date au moins de l'âge des Catacombes.

L'auteur de *De septem ordinibus* veut qu'on ne méprise point comme infime le ministère des *fossarii*, mais qu'on les honore au contraire comme membres du clergé, et ainsi qu'on eût honoré Tobie lui-même auquel il les compare. Assurément ces hommes pieux et charitables étaient dignes de respect, mais ils l'étaient surtout à l'époque des persécutions, pour le courage et les fatigues, le dévouement et les dangers que leur imposait ce ministère, alors que le sang des saints coulait comme l'eau, et que les chrétiens payaient souvent de leur vie le zèle pour les sépultures de leurs frères martyrs.

Il est assez vraisemblable que les fossoyeurs étaient organisés sinon en confrérie, du moins de telle sorte qu'ils fussent distribués dans les sept régions ecclésiastiques, qui correspondaient aux douze régions de Rome; c'est ce que semble prouver l'épitaphe du fossoyeur Junius, qui est ainsi conçue : IVNIVS FOSSOR AVENTINVS F[ECIT] S[IBI].[7]

Si l'on considère l'immensité de l'œuvre, il faut admettre que le travail des Catacombes a dû être soumis à une organisation régulière et constante; si l'on en considère les difficultés, il faut admettre plus encore, il faut reconnaître que parmi les fossoyeurs il s'est trouvé des hommes très-habiles qui furent chargés de la direction des travaux; enfin, si l'on considère le résultat de l'œuvre, qui n'est rien moins qu'une véritable Rome souterraine, il faut avouer qu'il y a là une création du génie, si ce n'est la création d'une inspiration divine.

La peinture que reproduit notre dessin représente, dans une niche sépulcrale, un jeune homme remarquable par la simplicité de son attitude et par la candeur de sa physionomie. Il est debout, vêtu d'une tunique courte, à manches étroites et serrées aux poignets, laquelle est ornée de croix d'une forme assez rare[8], et recouverte sur l'épaule gauche d'un morceau d'étoffe à longs poils. Ce jeune homme tient de la main gauche une lampe allumée, suspendue par une chaînette; il porte sur l'épaule droite une pioche aiguë. Autour de lui on voit épars sur le sol divers autres instruments de sa profession. Au-dessus de cette peinture, sur une tablette, on lit entre deux colonnes :

DIOGEHES · FOSSOR · IN PACE DEPOSITVS [9]
OCTABV · FALEHDAS · OCTOBRIS

PLANCHE XXXI. INSTRUMENTS DE FOSSOYEURS GRAVÉS SUR LES PIERRES SÉPULCRALES.

Nº 1. C'est d'après Bosio[10] que nous avons reproduit cette inscription. Elle avait été découverte par lui au cimetière de Sainte-Priscille, et transportée, dit-il, dans la vigne de Sixte-Quint.

Nº 2. Le plus grand de ces instruments a été trouvé au cime-

---

1. *Osservaz. sopra i cimit.*, p. 65.

2. *On peut voir* Bingham, t. II, p. 42 à 46, et t. V, p. 53.

3. *Osservaz. sopra i cimit.*, p. 65.

4. Hieronym., t. V, *De sept. ordin.*, p. 100.

5. L'*Indiculus* est ainsi conçu : *Sedente Paulo Episcopo, Montano et Victore, Donatello, et Memorio, Presbyteris : adstante Marte cum Helia diacono : Marculio, Catulino, Silvano, et Caroso subdiaconis : Januario, Maralvo, Fructuoso, Miggino, Saturnino, Victorio, et cæteris fossoribus* (Anast., in Marcel. not. varior., t. II, p. 253).

6. *Act.* V, 6 et 10.

7. Ce monument a été trouvé au cimetière de Saint-Pontien, et donné par Boldetti (*Osservaz. sopra i cimit.*, p. 62).

8. D'Agincourt désigne cette forme de croix sous le nom de *croix redoublée* (*Hist. de l'Art*, t. IV, p. 7), et il renvoie pour plus amples explications à Gori et à Allegranza. Boldetti a publié plusieurs inscriptions, où l'on remarque cette croix (*Osservaz. sopra i cimit.*, p. 384). Voyez notre vol. V, pl. XXXIV, nº 96.

9. Les dépouilles des morts n'étaient, dans la pensée des chrétiens, qu'un *dépôt pour un temps* à la terre, avec obligation pour celle-ci de les rendre au grand jour de la résurrection ; c'est pour cela qu'ils employaient dans leurs inscriptions sépulcrales le mot DEPOSITVS qui a en effet ce sens. Voy. Cicéron, *Offic.* III, 25; Ulp. dans le *Digest.* XVI, 3, 1, 5. Les païens, qui n'avaient pas le dogme de la résurrection des morts, se servaient, dans les mêmes circonstances, des mots SITVS, POSITVS, SEPVLTVS, CONDITVS, qui expriment une situation définitive.

10. *Roma sotterr.*, p. 508.

tière de Saint-Calixte par Boldetti, d'après lequel nous l'avons reproduit[1]; il accompagnait l'inscription IVNIVS FOSSOR AVENTINVS Ϝ · Ϛ ·

N° 3.* Celui-ci est maintenant à la galerie des inscriptions chrétiennes du Vatican.

N° 4.* Une pioche et une colombe. Ce petit monument se voit au cloître de Saint-Laurent-hors-les-Murs.

N° 5.* Un *fossor* tenant dans ses mains deux instruments. Pierre sépulcrale trouvée en 1846 au cimetière de Sainte-Cyriaque, déposée maintenant à la custode des reliques de Saint-Apollinaire.

N° 6.* Ce marbre représente divers instruments de fossoyeurs; ou y lit le nom éminemment chrétien de ADEO[D]AT[VS]; il fait partie de la galerie des inscriptions chrétiennes du Vatican.

Il est remarquable que ces instruments, qui remontent à une si haute antiquité, soient encore de la même forme que ceux dont nous nous servons aujourd'hui.

Planche xxxii. INSCRIPTIONS RELATIVES A DES FOSSOYEURS. — Dans six inscriptions de cette planche et de la suivante, il est question d'achat de *loculi* : il paraît qu'au commencement du iv° siècle, les *fossores* changèrent de mission, et furent chargés de vendre les sépultures aux chrétiens; il ne faut donc pas trop s'étonner de voir ces ventes rappelées dans un certain nombre d'inscriptions par les mots EMIT, EMERVNT, EMPTVM.

N° 1. On remarque dans cette inscription l'intention exprimée par le mot SVIS, plus commune sur les tombes des païens, et l'omission d'une Ϛ dans le mot ϜOϚORE. Elle est maintenant à la basilique de Sainte-Marie *in Trastevere*. Elle a été publiée par Marini[2].

N° 2.* On lit dans cette inscription la qualification de veuve, souvent répétée sur les tombeaux chrétiens, et le nom d'HILARV[Ϛ], l'un des plus communs parmi ceux des fossoyeurs. Elle est à la galerie des inscriptions chrétiennes du Vatican.

N° 3. Aujourd'hui, dans la chapelle de la Trinité, à Velletri. Sur cette inscription, publiée inexactement par Amaduzzi, et reproduite par M. Clemente Cardinali[3], on lit le nom LEO, autre nom assez commun parmi les fossoyeurs.

N° 4.* Inscription bien difficile à lire; on y distingue cependant la formule pieuse VIVAS · IN D[EO] et le nom du *fossor* IAHVARI[VS] qu'on trouve aussi ailleurs. Elle est à la galerie des inscriptions chrétiennes du Vatican.

Planche xxxiii. INSCRIPTIONS RELATIVES A DES FOSSOYEURS.

N° 5. Cette inscription a été publiée par Marini[4]; elle contient un véritable contrat de vente, avec les noms des deux parties, ceux des témoins, et la stipulation du prix. Elle se trouve dans une des salles des Antiques, au Capitole.

N° 6.* Maintenant à la galerie des inscriptions chrétiennes du Vatican.

N° 7. La première publication de ce monument curieux est due au docteur Labus[5]. On ignore de quel cimetière il provient; il se trouve aujourd'hui à la bibliothèque ambroisienne, à Milan. On y remarque deux expressions : l'une, IN CATACVMBAϚ, qu'on trouve quelquefois chez les écrivains ecclésiastiques, et qui s'applique exclusivement à la *Platonia;* l'autre, AD LVMENAREM, servant à désigner un des jours qui éclairaient ces lieux souterrains. Il est aussi fait mention de ces jours dans l'inscription en caractères cursifs que nous avons reproduite à la planche LXXIII, n° 5, de notre cinquième volume et dans laquelle on lit les mots : LVMINARE MAIORE.

N° 8. Le R. P. Marchi[6] a publié cette inscription; elle est encore dans une galerie du cimetière de Sainte-Agnès.

N° 9. On voit cette inscription à Anagni, mais on ignore à quel cimetière elle appartient.

UNE ORANTE *

Planche xxxiv. On nous a dit à Rome que cette peinture a été transportée du cimetière de Saint-Calixte au musée chrétien du Vatican, où elle se voit encore aujourd'hui.

Les fresques et les pierres sépulcrales des Catacombes représentent souvent des personnages priant les mains étendues et levées vers le ciel. Les Italiens leur donnent le nom d'*oranti*, qui peut s'appliquer aux figures d'homme aussi bien qu'aux figures de femme, qui sont les plus nombreuses. On s'accorde à regarder cette attitude dans la prière, non-seulement comme la plus ancienne de toutes, mais encore comme ayant été commune à tous les peuples et à toutes les époques de l'antiquité[7]. Elle était notamment en usage chez les Hébreux, et nous voyons dans l'Exode[8] Moïse demander ainsi la victoire pour son peuple. Suivant les Saints Pères[9], elle rappelle l'attitude de Jésus-Christ sur la croix; aussi la recommandent-ils expressément. Les martyrs la prenaient quelquefois au milieu de leurs tortures. Eusèbe dit[10] avoir vu lui-même un saint jeune homme, étendant ainsi ses bras en croix pendant tout le temps que dura son martyre.

Si cette attitude donnée à la Sainte Vierge, aux saints et aux saintes, comme on le voit dans nos dessins[11], indique leur constante intercession pour nous dans le ciel, il est permis de

---

1. *Osservaz. sopra i cimit.*, p. 62.
2. *Arvali*, t. 1, p. 345.
3. *Iscriz. Velliterne*, 196, CXXX.
4. *Arvali*, t. II, p. 606.
5. *Int. due antich. epitaf.*, p. 8.
6. *Monum. delle art. crist. primit.*, t. I, p. 91.
7. Chez les païens, outre les écrivains nombreux qui rappellent cette attitude, on

peut indiquer un type fréquent sur les médailles impériales romaines où on lit la légende PIETAϚ AVG.
8. C. XVII, 11 et 12.
9. S. Cypr., *Tract. de pass. Christi.*
10. *Hist. eccles.*, l. VIII, c. 7.
11. Voyez vol. II, pl. VI;—vol. III, pl. III, VII, XIV, n° 3, XXXVIII, LVI;—vol. IV, pl. XXI, n°° 1 et 7; pl. XXVI, n°° 41 et 42; pl. XXXII, n° 101; pl. XXXIII, n° 114.

penser avec certains savants très-versés dans la connaissance des antiquités chrétiennes, mais dont l'opinion ne doit cependant pas être admise sans réserve, que les *orantes*, qui se trouvent sur les sépulcres, sont la représentation des défunts qui prient pour leurs frères de la terre. Ces figures devaient se trouver principalement sur les tombes des chrétiens d'une piété universellement reconnue, ou décédés, comme nous dirions aujourd'hui, en odeur de sainteté; particulièrement sur celles des martyrs. Ils n'entendent pas dire par là que ces représentations d'*oranti* puissent être regardées comme un signe certain du martyre, suffisant pour désigner au culte des fidèles les corps dont elles signalent la dernière demeure; mais du moins historiquement et archéologiquement parlant, cette interprétation leur paraît singulièrement probable.

On admire avec raison la belle figure d'*orante*, que nous donnons ici, et qui nous semble être le type de la matrone chrétienne. Elle est vêtue d'une longue tunique blanche, que recouvre, depuis le haut de la poitrine jusqu'aux genoux, un vêtement bordé de pourpre, dont le fond vert se termine de haut en bas par deux larges bandes orange.

C'est un beau contraste que ce noble maintien et cette énergique physionomie, où se reflète le recueillement de l'âme, avec l'humble attitude de la prière.

Placez tour à tour sous vos yeux ces premiers pas de l'art chrétien, et les monuments de Pompéi qui nous présentent les chefs-d'œuvre de l'art païen, et l'impression que chacun de ces deux arts produira sur vous sera instantanée, la distinction se fera de suite : Pompéi, c'est le culte de la forme, c'est l'adoration de la matière, ce sont des merveilles de grâce, de perfection physique : les Catacombes, c'est la vie de l'âme, c'est la prière, c'est l'austérité, c'est la pudeur.

VOÛTE PEINTE D'UNE CHAPELLE

PLANCHE XXXIV *bis*. — Cette fresque, reproduite d'après un dessin de Bosio[1], se compose d'un octogone, entouré de huit compartiments égaux. Rien de mieux ordonné et de meilleur goût que l'ensemble de la composition, et rien de plus gracieux que les détails qui forment les ornements des compartiments et de l'octogone. Aux quatre angles de la voûte sont des colombes déployant leurs ailes, et tenant entre leurs pattes une branche d'olivier. Au centre de l'octogone, Orphée est assis entre deux arbres sur un rocher, jouant de la lyre au milieu de divers animaux qui l'écoutent. Il a la même figure, la même attitude et le même costume que dans la peinture décrite par Philostrate le jeune[2]. Sa figure est jeune et belle; il est coiffé du bonnet phrygien et revêtu d'un costume tout oriental, notamment de l'*anaxyris* brodée, espèce de caleçons qui servaient en même temps de chaussure. Du pied gauche, il s'appuie sur la terre, du pied droit il bat la mesure, et tandis que ses doigts font vibrer les cordes de sa lyre, sa physionomie semble exprimer une inspiration divine.

Quatre compartiments représentent des paysages. Dans les quatre autres, on voit : 1° Moïse frappant le rocher; 2° Daniel entre deux lions; 3° Jésus-Christ ressuscitant Lazare; 4° David armé de sa fronde. Ce dernier sujet se trouve rarement dans les Catacombes.

Suivant d'Agincourt[3], les peintures de cette voûte appartiennent probablement au temps de la première persécution, c'est-à-dire à la fin du siècle d'Auguste.

CIMETIÈRE DE SAINT-PRÉTEXTAT

DESCRIPTION DES PLANCHES

ENTRÉE DU CIMETIÈRE *

PLANCHE XXXV. TITRE. — Nous donnons ici la vue prise de l'intérieur. L'entrée, située à droite de la voie Appienne, s'ouvre dans une *vigne* de M. Molinari.

1. *Roma sotterr.*, p. 239.
2. *Imag.*, VII.

CHAPELLE A DEUX SALLES

DÉCOUVERTE EN 1846

PLANCHE XXXVI. PLAN*. — Cette chapelle se compose de deux salles voûtées : l'une hexagone destinée aux hommes, l'autre

3. *Hist. de l'Art.*, t. V, p. 20.

carrée destinée aux femmes. Dans la première, qui est ornée de six pilastres, se trouvent à droite des *loculi*, à gauche d'autres *loculi* et un *arcosolium*. Au fond de la salle se prolonge un sanctuaire, en forme de carré long, qui présente trois *arcosolia*.

Dans la salle des femmes, on voit aussi trois *arcosolia*, dont l'un est au fond d'un petit oratoire, attenant à la salle, et situé à gauche.

PLANCHE xxxvii. COUPE LONGITUDINALE SUR LA LIGNE A, B *. — Cette coupe nous donne le côté droit de la chapelle dans toute sa longueur. Au milieu, la galerie; à gauche, la salle des hommes à voûte sphérique, avec la disposition des *loculi* sous les arcs, et le sanctuaire avec ses *arcosolia*. A droite, la salle des femmes à voûte en berceau, et deux *arcosolia*, dont l'un est carré et non cintré, particularité assez rare.

PLANCHE xxxviii. SALLE DES HOMMES. VUE PERSPEC- TIVE *. — Sur le premier plan se présentent l'intérieur de la salle, sa voûte sphérique, ses pilastres, et, au-dessus des pilastres, une suite d'arcs qui soutiennent la voûte et sons lesquels se trouvent les *loculi* et l'*arcosolium*. A gauche, au second plan, on voit le sanctuaire avec ses trois *arcosolia*.

La belle ordonnance de ce monument, ordonnance dont on peut juger par ces dessins, nous fait présumer qu'il n'est pas postérieur au second siècle.

SÉPULTURE DE FAMILLE

DÉCOUVERTE EN 1845

PLANCHE xxxix. PLAN, COUPE SUR LA LIGNE A, B. — Cette chambre sépulcrale est circulaire. La voûte en est sphérique; elle est soutenue par six pilastres très-saillants. Ces trois particularités, surtout les deux premières, sont rares dans les Catacombes.

On y voit soixante et dix *loculi*, et plus de cent corps pouvaient y être inhumés. Au fond sont pratiquées deux grandes niches', dont l'une est carrée; l'autre circulaire, à voûte sphérique, et flanquée à l'ouverture de deux pilastres. Cette dernière est remarquable par une quatrième particularité, la forme de ses *loculi* qui sont taillés en lignes courbes, de telle sorte que les corps ont dû y être pliés. Il est rare que les chambres sépulcrales des Catacombes n'aient pas au moins un *arcosolium*. Il n'en existe pas dans celle-ci, et c'est un puissant motif d'y voir une simple sépulture de famille. Telle est l'opinion du R. P. Marchi, qui a publié ce monument[1].

L'admirable architecture de cette chambre sépulcrale nous paraît accuser la même époque que la chapelle précédente, c'est-à-dire le second siècle.

1. *Monum. delle art. crist. primit.*, t. I, tav. XVIII, p. 133.

CHAPELLE A DEUX SALLES

AVEC LUMINAIRE

PLANCHE xl. PLAN *. — Nous n'avons pu donner que le plan de l'une des deux salles, parce que l'autre est entièrement encombrée de terre. Cette salle, qui forme un carré long, est voûtée; on y voit quatre *arcosolia*, deux à droite, un à gauche, et un autre dans le fond. Le luminaire s'ouvre au-dessus de la galerie, entre les entrées des deux salles.

PLANCHE xli. COUPE LONGITUDINALE SUR LA LIGNE A, B. *. — Cette coupe présente le côté gauche de la salle. A gauche, s'ouvre l'entrée de la salle encombrée. Au-dessus de la galerie, le luminaire. A droite, l'entrée de l'autre salle où l'on descend par quatre marches, puis les deux *arcosolia*, dont le principal est vu en coupe; la voûte va en s'inclinant du luminaire au fond de la salle. On remarquera un détail d'architecture, que nous n'avons retrouvé que dans deux ou trois chapelles : c'est une magnifique corniche, soutenue par de riches modillons, dont le style nous rappelle une haute antiquité.

PLANCHE xlii. COUPE TRANSVERSALE SUR LA LIGNE C, D. *. — Cette coupe montre la voûte légèrement cintrée, et, dans le fond, l'*arcosolium* principal, qui est surmonté d'un grand arc; à gauche est la coupe de l'*arcosolium* latéral. On voit encore de chaque côté de la chapelle, le beau profil de la corniche et des modillons qui soutiennent la voûte.

CHAPELLE PEINTE A DEUX SALLES

AVEC LUMINAIRE

PLANCHE xliii. PLAN *. — Ainsi que dans la planche xl, nous avons dû nous borner à donner le plan de l'une des deux salles, parce que l'autre se trouve entièrement encombrée de terre. Cette salle forme un carré irrégulier. On y voit deux *arcosolia*, l'un à droite, l'autre dans le fond; celui-ci est accompagné d'un sépulcre *retro sanctos* : ce nom était donné à la place occupée par les défunts, derrière la sépulture de quelques saints martyrs. On sait que vers l'époque constantinienne c'était un désir commun parmi les fidèles d'être inhumés auprès des saints, derrière les saints, INTER SAN[C]TOS, RETRO SANCTOS, comme l'indiquent plusieurs inscriptions[2]. Le luminaire est au-dessus de la galerie, au point de jonction des deux salles.

2. Voyez notre V⁰ vol., pl. XLII, n° 4; et Boldetti, *Osservaz. sopra i cimit.*, p. 53 et 57.

PLANCHE XLIV. VUE PERSPECTIVE *. — Cette salle est remarquable par ses peintures, par l'élévation de sa voûte, les quatre sépulcres pratiqués dans le sol, et les trois *loculi* ouverts dans le fond, au-dessus de l'*arcosolium*; ces *loculi* coupent malheureusement les fresques. Cette dernière circonstance donnerait à ces fresques une date au moins antérieure à l'époque constantinienne, où, comme nous venons de le rappeler, c'était un usage parmi les fidèles de se faire inhumer auprès des saints; leur style même peut les faire remonter assez haut avant cette époque.

L'ensemble des peintures de l'*arcosolium* présente deux hommes et trois femmes, entourés de feuillage, et dans l'attitude de la prière. On ne lit que les noms de trois de ces personnages, les noms des deux autres sont effacés. Deux paons sont aux angles de l'*arcosolium*. Nous donnons ci-après séparément chacune de ces figures.

PLANCHE XLV. UNE ORANTE. — Marangoni a publié trèsimparfaitement les cinq figures suivantes [1]. L'orante est remarquable par le grandiose de ses traits; elle est voilée, et vêtue d'une ample tunique, à large bordure sur la poitrine. Au-dessus de sa tête on lisait du temps de Marangoni : ZOSIME IN PACE.

PLANCHE XLVI. UN CHRÉTIEN EN PRIÈRE. — C'est la figure d'un jeune homme; il est vêtu d'une tunique courte, à manches étroites. Au-dessus de son bras droit, on lisait du temps de Marangoni : VGENIO IN PACE.

PLANCHE XLVII. UN CHRÉTIEN EN PRIÈRE. — La tunique courte et à manches étroites, est ornée dans le milieu d'une large bande rouge, et au bas de deux écussons, que Buonarruoti [2] désigne sous le nom de *callicula* : c'étaient des ornements ronds de métal ou d'étoffe, ordinairement couleur de pourpre. Le manteau bleu qui recouvre cette tunique est jeté sur le bras gauche à la manière antique. Au-dessus de la tête on lit : PROCOBI IN PACE.

PLANCHE XLVIII. UNE ORANTE. — Cette figure est d'une beauté vraiment romaine. Sa tête, ornée de perles, est couverte d'un voile blanc, dont l'une des extrémités, où l'on remarque la *callicula*, retombe sur l'épaule droite. Un collier de perles est suspendu à son cou. Elle est vêtue d'une tunique à larges manches, de couleur jaune, avec des bordures, d'une teinte plus foncée. Au-dessus de sa tête, on lit : TEVDORA IN PACE.

PLANCHE XLIX. UNE ORANTE. — Son voile blanc retombe sur ses deux épaules. Sa chevelure est ornée de perles, et le haut de sa tunique est bordée d'une bande de pourpre. Au-dessus du bras droit, on lit : DIOHYSAS IN PACE.

L'acclamation IN PACE est exclusivement chrétienne. Ceux qui ont prétendu le contraire ont produit, à l'appui de leur opinion, quelques marbres portant conjointement la formule D.M., *Dis manibus*, au commencement de l'inscription, et la formule chrétienne IN PACE, à la fin. Telle est une célèbre inscription du musée Kircher, trouvée dans le cimetière de Saint-Prétextat, sur laquelle on lit : DIS MANIBVS, en toutes lettres, et IN PACAE pour PACE [3]. La réponse à cette difficulté a été donnée par le savant Zaccaria, et elle a été confirmée par des marbres découverts depuis. Ce savant a pensé que les sculpteurs avaient l'habitude de tenir toutes préparées les tables sépulcrales en y gravant à l'avance, afin de satisfaire plus promptement aux commandes, les formules usitées au commencement de toutes les épitaphes; et assurément, quiconque observera la disposition d'un grand nombre d'inscriptions funéraires, même païennes, dans lesquelles le nom propre est tout à fait indépendant de la formule *Dis manibus*, se convaincra facilement que c'est là la véritable raison de cette inconséquence.

Il y a bien moins encore de doute quand, à côté de la formule D.M., évidemment destinée à précéder une inscription latine, on voit au contraire une inscription grecque; et réciproquement lorsque la formule Θ.K, c'est-à-dire ΘΕΟΙΣ ΚΑΤΑΧΘΟΝΙΟΙΣ des inscriptions grecques est suivie sur la même table d'une inscription latine.

Pour revenir à l'acclamation IN PACE, elle signifie *il repose dans la paix de Dieu* REQVIESCIT IN PACE, ou bien, *il dort dans la paix*, DORMIT IN PACE [4]; il jouit dans le sein de Dieu de cette paix que le monde ne donne pas [5]. On ne saurait, à notre avis, élever aucun doute sur cette signification, lorsque l'on compare l'acclamation IN PACE avec beaucoup d'autres acclamations chrétiennes un peu plus développées. Quel autre sens, en effet, pourraient avoir celles qui suivent, et dont on pourrait facilement multiplier le nombre. ΕΙΡΗΝΗ C[O]I ΕΝ ΘΕ[W] [6]; ΕΡΜΑΕΙCΚΕ·ΦWC ΖΗC ΕΝ ΘΕW·ΚΥΡΕΙW ΧΡΕΙCΤW· : ou celles-ci : SPIRI.TVS.TV·VS IN PACE. [7], QVISQ[VIS] DE FRATRIBVS LEGERIT ROGET DEV VT SANCTO ET INNOCENT[E SP]IRITO AD DEVM SVSCIPIATVR [8].

On peut, au surplus, consulter sur cette formule deux ouvrages où cette question est traitée et résolue à l'aide d'un grand nombre de monuments et avec tous les développements qu'on peut désirer [9].

---

1. *Act. S. Vict. append.*, p. 113.
2. *Vetri cimit.*, p. 33 et 34.
3. Voyez notre vol. V, pl. LI, n° 35.
4. Voyez notre V° vol., pour l'acclamation REQVIESCIT IN PACE, pl. IX, n° 16; pl. XVI, n° 16; pl. LIX, n° 7; pl. LXVI, n° 9; pl. LXVII, n° 12; et pour l'acclamation DORMIT IN PACE, pl. XXXII, n° 82 *ter*; pl. XLI, n° 2 et 14; pl. L, n° 28; pl. LIV, n° 15.
5. Joan., XIV, 27.

6. Fabretti *Inscript. domest.*, p. 594.
7. Lupi *Epitaph. Sev. Mart.*, p. 194.
8. Buonarruoti *Vetri cimit.*, p. 165.
9. Lupi *Epitaph. Sev. Mart.*, p. 167.
10. La dissertation du R. P. Secchi, intitulée : *Memoria d'archeol. crist. per l'invenz. del corpo di S. Subisiano mart.*; 1841; et le Mémoire de M. de Witte, sur l'impératrice Salonine; Bruxelles, 1852.

N.-SEIGNEUR ET QUATRE PERSONNAGES [*]

PEINTURE DÉCOUVERTE AU FOND D'UNE CRYPTE EN 1849

Planche l. — C'est là peut-être la plus belle peinture des Catacombes. C'est une de ces fresques qu'on dirait dessinée par un élève de Phidias lui-même, mais par un élève chrétien. Tout est sublime dans l'attitude, dans le geste, dans les traits de Jésus-Christ; tout est admirable dans ce groupe de personnages qui se tiennent debout à ses côtés : l'ensemble comme les détails, les costumes comme les formes; le caractère des poses et des figures, comme l'expression des attitudes et des physionomies. Partout se fait sentir une touche aussi ferme, aussi large, aussi hardie que simple, naturelle et vraie.

Quel dommage que le temps ait effacé les couleurs de cette peinture; quel regret pour nous de n'avoir pu reproduire quelque chose du coloris qui devait donner tant d'éclat et de vie à ce magnifique dessin! Et ce dessin lui-même que notre crayon a essayé de sauver des dernières injures du temps, nous sommes venu trop tard pour le reproduire, puisque quelques lignes effacées nous ont empêché de bien discerner les traits d'un personnage important, et de saisir tout d'abord le sujet de cette admirable fresque. Un examen plus attentif nous l'a fait ensuite reconnaître, et, malgré la figure trop jeune de saint Joseph, nous sommes portés à croire que ce doit être la représentation de Jésus retrouvé dans le temple.

Ce sujet, il faut le dire, était digne de l'artiste chrétien qui l'avait si bien compris, si bien senti, et qui n'avait pu le comprendre et le sentir ainsi qu'en l'étudiant dans l'Évangile[1].

Oui, c'est bien là Jésus à l'âge de douze ans, assis dans le temple au milieu des docteurs, les écoutant et les interrogeant. Quelle sérénité d'intelligence sur ce front si pur; quelle placidité d'âme dans ce visage si candide et si beau! quelle décence dans l'assurance de son maintien, et quelle modestie dans la pose de ses pieds! Sans doute, dans ce moment, il parle, il explique, il fait une de ces réponses qui produisaient parmi ses auditeurs l'étonnement et l'admiration. Comme cette majesté divine, répandue sur toute sa personne, justifie bien l'auréole qui rayonne autour de sa tête! Comme elle se reflète admirablement dans la beauté si pure et dans la grâce si modeste de sa première adolescence! Quelle expression dans cette main gauche qui montre le passage de la loi, et dans cette main droite qui l'explique avec la parole! Et puis, comme les personnages écoutent! Les deux qui sont à sa droite ne sont-ils pas le type inimitable des vieux docteurs de la loi, et n'expriment-ils pas chacun à sa manière cette stupeur d'admiration dont parle l'Évangile, *stupebant autem omnes*[2].

Dans les deux autres personnages, quel ravissant contraste!

Comme Marie et Joseph sont heureux de revoir leur Jésus, qu'ils ont cherché en vain pendant trois jours; comme ils sont heureux de l'écouter et d'admirer ses divines paroles! Mais avec quel calme inaltérable ils expriment la joie et l'admiration, et avec quelle suavité ils les laissent s'épancher de leur cœur! On aime à voir dans l'expression de Marie, cette naïve complaisance d'admiration qui aurait quelque chose de ce qu'on appelle orgueil de mère, si la mère qui admire n'était Marie, et si le fils qu'elle admire n'était Jésus.

Ce chef-d'œuvre de la Rome souterraine a surtout au plus haut degré un mérite assez rare aux plus belles époques de la peinture, celui de conserver dans la variété des détails et des accessoires l'unité d'ensemble et d'intérêt.

On ne doit pas s'étonner de trouver dans cette fresque deux monogrammes qui semblent la déparer; c'était un signe vénérable dont les artistes chrétiens aimaient à marquer leurs œuvres.

Planche li. UN PAON. Peinture découverte en 1849[*]. — Ce paon est représenté sur un des côtés de la crypte précédente, au milieu de fleurs et de feuillages; sa forme élégante nous a paru digne d'être reproduite.

CHAPELLE A DEUX SALLES

AVEC LUMINAIRE

Planche lii. PLAN[*]. — Cette chapelle présente dans son ensemble les mêmes dispositions que celle dont nous avons donné le plan à la planche xl. Chacune des salles se distingue par quatre pilastres très-saillants, qui supportent trois arcs, sous lesquels sont pratiqués des *arcosolia* et des *loculi*. Le luminaire, indiqué par des lignes pointuées, s'ouvre au-dessus de la galerie entre les entrées des deux salles.

Planche liii. COUPE LONGITUDINALE SUR LA LIGNE A B[*]. — Cette coupe, du côté gauche de la chapelle, laisse voir dans le milieu le luminaire, à droite et à gauche un des arcs de chaque salle et les piliers qui les supportent, à chaque extrémité la coupe d'un autre arc et de l'*arcosolium*. On distingue le plan incliné que forme le plafond des deux salles et qui va rejoindre le luminaire à sa naissance. Les deux ouvertures qui se voient au-dessus des portes donnaient passage à la lumière et surtout à la circulation de l'air.

Le luminaire, *luminare*, est une ouverture d'un mètre carré environ, pratiquée dans l'épaisseur du tuf de la voûte du *cubiculum*, à la surface du sol; le *cubiculum* ainsi éclairé se nommait, comme nous le voyons dans un passage d'Anastase[3], *cubiculum clarum*. Le luminaire s'ouvre, comme on le voit dans cette coupe, au haut de la galerie qui sert de communication entre les deux salles de la chapelle ou crypte, et c'est pour cela

---

1. *Luc.*, II, 40 à 48.
2. *Luc.*, II, 47.

3. *In Marcellino*, t. I, p. 30.

qu'il est nommé dans les actes des martyrs, *luminare cryptæ*[1].

Les luminaires sont sans doute aussi anciens que les Catacombes. Ils étaient nécessaires, moins encore pour donner un peu de jour dans l'obscurité de ces immenses souterrains, que pour y renouveler l'air et l'empêcher d'être vicié par les miasmes de leurs innombrables sépultures. Au surplus, deux anciennes inscriptions que nous donnons dans notre 1ᵉʳ vol., pl. xxxiii, n° 7, et dans notre vᵉ vol., pl. lxxii, n° 5, ne laissent aucun doute sur l'antiquité des luminaires qui y sont mentionnés.

La prudence exigeait que les luminaires ne fussent pas trop multipliés, qu'ils fussent pratiqués obliquement, et qu'on les entourât de certaines précautions pour en prévenir les dégradations et pour en assurer la solidité. Trop nombreux, ils n'auraient guère permis aux chrétiens réfugiés dans les Catacombes d'échapper aux recherches des persécuteurs; aussi, saint Jérôme remarque-t-il, dans le récit qu'il nous a laissé des visites qu'il y avait faites dans son enfance, que bien rarement un peu de jour en tempérait les effrayantes ténèbres : *Et raro desuper lumen admissum horrorem temperet tenebrarum*[2]. Ce ne fut seulement qu'après les persécutions qu'on ouvrit d'autres soupiraux, dont le nombre étonna Bosio quand il découvrit une partie du cimetière de Saint-Calixte.

L'obliquité de l'ouverture avait pour objet d'empêcher la pluie, les pierres, la terre, ou tout autre objet de tomber d'aplomb dans le *cubiculum*, de manière à l'endommager ou à blesser les fidèles; cette forme oblique est, en effet, celle de presque tous les anciens luminaires. On n'avait pas non plus négligé deux autres précautions également nécessaires : l'ouverture supérieure était entourée d'une sorte de parapet qui avait pour objet d'empêcher l'eau et les pierres de se précipiter dans le soupirail et d'y occasionner des dégradations; enfin, quand le soupirail traversait des couches de pouzzolane on avait soin d'en soutenir les parois par une maçonnerie en pierres ou en briques, ce qui n'avait pas lieu dans les couches de tuf granulaire ou lithoïde qui présentaient une solidité suffisante, et dans lesquelles ce revêtement était inutile. Il paraît que les parois des soupiraux étaient quelquefois décorées de peintures; Bottari en cite un exemple[3].

Les luminaires avaient en outre une destination particulière pendant les persécutions. On pense qu'ils servaient alors à descendre aux chrétiens réfugiés dans les Catacombes des vivres et peut-être même les corps encore sanglants des martyrs, lorsque la crainte d'être découvert ne permettait pas de se servir pour cela des entrées ordinaires. Enfin, un souvenir cruel et glorieux que nous devons rappeler ici, c'est qu'ils servirent encore au supplice des martyrs, qu'on y précipitait tout vivants. Ainsi furent précipitées, sous Dioclétien, dans les Catacombes de la voie Aurélienne, sainte Candide et sainte Pauline[4].

1. *Cod. ms. S. Petr. et S. Cæcil.*
2. *In Ezech.*, XX.
3. *Scult. e pittur.*, t. II, tav. CXXI.
4. *Cod. ms. S. Petr. et S. Cæcil.*

DEUX ARCOSOLIA

Planche liv. PLAN ET COUPE LONGITUDINALE SUR LA LIGNE AB*. — Le plan représente deux *arcosolia* pratiqués dans une galerie. L'un de ces *arcosolia* est double; la partie postérieure forme un de ces sépulcres, *retro sanctos*, qu'une dévotion indiscrète et peu respectueuse pour les sépultures plus anciennes et, même pour celles des martyrs, avait multipliés lorsque la paix fut rendue à l'Église.

Dans la coupe, on voit au milieu la galerie: à gauche, un *arcosolium* dont le sépulcre est évasé par le bas et la voûte ornée de guirlandes de fleurs; à droite, le double *arcosolium* avec ses deux sépulcres également évasés par le bas. On peut supposer que les sépulcres avaient cette largeur pour former chacun un *bisomum*, c'est-à-dire pour recevoir deux corps. Cette dénomination se lit dans plusieurs inscriptions[5].

Planche lv. ARCOSOLIUM DE GAUCHE VU DE FACE*. En donnant ce dessin géométral, nous avons voulu montrer la disposition d'un *arcosolium* et des *loculi* dans une galerie. La décoration, qui se compose en grande partie de lignes, est d'un bel effet. La peinture du fond représente, entre deux colombes entourées de feuillage, le signe de la croix, qu'on ne rencontre pas fréquemment sur les monuments chrétiens de cette époque. La voûte est ornée de guirlandes de fleurs. A droite de l'*arcosolium*, dans la galerie, sur la tablette d'un *loculus*, est représentée une colombe posée sur un rameau. C'est bien là l'image de l'âme chrétienne retournant à Jésus-Christ après avoir vaincu dans les combats de la vie.

GUIRLANDE DE FLEURS

SOUS UN ARCOSOLIUM *

Planche lvi. — Cette guirlande est sur l'intrados de l'*arcosolium* d'une galerie. La tête de femme placée au milieu rappelle l'art païen et assigne à cette peinture une date assez ancienne.

PEINTURE D'UNE CHAPELLE

Planche lvii. MOISE FRAPPANT LE ROCHER. MOISE QUITTANT SA CHAUSSURE. UN HÉBREU RECEVANT L'EAU DANS SES MAINS. — Cette fresque a été donnée par Bosio[6]. L'artiste chrétien a voulu non-seulement rappeler deux circonstances historiques de l'Exode et des Nombres, mais encore

5. Voyez notre Vᵉ vol., pl. VIII, n° 12; pl. XX, n° 34; pl. XXIX, n° 67; pl. XXX, n° 73; pl. LVI, n° 4; pl. LXXIII, nᵒˢ 3 et 5.

6. *Roma sotterr.*, p. 281. Nous n'avons pas pu dessiner le Bon Pasteur et les deux autres figures qui se voyaient du temps de Bosio au milieu de cette peinture, parce qu'elles étaient trop effacées.

offrir plusieurs symboles importants aux chrétiens des Catacombes. Les deux circonstances ainsi rappelées étaient d'ailleurs pour tous un salutaire avertissement. Dans l'une, Moïse avait manqué de respect en considérant trop curieusement le buisson ardent où Dieu lui était apparu; dans l'autre, il avait manqué de foi en frappant le second coup de verge[1]; or, le respect et la foi sont les deux sentiments que nous devons apporter dans le lieu saint.

On admire avec raison la physionomie de Moïse frappant le rocher; on voit bien là l'expression du doute que lui reproche l'Écriture et qui lui fit frapper le second coup de verge. Il y a un mouvement de précipitation assez bien exprimé dans le personnage de l'Hébreu, dont le manteau est flottant et dont les deux mains reçoivent l'eau qui jaillit du rocher.

La première figure à gauche offre une circonstance remarquable : c'est la main sortant des nuages[2]. Cette main est l'image du Père éternel : symbole plein de justesse, parce que Dieu est lui-même invisible tandis que sa puissance se manifeste par ses œuvres. C'est pour cela que souvent la sainte Écriture se sert, pour exprimer la puissance divine, des mots : le doigt, la main, le bras de Dieu[3].

Si les monuments chrétiens des premiers siècles n'expriment l'idée du Père éternel que par une main qui sort d'un nuage, il n'en fut pas ainsi dans les âges postérieurs. Lorsque la connaissance du mystère de l'Incarnation du Verbe fut devenue populaire, et qu'on eut moins à craindre le danger de laisser confondre la personne du Père avec celle du Fils, les artistes eurent la hardiesse de représenter Dieu le Père sous la forme d'un vénérable vieillard. Ce n'est pourtant que dans des miniatures de manuscrits du ix⁰ et du x⁰ siècle que le *Père éternel* apparaît pour la première fois; encore les exemples en sont-ils rares : on en voit plusieurs dans une très-belle Bible latine du ix⁰ siècle, que Montfaucon a citée dans les *Monuments de la monarchie française*[4] et qui appartient à notre cabinet impérial (n⁰ 1 des manuscrits latins).

CHAPELLE A TROIS SALLES

Planche lviii. PLAN. — Ce monument se compose de trois salles. La salle F, la salle G avec quatre colonnes communiquant à la même salle F par le passage I, et la salle H communiquant à la même salle F par un soupirail. On y remarque quatre pilastres, deux dans le fond, deux dans le milieu et partageant la salle en deux parties, savoir : celle du fond à voûte d'arête, celle de l'entrée à voûte en berceau. Le dessin en demi-teinte qui est à gauche donne le plan du monument, à la hauteur de l'ouverture K, indiquée

dans la coupe; on voit dans la salle H un tombeau avec le monogramme du Christ et l'inscription EVHVCVS gravés sur le circent.

Planche lix. COUPE SUR LA LIGNE AB*. — Cette coupe présente à droite la salle H avec ses pilastres à riches chapiteaux, et ses deux voûtes; à gauche la salle F avec sa voûte haute et étroite, qui s'élève sur deux plans inclinés. Elle donne aussi la disposition du soupirail incliné K, établi entre les deux salles. L'ouverture de ce soupirail est pratiquée dans la voûte de la salle H, à la hauteur de deux mètres soixante-quinze centimètres au-dessus du sol.

Le plan et la coupe de cette chapelle résumeraient en quelque sorte à nos yeux la discipline de l'Église primitive par rapport aux fidèles et aux catéchumènes.

La salle F, destinée aux hommes, ne communique avec la salle G, destinée aux femmes, que par un étroit passage, de manière seulement à laisser entendre les instructions qui se faisaient dans la salle des hommes. La séparation des sexes était donc exactement observée parmi les fidèles. Cette séparation pouvait être aussi pratiquée dans la salle H, destinée aux catéchumènes, à l'aide d'une balustrade ou *transenne*, qu'il était facile d'adapter à une hauteur convenable sur la façade extérieure des pilastres du milieu. Le soupirail qui établit une communication entre la salle des catéchumènes et celle des hommes, a son ouverture pratiquée au-dessus du sol à une hauteur telle qu'elle permettait d'entendre, mais non de voir d'une salle dans l'autre. Cette disposition indiquerait que le soupirail n'avait pas d'autre destination que celle de conduire la voix du prêtre de la salle des hommes dans celle des catéchumènes.

On sait qu'il y avait dans la primitive Église deux ordres de catéchumènes : les *auditeurs*, qui recevaient la première instruction, et les *compétents*, qui, suffisamment instruits, se disposaient à recevoir le baptême. Ces derniers étaient admis à entendre la lecture et les homélies, et même à faire quelques prières avec les fidèles; ce qu'ils pouvaient faire facilement par le moyen du soupirail, sans se mêler à eux, et ce qui n'empêchait pas les *auditeurs* à leur tour de se réunir seuls dans la même salle, mais à des heures différentes.

Telles sont les explications que nous avons puisées dans l'ouvrage du R. P. Marchi, qui a publié seulement le plan et la coupe longitudinale de la salle des catéchumènes[5]. On ne saurait dissimuler une objection qu'on pourrait faire sur la *transenne*, qui aurait établi entre les catéchumènes de différent sexe une séparation bien moins rigoureuse que celle qui était établie entre les fidèles, tandis que la prudence chrétienne réclamait précisément le contraire; mais il serait facile de répondre à cette objection en admettant que la salle H

---

1. *Exod.*, III, 5. — *Numer.*, XX, 11 et 12.
2. On peut en voir d'autres exemples dans l'ouvrage de Bottari, *Scult. e pittur.*, t. I, p. 40, 74, 104, 112; t. II, p. 131, 147, 175; t. III, p. 2.
3. *Exod.*, VIII, 19. — *Judic.*, II, 15. — *Ps.* LXXXVIII, 14.
4. T. I, p. 303. — Ce manuscrit précieux est encore cité par Émeric David, dans ses *Discours historiques sur la peinture moderne*, p. 43, 44.
5. *Monum. delle art. crist. primit.*, t. I, p. 172, tav. XXX.

était destinée aux hommes et aux femmes catéchumènes alternativement, et que si elle était exclusivement destinée aux hommes, les femmes pouvaient avoir ailleurs leur lieu de réunion, comme le R. P. Marchi l'a fait observer lui-même dans le cimetière de Sainte-Agnès, et comme on le verra dans les notes descriptives de la pl. XLIII de notre second volume.

PEINTURES D'UNE CRYPTE

Planche LX. UNE BARQUE AVEC PLUSIEURS FIGURES. UN BAPTÊME *. — La nudité entière du catéchumène baptisé indique que le baptême se faisait par immersion, selon l'usage de l'Église primitive, et le prêtre ou le diacre qui administre le baptême montre, par la pose de sa main sur la tête du catéchumène, qu'il lui fait l'onction de l'huile sainte.

Quant à la barque qui se trouve au-dessus de la représentation précédente, bien que nous l'ayons reproduite au-dessous, elle est tellement effacée qu'on en distingue à peine le mât et le gouvernail. Parmi les figures, il n'y a de visible que celle qui se trouve dans cette barque.

Planche LXI. SEPT CORBEILLES, UNE TABLE, DEUX PAINS ET UN POISSON *. — Cette peinture forme l'un des compartiments qui ornent la voûte; c'est le seul qui s'y soit conservé. Sept corbeilles sont déposées au pied d'une table antique où sont placés deux pains et un poisson. Ces corbeilles sont l'image de la multiplication du pain eucharistique, tandis que les deux pains, dont l'un est marqué d'une croix (*decussatus*), et le poisson, figure de Jésus-Christ, sont le symbole de sa présence réelle.

Au-dessus, un médaillon représente une tête jeune et chevelue, type assez souvent répété sur les monuments profanes, et qui ne doit être ici qu'un simple ornement.

CHAPELLE AVEC LUMINAIRE

DÉCOUVERTE EN 1845

Planche LXII. PLAN *. — Cette chapelle est à deux salles; nous n'avons pu reproduire que celle qui est entièrement déblayée. On y remarque une colonne à chaque angle, un *arcosolium* de chaque côté près de l'entrée, et à gauche un tombeau dans le sol, indiqué par des lignes. Le luminaire s'ouvre, comme dans les autres chapelles, entre les deux salles, au-dessus de la galerie.

Planche LXIII. VUE PERSPECTIVE *. — Cette perspective donne l'intérieur de la salle vue du côté de l'entrée. On aperçoit à droite et à gauche les deux *arcosolia* et les colonnes qui supportent la voûte d'arête avec ses arcs-doubleaux. Ces colonnes présentent une particularité que nous devons signaler : c'est qu'elles sont entièrement détachées des parois et taillées dans le tuf même. Les chapiteaux sont d'une forme singulière, aussi gracieuse que significative; ils représentent des couronnes, symbole du martyre. On remarquera aussi des lignes parallèles tracées sur deux des côtés de la salle, et qui semblent avoir été faites pour imiter des assises.

PEINTURES D'UNE CRYPTE

DÉCOUVERTE EN 1850

Planche LXIV. DEUX COLOMBES AU-DESSUS D'UN TOMBEAU, AU FOND D'UN ARCOSOLIUM *. — Les deux colombes, posées auprès d'une table entourée d'arbrisseaux verts, ne seraient-elles pas, selon l'opinion de Buonarruoti, le gracieux emblème du mariage, et n'indiqueraient-elles pas le tombeau de deux époux?

Planche LXV. ORNEMENTS D'UN ARCOSOLIUM *. — Ces ornements font partie de l'*arcosolium* dont nous venons de parler dans l'explication de la planche précédente, et en occupent tout le dessous. Le dessin en est gracieux, varié, et relevé par l'heureuse combinaison des couleurs.

Planche LXVI. ORNEMENTS D'UN ARCOSOLIUM *. — Sur tout l'intrados de l'*arcosolium* sont représentés ces ornements dans des compartiments carrés, formés par de larges bandes rouges.

Planche LXVII. JONAS SOUS L'ARBRISSEAU, AU FOND D'UN ARCOSOLIUM *. — Le prophète est nu, assis sur la terre, le coude appuyé sur le genou et la tête sur la main droite, attendant ce que deviendra Ninive [1]. Jonas est un des personnages bibliques le plus fréquemment reproduits dans les fresques des Catacombes. Devait-il en être autrement, puisque Notre-Seigneur a dit lui-même que ce prophète était la figure de sa résurrection [2]? Et comme la résurrection de Jésus-Christ est à la fois le type et la garantie de la nôtre, n'était-ce pas un double souvenir de foi et d'espérance que les artistes chrétiens devaient se plaire à retracer dans ces lieux de refuge et de prière, pour consoler et fortifier les âmes aux sanglantes époques des persécutions?

Jonas est représenté aux Catacombes dans trois circonstances de sa vie : 1° lorsqu'il est jeté à la mer; 2° lorsqu'il est englouti par un monstre marin; 3° lorsqu'il est rejeté par le monstre sur le rivage. Nous parlerons de ces scènes à mesure qu'elles seront reproduites dans nos dessins. Enfin, une quatrième

1. *Jon.* IV, 1, 7.

2. *Matth.* XII, 38 à 41; XVI, 4. — *Luc*, XI, 29 et 30.

circonstance est encore assez souvent retracée par les artistes chrétiens : c'est celle qui fait le sujet de cette planche. Le prophète y est représenté reposant à l'ombre de la cucurbite. Il y a là, suivant saint Augustin[1], une figure allégorique de ce qui se passa après la résurrection de Jésus-Christ. Jonas s'afflige de la conversion de Ninive, dont il avait prophétisé la ruine, de même les Juifs convertis s'affligèrent de la conversion des Gentils, dont ils se croyaient pour toujours séparés comme peuple de Dieu. Jonas s'afflige de voir desséchée la cucurbite merveilleuse qui l'avait protégé de son ombrage, et il ne s'attristait point de la perte de cent vingt mille âmes innocentes ; de même les Juifs convertis s'affligent de la perte des promesses temporelles de l'ancienne loi, figurées par le berceau de verdure de la cucurbite, et ils ne s'affligeaient point de cette multitude innombrable de nations qui auraient été exclues du royaume des cieux.

On a beaucoup discuté sur le monstre qui engloutit Jonas, et sur la plante qui l'abrita contre les ardeurs du soleil. Le monstre était-il une espèce de baleine, comme c'est l'opinion vulgaire ? Était-ce une *lamie* comme le pensent quelques savants ? On ne peut le décider, puisque l'Évangile l'appelle *cetus*, dénomination de genre et non d'espèce, et la Bible *piscis grandis*, dénomination plus générale encore. Quoi qu'il en soit, les artistes des Catacombes n'ont voulu représenter ni une baleine ni une *lamie*, mais un monstre extraordinaire, dont la forme étrange peut être justifiée jusqu'à un certain point par le mot *præparavit* de la Bible[2], qui pourrait exprimer la création particulière d'un monstre destiné à engloutir Jonas.

La plante dont l'ombrage protégea le repos du prophète était-elle une cucurbite, comme le dit l'ancienne Vulgate, ou quelque autre arbrisseau, *hedera*, selon le texte de la nouvelle Vulgate ? Quoi qu'il en soit, les artistes des premiers siècles n'ont voulu et n'ont dû représenter autre chose qu'une cucurbite, par respect pour le texte de la Vulgate, tel qu'il était de leur temps.

Les antiquaires ont trouvé dans cette cucurbite un moyen de donner une date certaine aux peintures qui la représentent couvrant Jonas de son feuillage. Ces peintures sont évidemment antérieures à saint Jérôme, qui substitua le mot *hedera* au mot *cucurbita*, dans le texte de sa version qui fut, comme on sait, publiée vers l'année 384.

SÉPULTURES PAÏENNES

Planche lxviii. PLAN DE DEUX ARCOSOLIA[3]. ÉLÉVATION DE L'ARCOSOLIUM D SUR LA LIGNE A B. — Les peintures de ces monuments, qui forment le sujet d'un intéressant problème d'archéologie chrétienne, ont déjà été publiées par Bottari[1] ; il est vrai que s'il fallait s'en tenir aux explications de ce savant archéologue, il n'y aurait pas ici de problème, puisqu'il ne voit dans ces tombeaux et dans les fresques qui les décorent, que des *arcosolia* et des symboles chrétiens. Mais ces explications ne sont plus admissibles aujourd'hui, et pour les réfuter d'une manière péremptoire, il suffit, sans recourir aux deux savantes dissertations du R. P. Garrucci[4], de rappeler, d'une part, qu'à la voûte du premier sépulcre figure une Vénus, que nous ne devions pas reproduire, et que d'ailleurs Bottari n'a pas publiée non plus, et, d'autre part, de citer l'inscription du second sépulcre, dont Bottari n'a donné que des fragments trop incomplets pour qu'il pût en saisir le véritable sens.

Voici cette inscription, qui forme un distique :

NVMINIS·ANTIS[T]ES·SABASIS·VINCENTIVS·HIC·[EST
Q]VI SACRA·SANCTA·DEVM·MENTE PIA· CO[LVIT].

Numinis antistes Sabasis, Vincentius hic est,
Qui sacra sancta Deum mente pia coluit.

Nous la donnons telle que le R. P. Garrucci l'a rétablie, et avec les restitutions qu'il a proposées.

On voit que c'est l'épitaphe d'un prêtre du dieu *Sabasis* ou *Sabasius*. Au-dessus on lit une autre épitaphe, qui paraît être celle de Vibia, femme de Vincentius, morte avant lui, et qui, dans cette inscription, s'adresse en ces termes à son époux :

VINCENTI·HOC·O[VM·FRE]QVE[N]TES·QVOT·VIDES·PLVRES·ME·
ANTECESSERVNT·OMHES·EXPECTO·MANDVCA·VIBE·LVDE·ET·VEHI·AT·
ME·CVM·VIBES·BENEFAC·HOC·TECVM·FERES·

Vincenti, hoc olim frequentes quo[d] vides. Plures me antecesserunt ;
omnes experto. Manduca, [b]ibe, lude et veni a[d] me. Cum v[i]es
benefac : hoc tecum feres.

Plusieurs mots effacés ont été restitués par le R. P. Garrucci. Enfin, ce savant a publié et également rétabli une dernière inscription, qui est gravée sur un troisième sépulcre sans peinture, voisin des deux premiers et qui, dans notre plan, se trouve à côté de la sépulture D, où la Vénus est représentée. C'est l'épitaphe d'un prêtre de Mithra. Nous ne la citerons pas. Qu'il nous suffise de dire qu'on y trouve, ainsi que dans celle de Vibia, plus d'un trait de cette morale plus que relâchée dont les païens ne craignaient pas de faire graver l'expression, même sur leurs tombeaux.

---

1. *Epist.* c. II, *Quæst. IV, ad Deo gratias.*
2. *Jon.*, II, 1.
3. *Scult. e pittur.*, t. III, *frontisp. præfa.* p. V ; p. 102, 218.

4. *Tre sepoleri con pittur. ed iscriz.*, Napoli, 1852. — *Mystères du syncrétisme phrygien*, dans les *Mélanges d'archéologie* des R. P. Cahier et Martin, t. IV.

De tout cela il résulte que des familles païennes avaient leur caveau sépulcral presque au niveau des Catacombes chrétiennes. Ce fait, qui nous semble incontestable, donne lieu à la question suivante : si ce caveau païen ne fait pas partie des Catacombes, comment est-il situé de manière à laisser présumer qu'il en faisait partie?

Avant de répondre à cette question, il est à propos de signaler deux erreurs fort répandues, qui consistent à reconnaître dans l'*arcosolium* une forme sépulcrale exclusivement chrétienne, et à regarder l'inhumation proprement dite comme n'ayant été pratiquée que par les chrétiens. Or, d'une part, M. de Saulcy a publié, dans les planches de son Voyage aux terres bibliques[1], plusieurs tombeaux incontestablement païens et présentant toutes les formes de l'*arcosolium* chrétien, et il a bien voulu nous affirmer lui-même que cette forme sépulcrale est celle d'un très-grand nombre de tombeaux qu'il a vus dans son voyage; et, d'autre part, sans parler des sépultures si connues des Égyptiens, on ne saurait méconnaître que l'inhumation n'ait été de tout temps une coutume religieuse parmi les Hébreux, et que, de la synagogue, elle n'ait passé dans l'Église. On voyait à Rome, près de la porte Portuensis, sur le monticule *Rosato*, une catacombe juive, qui fut découverte par Bosio, et dont l'origine remonte probablement au temps de Jules César, époque où les Juifs affluèrent dans la capitale du monde; et il paraît même qu'au IIIe siècle l'inhumation fut aussi adoptée par les païens. Il n'y a donc pas lieu de s'étonner que des familles pratiquant un culte oriental, comme celui de Sabasins ou de Mithra, aient eu à Rome, ainsi que les Juifs, leurs cryptes sépulcrales.

Pour en revenir à la question que nous nous sommes posée, à la première vue, la galerie païenne dont il s'agit nous sembla, nous devons l'avouer, faire partie des Catacombes; mais ensuite un examen plus attentif des lieux, tels qu'ils étaient en 1848, époque de notre séjour à Rome, nous fit remarquer un double indice qui pouvait faire présumer qu'elle en était indépendante : c'est sa double proximité et de la voie Appienne, où elle devait avoir son entrée particulière, et d'une autre sépulture païenne, d'un *columbarium*, qui forme aujourd'hui l'une des entrées du cimetière de Saint-Prétextat, et qui, depuis l'ouverture qu'on y a pratiquée, semblerait également faire partie de ce cimetière; de telle sorte que si l'on admet que ce *columbarium* est indépendant des Catacombes, on doit, par la même raison, en dire autant de la galerie dont il s'agit.

Mais comment expliquer la présence de cette galerie au milieu des Catacombes chrétiennes? Cela n'est possible, évidemment, que par l'une ou l'autre de ces deux circonstances : ou par une usurpation païenne du terrain des Catacombes, ou par la rencontre fortuite d'une sépulture païenne par le pic des anciens fossoyeurs.

Les nouvelles fouilles qu'on a pratiquées depuis quatre ans ont amené des découvertes qui rendent plus probable la dernière de ces circonstances. On a trouvé un peu au-dessous, mais à peu de distance de la sépulture D, des inscriptions qui ne portent aucun indice de paganisme; on y a même trouvé, ainsi que l'écrit M. de Rossi au R. P. Garrucci[2], des vases de sang : ce qui ferait supposer que les anciens fossoyeurs ayant rencontré, dans leurs excavations, cette sépulture païenne, s'en seraient prudemment détournés et auraient pratiqué un peu au-dessous, à quelque distance, une galerie de communication avec la partie du cimetière voisin de cette sépulture. Le R. P. Garrucci croit avoir en outre trouvé des indices qui feraient supposer que les fossoyeurs s'étaient empressés d'intercepter cette galerie : nous voulons dire des trous, pratiqués des deux côtés de la galerie, et dans lesquels ils auraient fixé des barres pour opérer cette condamnation. Mais ce ne sont là peut-être que les indices de la condamnation faite depuis Bottari, et dont nous avons déjà parlé. Il nous paraît plus probable que cette galerie païenne, respectée par les anciens fossoyeurs tant que subsistèrent les familles auxquelles elle appartenait, a été plus tard découverte par les fossoyeurs modernes, dans l'état où nous la voyons aujourd'hui.

Quoi qu'il en soit, toutes ces suppositions sont admissibles, et elles n'ont rien qui répugne à la raison; tandis qu'il est impossible d'admettre que, par un mépris formel d'un usage qui n'a jamais cessé d'être considéré comme un devoir sacré dans l'Église, les premiers chrétiens de Rome aient fait un mélange sacrilège de leurs sépultures avec les sépultures païennes.

Nous n'avons reproduit que deux des sujets de la sépulture D, qui sont complets, c'est-à-dire au nombre de quatre, dans l'ouvrage du R. P. Garrucci. Nous emprunterons à ce savant ouvrage les courtes explications que nous allons donner de ces peintures qui forment un hors-d'œuvre dans le nôtre.

La planche LXVIII, outre le plan des deux sépultures, donne l'élévation de l'*arcosolium* D. Dans le fond, sont deux génies sous la forme d'enfants, qui portent une palme à la main. Sur la face extérieure et de chaque côté, se présentent deux guerriers armés, dont l'un tient un vase de la main droite. Le R. P. Garrucci rappelle à cette occasion l'usage où l'on était de donner un caractère militaire aux initiations mithriaques, dont cette fresque représente, suivant lui, une scène remarquable[3].

On voit à gauche une partie du troisième sépulcre, mentionné plus haut.

Planche LXIX. UNE FEMME COURONNÉE. — Cette figure, couronnée de lauriers et vêtue d'une tunique sans manches, fait partie de la représentation précédente, à droite de l'*arcosolium* D.

Planche LXX. LE BANQUET MYSTIQUE. ENSEMBLE DE L'ARCOSOLIUM C. — Cet ensemble se compose de quatre

---

1. *Voyage autour de la mer Morte et dans les terres bibliques, exécuté de décembre 1850 à avril 1852*, pl. V, LII, LIV et LV.

2. *Tre sepolcri con pittur. ed iscriz.*, p. 70.

3. *Ibid.*, p. 50.

scènes qui représentent : l'une la mort de Vibia, femme de Vincentius; l'autre son jugement, la troisième son introduction au banquet mystique, la quatrième le repas funèbre célébré en son honneur.

1° Vibia est représentée enlevée par Pluton, ABREPTIO VIBIES, pour rappeler que sa mort fut prématurée. Le dieu est debout sur son quadrige, conduit par Mercure, et il tient entre ses bras la femme de Vincentius, emportée comme lui par la rapidité de ses coursiers. Aux pieds de Mercure s'ouvre l'urne du fleuve Achéron par lequel Vibia va descendre aux Enfers; c'est ce qu'indique le mot DESCENSIO, que d'autres lisent DISCENSIO. (Voyez la pl. LXXII.)

2° Le jugement de Vibia a lieu au tribunal de Pluton, DISPATER. Ce dieu est assis sur un trône avec sa femme Proserpine, ABRACVRA, nom jusqu'ici inconnu, mais dans lequel un savant a vu la transcription latine des mots grecs ἀβρὰ Κούρη, qui conviennent très-bien à cette déesse. A la droite du trône, on voit trois Parques, FATA DIVINA[1], à la gauche, VIBIA, précédée de Mercure, MERCVRIVS NVHTIVS, et accompagnée d'Alceste, ALCESTIS, épouse d'Admète, roi de Thessalie, et l'héroïne de l'amour conjugal. (Voyez la pl. LXXIII.)

3° L'introduction de Vibia au banquet mystique, INDVCTIO VIBIES, est faite par un jeune homme couronné de fleurs et tenant à la main une autre couronne. Son nom, ANGELVS BONVS, le bon messager, est peut-être moins un emprunt fait au christianisme qu'un indice des idées grecques et orientales, qui ont présidé à la création de toutes ces scènes. Vibia paraît ensuite assise au festin mystique, au milieu de ceux qui ont été jugés dignes de la récompense des bons, BONORVM IVDICIO IVDICATI. Les convives sont rangés autour d'une table circulaire formée de coussins. A leurs pieds, on voit trois serviteurs, et à leur gauche l'amphore posée sur le trépied, engytheca ou angotheca. Le deuxième convive à gauche portait une couronne, aujourd'hui à moitié effacée. (Voyez la pl. LXX.)

4° Le repas funèbre en l'honneur de Vibia est donné par Vincentius son époux aux prêtres de Sabasius. Sur les sept, SEPTE PII SACERDOTES, Vincentius et deux autres portent seuls la coiffure sacerdotale surmontée de l'apex; tous sont vêtus de la tunique et du manteau. Ce personnage, ainsi que l'indique le distique latin qui forme son épitaphe, paraît avoir été enseveli à son tour, dans le même sépulcre que sa femme. (Voyez la pl. LXXI.)

Nous avons reproduit séparément, pl. LXXIV, les figures des trois Parques, dont la pose et les draperies rappellent une belle époque.

Toutes ces peintures, non-seulement par leurs inscriptions, mais encore par la forme et par les attitudes des personnages, accusent évidemment l'art païen et l'intention toute païenne de l'artiste.

CIMETIÈRE DE SAINT-SIXTE

DESCRIPTION DES PLANCHES

MOSAÏQUE DE LA BASILIQUE DE Sᵗᵉ-CÉCILE

PLANCHE LXXV. TITRE. — Cette mosaïque, dont nous ne reproduisons ici qu'un fragment, remonte à l'année 822, époque où le pape Pascal Iᵉʳ fit restaurer et embellir la basilique de Sainte-Cécile. Ce fragment représente deux personnages qui se trouvent à gauche de Notre-Seigneur, dans l'ensemble de la mosaïque. Ces personnages sont sainte Cécile elle-même et son époux Valérien. Tous deux sont couronnés de l'auréole et richement vêtus. Valérien porte une tunique verte, bordée d'or et recouverte d'un manteau blanc. Il tient sur sa poitrine une couronne ornée de perles et de pierres précieuses. Les vêtements et la couronne de sainte Cécile sont plus riches encore : sa robe et son manteau sont en or. Sur sa couronne brillent des pierreries de diverses couleurs; elle y pose la main gauche et la tient de la droite sous un voile blanc, symbole de sa virginité. Ses cheveux sont ornés d'une

---

1. Des auteurs modernes voient un homme barbu dans le personnage du milieu, tandis que Bottari (*Scult. e pittur.*, t. III, p. 218) n'y avait vu, il y a un siècle, que ce que nous croyons y reconnaître nous-mêmes aujourd'hui. Il nous semble qu'on ne saurait être trop réservé, quand il s'agit de représenter des peintures si endommagées par le temps sous des traits que nos devanciers n'y ont pas remarqués.

Nous saisirons cette occasion pour prévenir le reproche qu'on pourrait nous faire, de donner quelques sujets moins complets qu'ils ne se trouvent dans quelques auteurs. Notre justification est tout entière dans le caractère même de notre œuvre : nous devions demeurer fidèles à la loi que nous nous sommes imposée, de reproduire les monuments des Catacombes tels que nous les avons trouvés, sans y rien ajouter. Par exemple, nous n'avons pu copier, des deux scènes qui se trouvent sur l'intrados du sépulcre D, à gauche et à droite, que la prêtresse qui est à droite : le reste est tellement effacé, qu'on ne peut le reproduire qu'en se servant du travail de ceux qui, longtemps avant nous, à une époque où ces peintures étaient moins altérées, ont exploré les mêmes lieux.

bandelette et son cou est entouré d'un collier à quatre rangs de perles. C'est probablement cette espèce de colliers que Buonarruoti désigne sous le nom de *segmenta*[1]. Sur chacune des tuniques, on remarque des *calliculæ*[2]. Aux pieds des deux époux s'épanouissent des lis et des roses, et de chaque côté s'élève un palmier chargé de fruits, symbole de leur victoire et des mérites de leur martyre. Sur une branche de l'un de ces arbres, on voit un phénix nimbé, qui rappelle sans doute l'oiseau symbolique que sainte Cécile fit graver sur la tombe de Maxime, vive image de la résurrection que lui avaient annoncée Tiburce et Valérien, quand ils en firent un chrétien et bientôt aussi un martyr. Il est à remarquer que ce phénix nimbé, d'une forme svelte, est semblable au phénix païen, et tel qu'on le voit dans une peinture plus ancienne de la chapelle de Sainte-Félicité, aux thermes de Titus. Il n'en est pas de même de ceux qui sont gravés sur les tombeaux, assez grossièrement d'ailleurs, notamment sur la belle pierre de FALEMERE au musée Kircber, pierre dont nous reproduisons l'inscription, vol. v, pl. xliii, n° 1. Ciampini a publié cette mosaïque[3].

PEINTURES

D'UN ARCOSOLIUM D'UNE GALERIE

DÉCOUVERTE EN 1845

Au fond de l'*arcosolium*, on voit à peine les traces de deux brebis et de deux colombes, avec le monogramme du Christ. Ces images sont trop effacées pour être reproduites.

Planche lxxvi. SAINT PIERRE ET SAINT PAUL[1]. — Ce dessin représente sur l'intrados de la voûte, à droite, saint Pierre et saint Paul debout avec une tour entre eux deux. Cette tour couronnée est peut-être le symbole de l'Église ou de la Jérusalem céleste. La figure de saint Pierre est entièrement détruite dans la partie supérieure; mais on lit encore le nom de PETRV[S], auquel il ne manque que l'S finale. Celle de saint Paul, qui est suffisamment conservée, a pu être reproduite; l'apôtre est vêtu de la toge, chaussé de sandales, et il porte à la main gauche le *volumen* de ses épîtres. Le mot PAVLVS se lit tout entier.

Planche lxxvii. DEUX BUSTES PEINTS[2]. — Ces deux bustes sont à gauche, sur l'intrados de la voûte, et correspondent aux figures de saint Pierre et de saint Paul. Au-dessus de l'un, on lit le mot SISTVS; l'autre doit être le buste de saint Laurent, disciple bien-aimé de saint Sixte, et qu'on ne pouvait guère séparer d'un maître dont il fit la gloire.

Planche lxxviii. UN AGNEAU ET DEUX ANIMAUX[1]. — Cette fresque se trouve devant le tombeau de l'*arcosolium*. Le nom de SVSANNA est inscrit au-dessus de l'agneau, et le mot SENIORIS pour SENIORES au-dessus de l'un des deux animaux, qui sont évidemment des loups. L'agneau entre deux loups rappelle donc, sous la forme d'une allégorie, l'histoire de la chaste Susanne, qui elle-même est, dans un sens mystique, suivant saint Hippolyte[4], l'image de l'Église au milieu des persécutions.

Cette rapide et grossière ébauche, que nous avons reproduite avec toutes ses imperfections, ne manque pas d'une certaine fermeté. Exemple unique d'un nouveau genre d'allégories, elle peut servir à expliquer d'autres symboles adoptés par les artistes chrétiens.

Planche lxxix. UN PERSONNAGE[2]. — Cette figure, qui se trouve à droite de l'*arcosolium*, correspond à une autre figure que l'on voyait à gauche, mais qui est entièrement effacée. Elle n'offre rien de remarquable. Elle porte la toge et les sandales. Quelques lettres, ADE.... se voient au-dessus de la tête; d'autres, LIB..., près de la joue gauche: nous n'en connaissons pas la signification.

Les quatre peintures ci-dessus nous paraissent du même pinceau.

PEINTURES

D'UNE CRYPTE AVEC LUMINAIRE

DÉCOUVERTES EN 1850

Planche lxxx. TROIS FIGURES, UN ARBRE ET UN OISEAU[1]. — Cette peinture et les deux qui sont reproduites dans les planches lxxxi et lxxxii, sont placées entre deux rangs de *loculi*. Nous croyons pouvoir leur assigner une date antérieure à celle des quatre peintures précédentes.

Le sujet de celle-ci est bien difficile à expliquer d'une manière un peu positive et satisfaisante. Peut-être est-ce le triomphe d'un martyr; mais nous n'émettons cette conjecture qu'avec la plus grande réserve. Du reste, ce sujet a quelque analogie avec le couronnement d'une martyre, représenté dans notre vol. iii, pl. xxiv.

Planche lxxxi. JÉSUS-CHRIST ET LA SAMARITAINE[1]. — La figure de Notre-Seigneur est en partie effacée. Il est debout; on voit à ses pieds l'ouverture de la citerne au bord de laquelle il était assis, fatigué de la route et de la chaleur, quand la Samaritaine vint y puiser de l'eau. On connaît les

---

1. *Vetri cimit.*, p. 157.
2. *Ibid.*, p. 33.
3. *Vetor. monim.*, t. II, tab. iii.
4. *In Dan.* p. 21, édit. de Fabri.

touchantes paroles qu'il lui adressa. Au geste que fait le Sauveur de la main droite, et surtout à l'attitude de la Samaritaine et à l'expression de sa physionomie, il semble que l'artiste ait voulu exprimer le moment où Jésus vient de dire à cette femme : *Et nunc quem habes non est tuus vir*[1], et où elle lui répond : *Domine, video quia propheta es tu*[2]. La pécheresse est tellement émue d'étonnement, de honte et de respect, qu'elle ne songe plus à donner à Jésus le vase d'eau qu'elle allait lui offrir. On admire avec raison la figure de la Samaritaine, qui, dans son ensemble, est tracée avec vigueur et intelligence. Les draperies de sa tunique peuvent servir de modèle.

Ce sujet se retrouve sur plusieurs sarcophages des Catacombes.

PLANCHE LXXXII. TROIS FIGURES[3]. — Ces trois figures, enveloppées de longs manteaux qui leur couvrent les mains, ne présentent aucune espèce d'indices qui puissent les faire reconnaître. Leur position entre des *loculi* ferait croire que ce sont les images de trois défunts.

BAPTISTÈRE DE SAINT VALÉRIEN

PLANCHE LXXXIII. PLAN ET COUPE TRANSVERSALE SUR LA LIGNE A B. — Ce monument est situé sous l'église de Saint-Urbain, dite *alla Caffarella*, qui, selon d'Agincourt[3], a été l'un des premiers temples du paganisme consacrés au culte chrétien. Il y a même son entrée, qui date par conséquent du IVᵉ siècle. Le plan et la coupe ont été publiés par d'Agincourt[4], mais sur une très-petite échelle.

Ainsi qu'on le voit par notre plan, on arrive à la crypte par un escalier, un vestibule à voûte d'arête, et par une petite galerie où sont quatre marches. Cette crypte est à voûte en berceau; dans le fond se trouve l'autel surmonté d'une niche; à droite s'ouvre un étroit soupirail. A gauche, près de l'entrée, il y avait une porte qui est aujourd'hui murée, mais dont on voit encore la partie supérieure; ce qui fait présumer qu'une communication était autrefois établie entre cette crypte et les Catacombes voisines.

La coupe nous donne le fond de la crypte, son autel et sa niche absidale, ornée d'une peinture représentant la Sainte Vierge avec l'Enfant Jésus sur ses genoux. A sa gauche est saint Jean et à sa droite saint Urbain. Elle pose ses mains sur les épaules de l'Enfant Jésus. Elle est couverte d'un long voile bleu et vêtue d'une tunique rouge. L'Enfant Jésus tient de la main gauche un livre; sa main droite bénit à la manière grecque, c'est-à-dire l'annulaire placé sur le pouce; il est vêtu d'une tunique verte et d'un manteau jaune. Saint Jean et saint Urbain tiennent, chacun des deux mains, un livre richement orné. Saint Jean a une longue tunique verte et un manteau. Saint Urbain porte le pallium vert, sur sa tunique. Toutes les auréoles sont dorées et entourées d'un double cercle, dont l'un est blanc, l'autre rouge; l'auréole de la Sainte Vierge est plus grande que les autres; celle de l'Enfant Jésus est crucifère.

Cette œuvre grossière accuse à la fois la barbarie des temps et l'impéritie du peintre; elle ne nous semble pas devoir être d'une époque antérieure au IXᵉ siècle.

Nous devons ici réparer une erreur commise au premier tirage de cette planche : nous y avons désigné cette crypte comme étant le baptistère de saint Valérien, époux de sainte Cécile. Cette attribution, donnée par quelques auteurs sans autorité, est trop légèrement fondée pour que l'on doive l'adopter.

CIMETIÈRE DELLA MADONNA DELLA STELLA

NOTRE-SEIGNEUR

LA Sᵗᵉ VIERGE ET Sᵗ SMARAGDUS

PLANCHE LXXXIV. — Ce cimetière, dont l'entrée est située sur la voie Appienne, est creusé près d'Albano, à vingt kilomètres de Rome, sous le couvent et l'église qui lui ont donné son nom. Il a été exploré en 1782 par d'Agincourt[1], qui remarqua que l'élévation des voûtes était inégale et variait de dix à treize mètres. Boldetti y fit faire, en 1712, des fouilles qui n'eurent pour résultat que la découverte de quelques *loculi*[6]. Toutefois, les débris d'un vase de sang trouvés devant un sépulcre, mais sans aucune adhérence, furent à ses yeux un indice que ce cimetière avait servi de sépulture aux martyrs.

1. *Joan.* IV, 18.
2. *Ibid.* XIV, 19.
3. *Hist. de l'Art*, t. I, p. 34.
4. *Hist. de l'Art.* t. III, pl. XX.
5. *Ibid. Sommaire des pl.*, t. V, p. 7.
6. *Osservaz. sopra i cimit.*, p. 558.

La peinture que nous donnons ici et qui a été publiée très-imparfaitement par Boldetti[1], est placée dans une chapelle, au-dessus d'un sépulcre qui servait d'autel. On y voit les bustes de Notre-Seigneur, de la Sainte Vierge et de saint Smaragdus. Notre-Seigneur est au milieu; il porte le nimbe crucifère, signe de sa divinité; le saint Évangile est posé sur sa poitrine; sa figure, surtout sa barbe et sa chevelure, sont conformes au type traditionnel. A sa droite est la Sainte Vierge, remarquable par la forme du voile qui enveloppe sa tête et qui est semblable à celui que l'on voit pl. LXXXIII de ce volume, plus remarquable encore par la pose de ses mains, qui semblent exprimer sa constante intercession auprès de son divin fils. On lit au-dessus du nimbe le titre grec MITER THEV en lettres latines. A gauche de Notre-Seigneur, saint Smaragdus, dont le nom SMARAGDVS est écrit au-dessus du nimbe avec l'initiale S, tient de la main gauche un livre quadrangulaire; de la droite il semble joindre sa prière à l'intercession de la Sainte Vierge. Saint Smaragdus était le digne compagnon de saint Cyriaque et de saint Large. Il obtint comme eux, en 303, la couronne du martyre.

Cette peinture doit être à peu près contemporaine de la précédente, avec laquelle elle a beaucoup d'analogie, soit par l'inscription grecque MITER THEV, soit par la forme du voile de la Sainte Vierge, soit enfin par la stature plus élevée donnée au personnage principal. D'Agincourt[2] lui assigne la même date que nous.

CIMETIÈRE DE SAINT-APRONIANUS

ENTRÉE D'UNE CRYPTE. PLAN. ÉLÉVATION. DÉTAILS

PLANCHE LXXXV. — L'état d'encombrement où se trouvait cette crypte ne nous a pas permis d'en reproduire autre chose que l'entrée, formée de deux colonnes surmontées d'un arc et accouplées de petits pilastres revêtus de stuc. Les chapiteaux des colonnes et des pilastres sont d'une assez belle composition. Suivant les indications qui nous ont été données sur les lieux, cette crypte ferait partie du cimetière de Saint-Apronianus.

1. Osservaz. sopra i cimit., p. 558

2. Hist. de l'Art, t. V, p. 23.

ARCHITECTURE ET PEINTURES

CIMETIÈRES
DE SAINTE-AGNÈS, DE SAINT-MARCELLIN ET DE SAINT-PIERRE
DE SAINTE-HÉLÈNE, DE SAINT-ZOTICUS

DESCRIPTION

DES PLANCHES

DU SECOND VOLUME

FRONTISPICE

MÉDAILLE EN BRONZE REPRÉSENTANT SAINT PIERRE ET SAINT PAUL

PLANCHE I. — Au-dessus des saints apôtres, se trouve le monogramme du Christ. Cette médaille n'est pas conforme au type traditionnel. Elle est déposée au musée chrétien du Vatican. On peut consulter, sur le type primitif et traditionnel des figures de saint Pierre et de saint Paul, les notes descriptives de la planche II de notre premier volume, page 23.

CIMETIÈRE DE SAINTE-AGNÈS

NOTICE

Rome fut le théâtre du martyre de sainte Agnès, peu de temps après la persécution que Dioclétien alluma en 303. Tous les peuples, dit saint Jérôme[1], se réunissent pour célébrer dans leurs discours et dans leurs écrits, les louanges d'une jeune fille de treize ans qui sut triompher de la faiblesse de son âge, comme de la cruauté du tyran, et qui couronna la gloire de la chasteté par celle du martyre.

Dans son traité *De Virginibus*[2], saint Ambroise nous a conservé quelques détails sur ce martyre. « Une jeune épouse, dit ce père, s'avance vers l'autel avec moins de joie qu'Agnès n'en manifestait en marchant au supplice. Un peuple immense l'accompagne. Spectacle inouï! une jeune enfant est conduite à la mort! Tous pleurent, parents, amis, ennemis même : elle seule est sans larmes. Le bourreau déploie sous ses yeux l'appareil du supplice, et jette sur elle un regard féroce, espérant par là dompter sa fermeté. En même temps, que de douces paroles le juge ne lui adresse-t-il pas pour la gagner! que de vœux n'expriment pas autour d'elle une foule de jeunes gens qui aspirent à sa main! que de paroles séduisantes retentissent à ses oreilles! Mais elle répond d'un air serein : « Que personne « n'essaie de m'arracher à Jésus-Christ : il est mon premier « époux; je proteste que nul autre ne me possédera jamais.

1. *Epist.*, VIII.

2. C. II.

« Qu'hésites-tu, bourreau ? » Après ces mots, elle se recueillit et présenta sa tête au glaive. »

Deux monuments ont été élevés à la gloire de sainte Agnès : l'un a été construit par Innocent X sur la place Navone ; on croit que ce fut au lieu même où était situé l'infâme repaire qu'elle purifia pour toujours par sa présence de quelques instants ; l'autre, qui date du siècle de Constantin, s'élève au-dessus de la grotte sépulcrale, où elle fut déposée après sa mort.

Il en est un troisième qui n'honore pas moins l'héroïne chrétienne : c'est le cimetière qui porte son nom. L'origine de ce cimetière, suivant Bosio[1], ne daterait que de l'an 304, époque où y fut ensevelie la jeune martyre.

Constance, fille de l'empereur Constantin, ayant été guérie auprès du tombeau de sainte Agnès, d'une maladie incurable, ce prince, par reconnaissance, éleva sur ce tombeau même la basilique dont nous venons de parler, et qui est une des plus anciennes de Rome. Dès lors les chrétiens, suivant la pieuse coutume de l'Église primitive, se firent inhumer près du corps vénéré de l'illustre vierge : de nouvelles chambres sépulcrales se creusèrent autour de la sienne ; un grand nombre de nobles familles romaines y choisirent le lieu de leur sépulture et s'y construisirent de magnifiques sarcophages. Constance se fit enterrer à son tour auprès de sainte Agnès, et, peu de temps après, deux autres filles de l'empereur, Hélène, femme de Julien, et Constantine, femme de Gallus, décédées, l'une à Vienne dans les Gaules, l'autre au fond de la Bithynie, vinrent de l'Occident et de l'Orient rejoindre leur sœur endormie auprès de la sainte. C'est ainsi que se serait formé, en quelques années, le vaste cimetière de Sainte-Agnès.

Nous devons signaler ici, sur la date du martyre de sainte Agnès, une opinion contraire à celle de Bosio : Buonarruoti[2], s'appuyant de l'autorité de Bollandus, fait remonter cette date jusqu'au règne de Gallien et de Valérien, c'est-à-dire plus d'un demi-siècle auparavant ; mais nous devons dire que l'opinion de Bosio a pour elle l'autorité de Dom Ruinart, qui, réfutant Bollandus sur ce point, regarde comme plus vraisemblable la date du 21 janvier 304.

Quelle que soit, du reste, l'opinion que l'on admette sur la date de cet événement, on ne peut s'empêcher de reconnaître, avec tous les hommes versés dans la connaissance des antiquités chrétiennes, que le style des peintures et de l'architecture d'un certain nombre de monuments du cimetière de Sainte-Agnès, appartient plus probablement aux dernières années du IIe siècle qu'aux premières années du IIIe, et qu'en conséquence l'origine de ce cimetière est, pour une partie du moins, antérieure, non-seulement au règne de Dioclétien, mais même à celui de Valérien et de Gallien.

Il est encore deux souvenirs qui ont illustré ce cimetière, et que nous devons rappeler en terminant cet historique.

1° C'est auprès de la basilique élevée sur la tombe de sainte Agnès, que la princesse Constance fit bâtir un monastère, qui existait encore sous le pontificat de Léon III[3], mais dont il ne reste plus aujourd'hui que des ruines. On le met au nombre des premiers monastères de femmes[4].

2° C'est dans ce monastère que le pape Libère, au retour de son exil de Bérée, où l'avait relégué l'empereur Constance, vint s'enfermer pendant quelque temps. En reconnaissance de l'hospitalité qu'il y avait reçue, il ajouta de nouveaux ornements au sépulcre de sainte Agnès et le fit revêtir de plaques de marbre[5].

On lit dans l'une des nefs latérales de la basilique, une inscription en vers composée par le pape saint Damase, qui rappelle le glorieux martyre de sainte Agnès[6]. Muratori en donne[7] une autre : [MAR]TYRE AGNETI POTITVS SERBVS DEI ORNA-VIT, qui prouve le pieux empressement des fidèles à contribuer à l'ornement de cette basilique ; il la donne telle qu'elle est, c'est-à-dire avec l'omission de trois lettres qu'il est facile de rétablir[8].

DESCRIPTION DES PLANCHES

MOSAÏQUE DE L'ABSIDE DE LA BASILIQUE DE SAINTE-AGNÈS

PLANCHE 1. TITRE. — Dans la mosaïque complète, publiée par Ciampini, la jeune martyre est debout, ayant à sa droite le pape Honorius Ier qui restaura, en 626, la basilique élevée par Constantin, et à sa gauche, probablement, le pape Symmaque, qui, antérieurement, avait aussi réparé cette basilique[9]. Nous ne donnons ici que la figure de la sainte. Elle se détache sur un fond d'or. La tête est entourée du nimbe et surmontée d'un diadème orné de trois étoiles. Les

1. *Roma sotterr.*, p. 417.

2. *Vetri antichi*, p. XV, 126, 127.

3. Anast. Biblioth., *in Leon.* III, t. I, p. 290. *Romæ*, 1718.

4. Bosio, qui vivait au commencement du XVIIe siècle, assure avoir reconnu l'entrée par laquelle les religieuses descendaient dans le cimetière souterrain, et ce fut par ce même passage qu'il y pénétra lui-même. *Roma sotterr.*, p. 418.

5. Anast. Biblioth., *in Liber.*, t. I, p. 57.

6. Voyez notre Ve vol. pl. XXXIX, n° 131.

7. *Nov. Thes.* p. 1926, n° 6.

8. Nous donnons dans notre IVe vol., pl. XXIII, n° 19 ; pl. XXVI, nos 41 et 42 ; pl. XXVIII, n° 65 ; pl. XXXIII, n° 114, des fragments de verres dorés, qui portent le le nom et l'effigie de sainte Agnès.

9. *Ciampini*, *Veter. monim.*, t. II, p. 108. — Anast. Biblioth., t. I, p. 84, 120.

cheveux sont blonds, ils descendent en tresses et se terminent gracieusement par des pendants d'oreille, où brillent la perle et le saphir. Le riche costume de la sainte rappelle celui des impératrices de Byzance. Il se compose d'un laticlave d'or, gemmé, à liserés blancs, et d'une tunique violette, dont la couleur sombre fait encore mieux ressortir l'éclat des pierreries dont elle est parsemée. Un voile blanc, remarquable par une brillante étoile, se déploie sur le bras gauche. A l'un des pans de la robe, on voit un phénix, symbole de la résurrection. Des pieds partent deux jets de flammes en souvenir du triomphe de la jeune vierge. Elle tient entre ses mains un livre, peut-être les actes de son martyre.

Ciampini [1] explique le costume tout oriental de la vierge romaine, par la nécessité où l'on fut sans doute, en 626, époque à laquelle Honorius Ier fit faire cette mosaïque, de recourir à Byzance, où s'étaient réfugiés les beaux-arts, chassés de l'Italie par les barbares. Les artistes byzantins auraient imité le costume et les parures de leur pays.

ENTRÉE DU CIMETIÈRE
VUE DE LA CAMPAGNE DE ROME DU CÔTÉ DES SABINES [*]

Planche ii. — L'entrée du cimetière de Sainte-Agnès est située dans un vallon délicieux, au pied de riants coteaux qui ont été célébrés par Pline et par Martial, et près des ruines d'un temple païen. Tout est gracieux et pittoresque dans ce paysage; et ce n'est pas sans un pieux attendrissement que le charme de ces lieux vient se mêler dans l'âme du pèlerin au souvenir de l'héroïne chrétienne.

A peine a-t-on fait quelques pas dans le cimetière, qu'on rencontre une arénaire. Les premiers chrétiens devaient dérober le lieu de leur retraite aux persécuteurs : aussi était-ce parfois des arénaires qui servaient de passage pour descendre dans les Catacombes. Les constructions extérieures qui se voient aujourd'hui à l'abord des cimetières, n'ont été élevées que dans le ive ou dans le ve siècle, par la piété des fidèles.

PLAN GÉNÉRAL DU CIMETIÈRE

Planche iii. — Nous avons dressé ce plan d'après l'excellent dessin du R. P. Marchi [4]. Ce savant pense que ce n'est là, peut-être, que le plan de la sixième ou de la huitième partie du cimetière. On lit dans le haut de la planche l'exacte indication des lieux.

1. *Veter. monim.*, t. II, p. 101.
2. *Monum. delle art. crist. primit.*, t. I, tav. IX, X, XI, XII.
3. Cette crypte est indiquée sous le n° 24, dans le plan général du cimetière.
4. *Roma sotterr.*, p. 469 et 471.
5. *Monum. delle art. crist. primit.*, t. I, p. 198.

CHAPELLE DE LA SAINTE VIERGE
ET SES PEINTURES

Planche iv. PLAN. — La chapelle de la Vierge, dont le plan a déjà été publié par Bosio [1], est précédée d'une large galerie, où l'on descend par quelques marches, et qui était peut-être un vestibule. Elle est à voûte d'arête. On voit au fond l'*arcosolium* qui servait d'autel.

Planche v. VUE PERSPECTIVE. — Cette crypte est remarquable, non-seulement par sa grande élévation, mais encore par les trois *arcosolia* qui sont pratiqués dans les lunettes de la voûte, et dont la forme était probablement une marque de distinction pour les fidèles qui ont pu y être ensevelis.

L'*arcosolium* du fond est décoré d'une image de la Sainte Vierge avec l'Enfant Jésus. Sur l'intrados de l'arc, on voit trois figures : ce sont peut-être les images de trois martyrs qui reposaient sous l'*arcosolium*.

Planche vi. LA SAINTE VIERGE AVEC L'ENFANT JÉSUS. — La Sainte Vierge, dont on ne voit que le buste, est dans l'attitude d'une orante; elle semble intercéder pour nous, auprès de son divin fils. Elle est vêtue d'une robe jaune et d'un manteau bleu. Un voile blanc, d'une étoffe transparente, est rejeté en arrière sur la tête, de manière à découvrir le visage, et laisse tomber ses plis sur les épaules. Le cou est orné d'un collier de perles et de pierreries. La tête de l'Enfant Jésus est appuyée sur le sein de sa mère. Deux monogrammes se voient de chaque côté de la Sainte Vierge. Une riche bordure sert d'encadrement au tableau. Le R. P. Marchi [5] place la date de cette peinture à la fin du second siècle.

Il ne faut pas s'étonner de rencontrer des images de la Vierge portant l'Enfant Jésus antérieures au concile d'Éphèse. On peut voir dans notre ive volume pl. xxvii n° 58, un verre que Boldetti a trouvé teint de sang au cimetière de Saint-Calixte et qui représente la Vierge-Mère. Bosio a publié trois peintures du même sujet, dont la date est fort ancienne (*Roma sotterr.*, p. 255, 279, 389).

Le savant M. Raoul-Rochette [6] fait, au sujet de la figure de la Vierge, des observations qu'on nous saura gré de reproduire. « Il n'existait pas, dit-il, de portrait authentique de la Vierge, du temps de saint Augustin [7]; mais on ne tarda pas à en posséder un type idéal, réalisé, par des mains chrétiennes, d'une manière aussi satisfaisante que pouvait le comporter l'état de l'art à cette époque. Le *sentiment d'honnêteté*, qui brillait dans ces images de la *Vierge*, au témoignage de saint Ambroise [8], prouve qu'à défaut d'une effigie réelle de la mère de Dieu, l'art chrétien avait su y reproduire la

6. *Tableau des Catacombes de Rome*, p. 262, 263.
7. *De Trinit.*, l. VIII, c. 8, t. III, col. 870 : *Neque enim novimus faciem Virginis Mariæ.*
8. *De Virgin.*, l. II, c. 2 : *Ut ipsa corporis facies simulacrum fuerit mentis, figura probitatis.*

physionomie de son âme, et cette *beauté physique*, symbole de la *perfection morale*, qu'il n'était pas possible de ne pas attribuer à la *Vierge divine*. C'est aussi ce caractère qui se retrouve, autant que le comportent l'inhabileté des artistes et la médiocrité des travaux, dans certaines peintures des Catacombes, où la *Vierge* est représentée, assise avec l'*Enfant-Dieu* sur ses genoux, d'une manière conforme à un type hiératique. Dans ce groupe de la *Vierge-Mère*, tenant sur ses genoux l'*Enfant-Dieu*, qui résumait si admirablement, même sous sa forme la plus imparfaite, telle que nous la présentent des verres peints des Catacombes, tout ce qu'il y avait de sublime et de touchant dans ce mystère du christianisme, la *Vierge* apparaît presque toujours *voilée*, avec tous les traits d'une jeunesse charmante et d'une pureté divine. Telle on la voit, notamment sur un de ces sarcophages du musée du Vatican [1], dont le style et le travail annoncent la meilleure époque de l'art chrétien. La manière dont le groupe en question est figuré sur les monuments des Catacombes, peintures, bas-reliefs, vases de verre, la plupart antérieurs au iv° siècle de notre ère, conséquemment aussi au concile d'Ephèse de l'an 431, qui fixa définitivement sa forme hiératique, suffit pour prouver qu'il existait déjà, dans les premiers siècles du christianisme, un modèle de la figure de la *Vierge*, sinon consacré par l'autorité sacerdotale, du moins généralement adopté parmi les fidèles. Ce trait de l'iconographie chrétienne, ainsi constaté par les monuments mêmes tirés des Catacombes de Rome, suffit pour détruire les allégations des auteurs, qui ont soutenu qu'on n'avait commencé à représenter la *Vierge* qu'après le concile d'Éphèse; et cela, faute d'avoir connu ces monuments d'antiquité chrétienne qui établissent le contraire [2]. »

PLANCHE VII. UN CHRÉTIEN EN PRIÈRE ET UNE ORANTE. — La tête de l'homme est presque entièrement effacée. Il est vêtu d'une tunique jaune, ornée de deux *caticula* et de bandelettes bleues. La femme est belle quoique sa tête soit un peu effacée. Sa tunique jaune, à larges bordures de pourpre, est enrichie de perles. Elle porte un voile blanc.

GRANDE CHAPELLE DÉCOUVERTE EN 1842

PLANCHE VIII. PLAN. — Cette chapelle, qui est indiquée, dans le plan général du cimetière, sous le n° 31, n'a point de pein-

tures; mais l'architecture en est la même que celle des *cubicula* voisins, dont les peintures, comme on le pense généralement, datent de la fin du second siècle. On a conclu qu'elle est de la même époque, et cela avec d'autant plus de raison, qu'il eût été difficile de trouver, plus tard, une place pour la creuser, au milieu de tant de galeries et de cryptes qui se croisent à l'entour, dans tous les sens.

Le R. P. Marchi, qui le premier a fait déblayer complétement cette chapelle, en a aussi le premier donné le plan [1]. Toutefois, avant lui, elle avait été indiquée en partie par quelques lignes ponctuées dans les dessins de Pichi, Berti et Contini, et ces indications avaient été répétées par Severano, Aringhi et Bottari. Boldetti n'a dessiné que le presbytère. L'importance de ce monument réclamait tous nos soins. Nous en donnons le plan, la coupe longitudinale et les coupes transversales, d'après les mesures que nous avons prises nous-mêmes.

On arrive à la chapelle par deux galeries opposées, I et G; celle-ci est au pied de l'escalier. Ces deux entrées rappellent la discipline de l'Église sur la séparation des sexes. Nous aurons occasion de faire la même remarque en parlant du cimetière de Sainte-Hélène et de celui de Saint-Hermès. L'ensemble du monument, au centre duquel s'ouvre le luminaire N, se divise en quatre parties principales : le presbytère K, la salle J, destinée probablement aux hommes, la salle O, destinée aux femmes, et enfin la salle H.

Le presbytère K était exclusivement réservé aux prêtres et aux clercs. Au centre, s'élevait, taillé dans le tuf de la paroi, un siége L qui servait évidemment au pontife. De chaque côté, des bancs M, également taillés dans le tuf, et creusés à l'intérieur comme des sépulcres, étaient adossés au pourtour, et destinés aux assistants du pontife. Ce presbytère contient trois *arcosolia*; il est séparé de la salle J par deux colonnes, qui supportent un arc.

La salle J est divisée en deux parties égales par deux piliers supportant un arc-doubleau, dans lesquels sont pratiquées deux niches, l'une rectiligne, l'autre à cul-de-four. Chaque partie a un *arcosolium*.

La salle O, qui contient quatre *arcosolia*, est divisée en deux parties presque égales, par deux colonnes supportant un arc. Elle est séparée de la salle J, par la galerie G, I. On voit, aux lettres P, des fragments de marbre fixés au sol.

La salle H a deux *arcosolia*. Elle est coupée en deux parties par la galerie G; c'était peut-être un vestibule dans lequel se tenaient les pénitents, ou les catéchumènes.

On remarque dans cette chapelle onze *arcosolia*. C'était sur-

---

1. Bottari, *Scult. e pittur.*, t. I, tav. XXXVIII.

2. Voyez, pour les peintures murales, notre vol. I, pl. L; pour les peintures sur verre, vol. III, pl. XIV, n° 3, litre : ce verre a été trouvé teint de sang; vol. IV, pl. XVI, n° 81; pl. XXI, n° 1 et 7; pl. XXXII, n° 101. On vient de découvrir à Rome dans le cimetière de Saint-Calixte, une Vierge avec l'Enfant Jésus, que les archéologues font remonter au second siècle.

Disons ici que le célèbre décret du Concile d'Elvire (Illiberis) ne saurait inspirer aucun doute sérieux sur l'antiquité des peintures que nous signalons dans notre ouvrage, comme appartenant aux premiers siècles de l'Église. On sait que ce Concile, tenu vers l'an 303, prohiba les peintures murales, pour empêcher sans doute la profanation à laquelle elles étaient exposées dans les

temps de persécution; de sorte que l'on devait se borner aux diptyques, images portatives exécutées sur des tablettes de bois qu'il était facile de soustraire aux païens. Mais nous ferons trois observations importantes : 1° Ce Concile ne date que du commencement du iv° siècle; 2° la défense qu'il porte constate l'usage antérieur de représenter des sujets sacrés sur les murs des églises; 3° le Concile n'étant pas œcuménique, sa défense était purement locale, et n'était obligatoire que dans les limites de sa juridiction : ce qui explique comment, dans le même temps, des peintures murales pouvaient s'exécuter ailleurs par les artistes chrétiens. (Voyez Boldetti, *Osservaz. sopra i cimit.*, p. 19 et 20; et M. Raoul-Rochette, *Tableau des Catacombes de Rome*, p. 105.)

3. *Monum. delle art. crist. primit.*, t. I, tav. XXXV, XXXVI et XXXVII.

tout lorsque la persécution forçait les chrétiens à se cacher dans les Catacombes, que les *arcosolia* servaient d'autels. Les tombeaux des martyrs devinrent ainsi le trône[1] du Dieu qu'ils avaient confessé dans les tourments et à la mort. Prudence parle en ces termes de la pierre qui couvrait la tombe de saint Hippolyte :

Illa sacramenti donatrix mensa eademque
Custos fida sui martyris apposita
Servat ad æterni spem Judicis ossa sepulchro
Pascit item sanctis Tybricolas dapibus[2].

C'est dans les Catacombes qu'il faut chercher le type des autels en forme de tombeaux, qui ont été élevés dans la suite. Toutefois l'autel chrétien, appelé par saint Paul tantôt *altare*[3], tantôt *mensa Domini*[4], eut d'abord la forme d'une table parce que Notre-Seigneur était à table lorsqu'il institua l'Eucharistie[5]. Il paraît que, dans l'origine, le bois en était ordinairement la matière[6] : il fallait qu'on pût, en cas de persécution, le transporter aisément d'une maison dans une autre; aussi ne doit-on pas s'étonner d'entendre les païens reprocher aux chrétiens de n'avoir point d'autels.

Lorsque le christianisme sortit des Catacombes, un grand nombre de basiliques furent construites sur la sépulture des martyrs. On descendait par des degrés dans la crypte, appelée *memoria*, *martyrium*, *confessio*[7], où se trouvait le tombeau vénéré dont la position avait servi à déterminer le point central de l'église. Au-dessus de la crypte, s'élevait, dans le milieu du sanctuaire, une table d'autel en marbre, en granit ou en porphyre. Nous citerons comme exemples, les églises de Sainte-Prisque, de Saint-Sylvestre, de Saint-Martin-au-Mont et de Saint-Laurent.

Comme on ne pouvait avoir une crypte semblable dans toutes les églises, on eut l'idée d'établir un simulacre de crypte, qui fut nommé aussi *martyrium*, *confessio*, et qui était ménagé au-dessous de l'autel, dans la hauteur produite par la différence de niveau entre le sol du sanctuaire et celui du reste de l'église. Cette espèce de châsse maçonnée était close, sur le devant, par une grille, ou par une tablette de marbre perforée. Une interruption des marches du sanctuaire, dans leur partie moyenne, permettait d'approcher des reliques qu'on y avait transportées[8]. On voit une crypte de ce genre dans l'église de Saint-Georges-in-*Velabro*.

Enfin on se contenta de renfermer dans l'autel des reliques de martyrs, de sorte que l'autel devint lui-même une espèce de crypte. *Recte sub ara martyres collocantur*, dit saint Augustin, *quia super aram Christus imponitur*[9]. Cet admirable rapprochement entre la victime du ciel et celles de la terre, réalise l'une des visions de l'apôtre saint Jean : *Vidi subtus altare animas interfectorum propter verbum Dei et propter testimonium quod habebant*[10].

Plus tard on admit à l'honneur de reposer dans l'autel les reliques des saints non martyrs[11].

Planche ix. COUPE LONGITUDINALE SUR LA LIGNE A B. — Cette coupe, qui présente le côté droit de la chapelle, montre la disposition des voûtes d'arête et celle des *arcosolia*, avec les *loculi* au-dessus. L'élévation de la chapelle occupe la hauteur de deux étages du cimetière. Au centre, s'élève le luminaire, sous lequel est la galerie qui sépare la salle des hommes de celle des femmes. Celle-ci se voit à droite; elle est divisée en deux parties par deux colonnes supportant un arc-doubleau. La salle des hommes est également divisée en deux parties par un pilier, dans lequel est pratiquée une niche à cul-de-four. On remarque, au-dessus de l'*arcosolium* de droite, une tablette taillée dans le tuf, qui règne du pilier à la porte : elle était probablement destinée à recevoir des diptyques ou des lampes. A gauche de cette salle, se voit le presbytère avec la coupe du siège pontifical et l'un des bancs destinés au clergé. Sur l'une des colonnes qui séparent la salle des hommes, du presbytère, s'élève un arc.

Planche x. COUPES TRANSVERSALES SUR LES LIGNES C D ET E F. — Nous avons donné ces deux coupes pour faire voir, dans la première, l'intérieur du presbytère, au fond duquel s'élèvent le siège du pontife et les bancs du clergé; et pour montrer, dans la seconde, l'origine de l'arc, qui plus tard, dans les premières basiliques chrétiennes, prit le nom d'*arc triomphal*.

Un examen attentif du plan et des coupes que nous donnons ici, suffira, ce nous semble, pour faire comprendre comment s'est formée l'opinion des archéologues qui ont cru voir dans la disposition des chapelles des Catacombes, le type originaire des grandes basiliques. En effet, d'un côté, l'arc est probablement le type de l'*arc triomphal*; de l'autre, le presbytère, le siège pontifical et les bancs du clergé, ont pu servir de modèles à l'abside, à la *cathedra* et à l'*exedra* des basiliques. Il est vrai que le presbytère n'a point ici la forme absidale; mais cette forme se voit assez souvent dans les Catacombes, notamment dans quelques cryptes de ce cimetière, mais surtout et d'une manière

---

1. *Quid est enim altare nisi sedes et corporis et sanguinis Christi?* Optat. Milev., l. VI, *adv. Parmen.*

2. Prudent. *Peristeph., Hymn.* XI.

3. *Habemus altare. Epist.*, *ad Hebr.* XIII, 10. — On peut consulter l'*Histoire des dogmes chrétiens*, par Henri Klée, traduite de l'allemand par Mabire, t. II, n° 312.

4. I. Cor. X, 21.

5. *Matth.* XXVI, 26, *sqq.*

6. Nous avons vu à Saint-Jean de Latran un autel de bois et un autre dans l'église de Sainte-Pudentienne. Suivant la tradition, le prince des apôtres offrit, sur tous les deux, le saint sacrifice.

7. Ces noms reviennent souvent chez les écrivains ecclésiastiques; voyez Tertullien., *De præscrip.*, XLVI. — Euseb., *De vita Constantini*, IV, 47. — *De laud. Constant.*, 9. — Socrat., *Hist. eccles.*, IV, 18. — Sozomen., *Hist. eccles.*, IX, 2. — Labbe, *Concil.*, t. I, col. 1497; t. IV, col. 758.

8. Les translations de reliques sont souvent mentionnées dans l'histoire. Voyez Hieronym., *Adv. Vigil.*, col. 282, et Ambros., (*Epist.* XXII, *ad Marcellinam sororem.*)

9. *Serm.* LXIII, *De natali Sanctorum*, Romæ 1784, p. 600.

10. *Apoc.* VI, 9.

11. Saint Martin paraît être le premier saint non martyr, dont le tombeau soit devenu un autel. Voyez sa vie par Dom Gervaise, dans la IV° partie

fort remarquable, dans l'église du cimetière de Saint-Hermès [1].

Cette opinion, que nous avons émise dans notre préface [2], est le résultat de nos longues études dans les Catacombes : elle se trouve appuyée de l'imposante autorité de Bottari [3], de d'Agincourt [4] et de M. Raoul-Rochette [5]. Ces savants s'accordent à reconnaître dans les basiliques chrétiennes la forme architecturale des cryptes des Catacombes, qui en auraient été comme la première ébauche. Les limites qui nous sont imposées. dans ces simples notes explicatives ne nous permettent pas de donner ici de plus amples développements sur cette importante question d'architecture, où les avis sont partagés. Mais, quelque opinion qu'on adopte, on ne saurait disconvenir que certaines parties, au moins, de nos basiliques, ne soient incontestablement des réminiscences des Catacombes : tels sont le *presbyterium*, le *ciborium*, le *martyrium* ou *confessio*, la *cathedra*. Nous renvoyons, au surplus, nos lecteurs aux ouvrages ci-dessus cités et à nos dessins [6].

PLANCHE XI. VUE PERSPECTIVE DU CÔTÉ DU PRESBYTÈRE AVEC LE LUMINAIRE [*]. — On voit, sur le premier plan, la partie de la salle des femmes la plus rapprochée de l'entrée; sur le second, le presbytère. L'effet de lumière produit par le faisceau de rayons qui s'échappent du luminaire à travers les ombres, rappelle ces vers de Prudence :

Primas namque fores summo tenus intrat hiatu,
Illustratque dies limina vestibuli [7].

PLANCHE XII. SALLE DES FEMMES. VUE PERSPECTIVE [*]. — Cette perspective nous montre le milieu de la salle des femmes, où se trouvent les deux colonnes qui la divisent, et dont on remarque l'architecture simple et ferme.

CRYPTE A DEUX SALLES AVEC TROIS SIÉGES

Cette crypte, qui est indiquée, dans le plan général du cimetière, sous le numéro 30, a été découverte dans son ensemble par le R. P. Marchi, en 1842. Elle a été publiée par ce savant archéologue [*].

PLANCHE XIII. PLAN. — Ce plan présente les deux salles dont se compose la crypte. La principale a, dans le fond, un *arcosolium* avec un sépulcre *retro sanctos*, et, aux angles les plus rapprochés de l'autel, deux siéges disposés de telle sorte que ceux qui y étaient assis n'étaient pas tournés vers l'assemblée, mais

étaient placés en face l'un de l'autre. La seconde salle a un *arcosolium* dans le fond, et un siége à l'angle de l'autel, du côté de l'Évangile. Les quatre crédences sont indiquées par des lignes ponctuées.

PLANCHE XIV. VUE PERSPECTIVE DU CÔTÉ DES DEUX SIÉGES. — Deux arcs s'élèvent, l'un au-dessus de l'autel, l'autre au-dessus du sépulcre *retro sanctos*. Le premier touche presque à la voûte, qui est d'une grande élévation; il surmonte le tombeau d'environ trois mètres.

Les deux siéges ont la même forme que les *cathedræ* des cimetières, et cette forme semble s'être conservée dans les siéges pontificaux de nos jours. A droite, est creusée dans le tuf une petite niche, sans doute destinée à recevoir une lampe,

PLANCHE XV. VUE PERSPECTIVE DU CÔTÉ DES CRÉDENCES. — Les crédences ou tablettes sont supportées par des consoles très-saillantes. Elles sont taillées dans le tuf, et régnent de chaque côté de l'entrée, en faisant retour d'environ un mètre vingt-cinq centimètres sur les murs latéraux de la salle. Ces crédences étaient probablement destinées à recevoir des diptyques. La perspective laisse voir l'*arcosolium* et le siége de la salle opposée.

La position des siéges taillés dans le tuf a donné lieu à bien des conjectures; nous nous bornerons à citer celle du R. P. Marchi, suivant lequel ces deux siéges, et ceux de la chapelle suivante, auraient été des confessionnaux [8].

CHAPELLE AVEC VESTIBULE
ET DEUX SIÉGES

Cette chapelle est indiquée, sous le nᵒ 29, dans le plan général du cimetière; elle a été, comme la précédente, découverte par le R. P. Marchi, en 1842.

PLANCHE XVI. PLAN. — On arrive dans cette crypte par un large corridor ou vestibule qui est à voûte d'arête, ainsi que la chapelle. Dans le fond, on aperçoit un double *arcosolium*. Le premier sépulcre servait d'autel; le second, plus élevé, a la forme absidale. Deux siéges sont taillés dans le tuf, l'un à droite de l'autel, l'autre à gauche de l'entrée. Ils sont tournés de telle sorte que celui qui était assis sur le premier, n'était point en face de l'assemblée, et que celui qui était assis sur le second regardait l'autel.

---

1. Voyez vol. III, pl. XXXIII, XXXIV.
2. Page 15.
3. *Scult. e pittur.*, t. III, p. 75.
4. *Hist. de l'Art*, t. I, p. 28 et suiv.
5. *Tableau des Catacombes de Rome*, c. II, p. 55.
6. Voyez, pour les *cathedræ*, vol. I, pl. IV; vol. III, pl. XVII. — Bosio a donné aussi le dessin d'une *cathedra* (*Roma sotterr.*, p. 327); pour les *absides*, vol. II, pl. XVI et XVII; vol. III, pl. XXXIII et XXXIV; pour les *ciborium*, Boldetti, *Osservaz. sopra i cimit.*, p. 15, tav. 2, nᵒ 1.
7. *Peristeph.*, *Hymn.* XI.
8. *Monum. delle art. crist. primit.*, t. I, tav. XXVIII.
9. Idem. t. I, p. 187.

Planche xvii. VUE PERSPECTIVE DU CÔTÉ DE L'AUTEL. — Cette perspective mérite l'attention sous deux rapports : elle donne un exemple frappant de la forme absidale adoptée plus tard dans les basiliques chrétiennes, et elle fait voir deux tombes auxquelles se rattache, selon le R. P. Marchi[1], un grand intérêt. Suivant lui, le corps de sainte Agnès aurait été déposé dans cette chapelle immédiatement après son martyre, et, le lendemain, sainte Émérentienne serait venue mêler ses dépouilles sanglantes à celles de son héroïque sœur de lait. Cela nous expliquerait le double *arcosolium* dont le premier, surmonté d'un arc de près de trois mètres d'élévation, serait celui de sainte Agnès, et l'autre, situé en arrière et au-dessus de l'autel, dans l'abside, serait le sépulcre de sainte Émérentienne.

On voit à droite, près de l'autel, l'un des deux sièges dont nous avons parlé en décrivant le plan.

Planche xviii. — VUE PERSPECTIVE DU CÔTÉ DES CRÉDENCES. — Les deux crédences, formées chacune d'une double tablette et de quatre consoles, s'étendent du haut de la porte aux côtés de la chapelle; elles sont taillées dans le tuf et très-saillantes. Elles avaient sans doute la même destination que celles de la chapelle précédente. Deux autres crédences très-petites se voient aux deux angles du vestibule, près de l'entrée; elles ne devaient servir que pour des lampes. Ces quatre crédences sont à une hauteur d'environ deux mètres. On voit, au second plan, l'intérieur du vestibule, avec les deux petites crédences, et l'entrée de la chapelle. A droite, se trouve le second des deux sièges dont nous avons parlé.

CRYPTE

Planche xix. PLAN[2]. — Cette crypte est située près de l'une des entrées du cimetière; elle a été découverte en 1847. Le plan indique une colonne à chaque angle, un *arcosolium* dans le fond, et une sépulture d'enfant pratiquée dans le sol.

Planche xx. VUE PERSPECTIVE[1]. — De chaque côté, sont creusés des *loculi*. A droite de la porte, est une niche à cul-de-four. La voûte croisée est supportée par quatre colonnes taillées dans le tuf et dont les chapiteaux sont formés de trois couronnes superposées. On remarquera l'arcade de la porte, qui est dessinée en ogive primitive, c'est-à-dire en triangle à segments légèrement arrondis.

CHAPELLE DITE DE JÉSUS-CHRIST AU MILIEU DE SES DISCIPLES

Planche xxi. PLAN. — Cette chapelle, indiquée sous le n° 27 dans le plan général du cimetière, a été publiée par Bosio[3]; elle se compose de deux salles à voûte d'arête. L'une est ornée de peintures à la voûte, et à l'*arcosolium* du fond. On y voit en outre, dans l'angle à gauche, près de l'entrée, une crédence taillée dans le tuf.

Planche xxii. ENSEMBLE DE LA VOUTE. — Cette peinture se partage en neuf compartiments : un circulaire au centre avec l'image du Bon Pasteur; quatre aux angles, avec des colombes aux ailes déployées sur des rameaux fleuris; et quatre intermédiaires représentant Adam et Ève, Moïse frappant le rocher, Jonas sous l'arbrisseau, et enfin une orante. Des vases de fruits sont placés entre les huit compartiments, et des colombes sont disséminées autour de l'image du Bon Pasteur. On aime à reconnaître dans ces colombes la gracieuse représentation des fidèles réunis en ce lieu de prières. Elles nous rappellent celles que l'on voit près d'une fontaine dans les mosaïques de Ravenne, et qui sont, d'après Ciampini[3], le symbole des chrétiens s'abreuvant aux sources spirituelles de la grâce. Nous donnons dans les planches suivantes le dessin des différents compartiments.

Planche xxiii. VUE PERSPECTIVE. — On voit, dans cette perspective, une partie de la voûte avec l'intrados de l'*arcosolium* principal. La peinture de l'intrados représente Notre-Seigneur au milieu de ses disciples; nous la donnons dans la planche suivante. Au fond du même *arcosolium*, on aperçoit, entre deux colombes, les restes d'une figure d'orante qui était encore entière au temps de Bosio, et qui est aujourd'hui presque entièrement effacée. Quatre guirlandes de fleurs, coupées par des *loculi* au haut des arcs, bordent, à la naissance de la voûte, le sommet des quatre côtés de la salle.

Souvent nous trouvons des fleurs dans la décoration des cimetières. Elles s'y présentent sous toutes les formes : en guirlandes, en couronnes, en faisceaux, dans des vases ou dans des corbeilles; quelquefois elles sont éparses dans le champ de la peinture, ou remplacées par des paniers de fruits. Les païens avaient un goût prononcé pour ce genre d'ornementation. Les tombeaux des riches étaient ordinairement entourés d'un petit jardin funèbre (*cepotaphium*) où l'on cultivait spécialement la rose et la violette. Quant aux chambres sépulcrales, la peinture leur donnait souvent l'aspect d'un véritable parterre. Les chrétiens s'approprièrent cet usage, qui n'avait en soi rien que d'innocent, mais en lui donnant un sens religieux, tel, par exemple, que le sou-

---

1. *Monum. delle art. crist. primit.*, t. 1, p. 100, tav. XXV.
2. *Roma sotterr.*, p. 483, seg.

3. *Veter. monim.*, t. 1, p. 226, tab. LXV.

venir des vertus du défunt, dout la bonne odeur s'était répandue parmi les fidèles. On prodigua surtout les fleurs sur les tombeaux des martyrs, et daus les cryptes où reposaient leurs dépouilles. Le poëte Prudence[1] encourage cet usage, et saint Jérôme[2] lui donne des éloges.

PLANCHE XXIV. NOTRE-SEIGNEUR AU MILIEU DE SES DISCIPLES. — C'est là le nom que l'on donne à cette fresque; mais le sujet représenté dans cette peinture n'est pas si facile à reconnaître, que l'on puisse affirmer avec Bottari[3] que c'est réellement Jésus-Christ entouré de ses disciples. Aringhi[4] croit y voir le Sauveur au milieu des docteurs. Bosio[5] semble hésiter entre ces deux opinions. La plus probable n'est pas, ce nous semble, celle d'Aringhi. Jésus-Christ n'est pas représenté ici sous les traits d'un enfant de douze ans, mais sous ceux d'un jeune homme; et les prétendus docteurs, à l'exception d'un seul, qui est remarquable par sa barbe, ne paraissent guère plus âgés que lui. Quant à l'opinion de Bottari, plus vraisemblable au premier abord, elle peut, par un examen plus attentif, perdre beaucoup de sa probabilité. Comment se fait-il qu'aucun signe ne distingue Notre-Seigneur de ses disciples : ni le costume, ni l'attitude, ni le geste de la main droite? Comment se fait-il qu'il soit si jeune, avec des disciples si jeunes, tandis que l'un d'eux a de la barbe? Il est vrai qu'il occupe la place du milieu et qu'il pose le pied sur le *suppedaneum*; mais les deux disciples placés à sa droite et à sa gauche en font autant. Cette place du milieu ne serait-elle pas plutôt celle du *primus inter pares*; et le personnage qui l'occupe ne serait-il pas saint Étienne avec les six autres premiers diacres nommés par les apôtres[6]? Ajoutons qu'il est naturel de retrouver dans les Catacombes l'image du premier martyr et celle de ses collègues, qui, tous, à l'exception d'un seul, partagèrent sa gloire et sa couronne.

Les sept personnages de la fresque sont revêtus de tuniques blanches, avec de larges bordures, les unes rouges, les autres bleues. Ils sont assis en demi-cercle, à la manière des Hébreux, et semblent s'entretenir familièrement. On admire avec raison le naturel des physionomies et des gestes, la noble simplicité des attitudes, et la beauté des draperies.

PLANCHE XXV. LE BON PASTEUR. — Il est jeune et beau; sa tunique est courte; il est ceint et chaussé à la manière des voyageurs. La *syrinx* est suspendue à son bras gauche. Les deux vases de lait à anses, *mulctralia*, qui sont à ses pieds, et le *pedum* qui est appuyé sur l'un d'eux, indiquent l'heureux retour à la bergerie. La brebis égarée va rentrer au bercail et le Bon Pasteur la retient encore sur ses épaules : il semble qu'il ne puisse se décharger de ce doux fardeau.

L'image du Bon Pasteur rappelle l'une des plus touchantes paraboles de l'Évangile[7]. Notre-Seigneur s'était représenté lui-même sous la figure d'un berger qui laisse son troupeau pour courir à la recherche de la brebis égarée, et qui, lorsqu'il la retrouve, la place doucement sur ses épaules, lui épargnant ainsi jusqu'à la fatigue de la route, et la ramène triomphant au bercail. C'était aussi sous le charme de cette riante allégorie que l'Église, dès son berceau, aimait à rappeler à ses premiers enfants les ineffables prévenances de la miséricorde divine; et, de toutes les figures symboliques, le Bon Pasteur est celle qui est le plus souvent reproduite dans les différents cimetières de Rome.

Il semble que les artistes chrétiens, pour embellir une si consolante représentation, n'aient pas craint de se conformer aux beaux modèles qui existaient alors en ce genre, et qui remontaient à une assez haute antiquité. Si le Bon Pasteur avait son type dans l'Évangile, il avait son analogue dans les monuments antiques; et ces gracieuses et innocentes images de la vie pastorale qui avaient inspiré les artistes profanes, pouvaient se reproduire sous le pinceau chrétien avec un charme nouveau, inconnu jusqu'alors, puisqu'elles symbolisaient aux yeux des fidèles le plus touchant des attributs divins, l'un de ceux dont le paganisme avait dépouillé ses dieux.

Il ne faut donc point être surpris de retrouver dans les Catacombes le Bon Pasteur représenté sous la forme d'un jeune homme brillant de grâce et de beauté, avec le *pedum* et la *syrinx*, entouré parfois des riantes et poétiques figures des quatre saisons, comme on le voit sur les monuments païens. Tous les traits extérieurs de l'allégorie étaient semblables pour les yeux, mais le sens en était différent pour les cœurs.

PLANCHE XXVI. ADAM ET ÈVE. — C'est là encore un des sujets qui se retrouvent le plus souvent dans les Catacombes; mais à côté du tableau de la déchéance primitive, les artistes chrétiens ont soin de placer la scène touchante du sacrifice d'Abraham ou celle du Bon Pasteur, images de l'expiation et de la miséricorde.

Les peintures des Catacombes représentent Adam et Ève, les unes avant, les autres après leur chute, et avec des circonstances particulières. Dans le dessin que nous donnons ici, l'arbre n'a qu'un fruit, sous la forme d'une figue, et nos premiers parents sont couverts de la ceinture de feuillage qui est la marque de leur chute. La main d'Ève cueille le fruit défendu, et Adam, dont la faiblesse se trahit dans un regard, va bientôt en manger comme elle. Le serpent, qui se dresse autour de l'arbre, semble jouir de son triomphe. On voit que l'artiste, en négligeant l'ordre successif des actes dont se compose l'histoire du péché originel, a voulu résumer en un seul tableau le fait complet de la chute de nos premiers parents. C'est ainsi qu'on peut expliquer plusieurs autres peintures des Catacombes, dont les sujets historiques offrent une simultanéité semblable dans leur représentation.

---

1. *Cathem. hymn.*, X. — Voyez Schiassi, *Discorso recit. nella chiesa del cimit. di Bologna*, 1817, p. 19.
2. *Epist.*, III, *ad Heliod. epist.*
3. *Scult. e pittur.*, t. III, p. 64.
4. *Roma subterr.*, t. II, p. 195.
5. *Roma sotterr.*, p. 437.
6. *Act. apost.*, VI, 5.
7. *Luc*, XV.

Planche xxvii. UNE ORANTE, MOISE FRAPPANT LE ROCHER. — L'orante a la tête couverte d'un voile blanc, rejeté en arrière sur les épaules. Elle est vêtue d'une tunique jaune à larges manches, et à bordures violettes. Sa chevelure noire est partagée sur le front. Les traits de sa figure expriment le recueillement de la prière.

Moïse frappant le rocher n'offre ici rien de remarquable. Cependant son attitude est assez noble; et la pose du bras droit, qui tient la verge, est ferme et assurée. Il est vêtu d'une tunique à bordure de pourpre, drapée avec un art qui est particulier aux peintres des Catacombes, et qui se fait reconnaître jusque dans les peintures les plus médiocres.

Nous avons ajouté à ce dessin l'un des oiseaux qui ornent la voûte de la chapelle que nous décrivons. Il nous a paru mériter d'être reproduit.

Planche xxviii. JONAS SOUS L'ARBRISSEAU. — Le prophète est couché nu sous l'abri qu'il s'est construit lui-même à l'orient et hors des murs de Ninive, et que la merveilleuse cucurbite a couvert de son large feuillage. Accablé de tristesse au souvenir de sa prophétie restée sans effet, et à la vue du dessèchement subit de la cucurbite, qui l'expose aux brûlantes ardeurs du soleil, il demande avec instance au Seigneur de le délivrer de la vie [1], et il porte à sa tête sa main gauche en signe de douleur. Il faut appliquer à la simultanéité des faits représentés dans cette peinture l'observation qui a été faite au sujet de la peinture précédente.

CHAPELLE DITE DE L'AGAPE

Planche xxix. PLAN. — Cette chapelle est indiquée sous le n° 26, dans le plan général de ce cimetière; elle a été publiée par Bosio [2]. Elle se compose de deux salles carrées, à voûte croisée, dont chacune a une crédence dans un de ses angles. La première salle est entièrement ornée de peintures; on y voit trois *arcosolia*; l'autre, où aboutit une galerie inachevée, est garnie de *loculi*, et n'a qu'un seul *arcosolium* sans fresque. On voit dans ce plan presque toutes les formes de *loculi*, qu'on trouve dans les Catacombes.

Planche xxx. ENSEMBLE DE LA VOUTE. — C'est l'ensemble de la voûte développée. Il se compose 1° au centre, d'un compartiment circulaire avec l'image de Notre-Seigneur; 2° sur les arêtes, de quatre autres compartiments avec des personnages en prière ayant deux brebis auprès d'eux; 3° enfin de huit compartiments plus petits, dont quatre, aux angles, sont ornés de vases de fleurs, et quatre intermédiaires représentent le paralytique guéri, Moïse frappant le rocher, Moïse

quittant sa chaussure, et peut-être, suivant Bosio [3], la résurrection de Lazare; mais ce dernier sujet est presque entièrement effacé.

Planche xxxi. VUE PERSPECTIVE DU CÔTÉ DE LA CRÉDENCE. — On voit ici le fond de la première salle, avec une partie de la voûte d'arête dont nous venons de donner le dessin. L'*arcosolium* du milieu était, du temps de Bosio, orné d'une fresque représentant une agape qui a donné son nom à la chapelle; mais elle est trop effacée aujourd'hui pour que nous ayons pu la copier. Le devant de cet *arcosolium* est décoré de trois compartiments dont celui du milieu est formé de carrés entrelacés. Sous le sépulcre même, s'ouvre un *loculus*; à droite, est taillée dans le tuf la crédence destinée à recevoir des lampes. Les deux autres *arcosolia*, dont on n'aperçoit qu'une partie, seront décrits plus loin.

Planche xxxii. JÉSUS-CHRIST, L'ANCIEN ET LE NOUVEAU TESTAMENT. — Voici encore un de ces chefs-d'œuvre, dont nous sommes heureux d'avoir soustrait les restes aux injures du temps. Les traits de Notre-Seigneur, l'expression de la pose et du geste, la puissance des contours et la majestueuse ampleur de la robe à longs plis, sont la fidèle reproduction d'une peinture qui malheureusement bientôt ne sera plus. Bien que l'état actuel où elle se trouve, ne permette pas de reconnaître exactement, dans la tête du Sauveur, le type traditionnel, l'ensemble de la figure est une nouvelle preuve de l'opinion qu'avaient les artistes des Catacombes, sur la beauté imposante du Christ, opinion dont nous avons parlé, dans les notes descriptives de la planche xxviii de notre premier volume, page 31.

Le Sauveur est assis. A ses côtés se voient des *cistes* où sont déposés l'ancien et le nouveau Testament. Son attitude est celle de la puissance et de la majesté; le geste de ses mains étendues, fait sentir qu'il parle et qu'il enseigne *sicut potestatem habens* [4].

Planche xxxiii. MOISE FRAPPANT LE ROCHER. — Cette figure de Moïse est celle dont on a dit que Raphaël semble l'avoir vue avant de travailler au Vatican.

Quelle attitude simple et vraie, majestueuse et ferme! Comme la pose de la tête immobile et attentive s'accorde bien avec le geste de la main droite, qui tient la verge! Quelle assurance à exécuter l'ordre du Seigneur! Moïse ne s'étonne pas à la vue de l'eau qui jaillit du rocher; il ne doutait point ici comme il le fit plus tard à Cadès. On admire la robe blanche bordée de pourpre, dont la draperie est d'une beauté vraiment antique.

Planche xxxiv. MOISE QUITTANT SA CHAUSSURE. LE PARALYTIQUE GUÉRI. La figure de Moïse est bien effacée aujourd'hui, mais on en voit assez pour faire regretter ce que le temps nous en a dérobé.

---

1. *Jon.*, IV, 5, 8.
2. *Roma sotterr.*, p. 443 seg.
3. *Ibid.*, p. 443.
4. *Matth.*, VII, 29.

Le paralytique guéri, double image, suivant saint Ambroise[1], de la miséricorde divine et de la résurrection glorieuse, est un sujet fréquemment répété dans les Catacombes. Le paralytique est souvent représenté emportant son lit, suivant l'ordre du Sauveur[2], et marchant d'un pas ferme et large; quelquefois il est, ainsi qu'on le voit dans ce dessin, entièrement nu, pour exprimer que Jésus-Christ, en le guérissant, lui a donné comme une nouvelle naissance. Le lit est tellement effacé que nous n'avons pu en donner la forme[3].

PLANCHE XXXV. VUE PERSPECTIVE DU CÔTÉ DROIT. — L'*arcosolium* est double, avec cette particularité que les deux arcs sont superposés. Le Bon Pasteur occupe le milieu, au-dessus de l'arc supérieur; à sa droite, est Daniel dans la fosse aux lions, à sa gauche, les trois enfants dans la fournaise. Au fond de l'*arcosolium*, il existait du temps de Bosio[4], sur une pierre qui fermait le *loculus* d'un enfant, l'inscription suivante :

ABENTIVS   ET   MARCIA   ABENTIAE   FILIAE
CARISSIMAE IN PACE QVAE VIXIT·AN·V·M·VII· D·XVIII

Le dessin représente, outre les peintures d'une partie de la voûte, la crédence qui est à gauche et l'entrée de la crypte, avec des peintures au-dessus.

PLANCHE XXXVI. LES TROIS ENFANTS DANS LA FOURNAISE. — Il y a ici plus qu'un symbole. C'est l'histoire des trois premiers martyrs hébreux. L'exemple de ces jeunes héros bravant les menaces de Nabuchodonosor, et précipités par son ordre dans une fournaise ardente, le miracle qui les conserve pleins de vie au milieu des flammes, et la confession du vrai Dieu par le persécuteur lui-même, n'était-ce pas aussi l'histoire des martyrs chrétiens? Comme ce beau souvenir de l'ancien Testament, ravivé sous le pinceau des artistes des Catacombes, devait réveiller la foi dans les âmes et leur inspirer une sainte émulation pour le martyre! Dès les siècles des persécutions on chantait aux fêtes des saints morts pour Jésus-Christ, le cantique des trois enfants dans la fournaise[5].

Ils sont toujours à peu près représentés comme dans ce dessin, tous trois debout au milieu des flammes, le bonnet phrygien sur la tête, la tunique ceinte, et les bras étendus dans l'attitude de la prière.

PLANCHE XXXVII. VUE PERSPECTIVE DU CÔTÉ GAUCHE. — L'*arcosolium* est orné d'une guirlande de fleurs entre l'arc et la voûte. L'intrados de l'arc présente trois compartiments : dans celui du milieu, est Noé dans l'arche, recevant la colombe; dans les deux autres, Jonas ici couché, là assis sous la cucurbite; et, dans le fond de l'*arcoso'ium*, Jonas rejeté par le monstre. Sous le sépulcre, décoré lui-même de trois compartiments, s'ouvre un *loculus*.

CRYPTE DES VIERGES PRUDENTES

PLANCHE XXXVIII. PLAN. COUPES SUR LA LIGNE A B. C D. — Ce monument, qui a été publié par Bosio[6], est indiqué au plan général de ce cimetière sous le n° 28. Nous en donnons le plan et les coupes, pour faire connaître la disposition de deux *cubicula* superposés dans deux étages.

Dans le plan, la demi-teinte indique la galerie et le *cubiculum* inférieurs; la teinte jaune indique la galerie et le *cubiculum* supérieurs. Celui-ci est à voûte d'arête; on y voit trois *loculi* creusés dans le sol, et deux *arcosolia*.

Dans la coupe du *cubiculum* inférieur sur la ligne C D, on distingue un encombrement de terre qui s'élève à la hauteur d'environ soixante et dix centimètres.

On voit dans la coupe du *cubiculum* supérieur sur la ligne A B trois *arcosolia* : le premier au fond, le second à gauche, le troisième dans la galerie[7]; celui-ci est double.

Les peintures du premier arcosolium sont reproduites en partie dans les cinq planches suivantes. Celles du double *arcosolium* de la galerie sont presque entièrement effacées. Elles représentent, comme nous avons cru l'entrevoir, Daniel dans la fosse aux lions, une orante, un cerf et deux colombes. On lit, gravés sur la chaux d'un *loculus* de la galerie, ces deux noms LAVRENTIA ET FLORENTIA VIR[GINES]. Dans la galerie du *cubiculum* inférieur est encore un *arcosolium*.

PLANCHE XXXIX. VUE PERSPECTIVE A DROITE DE L'ENTRÉE. — Nous reproduisons ici, sur une plus grande échelle, l'ensemble des peintures qui décorent un des *arcosolia* de la crypte supérieure, savoir : sous l'arc, au centre, le Bon Pasteur; à droite, Daniel dans la fosse aux lions; à gauche, Adam et Ève. Au fond de l'*arcosolium*, la fresque représente au milieu une orante; à sa gauche, les cinq vierges prudentes; à sa droite, probablement le festin des noces; sur le devant du sépulcre, une orante, les trois enfants dans la fournaise et Jonas englouti par le monstre, rejeté sur le rivage, puis couché sous la cucurbite. A gauche, près de la voûte, est une petite niche allongée où brûlait probablement une lampe, en l'honneur du martyr enseveli dans ce sépulcre. Au-dessous, est pratiquée une petite excavation

<hr>

1. *In Luc.*, V.

2. *Luc.*, V, 25.

3. Voyez dans la pl. XXXIII, n° 102 de notre IVe vol. la forme d'un lit qui a rapport au même sujet. — Aringhi *Roma subterr.*, t. II, p. 399, a publié un sarcophage, où le lit du paralytique a le dossier en forme de poisson, et rappelle ainsi le symbole de Notre-Seigneur.

4. *Roma sotterr.*, p. 454.

5. *Daniel.*, III, 52, sqq.

6. *Roma sotterr.*, p. 450, sqg.

7. Cet *arcosolium* est indiqué dans le plan général de ce cimetière (pl. III de ce vol.) sous le n° 13 avec la dénomination de *sépulcre du cerf.*

circulaire, où était peut-être l'ampoule de sang. Au bas, se trouvent deux *loculi*.

De toutes les peintures de l'*arcosolium*, nous ne donnerons séparément que le Bon Pasteur, Adam et Ève, les cinq vierges prudentes, et Daniel dans la fosse aux lions. Quant aux enfants dans la fournaise, nous ferons observer ici deux particularités : ils ont la tête découverte et ils portent l'*anaxyris*.

PLANCHE XL. LE BON PASTEUR. — C'est le même costume et la même attitude que dans la planche xxv; mais la figure a plus de jeunesse et de grâce. Le Bon Pasteur est aussi de retour au bercail; deux brebis couchées à ses pieds lèvent la tête et paraissent lui demander une part des tendres caresses qu'il prodigue à la brebis égarée.

PLANCHE XLI. ADAM ET ÈVE. — L'attitude de ces deux personnages marque évidemment le moment qui suivit la faute de nos premiers parents. Il y a plus que de la honte, il y a du remords dans l'expression de leur physionomie, surtout dans celle d'Ève. Satan dresse sa tête hideuse au-dessus de l'arbre qu'il embrasse de ses replis tortueux; il triomphe et semble insulter à ses premières victimes.

PLANCHE XLII. DANIEL DANS LA FOSSE AUX LIONS. LES CINQ VIERGES PRUDENTES. — Daniel dans la fosse aux lions est représenté sur les fresques des Catacombes non moins souvent que les trois enfants dans la fournaise. Son souvenir était aussi une exhortation au martyre, et son histoire était celle des chrétiens qui, plutôt que de trahir la vérité, savaient également sacrifier les honneurs, la fortune, la vie, et dont quelques-uns se virent comme lui exposés à la fureur des lions, non plus dans une fosse, mais au milieu du cirque.

Dans toutes ces peintures, Daniel est représenté, comme ici, entre deux lions, les mains levées au ciel.

La fresque des cinq vierges prudentes était déjà tellement effacée, du temps de Bosio, que ce savant est fort embarrassé pour en donner l'explication. Il croit reconnaître un flambeau à la main droite des vierges, et, à leur main gauche, les vases dans lesquels elles avaient eu soin de faire provision d'huile[1]. Bottari[2] croit voir des palmes au lieu de flambeaux.

Ce groupe est assez bien conçu; il paraît représenter le moment où se fait entendre le cri *ecce sponsus*[3]!

SALLE DES FEMMES CATÉCHUMÈNES

PLANCHE XLIII. PLAN. COUPE SUR LA LIGNE AB. — Cette salle est à voûte d'arête; on y voit, outre plusieurs *loculi*,

1. *Roma sotterr.*, p. 461.
2. *Scult. e pittur.*, t. III, p. 70.
3. *Matth.*, XXV, 6.

deux *arcosolia*, l'un à droite, l'autre au fond. Ces *arcosolia* s'élèvent à deux mètres environ au-dessus du sol; leurs arcs sont très-surbaissés. Deux sièges et un banc sont taillés dans le tuf. Les sièges sont à l'entrée; le banc devait autrefois se prolonger sur trois côtés : il n'en reste plus qu'une partie.

On n'a trouvé dans cette salle ni peinture, ni monogramme, ni aucun symbole chrétien. Quant aux *arcosolia*, leur forme, leur élévation au-dessus du sol, ne permettent pas de supposer qu'ils aient été destinés à servir d'autel pour le saint sacrifice. Cette absence de signes religieux nous porte à penser que cette salle était le lieu où se réunissaient les catéchumènes. Déjà plus d'une fois nous avons fait observer avec quel soin était pratiquée la règle de la séparation des sexes[4] : la prudence devait rendre cette règle plus rigoureuse encore à l'égard des catéchumènes. Or il existe à peu de distance de la salle qui nous occupe une autre salle également destinée aux catéchumènes : il est donc probable que l'une servait aux réunions des hommes, l'autre à celles des femmes. On voit, dans celle-ci, deux sièges pour les ministres : ce qui peut faire supposer que les réunions des femmes se tenaient dans cette salle, les convenances exigeant que le prêtre qui présidait à ces réunions eût un assistant.

Ce monument, qui a été publié par Bosio[5] et par le R. P. Marchi[6], est indiqué sous le n° 23 au plan général du cimetière.

SALLE DES HOMMES CATÉCHUMÈNES

PLANCHE XLIV. PLAN[4]. — Cette salle est figurée sous le n° 22, dans le plan général du cimetière. Elle présente à peu près les mêmes particularités que la précédente : elle est à voûte d'arête, sans autel et sans peintures. A gauche de l'entrée est un siège, en face duquel se voit une crédence.

PLANCHE XLV. VUE PERSPECTIVE[5]. — Cette vue représente l'intérieur de la salle du côté de l'entrée; on y voit, outre les *loculi* pratiqués dans les parois, le siège dont nous venons de parler. Ce siège est taillé dans le tuf et ne présente en saillie que ses deux accoudoirs.

Nous répéterons ici les observations auxquelles a donné lieu l'état du monument précédent, c'est-à-dire que l'absence d'autel, de peintures, et d'autres symboles chrétiens, nous fait croire que cette salle servait à réunir, non pas les fidèles, mais les catéchumènes. N'y voyant qu'un seul siège, nous sommes porté à croire que c'était la salle des hommes.

L'antiquité de ces deux monuments semble ressortir de leur situation : ils sont en effet environnés de chapelles ou *cubicula*, ornées de peintures qui datent évidemment des premiers siècles.

4. Voyez notes descriptives, vol. I, p. 40, pl. LIX, et vol. II, p. 54, pl. VIII.
5. *Roma sotterr.*, p. 444.
6. *Monum. delle art. crist. primit.*, t. I, tav. XVII.

SÉPULTURE DE FAMILLE

Planche xlvi. PLAN. COUPE SUR LA LIGNE A B [1]. — Cette sépulture est située à l'entrée du cimetière ; elle se compose d'un petit *cubiculum* à voûte en berceau, garni de chaque côté de *loculi*, dont quelques-uns pouvaient renfermer deux, trois, et même quatre corps. C'étaient ces *loculi* que l'on appelait *bisomum*, *trisomum*, *quadrisomum*, dénominations qui se retrouvent souvent dans les inscriptions des Catacombes [1]. Au fond de la galerie, on voit un *loculus* d'enfant et une petite niche.

PEINTURE D'UN ARCOSOLIUM

DANS UNE GALERIE

Planche xlvii. UNE ORANTE. LE BON PASTEUR. LE MERCENAIRE. [2] — Cette peinture a été découverte en 1847. L'orante, vêtue d'une longue et large tunique à bordures, est debout entre deux arbres. Peut-être est-ce la représentation de la personne ensevelie dans ce sépulcre.

A droite, est le Bon Pasteur ; à gauche, le mercenaire. Il nous semble que le contraste est bien visible : le mercenaire est assis et saisit brutalement, pour la traire, une brebis qui résiste à sa violence ; le Bon Pasteur, au contraire, est debout, et regagne la bergerie en portant sur ses épaules la brebis égarée. On pourrait voir encore, dans le roseau qui s'élève aux pieds du mercenaire, l'indice du mauvais pâturage, et dans son *mulctrum*, beaucoup moins grand que celui du Bon Pasteur, la différence du produit des deux bercails.

Le style de cette fresque nous paraît rappeler une des belles époques de l'art antique. La coiffure de l'orante peut fournir aux antiquaires un moyen d'appréciation chronologique [1]. Nous en dirons autant des coiffures d'orantes que nous avons données dans les planches qui précèdent.

PEINTURE D'UN ARCOSOLIUM

DANS UNE GALERIE

Planche xlviii. HÉRODE ET LES TROIS ROIS MAGES. LE PARALYTIQUE. ADAM ET ÈVE. [*] — Cette peinture a été découverte en 1847. Elle se divise en deux grands compartiments. La partie supérieure représente le paralytique emportant son lit sur les épaules, et Adam et Ève après leur chute ; l'autre partie représente Hérode visité par les Mages. Ce roi est assis sur son trône ; au-dessus, brille l'étoile mystérieuse. Une longue brisure s'étend depuis le bras d'Hérode jusqu'à l'étoile.

TÊTE DE NOTRE-SEIGNEUR

EN TERRE CUITE [*]

Planche xlix. — Cette tête nous a été communiquée par un antiquaire romain, M. Capranesi, auquel nous nous faisons un agréable devoir de témoigner ici notre reconnaissance. Nous avons su de M. Capranesi lui-même que ce monument a été trouvé, non pas dans les Catacombes, mais dans les fouilles pratiquées, il y a quelques années, au-dessus du cimetière de Sainte-Agnès. Mais tous les artistes ont reconnu, dans ce fragment si fragile et si heureusement conservé, le type de la figure du Christ, et nous nous sommes empressé de le reproduire, ce monument nous paraissant appartenir aux premiers temps de l'art chrétien, plutôt qu'à l'époque de la renaissance.

Quoi qu'il en soit, nous ne connaissons personne qui ait vu sans être saisi d'admiration cette tête de Notre-Seigneur. C'est là, ce nous semble, l'idéal de la beauté humaine. On croit voir une inspiration du génie grec et du génie romain réunis dans le mélange admirable de finesse et de majesté qui caractérise cette singulière et sublime figure. Mais il y a plus que tout cela : il y a là le génie chrétien : c'est lui qui a donné au Christ ce caractère de beauté inconnu jusqu'alors, et qui n'appartient qu'à l'Homme-Dieu. Nous n'oublierons jamais les larmes d'admiration qu'arracha à l'un des plus grands peintres de notre époque la vue de ce chef-d'œuvre, lorsque nous le lui présentâmes pour la première fois.

PEINTURES D'UN ARCOSOLIUM

D'UNE GALERIE

Ces peintures ont été retrouvées en 1849 ; elles avaient déjà été publiées par Bosio [3] qui en avait donné l'ensemble complet. A gauche et à droite sur l'intrados, existent deux autres peintures, trop effacées aujourd'hui pour qu'on puisse les copier ; c'est d'un côté une orante, de l'autre un char traîné par deux bœufs. Ce char rustique se nommait *birota* ; il portait un tonneau, *dolium*. Les premiers chrétiens se servaient du *dolium* pour transporter secrètement dans les Catacombes les corps des martyrs ; c'est ce qu'on voit dans les actes de sainte Félicule et dans ceux des saints Nérée et Achillée [4].

Planche l. NOTRE-SEIGNEUR ET DEUX APÔTRES. — Notre-Seigneur est assis entre deux apôtres qui se tiennent debout ; il a les traits d'un jeune homme ; un large nimbe couronne sa tête ; un livre ouvert est à sa main gauche. Le geste de la main droite est celui d'un maître qui enseigne. A ses côtés,

1. Voyez le 1ᵉʳ vol. pl. XXXII, nᵒˢ 2 et 3 ; pl. XXXIII, nᵒˢ 5, 6, 9 ; — Vᵉ vol. pl. VIII, nᵒ 12 ; pl. XX, nᵒ 31 ; pl. XXIX, nᵒ 67 ; pl. XXX, nᵒ 73 ; pl. XXXII, nᵒ 80 ; pl. LVI, nᵒ 4 ; pl. LXXIII, nᵒˢ 3 et 5.

2. Voyez nos notes descriptives du IVᵉ vol. pl. XXIX, nᵒ 72.

3. *Roma sotterr.*, p. 475.

4. *Surius*, t. III, mai.

dans deux *cistes*, contre lesquelles sont appuyés leurs couvercles, on voit déposés des rouleaux, *volumina*. A sa droite, est probablement saint Pierre, le prince des apôtres; à sa gauche, saint Paul, qui porte un livre de forme quadrangulaire. Notre-Seigneur et les apôtres sont vêtus de la tunique et du manteau. Le champ est orné de rameaux fleuris.

Cette fresque est fort grossière; cependant, comme nous l'avons déjà fait remarquer dans plusieurs peintures du même genre, les costumes sont bien drapés. Dans ce tableau, ainsi que dans la planche xxix de notre premier volume, la stature de Notre-Seigneur est bien supérieure à celle des apôtres.

Il est peut-être à propos d'expliquer ici, à l'occasion de la planche que nous venons de décrire, les diverses dénominations de *libri*, *volumina*, *codices*, qui se rencontrent fréquemment soit chez les écrivains profanes, soit chez les auteurs ecclésiastiques. « Quoique ces mots, dit M. Greppo dans sa notice sur saint Hippolyte[1], aient été confondus assez indifféremment les uns avec les autres, cependant dans l'origine, et pris à la rigueur, ils différaient plus ou moins dans leurs acceptions respectives. Ainsi le nom de *liber*, emprunté à l'écorce des arbres, substance qui fournit les premières feuilles à écrire, est celui qui avait la signification la plus étendue : il correspondait aux termes βίβλος et βιβλίον des Grecs, tirés du nom d'une plante (βύβλος), dont l'écorce servait pour recevoir l'écriture, et, comme eux, il s'appliquait généralement à toute espèce de livres, de même que le mot français que nous en avons dérivé. Mais souvent aussi il désignait les grandes divisions d'un ouvrage, soit celles que les Grecs nommaient aussi βιβλίον, et que nous appelons livres, soit celles que nous désignons par les noms de tomes d'après les Grecs, ou de volumes d'après les Latins. Ce dernier terme a été fort détourné parmi nous de son acception primitive; car, dans son sens rigoureux, il signifiait une espèce de livres que nous ne connaissons plus aujourd'hui, mais qui était généralement en usage chez tous les anciens peuples, Hébreux, Égyptiens, Grecs ou Romains. Ceux-ci présentaient, lorsqu'ils n'étaient pas ouverts, l'aspect d'un cylindre formé par une suite, plus ou moins longue, de feuilles attachées ou collées les unes à la suite des autres, et roulées autour d'un axe, d'où leur venait le nom de *volumen*, du verbe *volvere*. Le nom de *codex* paraît être venu plus tard, comme l'objet qu'il désignait spécialement, c'est-à-dire une réunion de feuilles séparées entre elles, mais réunies d'un côté, ainsi que nos livres modernes, et de manière à donner aux livres qu'elles composaient une forme quadrangulaire. Sénèque (*de Brevit. vita* xiii) fait venir cette dénomination de *caudex* : *Plurium tabellarum contextus*, dit-il, *caudex apud antiquos dicitur ; unde publicæ tabellæ codices dicantur : et naves nunc quoque, quæ ex antiqua consuetudine per Tiberim commeatus subvehunt, caudiceæ vocantur.* On croit que les anciens avaient encore une autre forme de livres, apparemment aussi quadrangulaires,

composés de feuilles pliées à peu près comme nos paravents, et appelés pour cela *libri plicatiles*. »

Planche li. — LE BON PASTEUR. — Cette peinture est au centre sur l'intrados de l'arc. Le Bon Pasteur n'y a pas la figure aussi jeune que dans les fresques précédentes; il a même une longue barbe; mais son costume est à peu près semblable, et il porte de plus la *penula* courte, désignée par Bottari sous le nom de *scortea*. Ce vêtement était ordinairement de cuir et servait à garantir de la pluie. Le Bon Pasteur tient une *syrinx* de la main droite, et il s'appuie de la gauche sur un *pedum*. Les deux brebis qui sont à ses côtés sont d'une main bien inhabile : il semble qu'on ne puisse les attribuer à l'artiste qui a tracé le Bon Pasteur, dont la pose et la figure ne sont pas sans mérite.

PEINTURE

D'UN ARCOSOLIUM D'UNE CRYPTE

DÉCOUVERTE EN 1850

Planche lii. LE BON PASTEUR. — Le Bon Pasteur est vêtu d'une tunique de voyage à une seule manche. Il est debout au milieu de son troupeau; sa main gauche tient un *pedum*, et de la droite il caresse deux de ses brebis. Quatre autres semblent attendre leur tour. Une seule se détourne avec indifférence : ce sera bientôt peut-être la brebis égarée. Aux pieds du Pasteur, est couché le chien fidèle, qui regarde son maître d'un air attentif; il semble prévoir un ordre prochain, car le Pasteur porte au loin ses regards pleins d'une tendre sollicitude.

Planche liii. NOÉ DANS L'ARCHE. — Cette peinture a été découverte en 1850.

Noé est dans l'attitude de la prière. On voit à sa gauche une partie effacée où se trouvait peut-être la colombe.

ANGLES DE TROIS GALERIES

Planche liv. VUE PERSPECTIVE. — Cette vue perspective montre comment les *loculi* étaient rangés dans les galeries, les uns au-dessus des autres, *per parietes*, selon l'expression de saint Jérôme[2]. Les trois colonnes avec leurs chapiteaux taillés dans le tuf, aux angles des galeries, sont une particularité assez rare dans les Catacombes. Un autre objet digne de remarque est la petite niche pratiquée à l'un des angles et destinée à recevoir une lampe.

---

1. *Notes hist. biogr. archéol.*, p. 178 note 2; Lyon, 1841. — Voyez encore Schwarz, *De ornamentis libr. apud veter.*, Lipsiæ, 1756.

2. *Sculp. e pittur.*, t. II, p. 161.
3. *In Ezech.*, C. XI.

CIMETIÈRE DE S^T-MARCELLIN ET DE S^T-PIERRE

NOTICE

Ce cimetière a reçu deux noms avant celui qu'il porte actuellement. On l'appela d'abord *Inter duas lauros*, sans doute à cause de deux lauriers qui se trouvaient à son entrée, quand saint Tiburce y fut enseveli et lui donna son nom. Tiburce avait pour père Chromace, vicaire du préfet de Rome, qui, après avoir condamné à mort plusieurs chrétiens, se fit chrétien lui-même avec son fils. Lorsque le feu de la persécution se ralluma sous Dioclétien, Tiburce resta à Rome avec le pape Caïus, parent de ce prince, et se réfugia avec lui et quelques fidèles dans le palais même de l'empereur. Cet asile leur avait été ouvert par Castulus, zélé chrétien, et intendant des *zètes* du palais. Ils en sortaient souvent pour aller consoler les chrétiens et convertir les infidèles. Un faux frère les trahit : Castulus fut enterré vivant; Tiburce, condamné à marcher sur des charbons ardents, fut, au sortir de cette épreuve, décapité sur la voie Lavicane.

Le cimetière qui prit alors son nom en recevant ses restes mortels, devait, quelque temps après, recevoir les dépouilles et les noms de deux autres victimes de la persécution de Dioclétien. Le prêtre Marcellin et l'exorciste Pierre, conformément à un ordre donné par le juge, avaient été conduits sur la voie Cornélienne, dans une forêt située à trois milles de Rome, pour y être mis à mort en secret, afin que les chrétiens ne pussent être instruits du lieu de leur sépulture. Quand le bourreau leur annonça le moment fatal, ils débarrassèrent eux-mêmes la place où leurs têtes allaient tomber des broussailles dont elle était couverte, afin de préparer une place pour leur tombeau. Leur martyre fit changer de nom à cette partie de la campagne romaine : elle s'appelait la *Forêt Noire;* on la nomma la *Forêt blanche.*

Saint Tiburce comptait dans sa famille deux de ces héroïnes si communes aux premiers siècles de l'Église. C'étaient Lucilla et Firmina. Ces pieuses matrones passaient les jours et les nuits en prières auprès de son sépulcre, dans le *cubiculum* qu'elles lui avaient fait construire. Un jour il leur apparut et leur dit d'ensevelir près de lui les corps des deux martyrs immolés secrètement sur la voie Cornélienne. La nuit suivante, les dépouilles de saint Marcellin et de saint Pierre furent réunies à celles de saint Tiburce, et dans la suite leurs noms servirent à désigner ce cimetière de la voie Lavicane.

Les détails qu'on vient de lire sont tirés des martyrologes anciens et des actes des martyrs, dont Baronius et Godescard ont donné des extraits [1].

Le pape Damase assure qu'étant enfant il avait appris quelques-uns de ces détails de la bouche même du bourreau; il les a insérés dans l'épitaphe suivante, qu'il fit graver sur le tombeau des saints martyrs :

MARCELLINE TVOS PARITER PETRE HOSCE TRIVMPHOS
PERCVSSOR RETVLIT DAMASO MIHI CVM PVER ESSEM
HAEC SIBI CARNIFICEM RABIDVM MANDATA DEDISSE
SEPIBVS IN MEDIIS VESTRA VT TVHC COLLA SECARET
NEC TVMVLVM VESTRVM QVISQVAM COGHOSCERE POSSET
VOS ALACRES VESTRIS MANIBVS MVHDASSE SEPVLCRA
CANDIDVLO OCCVLTE POSTQVAM IACVISTIS IN ANTRO
POSTEA COMMOHITAM VESTRA PIETATE LVCILLAM
HIC PLACVISSE MAGIS SANCTISSIMA COHDERE MEMBRA [2]

Le 18 août de l'an 328 sainte Hélène, mère de Constantin, fut déposée auprès des tombeaux de saint Marcellin et de saint Pierre, et le souvenir de la pieuse impératrice qui avait retrouvé la croix du calvaire, vint se mêler au souvenir de ceux qui avaient versé leur sang pour la foi. Aussi ce cimetière était-il également appelé du nom de cette princesse [3]. Constantin, par vénération pour les deux saints, et par un mouvement de piété filiale, fit bâtir sur leur tombe un mausolée pour sa mère, et une magnifique basilique en leur honneur [4]. On n'en voit plus que des ruines appelées par le peuple de Rome *Tor pignattara.* Auprès d'elles, s'élève une petite église qui consacre la place du vénérable monument.

D'utiles travaux exécutés au commencement de ce siècle, et dont il faut rapporter la gloire au cardinal Corsini, facilitent l'entrée du cimetière, que nous allons décrire. Ce cimetière est un des plus intéressants par le grand nombre de médailles impériales [5] et de monuments chrétiens qu'on y a trouvés, et surtout par la découverte d'une multitude de corps de martyrs.

<hr>

1. Baron. *Annal. eccles.*, t. II, an. 286, n° 22. — Godescard, *Vies des Pères*, etc. : saint Tiburce au 11 août; saint Pierre au 2 juin; saint Sébastien au 20 janvier.

2. Baron. *Annal. eccles.*, t. III, an. 302, LX.

3. Anast. *in Sylvest.*, t. I, p. 48.

4. Idem, *Ibid.*, t. I, p. 49.

5. Ces médailles ont été publiées par Buonarruoti, *Osser. istor. sopra alcuni medaglioni antichi*, Roma 1698.

Les peintures dont il est décoré sont en général d'une grande beauté : ce qui fait supposer qu'elles sont bien antérieures à l'époque où il était désigné sous le nom de cimetière de Saint-Tiburce. Nous nous appuyons ici sur l'autorité du savant chanoine Settele, qui a classé ces peintures parmi les plus anciennes des Catacombes, c'est-à-dire dans la même catégorie que celles des cimetières de la voie Appienne[1].

DESCRIPTION DES PLANCHES

LE BON PASTEUR

Planche lv. Titre. — Ce bas-relief en marbre, découvert en 1839 au cimetière de Sainte-Agnès, est aujourd'hui déposé à la custode des reliques de Saint-Apollinaire.

Le Bon Pasteur est assis sur une pierre au pied d'un arbre. Il tient de la main gauche un *pedum*, et de la droite il présente de la nourriture à une brebis qui semble craindre de le blesser en la prenant. Rien de plus gracieux que les formes et la pose du Bon Pasteur : on y reconnaît le style antique.

ENTRÉE DU CIMETIÈRE

Planche lvi. — Cette entrée n'a rien perdu de sa première et poétique dénomination *inter duas lauros* ; de nouveaux ombrages l'ont embelli : l'abord en est aujourd'hui couvert de feuillage et de roses. Au-dessus, on aperçoit les ruines de la basilique élevée par Constantin en l'honneur de saint Marcellin et de saint Pierre.

PEINTURES DIVERSES

Planche lvii. UNE FEMME COURONNÉE. UNE ORANTE. — Nous avons réuni, sur cette planche et sur les deux suivantes, diverses figures qui entraient dans la décoration de plusieurs monuments publiés par Bosio. Il est regrettable que les dégradations causées par le temps ne nous aient pas permis de donner l'ensemble de ces décorations.

L'orante est assez médiocre sous tous les rapports, mais la femme couronnée est d'une beauté d'autant plus admirable qu'elle allie la grâce et la noblesse à la pudeur chrétienne. On ne peut guère trouver, ce semble, de plus beaux modèles, soit pour les charmes de la physionomie, soit pour la majesté des traits. La coiffure, aussi modeste qu'élégante, est ornée d'une couronne d'or.

Nous avons cru reconnaître cette figure de femme couronnée dans une peinture que Bosio[2] place au-dessus de l'entrée d'un *cubiculum*.

Planche lviii. DEUX CHRÉTIENS EN PRIÈRE. FRAGMENT D'UNE TÊTE COURONNÉE. — La figure à gauche se voit à la voûte d'un *cubiculum* publié par Bosio[3] ; elle est vêtue d'une tunique talaire, de couleur jaune. Un manteau violet tombe par derrière, des épaules aux pieds, et se termine sur la poitrine par une pointe triangulaire entre deux bandelettes. Nous ne nous rappelons pas avoir vu dans les peintures des cimetières un autre exemple de ce genre de manteaux.

Le second chrétien en prière porte une tunique courte et sans manches, également de couleur jaune, et un manteau vert rejeté avec art sur l'épaule gauche.

Le buste couronné de feuillage se voit sous un *arcosolium*[4]. Il représente, selon Bottari[5], un militaire dont le corps reposait peut-être dans ce tombeau.

Planche lix. LE BON PASTEUR. — C'est là, sans contredit, une des plus belles figures de Bon Pasteur que nous ayons reproduites. On admire l'expression de jeunesse et de grâce répandue dans les traits, dans les formes, et dans toute l'attitude du Pasteur. Il tient de la main gauche les pieds de la brebis fugitive, qu'il regarde affectueusement et qu'il presse avec amour. De la main droite il porte la *syrinx* ; il a cessé d'en jouer : on voit qu'il se hâte de regagner la bergerie. Une élégante bordure entoure le tableau.

Cette figure est, à notre avis, la même que Bosio a publiée[6], et qu'il place au centre de la voûte d'un *cubiculum*.

1. *Atti dell' Acad. roman.*, t. II. p. 77.
2. *Roma sotterr.*, p. 349.
3. *Ibid.*, p. 383.
4. *Ibid.*, p. 391.
5. *Scult. e pittur.*, t. II, p. 173.
6. *Roma sotterr.*, p. 351.

PLANCHE LX. UNE AGAPE. — Cette peinture, qui se voit au-dessus d'un *arcosolium*, a été découverte et publiée par Bosio [1], de l'ouvrage duquel nous l'avons tirée. Au milieu, est une matrone chrétienne qui préside au repas. Sur une longue table de forme carrée, se trouvent des plats et un grand vase. Les deux personnages debout près de la table sont en costume de pèlerins ; les deux autres font le service.

L'origine des agapes (ἀγάπη, *dilectio*) remonte aux temps apostoliques. Il en est question dans la première épître de saint Paul aux Corinthiens [2], ainsi que dans les Actes des Apôtres [3]. Il y est fait allusion dans la fameuse lettre de Pline à Trajan [4]. Tertullien, dans son Apologétique [5], en parle comme témoin oculaire, comme y ayant pris part : « Le seul nom de nos repas, dit-il en s'adressant aux païens, montre ce qu'ils sont. On les appelle agapes, ce qui signifie amour chez les Grecs. Quelle que soit la dépense qu'on y fait, c'est un gain que de dépenser pour faire du bien. Avec ces aliments nous aidons les pauvres, que nous n'avons garde de considérer comme ces parasites qui, parmi vous, se font gloire de vendre leur liberté pour se rassasier à vos tables, au milieu de mille affronts ; mais nous nous conformons aux vues de Dieu qui préfère les humbles. Ainsi le motif de nos repas est honnête. Jugez donc du reste de notre discipline, puisque nos repas eux-mêmes sont inspirés par la religion. Nous n'y admettons ni bassesse, ni immodestie. On ne se met à table qu'après s'être nourri d'une prière à Dieu. On mange autant qu'il faut pour satisfaire la faim ; on boit autant qu'il suffit à des hommes pudiques. On s'y rassasie sans perdre de vue qu'on doit adorer Dieu pendant la nuit ; on s'entretient sans oublier que Dieu écoute. »

On distinguait plusieurs sortes d'agapes, à cause des différentes raisons pour lesquelles se célébraient ces repas communs. Un mariage, la dédicace d'une église, les funérailles d'une personne chérie, la *naissance* des martyrs, avaient paru aux premiers chrétiens les circonstances les plus propres à motiver ces pieuses assemblées. De là quatre espèces d'agapes appelées *connubiales*, *dedicatoriæ*, *funerales* et *natalitiæ*.

C'est de ces dernières agapes que les cimetières de Rome ont surtout conservé de nombreux et intéressants monuments. Lorsque quelqu'un de leurs frères avait glorieusement succombé sous le fer des bourreaux et qu'ils avaient enseveli sa dépouille sacrée, les premiers chrétiens aimaient à célébrer sa naissance à la véritable vie, par un innocent repas, et tous ensemble ils demandaient à Dieu de fortifier leur courage pour le jour de l'épreuve [6].

VOUTE PEINTE D'UNE CHAPELLE

PLANCHE LXI. — Nous publions, d'après Bosio [7] cette fresque qui décore la voûte d'un *cubiculum*. Elle est divisée en cinq compartiments. Le Bon Pasteur est au centre dans un carré dont les angles sont ornés de colombes. Il est entouré d'images représentant Noé, le Sacrifice d'Abraham, Daniel dans la fosse aux lions, et Jésus-Christ guérissant le malade de trente-huit ans. Les compartiments latéraux sont semi-circulaires, tracés entre deux grands cercles et reliés entre eux par une bandelette. Quatre chèvres bondissantes occupent les angles de la voûte.

Le Bon Pasteur est placé entre deux arbres ; il a deux brebis à ses pieds, et une troisième sur ses épaules. Son vêtement consiste en un manteau et une tunique, avec des bandelettes qui se croisent sur la poitrine. Suivant Buonarruoti [8], ces bandelettes sont de celles qu'Isidore désigne sous le nom de *redimicula*.

Noé apparaît à la fenêtre de l'arche, tendant la main à la colombe qui vole vers lui.

Abraham est debout le glaive à la main, près d'un autel en pierre ; son fils s'approche chargé du bois du sacrifice. Une main, symbole de la présence de Dieu, apparaît au-dessus du père des croyants.

Daniel est entièrement nu, comme à l'ordinaire, et entre deux lions.

Enfin Jésus-Christ, vêtu de la tunique et du manteau, semble parler au malade, dont le lit rappelle par sa forme la piscine probatique.

---

1. *Roma sotterr.*, p. 395.
2. C. XI, 33.
3. C. II, 46. — VI, 2.
4. *Epist.*, X, 97.
5. C. XXXIX.
6. Origen. *In Job*, III.
7. *Roma sotterr.*, p. 339.
8. *Vetri antichi*, p. 187.

CIMETIÈRE DE SAINTE-HÉLÈNE

NOTICE

Ce cimetière situé sur la voie Lavicane a été découvert en 1838, dans la propriété de MM. Del Grande. Situé à un quart de mille des ruines du mansolée de Sainte-Hélène, et de l'ancienne basilique de Saint-Marcellin et de Saint-Pierre, il paraît former un ancien embranchement du cimetière qui porte le nom de ces deux martyrs : cette conjecture serait peut-être confirmée, si l'on achevait le déblaiement de deux galeries qui se trouvent dans la direction de ce cimetière et qui semblent y communiquer [1].

Deux savants [2], dont l'opinion fait autorité, s'accordent à reconnaître sainte Hélène pour la fondatrice de cette Catacombe, qu'on a désignée par le nom de cette princesse, dès le jour de la découverte, comme on l'avait fait sans doute au jour de la fondation. Tout prouve du moins que cette fondation remonte à l'époque constantinienne : le marbre des escaliers, les stucs, les mosaïques, attestent une magnificence tout impériale, que l'ère des persécutions rendait impossible aux chrétiens, et qu'on ne trouve dans aucune autre Catacombe. D'ailleurs, à l'occasion de la restauration du mansolée de Sainte-Constance, qui se faisait un temps même de la découverte du cimetière de Sainte-Hélène, on put reconnaître à Rome l'identité des matériaux employés à la confection soit des mosaïques de ce cimetière, soit de celles du mausolée, comme on avait déjà reconnu l'identité de style dans ces mêmes mosaïques.

L'âge de la construction en briques qui se voit à l'entrée du cimetière, remonte aussi à l'époque constantinienne, comme on en peut juger par la disposition des matériaux. Cette construction paraît être une de ces petites chapelles, *brevissimæ ecclesiæ* [3], *oratoria* [4], qui se bâtissaient alors à l'entrée des Catacombes, pour honorer les martyrs et pour servir au recueillement et à la piété des fidèles, lorsqu'ils visitaient leur sépulture. Chacune des quatorze voies qui aboutissaient à Rome avait de ces petites chapelles, dont quelques-unes subsistent encore, mais dont la plupart n'ont laissé que des ruines.

Au haut de l'escalier, on voit une petite colonne destinée peut-être à supporter un bénitier. On n'ignore pas que l'usage de l'eau bénite remonte aux temps apostoliques [5]. Plusieurs auteurs, entre autres Boldetti [5], font mention de vases en marbre, en terre, en verre, et même de coquillages trouvés dans les Catacombes, enchâssés dans le ciment ou placés sur des piédestaux, et qui devaient servir à contenir l'eau bénite.

Ce cimetière est remarquable par le nombre de ses luminaires, de ses *arcosolia* et de ses *cubicula*, surtout par son pavé en mosaïque [9].

DESCRIPTION DES PLANCHES

PLAN

COUPE LONGITUDINALE SUR LA LIGNE A B

MOSAIQUES DU CIMETIÈRE

Planche LXII. — On voit, à gauche, la petite chapelle dont nous venons de parler, et qui servait d'entrée. L'extrémité opposée n'est pas encore entièrement déblayée ; elle couvre peut-être les fondations d'une autre chapelle : c'est du moins ce que peuvent faire supposer l'escalier qui s'y trouve, et la proximité de la voie Lavicane. Là s'ouvrait probablement une seconde entrée, conformément à la discipline de l'Église primitive [6]. On voit encore aujourd'hui cette double entrée, l'une pour les hommes, l'autre pour les femmes, au cimetière de Sainte-Agnès, à l'église de Saint-Hermès, et à la crypte des saints Protus et Hyacinthe [8].

On compte dans le cimetière de Sainte-Hélène quatre luminaires, quatorze *arcosolia* et six *cubicula*. Les luminaires ont une disposition particulière : ils sont percés en ligne droite, comme on peut le voir dans la coupe longitudinale, où nous n'en avons reproduit que deux, dont

---

1. Voir la planche suivante.

2. R. P. Marchi, *Monum. delle art. crist. primit.*, t. I, p. 49. — M. Visconti, *Atti dell' Acad. roman.*, t. X, p. 70.

3. *Act. S. Hilarii, ap. Sur.*

4. *Lib. Pontifical.*,

5. Baron. *Annal. eccles.*, t. I, an. 57, CXI. t. II, an. 131, III. — Bellarm. *De cultu sanct.*, L. III, c. IX.

6. *Observ. supra i cimit.*, p. 10.

7. — Le R. P. Marchi (*Monum. delle art. crist. primit.*, t. I, tav. VI, VII et VIII) a donné le plan et la coupe de ce cimetière ; M. Visconti (*Atti dell' Acad. roman.*, t. X) en a reproduit en outre les mosaïques, mais sans couleurs.

8. Voyez notre préface, p. 11.

9. *Monum. delle art. crist. primit.*, t. I, p. 186. — Voy. notre vol. III, pl. XXXIII.

l'un était complétement déblayé, et l'autre en partie encombré.

Les *arcosolia* ont leurs arcs en briques; deux d'entre eux se terminent en cul-de-four. Il est à croire que plusieurs de ces *arcosolia* servaient d'autels [1] pour le saint sacrifice, et que l'impératrice y fit transporter du cimetière voisin quelques corps de martyrs. Les *cubicula*, situés, comme dans la plupart des autres cimetières, deux à deux en face l'un de l'autre, sont pavés de mosaïques et garnis de *loculi* à l'exception d'un seul. On voit à leurs angles des pierres percées, qui semblent être des bases de colonnes et qui, suivant M. Visconti [1] devaient supporter des balustrades destinées à séparer les deux sexes dans les assemblées.

Les mosaïques se voient de distance en distance, dans la galerie principale, aux n°° 1, 2, 3, 4 et 5.

Planche lxiii. MOSAIQUES DU PAVÉ N°° 1 et 3. — Ces deux mosaïques se trouvent, le n° 1 à l'entrée du cimetière vers le milieu de l'escalier, le n° 3 sous le luminaire indiqué à gauche, dans la coupe longitudinale. Il en est de ces mosaïques, comme des trois suivantes : leur dessin rappelle la bonne époque; mais elles sont loin d'en reproduire la belle exécution.

Planche lxiv. MOSAIQUE DU PAVÉ N° 2. — Cette mosaïque se trouve entre les deux premiers *cubicula* à gauche. C'est la plus belle des cinq. Elle est remarquable par la vivacité des couleurs, et par la grande variété des entrelacs et des compartiments. On voit dans le milieu une colombe avec un rameau vert.

Planche lxv. MOSAIQUES DU PAVÉ N°° 4 ET 5. — Ces deux mosaïques se trouvent, le n° 4 sous le luminaire indiqué à droite, dans la coupe longitudinale, et le n° 5 à l'extrémité de la galerie à droite.

CIMETIÈRE DE SAINT-ZOTICUS

NOTICE

Ce cimetière situé sur la voie Lavicane à dix milles de Rome a été découvert par Boldetti en 1715. Ce fut, dit-il, un passage d'un manuscrit du Vatican cité par Bosio [2] qui lui donna l'idée de le chercher. Sur les indications de quelques pâtres, il commença ses explorations par des grottes profondes, qui se trouvent dans la vallée des Morts. Les fouilles qu'il y fit exécuter donnèrent pour résultat la découverte de plusieurs corps de martyrs [4].

Deux ans après, le cardinal évêque de Frascati, indigné des déprédations qui se commettaient dans cette Catacombe isolée et sans gardien, en fit murer l'entrée; mais on négligea d'y laisser un signe qui pût la faire reconnaître : de telle sorte que la découverte de Boldetti semblait condamnée à l'oubli. Mais de nos jours, un savant plein de zèle, le chanoine Santovetti, a fait de nombreuses recherches pour retrouver ce cimetière perdu. Il y est parvenu après beaucoup de difficultés, et c'est à lui qu'on en doit la seconde découverte.

Le nom par lequel on désigne cette Catacombe, lui a été donné d'après les indications du même manuscrit qui l'avait fait découvrir à Boldetti. On lit dans ce manuscrit que Zoticus et Amantius furent martyrisés par l'ordre d'Hadrien, sur la voie Lavicane, dans un lieu nommé *Fundus Capreoli*, à dix milles de Rome, où ils furent ensevelis par sainte Symphorose femme de Zoticus.

Le cimetière de Saint-Zoticus rendu à la science, comme à la piété des fidèles, ne peut manquer de devenir l'objet de nouvelles et intéressantes explorations, à une époque où l'étude des monuments primitifs du christianisme a repris à Rome une nouvelle ardeur et se couronne de tant de succès.

LES QUATRE ÉVANGÉLISTES

Planche lxvi. — Cette fresque se voit dans le fond d'un *arcosolium* semi-circulaire. Nous pensons qu'elle représente les quatre Évangélistes, comme le font présumer le nombre des personnages, les *cistes* remplis de rouleaux (*volumina*) à leurs pieds, et les lettres MA initiales de MA[TTHEVS]. Nous n'avons pu reproduire que les draperies, trois *cistes*, et la riche bordure qui termine la partie inférieure du tableau. Ce qui nous reste de cette peinture, nous fait vivement regretter de la voir si dégradée par le temps.

1. Voyez M. Visconti, *Atti dell' Acad. roman.*, t. X, p. 61 et 63.
2. Idem, *ibid.*, t. X, p. 63.

3. *Roma sotterr.*, p. 320.
4. *Osservaz. supra i cimit.*, p. 564.

ARCHITECTURE ET PEINTURES

CIMETIÈRES
DE SAINTE-PRISCILLE, DE SAINT-THRASON ET DE SAINT-SATURNIN
DE SAINT-HERMÈS
DE SAINTE-CYRIAQUE, DE SAINT-HIPPOLYTE
DE SAINT-PONTIEN

DESCRIPTION

DES PLANCHES

DU TROISIÈME VOLUME

FRONTISPICE

SCEAU D'UNE BRIQUE QUI FERMAIT LA TOMBE D'UN CHRÉTIEN

Au milieu, est une palme dans une couronne, autour de laquelle on lit le mot MARTIORVM. Ce fragment est déposé à la custode des reliques de Saint-Apollinaire.

Les briques romaines que les fouilles ont fournies, présentent ordinairement les noms du fabricant, en toutes lettres, ou par initiales; sa marque, quelquefois le nom des consuls en place au moment de leur fabrication, et l'indication du lieu où elles ont été fabriquées : quand toutes ces indications s'y trouvent réunies, elles ont une assez grande importance comme monuments chronologiques. Fabretti[1] et Boldetti[1] ont publié un grand nombre de briques sigillées. Nous renvoyons nos lecteurs aux ouvrages de ces savants.

L'inscription qui se lit sur la brique dont nous ornons le frontispice de ce volume, est difficile à expliquer; peut-être n'est-elle pas complète; dans tous les cas, il est probable qu'elle contient le nom de la fabrique d'où provient ce petit monument.

CIMETIÈRE DE SAINTE-PRISCILLE

NOTICE

Ce cimetière, l'un des plus grands monuments de l'Église romaine primitive, est situé sur la nouvelle voie Salaria, à trois milles environ de la ville. Il est mentionné deux fois dans les écrits hagiologiques les plus anciens, deux fois dans le calendrier du P. Boucher, une fois au moins dans le martyrologe qui porte le nom de saint Jérôme, et bien plus fréquemment dans ceux qui appartiennent à un âge postérieur. Mais on ne saurait dire précisément quelle est la sainte Priscille qui lui a donné son nom.

L'histoire signale trois chrétiennes du nom de Priscille. La première, dont il est parlé aux Actes des Apôtres[3] et dans une des épîtres de saint Paul[4], était épouse d'Aquila et

---

1. *Inscript.*, c. VII, p. 498.
2. *Osservaz. sopra i cimit.*, p. 527. — Voyez aussi Marini, *Arval.*, passim.
3. XVIII, 26.
4. I *Cor.*, XVI, 19

disciple de saint Paul. La seconde, qui appartient aussi aux temps apostoliques, fut la mère du sénateur Pudens et l'aïeule des deux martyres Praxède et Pudentienne[1], comme on le voit par le passage suivant extrait par Aringhi[2] des manuscrits du Vatican : *Hujus temporibus* (savoir sous l'empire d'Antonin) *vir fuit in urbe Roma nomine Pudens, genere nobilis, honestate præclarus; cujus pater vocabatur Punicus, mater autem Priscilla. Quorum quidem arbitrio duxerat conjugem nomine Sabinellam illustribus æque oriam natalibus, de qua duas suscepit filias pulchras specie sed moribus pulchriores.*

La troisième, qui vivait sous le pontificat du pape saint Marcel, aurait, au rapport d'Anastase le Bibliothécaire, cédé ses possessions au saint pontife pour en faire un cimetière : *Hic rogavit quamdam Matronam nomine Priscillam et fecit cœmeteria via Salaria*[3].

Malgré ce texte, qui paraît précis, ce n'est cependant point à cette dernière que doit être attribué l'honneur d'avoir fondé ce cimetière; car des monuments authentiques parlent d'inhumations chrétiennes, qui avaient eu lieu dans les Catacombes de Priscille, cent quarante ans avant le pontificat de saint Marcel[4]. Il est vraisemblable que cet honneur appartient à la seconde, le pape saint Marcel n'ayant fait, avec le concours de la troisième, qu'un travail d'agrandissement et de restauration; et nous sommes d'autant plus autorisé à adopter cette opinion que, suivant les mêmes monuments, les restes de Priscille, de son fils Pudens, et de ses deux petites-filles Praxède et Pudentienne, avaient été déposés dans ce cimetière à côté de ceux d'une multitude de martyrs.

Ces restes vénérables auraient suffi pour illustrer à jamais le cimetière dont nous parlons, car la famille de saint Pudens et de sainte Priscille peut être considérée, à plusieurs titres, comme la plus distinguée d'entre celles qui firent la gloire de l'Église en ces temps héroïques; mais les nombreux pontifes qui, par la suite, reçurent la sépulture dans le même cimetière, en ont encore accru la célébrité.

Parmi ces saints pontifes, on cite le pape saint Marcellin, qui fut martyrisé sous Dioclétien et dont Anastase raconte la sépulture en ces termes : *Post hoc factum jacuerunt corpora sancta in platea ad exemplum Christianorum diebus 36 ex jussu Diocletiani, et exinde Marcellus Presbyter collegit nocte corpora cum Presbyteris et Diaconibus cum hymnis, et sepelivit via Salaria in cœmeterio Priscillæ, in cubiculo claro, quod patet usque in hodiernum diem, quod ipse præparaverat pænitens, dum traheretur ad occisionem, in crypta juxta corpus sancti Crescentionis*[5].

Suivant le même auteur et plusieurs autres, le pape saint Marcel fut aussi enseveli dans ce cimetière, par les soins du prêtre Jean aidé d'une matrone appelée Lucine. Saint Damase a fait graver sur le tombeau du pontife l'inscription suivante : [6]

VERIDICVS RECTOR LAPSOS QVIA CRIMINA FLERE
PRAEDIXIT MISERIS FVIT OMNIBVS HOSTIS AMARVS
HINC FVROR HINC ODIVM SEQVITVR DISCORDIA LITES
SEDITIO CAEDES SOLVVNTVR FOEDERA PACIS
CRIMEN OB ALTERIVS X̄P̄M QVI IN PACE NEGAVIT
FINIBVS EXPVLSVS PATRIAE EST FERITATE TYRANNI
HAEC BREVITER DAMASVS VOLVIT COMPERTA REFERRE
MARCELLI POPVLVS MERITVM COGNOSCERE POSSET

Le lieu où l'on déposa saint Marcel fut connu dès lors sous le nom de *ad sanctum Marcellum*; c'est ce que nous apprend Anastase, qui, en parlant de la translation des restes du pape Vigile, mort à Syracuse, s'exprime ainsi : *cujus corpus ductum est Romam, et sepultum est ad sanctum Marcellum, via Salaria in cœmeterio Priscillæ*[7].

Le pape saint Sylvestre voulut aussi avoir son tombeau dans ce cimetière[8]; et, plus tard, on y éleva une église en son honneur[9]; enfin, après ce saint pontife, nous nommerons encore les papes Libère, Sirice et Célestin. Ce dernier avait pris soin d'orner de fresques le lieu qu'il s'était choisi pour sépulture, comme on le voit par une lettre du pape Hadrien Ier à Charlemagne, où il est dit : *Sanctus Cœlestinus papa proprium suum cœmeterium picturis decoravit*[10]. Des découvertes postérieures ont mis au jour les épitaphes gravées sur son tombeau et sur celui de saint Sirice.

ÉPITAPHE DE SAINT CÉLESTIN

PRAESVL APOSTOLICAE SEDIS VENERABILIS OMNI
QVEM REXIT POPVLO DECIMVM DVM CONDERET ANNVM
CAELESTINVS AGENS VITAM MIGRAVIT IN ILLAM
DEBITA QVAE SANCTIS AETERNOS REDDIT HONORES
CORPORIS HIC TVMVLVS REQVIESCVNT OSSA CINISQVE
NEC PERIT HINC ALIQVID D̄N̄O CARO CVNCTA RESVRGIT
TERRENVM NVNC TERRA TEGIT MENS NESCIA MORTIS
VIVIT ET ASPECTV FRVITVR BENE CONSCIA X̄P̄I[11]

---

1. Une inscription publiée dans notre V^e vol., pl. XLII n° 5, paraît avoir été consacrée à la mémoire de l'un des membres de cette famille.

2. Aringhi, *Roma subterr.*, t. II, p. 217,

3. Anast. Biblioth., *in Marcel.*, t. I, p. 31.

4. Aringhi, *Roma subterr.*, t. II, p. 218.

5. Anast. Biblioth., *in Marcellin.*, t. I, p. 30.

6. Gruter, 1172, 3.

7. Anast. Biblioth., *in Vigil.*, t. I, p. 111.

8. *Acta S. Sylvest.*

9. Franc. Albert., *De mirab. urb.*, l. 2. 11.

10. *Epist.* III.

11. Gruter, 1171. 6.

ÉPITAPHE DE SAINT SIRICE

LIBERIVM LECTOR MOX ET LEVITA SECVTVS
POST DAMASVM CLARVS TOTOS QVOS VIXIT IN ANNOS
FONTE SACRO MAGNVS MERVIT SEDERE SACERDOS
CVNCTIS VT POPVLIS PACEM TVNC SOLIDAM DARET
HIC PIVS HIC IVSTVS FELICIA TEMPORA FECIT
DEFENSOR MAGNVS MVLTOS VT NOBILES AVSVS
MISERICORS LARGVS MERVIT PER SAECVLA NOMEN
TER QVINOS POPVLVM QVI REXIT IN ANNOS AMORE
NVNC REQVIEM SENTIT CAELESTIA REGNA POTITVS [1]

Plusieurs pontifes mentionnés par Anastase ont, à différentes époques, embelli ou restauré ce cimetière. Parmi eux, on peut citer en première ligne, outre le pape Hadrien I*, le pape Jean I*' dont il est écrit : *item renovavit cœmeterium Priscillæ via Salaria*[2]. Quant à l'ensemble des peintures trouvées dans ce cimetière, d'Agincourt[3] en fait remonter l'origine à la fin du iii* siècle.

Avant de terminer cette notice, nous croyons devoir rapporter ce qui se passa sous l'empereur Numérien dans le cimetière de Saint-Chrysanthe et de Sainte-Darie, sur la voie Salaria, afin de placer en regard des excès de barbarie auxquels on se portait envers les premiers chrétiens, leur confiance en Dieu, leur patience au milieu des plus cruelles épreuves, leurs prières pour leurs persécuteurs et leurs bourreaux. L'empereur ayant appris qu'un grand nombre de fidèles s'étaient réunis dans la crypte de Chrysanthe, en fit murer l'entrée, et, par ses ordres, des monceaux de sable et de pierres un interdirent tous les abords[4]. Ainsi furent étouffées tout d'un coup une multitude de victimes. Combien d'autres exemples de cruauté à l'égard des chrétiens ne pourrions-nous pas signaler[5]? Et cependant, durant les cinq années que nous avons employées à explorer les Catacombes et à en parcourir tous les détours, nous n'y avons rencontré aucun indice de ressentiment, aucun signe de vengeance, pas un seul anathème contre les bourreaux et les impies.

Pendant la longue période des persécutions, sous l'influence habituelle des impressions les plus douloureuses, réduit à prier sur des tombeaux, et sans cesse occupé de devoirs sévères, le christianisme n'a laissé dans ces vastes souterrains que des monuments où respire la douceur, la bienveillance, la charité. Une seule inscription, trouvée dans les Catacombes de Saint-Calixte, contient, non pas un cri de haine, mais un cri de douleur arraché par tant de cruautés à l'auteur de l'épitaphe du jeune martyr saint Alexandre[6].

. . . . O TEMPORA INFAVSTA
QVIBVS INTER SACRA ET VOTA NE IN CAVERNIS QVIDEM
SALVARI POSSIMVS . . . .

Quel fait plus éloquent que cette immense multitude d'hommes de tous les rangs, si soumis dans l'adversité et si résignés dans le martyre, si humbles devant Dieu, si bons pour leurs semblables! Quelle lumière pour l'observateur qui étudie la philosophie de l'art chrétien !

Un autre fait, quoique moins saisissant, nous a frappé dans nos courses au milieu des Catacombes : c'est l'absence de toute représentation du martyre. On n'y rencontre pas même l'image de Jésus en croix. La raison de ce fait est facile à trouver : on excite le courage des guerriers, non pas en leur peignant les horreurs du carnage, mais en faisant briller à leurs regards les récompenses de la victoire et l'éclat du triomphe. N'était-ce pas assez pour les chrétiens d'avoir chaque jour sous les yeux les membres sanglants des martyrs? C'était un père, une mère, une épouse, un fils, dont les corps mutilés avaient été achetés à prix d'argent, ou soustraits pendant la nuit à la vigilance des gardes. Ce qu'il fallait à ces hommes éprouvés par la persécution, c'était du courage, des consolations, l'image de la récompense céleste qui les attendait. Chose remarquable! toutes les peintures des Catacombes tendent à ce but. On y voit, à côté de l'homme déchu, l'homme relevé par Jésus-Christ. Le fils de Dieu est lui-même représenté le plus souvent sous l'image du Bon Pasteur portant sur les épaules sa chère brebis. Les saints de l'ancien Testament apparaissent avec leur foi inébranlable au milieu des épreuves. L'Église vient ensuite sous la forme d'une nacelle qu'une main divine soutient au milieu des tempêtes. Et ces tableaux, dans leur partie décorative, n'offrent que des sujets aimables et gracieux, des représentations de vendanges, d'agapes, de scènes pastorales, des symboles d'agneaux, de colombes, de fleurs, de fruits, de palmes, de couronnes! C'est ainsi que l'asile de la mort nous apparaît dans les Catacombes. Mais quand l'ère des persécutions fut passée, la représentation du martyre se produisit et se multiplia au point de couvrir les murs des basiliques chrétiennes[7] : ces représentations rappelaient aux enfants des martyrs les combats, les triomphes et la gloire de leurs pères. Cette époque est à signaler dans l'histoire de la peinture.

---

1. Gruter, p. 1171. 16.
2. Anast. Biblioth., *in Joan.*, t. I, p. 96.
3. *Hist. de l'Art. Peinture*, t. V, p. 19, 20.
4. S. Greg. episc. Turon., *De gloria martyrum*, l. I, c. XXXVIII. — Cela nous rappelle le cri féroce rapporté par Tertullien dans son Apologétique : *cœmeteria claudantur, destruantur.*
5. « *Scias, aream dominicam vento persecutionis acerrimo commoveri et relictis imperatorum Christianos ubique tormentis variis affici, nam in urbe Roma præfectus ad hoc constitutus est, unde neque publice neque in cryptis notioribus missos agere*

6. *Christianis licet.* » (Extrait de la lettre que le pape Corneille écrivit en 254 à Lupicin, archevêque de Vienne. — *Epist. Rom. Pontifie.*, t. I, appendix, col. 26. Paris., 1721.)
6. Aringhi, *Roma subterr.*, t. I, p. 524.
7. Saint Grégoire de Nysse, dans son panégyrique de saint Théodore, parle à ses auditeurs d'une peinture qu'ils avaient sous les yeux et qui représentait le martyre du saint dont il célébrait les vertus. (T. II, p. 1011. Paris, 1615.) — Saint Basile recommande aux artistes chrétiens du même âge le martyre de saint Barlaam comme un sujet digne de leurs talents, comme un monument digne aussi de son église. (*Homil. de Barlaam martyre*, t. I, p. 443. Paris., 1738.)

DESCRIPTION DES PLANCHES

ENTRÉE DU CIMETIÈRE

PLANCHE I. TITRE. — Elle s'ouvre, gracieusement entourée d'un bouquet de verdure, tandis que sur une petite colline à gauche s'élèvent l'église de Sainte-Constance et la basilique de Sainte-Agnès.

DÉCORATION D'UNE SÉPULTURE

PLANCHE II. — Cette sépulture, que l'on croit être celle de sainte Priscille[1], a été publiée en partie par d'Agincourt[1]. Elle est taillée dans le tuf, et se compose de quatre *loculi* superposés, qui peuvent contenir chacun plusieurs corps. Entre ces *loculi* sont grossièrement représentées des colombes, des fleurs et un buste de femme; sur les côtés, se voient deux grandes figures d'orantes. Le tout est surmonté d'une frise à festons représentant trois sujets : Jonas rejeté par le monstre marin, Jonas couché sous la cucurbite, et Moïse frappant le rocher.

PLANCHE III. SAINTE PRISCILLE. — Cette figure d'orante se voit à droite de la sépulture dont nous venons de parler. Son voile blanc, qui descend sur ses épaules, est fixé au sommet de sa tête par une couronne d'or ou espèce de mitrelle. Une partie de ses cheveux est relevée sous sa couronne en forme de diadème, tandis que l'autre se partage en deux larges touffes sur lesquelles se dessinent des pendants d'oreilles. Autour de son cou, brille un riche collier à double rang de perles. Sa longue tunique blanche tombe jusqu'à terre : elle est enrichie de bordures de pourpre semées de perles et découpées en festons. Ses bras sont ornés de bracelets. Il y a dans la physionomie de cette orante non-seulement la noblesse et la gravité qui conviennent à la femme forte de l'Écriture, mais surtout la foi inébranlable de la matrone chrétienne prête à sourire au bourreau qui viendra lui offrir la palme du martyre.

La coiffure de sainte Priscille et celle de la figure qui suit indiqueraient, d'après Buonarruoti, que cette fresque appartient au IIIe siècle, et confirmeraient ce que nous avons dit relativement aux peintures de ce cimetière.

PLANCHE IV. SUIVANTE DE SAINTE PRISCILLE. — Cette figure se trouve à l'autre extrémité du tombeau que nous venons de décrire. On ne saurait former à son égard que des conjectures plus ou moins probables. Cependant son vêtement fort simple semblerait indiquer qu'elle a été, durant sa vie, la suivante de sainte Priscille, comme elle a été sa compagne dans le tombeau. Sa tunique jaune, à larges manches et à bordures violettes, est retenue sur sa poitrine à l'aide d'une ceinture; elle porte des bracelets; des perles étincellent dans son collier et dans ses pendants d'oreilles; sur sa tête, brille une couronne d'or d'où descend un voile blanc; sa coiffure, qui se partage sur le front, est surmontée d'une tresse en forme de couronne. On admire dans cette femme l'énergie qui devait être l'apanage d'une chrétienne en ces temps héroïques, et le recueillement d'une âme pénétrée de la pensée de Dieu.

PLANCHE V. JONAS REJETÉ PAR LE MONSTRE MARIN[2]. — Le prophète est représenté sous la figure d'un enfant; le monstre qui le rejette semble participer de la nature du cheval, du poisson et du serpent. Des dauphins terminent le haut du tableau; la partie inférieure est bordée de festons à palmettes[3].

PLANCHE VI. MOÏSE FRAPPANT LE ROCHER[3]. — Le législateur des Hébreux porte une toge drapée à l'antique, dont l'un des pans est marqué d'une croix. Sa pose est pleine de majesté. Ses cheveux épars, l'expression de ses lèvres et de ses yeux, l'ensemble de sa physionomie, révèlent un homme agité par l'émotion qui précède un grand acte.

PLANCHE VII. DÉCORATION D'UNE SÉPULTURE. — C'est d'abord la résurrection de Lazare. Le Sauveur, enveloppé d'une tunique blanche drapée avec art, touche la tête du défunt, dont le corps, entouré de bandelettes, est placé dans un sépulcre en forme de petit temple. A côté, se voit une orante vêtue d'une tunique à larges manches et à bordures violettes. On lit au-dessus de sa tête le nom GRATA.

La même orante est reproduite à l'autre extrémité du tableau avec les mots BENE MERENTI qu'accompagnait le mot

---

1. Il est vraisemblable, en effet, comme le dit Boldetti (*Osservaz. sopra i cimit.*, p. 54), que Priscille et Pudens se sont réservé une place particulière dans le cimetière qu'ils avaient fondé, et que là auraient été recueillies les dépouilles de leur nombreuse et illustre famille. Nous savons du reste, par les actes de sainte Praxède et de sainte Pudentienne, que ces deux vierges furent ensevelies à côté de leur père. Le riche costume des orantes placées aux extrémités des *loculi* conviendrait assez à sainte Priscille.

2. *Hist. de l'Art. Peinture*, t. V, pl. VIII, n° 2.

3. Voyez, pour l'explication de cette peinture, les notes descriptives du vol. 1, pl. LXVII, p. 44.

GRATE au temps de Marangoni[1]. Enfin deux autres sujets placés entre les deux orantes complètent la décoration de cette sépulture : ce sont Daniel dans la fosse aux lions, et les trois jeunes Hébreux dans la fournaise.

Les deux orantes représentent une martyre dont les restes reposaient dans un *loculus* situé au-dessus de la peinture que nous décrivons, et fermé par une tablette en marbre, sur laquelle on lisait ces mots : DOMINE SVAE GRATE ROGATIAHVS. Le corps réduit en poussière et l'ampoule de sang ont été concédés à un monastère de l'ordre de Citeaux, à Anagni.

PLANCHE VIII. VOUTE PEINTE D'UNE CRYPTE. — Nous avons reproduit cette peinture d'après le dessin de Bosio[2].

Le Bon Pasteur est au centre d'une couronne d'olivier, portant sur ses épaules la brebis égarée. Il est vêtu d'une tunique courte et sans manches; à sa gauche pend la *syrinx*; à ses pieds sont deux brebis fidèles. Les arbres qui l'ombragent de chaque côté symbolisent les joies du paradis. Du cercle qui entoure la scène principale partent quatre compartiments en forme de croix, ornés chacun d'un vase rempli de fleurs, et reliés ensemble par deux couronnes dont la plus éloignée du centre est interceptée à son tour par quatre couronnes d'olivier d'où s'échappent des bandelettes flottantes. Chacune de ces petites couronnes entoure une colombe posée sur un rameau d'olivier. Quatre béliers placés aux angles complètent la décoration.

Comme on le voit, ce qui distingue cette peinture, c'est la profusion des couronnes. On sait que la couronne était chez les anciens le prix de la victoire. Les écrivains sacrés s'étaient approprié cette idée pour symboliser la récompense réservée aux chrétiens dont le courage n'aurait pas failli dans les combats du Seigneur[3]. Tertullien, en parlant du soldat qui avait refusé de porter la couronne profane regardée comme un signe d'idolâtrie, dit qu'il mérita, par ce noble refus, une couronne glorieuse : *et de martyrii candida melius coronandus*[4]. Saint Cyprien donne au martyre le double nom de couronne et de baptême, parce qu'il couronne en même temps qu'il baptise[5]. De là l'usage d'inhumer quelquefois les martyrs avec des couronnes, de déposer des couronnes sur leurs tombeaux, d'en orner les inscriptions et de les prodiguer dans les peintures des *arcosolia*.

D'Agincourt[6] place la peinture dont nous venons de donner la description parmi celles dont l'origine remonte à la fin du IIe siècle. Les peintures murales des premiers âges ne sont guère antérieures à cette époque. Il fallait, dans les commencements, prendre garde que les néophytes ne confondissent le culte païen avec le culte du christianisme; mais lorsque les idées chrétiennes se furent établies d'une manière sûre, on autorisa les représentations de Notre-Seigneur, de la Sainte Vierge et des saints, surtout dans les lieux où la prudence ne faisait pas une loi de l'interdire momentanément. C'est là un fait que l'histoire ne permet pas de révoquer en doute, et sur lequel la défense portée par le Concile d'Elvire ne saurait jeter le moindre nuage, ainsi que nous l'avons démontré plus haut[7]. Du reste, comme le dit fort bien M. Raoul-Rochette, « dans aucun cas cette interdiction n'avait pu regarder les peintures des Catacombes de Rome : car, d'abord il est clair que des peintures de simple ornement, même avec des sujets bibliques, même avec des figures symboliques, telles que celle du Bon Pasteur, continuaient d'être autorisées puisqu'elles n'étaient pas expressément comprises dans la défense; en second lieu, des peintures telles que celles-là, exécutées dans des lieux souterrains, si loin des regards du monde et des atteintes de la persécution, ne pouvaient devenir des sujets de scandale ou de profanation, comme celles qui se faisaient dans les églises et qui s'y trouvaient adhérentes aux murailles : conséquemment il n'y avait aucun motif pour proscrire dans les Catacombes ce qu'on croyait devoir interdire dans les Églises. Le fait vient ici à l'appui du raisonnement, puisqu'à partir du pontificat de saint Calixte et du règne d'Alexandre Sévère, nous voyons les papes décorer à l'envi l'un de l'autre ces cimetières sacrés, et les orner de peintures où la figure du Christ, celle de la Vierge et celles des apôtres sont si souvent reproduites[?]. »

Aussi quand la paix eut été rendue au christianisme, les artistes furent appelés à décorer les basiliques qui s'élevèrent de toutes parts, et la tradition relative aux images se perpétua dans l'Église. Saint Paulin, qui vivait au IVe siècle, fait en vers la description d'un tableau qui représentait la Sainte Trinité[8] :

Pleno coruscat Trinitas mysterio;
Stat Christus agno; vox Patris cælo tonat;
Et per columbam Spiritus Sanctus fluit.

Saint Augustin, dans un de ses discours, montre à son peuple une peinture où était représenté le martyre de saint Étienne : *Dulcissima pictura est hæc*, dit-il, *ubi videtis S. Stephanum lapidari; videtis Saulum lapidantium vestimenta servantem*[10]. Enfin les représentations des sujets religieux ont un tel caractère d'antiquité que les Pères du second concile de Nicée, pour justifier leurs anathèmes contre les iconoclastes, n'ont pas craint de dire : *Sic enim sanctorum nostrorum patrum optima disciplina, et Ecclesiæ catholicæ habet traditio*[11].

---

1. *Acta S. Victorini*, p. 86.
2. *Roma sotterr.*, p. 537.
3. II *Tim.*, IV, 8. — I *Petr.*, V. 4.
4. *De coron.*, c. 1.
5. *Tract. De sing. cleric.*, nº 117.
6. *Hist. de l'Art. Peinture*, t. V, p. 20.
7. Page 34, note.
8. *Tableau des Catacombes de Rome*, p. 107.
9. *Epist.* XII, *ad Sever.*
10. *Serm.* CCCXVI, *de solemnit. Steph.*
11. *Act.* VII.

PEINTURES

FORMANT LA DÉCORATION

D'UN ARCOSOLIUM DANS UNE GALERIE

PLANCHE IX. UNE ORANTE. * Elle est vêtue d'une ample tunique rouge, ornée de quatre bandes noires. La coiffure, comme celle que nous avons décrite ci-dessus planche IV, rappelle une époque ancienne. Mais ce qui distingue cette figure entre toutes les autres, c'est sa pose à la fois solennelle et recueillie; c'est surtout la noble simplicité du costume, qui convient si bien à ces héroïnes de la primitive Église, dont les admirables vertus formaient la plus belle parure.

PLANCHE X. UN PERSONNAGE.* Il est vêtu d'une tunique courte, de couleur jaune, serrée au poignet par une large bande bleue, et enrichie de bordures et de *caliculæ* de même couleur. De la main droite il tient un instrument, et de la gauche un livre ouvert où se lisent ces mots : DORMITIO SILVESTRI.

PLANCHE XI. UN PAON ET UN ORNEMENT. * Le paon est représenté au fond d'un *arcosolium*; il est posé sur un globe, les plumes déployées en forme d'arc-en-ciel. Il serait difficile de préciser la signification symbolique de cet oiseau, qu'on trouve assez souvent reproduit dans les peintures et sur les pierres sépulcrales des Catacombes. Peut-être était-il une image de l'immortalité; les anciens croyaient, en effet, que la chair en était incorruptible, et saint Augustin reproduit cette opinion dans la *Cité de Dieu*, en parlant du l'éternel supplice des damnés[1]. On sait aussi que le paon se revêt au printemps d'une parure plus riche et plus brillante; ce qui a pu porter les premiers chrétiens à employer ce symbole pour figurer la résurrection des corps. L'ornement que nous publions au bas de cette planche décore une partie de la voûte d'une galerie; il se compose de palmettes, les unes vertes, les autres jaunes.

SAINT PIERRE

Ste PRAXÈDE ET Ste PUDENTIENNE *

PLANCHE XII. Cette peinture est dans les souterrains de l'église de Sainte-Pudentienne, près du puits où cette sainte et sa sœur déposèrent un grand nombre de corps de martyrs. Au dire de Bosio[2], il exista autrefois dans ce lieu un cimetière qui n'avait pas été creusé dans le tuf à la manière des Catacombes, mais qui avait été formé de salles souterraines dépendant peut-être des thermes de Timothée, fils ou petit-fils de Pudens[3]. Tel est aussi l'avis de Baronius dans ses annotations sur le Martyrologe romain au 19 janvier; et ce dernier ajoute que plus de trois mille martyrs y furent ensevelis.

Le fond du tableau présente une tenture terminée, dans sa partie supérieure, par une bordure à palmettes. Saint Pierre tient de la main gauche les clefs, symbole de son autorité. Le manteau dont il est couvert porte sur un de ses pans la lettre I. Sa tête est entourée d'une auréole, aux côtés de laquelle on lit ces mots : SCS PETRVS. Sainte Praxède est à sa droite, tenant, d'une main, une couronne ornée de perles; de l'autre, un objet qui a la forme d'un I. Elle a la tête couverte d'un long voile et entourée d'une auréole qu'accompagne cette inscription : SCA PRAXEDE. Sainte Pudentienne est à gauche, dans le même costume que sa sœur, sinon qu'elle tient une croix de la main droite, et que son nom n'est pas complet. Autour de sa tête on lit : SCA PVD[ENTI]AN[A]. Toutes deux sont dans l'attitude respectueuse qui convient à des vierges chrétiennes. Les lettres disposées en lignes verticales, les mots SCA, SCS, qui précèdent les noms des personnages; enfin l'ensemble des costumes, montrent que cette peinture est postérieure au vi^e siècle.

Ste PUDENTIENNE ET DEUX SAINTES

PLANCHE XIII. Cette fresque, qui a été publiée par d'Agincourt[4], lequel la place dans la série des peintures du IXe au XIe siècle, a été transportée des Catacombes dans la crypte de l'église de Sainte-Praxède, au temps de saint Charles Borromée.

La figure du milieu, que nous croyons représenter sainte Priscille, est plus grande que les deux autres. Sous sa tunique verte est un *indusium* jaune richement orné, et retenu par une ceinture plus riche encore. De ses épaules descend un manteau rouge rattaché sur sa poitrine par une brillante agrafe; sa tête, encadrée dans une longue chevelure blonde semée de perles, est ceinte d'une mitrelle, qu'entoure une auréole dorée fort endommagée par le temps.

Les deux autres figures représentent probablement sainte Pudentienne S PVDENTIANA et sainte Praxède, petites-filles de sainte Priscille, que l'histoire nous dépeint *pulchras specie, sed moribus pulchriores*[5]. Elles se distinguent aussi par la richesse du costume, à peu près semblable à celui de leur aïeule, avec cette différence toutefois que l'extrémité inférieure de leur tunique est marquée d'une croix, et qu'elles ont à la main la couronne des vierges.

Ces trois personnages unissent à une beauté angélique l'expression de la candeur, de la modestie et du recueillement.

1. L. XXI, c. IV.
2. *Roma sotterr.*, p. 383.

3. Ces thermes ont porté aussi le nom de Novatus, autre fils ou petit-fils de Pudens.
4. *Hist. de l'Art. Peinture*, t. V, pl. XI, 5.
5. Aringhi, *Roma subterr.*, t. II, p. 217.

CIMETIÈRE DE Sᵀ-THRASON ET DE Sᵀ-SATURNIN

NOTICE

Le cimetière connu sous le nom des saints Thrason et Saturnin, peut être considéré comme une dépendance du cimetière de Sainte-Priscille; c'est du moins l'opinion de Bosio et d'Aringhi, qui s'appuient, pour la soutenir, sur une bulle du pape Nicolas IV.

Saint Thrason, qui fut baptisé par le pape saint Caïus, est célèbre pour avoir pris soin de recueillir les actes des martyrs, et pour sa charité envers les pauvres, surtout envers les chrétiens condamnés à travailler aux thermes de Dioclétien[1]. Il est mentionné, dans le Martyrologe romain, à la date du onze décembre.

Le cimetière qui porte son nom fut fondé par lui dans une terre qu'il possédait sur la nouvelle voie Salaria; c'est ce que prouve un passage des actes de saint Marcel, où il est dit, en parlant de la sépulture des saints martyrs Sisinius et Saturnin, *Quorum corpora collegit Thrason cum Joanna presbytero et sepelivit in prædio suo, via Salaria, sub die quarto calendarum decembrium*[2]. Cependant, ce qui pourrait faire croire que les parties supérieures ont une origine plus ancienne, c'est l'épitaphe qui y fut trouvée en 1730, par Marangoni, sur le tombeau de sainte Sévère. Cette épitaphe, que nous avons reproduite dans notre ouvrage[3], est datée du consulat de Claude et de Paterne, qui correspond à l'an 269 de notre ère. Cela, du reste, n'a rien qui doive étonner, si l'on se rappelle que, selon la remarque judicieuse du R. P. Marchi, les chrétiens, en construisant les Catacombes, procédaient ordinairement de haut en bas, c'est-à-dire à l'inverse des constructions ordinaires. D'ailleurs, on a découvert dans ce cimetière, pendant l'espace de dix ou onze mois, les tombeaux d'environ deux mille martyrs accompagnés de vases de sang et d'inscriptions,

ce qui en ferait remonter l'origine jusqu'à la persécution de Valérien[4].

On lisait sur le tombeau de saint Saturnin, dont les dépouilles, ainsi qu'on l'a vu, furent déposées dans ce cimetière par saint Thrason, l'inscription suivante, que le pape Damase y avait fait placer[5] :

HORVM MARTYRVM CVLTORVM DAMASVS EP̄S SERVVS DEI
SOLA HVHC XP̄I FVERAT CRARTA CIHIS AH...
TEMPORE QVO GLADIVS SECVIT PIA VISCERA MATRIS
SANGVIHE MVTAVIT PATRIAM HAMQVE GENVSQVE
ROMAHVM CIVEM SAHCTORVM FECIT ORIGO .
MIRA FIDES RERVM DOCVIT POST EXITVS IHGEHS
CVM LACERAT PIA MEMBRA FREMIT GRÁTIAHVS VT HOSTES
POSTEA QVAM FELLIS VOMVIT CONCEPTA VEHEHA
COGERE HOH POTVIT X̄PM TE SAHCTE HEGARE
IPSE TVIS PRECIBVS MERVIT COHFESSVS ABIRE
SVPPLICIS HAEC DAMAST VOX EST VENERARE SEPVLCRVM
SOLVERE VOTA LICET CASTASQVE EFFVHDERE PRECES
SAHCTI SATVRHIHI TVMVLVS QVIA MARTYRIS HIC EST

L'église que l'on bâtit dans la suite sur ce tombeau fut successivement restaurée par les papes Félix IV, Hadrien Iᵉʳ et Grégoire IV[6]. Elle est aujourd'hui détruite. Les reliques de saint Saturnin ont été transportées dans la basilique connue sous le titre de Saint-Jean et Saint-Paul, tandis que celles de saint Thrason reposent dans l'église de Saint-Martin et Saint-Sylvestre.

DESCRIPTION DES PLANCHES

FRAGMENTS DE VASES EN VERRE

PLANCHE XIV. TITRE. — Nº 1[7]. Ce fragment, dont nous devons la communication à M. de Laborde, a été trouvé dans les Catacombes de Rome en 1848. Il représente une femme qui tient un enfant sur ses genoux et qui semble lui poser un livre sur la poitrine.

Nº 2. Ce verre a été publié par Gori[8], dont nous avons reproduit le dessin. Au centre on voit le buste du Sauveur entouré de douze figures en pied représentant les apôtres. Autour du verre on lit cette acclamation : PETRVS CVM TVIS OMHES ELARES PIE ZESES.

---

1. Aringhi, *Roma subterr.*, t. II, p. 231.
2. Idem, *Ibid.*, t. II, p. 232.
3. Voyez vol. V, pl. LXX, nº 4.
4. *Monum. delle art. crist. primit.*, t. I, p. 183.
5. Lupi, *Epitaph. Sev. mart.*, p. 4.
6. Gruter, 1172, 2.
7. Anast. Biblioth., *in Felic.* IV, t. I, p. 97; *Hadr.* 1, p. 200; *Greg.* IV, p. 336.
8. Sannazar, *De partu Virginis*, p. XXXV. Florentiæ, 1740.

N° 3. Ce fragment de verre a été publié par Bianchini, dans ses commentaires sur l'ouvrage d'Anastase le Bibliothécaire [1]. Il a été trouvé encore teint du sang d'un martyr dans le cimetière de Sainte-Agnès. Au milieu est la Sainte Vierge, MARIA, dans l'attitude de la prière; à gauche, saint Paul, PAVLVS; à droite, saint Pierre, PETRVS. A côté de la tête de chaque apôtre, se voit un volume qui rappelle probablement son titre d'écrivain sacré.

CRYPTE AVEC SES PEINTURES

PLANCHE XV. PLAN. — Cette crypte, qui a été reproduite avec ses peintures par Bosio [1], se compose d'une salle carrée dont la voûte est à lunettes. Le fond est occupé par un autel; les trois autres côtés renferment des *loculi*.

Nous donnons, au-dessus de ce plan, le dessin d'un paon d'une forme élégante. Cet oiseau est peint sur la voûte qui est représentée dans la planche suivante.

PLANCHE XVI. VUE PERSPECTIVE. — Cette perspective nous montre l'intérieur de la salle avec l'ensemble de ses peintures. Cette salle est fort élevée; on y voit, comme nous l'avons dit, un autel dans le fond. La voûte se compose de trois lunettes. Au centre, on voit, entre deux arbres, le Bon Pasteur portant un bouc sur ses épaules; et autour de lui, dans les lunettes environnantes, divers oiseaux, symboles des justes. Dans la lunette au fond, paraît une grande figure d'orante ayant à sa gauche une femme assise qui tient un enfant, et à sa droite, un groupe composé de trois figures. Enfin, sur la voûte à berceau qui se trouve à l'entrée, on aperçoit Jonas rejeté par le monstre marin.

PLANCHE XVII. UNE ORANTE, LA VIRGINITÉ ET LA MATERNITÉ. — Au centre de cette fresque est une femme debout, les bras étendus. Elle a deux tuniques, l'une blanche, l'autre rouge et ornée de riches bordures. Sa tête est couverte d'un voile qui retombe sur sa poitrine; on sait que saint Paul recommandait aux femmes de se voiler la tête dans les assemblées [3].

A gauche, un pontife remarquable par son vêtement violet, est assis sur un siège semblable aux *cathedræ* que l'on voit encore de nos jours dans les Catacombes. Près de lui se tient debout une vierge vêtue d'une tunique jaune, et portant des deux mains un voile blanc. L'attitude et le geste du pontife indiquent qu'il lui parle, en lui montrant le voile. A côté de la jeune fille se trouve un troisième personnage tenant le *pallium* [4] dont on avait coutume de revêtir les vierges après leur consécration.

A droite est une femme assise, dont la tunique est blanche et à bordures bleues; elle tient entre ses bras un petit enfant qu'elle presse sur son sein.

Les savants sont partagés sur l'explication de cette peinture. Nous citerons seulement l'opinion de Bottari [5], qui nous paraît la plus probable. Cet antiquaire voit dans le personnage du milieu une matrone romaine dont l'une des filles est mariée, tandis que l'autre consacre à Dieu sa virginité.

Ce tableau offre tous les caractères des peintures du second siècle.

PLANCHE XVIII. LA MATERNITÉ. — Nous avons cru devoir reproduire sur de plus grandes proportions cette figure qui se trouve représentée sur la planche XVII, afin qu'on pût mieux en saisir l'expression et la beauté. La physionomie de cette femme semblerait révéler une âme forte qui, tout en appréciant l'honneur de la maternité, sent aussi que la virginité lui est supérieure [6].

PLANCHE XIX. UNE ORANTE. — Cette orante, déjà reproduite, ainsi que la figure précédente, mais avec des proportions plus petites, dans la planche XVII, est incontestablement, soit sous le rapport du costume, soit sous celui de l'attitude et de la figure, une des plus belles que nous ayons publiées.

PLANCHE XX. SACRIFICE D'ABRAHAM. — Cette peinture se trouve sur la lunette gauche de la voûte. Le saint patriarche a une tunique et un manteau blancs. De la main droite, il montre à son fils Isaac l'autel et le brasier. Celui-ci est vêtu d'une tunique verte; il porte le bois du sacrifice, et semble ployer sous le fardeau. La physionomie du vieillard exprime l'héroïsme de sa foi [7]. Sur la figure pleine de candeur du jeune Isaac se peint un trouble que domine une généreuse soumission. Isaac portant le bois du sacrifice et arraché à la mort contre toute espérance, rappelait aux premiers chrétiens Jésus-Christ montant au calvaire [8], chargé de sa croix, et bientôt après sortant du tombeau par sa toute-puissance. Il est facile de comprendre combien un tableau si riche en souvenirs devait affermir la foi dans les âmes et les remplir de l'espérance des biens futurs [9].

---

1. T. II, p. 247, n° II.

2. *Roma sotterr.*, p. 546.

3. I *Cor.*, XI, 5, 6.

4. On apercevait, du temps de Bosio, l'une des mains qui portaient le *pallium*. (*Roma sotterr.*, p. 546.)

5. *Scult. e pittur.*, t. III, p. 147.

6. I *Cor.*, VII.

7. *Gen.*, XXII. — *Ad Hebr.*, VI, 13; XI, 8, 17.

8. Tertul., *adv. Jud.*, p. 220, edit. 1641. Idem, *De cruce*, c. XIII. — Cyril. Alex., *in Gen.*, l. VII.

9. *Ad Hebr.*, XI, 10. — Orig., *In Gen.*, homil. VIII.

PLANCHE XXI. UN PAON. — Ce paon se trouve à la voûte, au-dessus de la scène que nous avons décrite, planche XVI.

Le paon, comme oiseau consacré à Junon dans l'antiquité profane, devint à l'époque romaine le symbole de l'apothéose des impératrices, de même que l'aigle avait été adopté pour celui de la consécration des empereurs. De là l'emploi si fréquent qui se fit sur les monuments romains relatifs à l'apothéose, et particulièrement sur les médailles de consécration, *de l'aigle et du paon*, tantôt placés au haut du bûcher (*rogus*), tantôt volant, les ailes déployées, emportant au ciel l'âme de l'empereur ou de l'impératrice figurée en buste. A ce titre aussi l'aigle et le paon formèrent un des éléments les plus habituels de la décoration des tombeaux païens et des lampes funéraires ; et lorsqu'on retrouve cet oiseau dans les peintures et sur les pierres sépulcrales des Catacombes, on est porté à y reconnaître le type antique employé dans un sens chrétien. Cette observation complète ce que nous avons dit sur le symbole du paon, page 76.

PLANCHE XXII. JONAS REJETÉ PAR LE MONSTRE MARIN. — Voyez les notes descriptives du volume I, planche LXVII, page 41.

PLANCHE XXIII. LE BON PASTEUR. — Il porte un bouc sur ses épaules. Sa tunique est relevée par une ceinture et n'a qu'une manche ; on remarque à ses pieds la chaussure de voyage, à son flanc droit la *syrinx*. A sa droite est une brebis ; à sa gauche un bouc. Deux arbres surmontés chacun d'un oiseau complètent la peinture.

Il n'est pas rare de trouver, sur les fresques et sur les sarcophages, le Bon Pasteur portant un bouc au lieu d'une brebis. On sait que les pécheurs sont désignés dans l'Écriture sous le nom de boucs [1] ; les artistes chrétiens peignaient donc le Bon Pasteur portant un bouc sur ses épaules, pour mieux exprimer la miséricorde du Sauveur, qui avait dit lui-même : *non veni vocare justos sed peccatores* [2], et peut-être aussi pour mieux confondre le rigorisme des Montanistes.

PEINTURES
ET INSCRIPTIONS D'UNE CHAPELLE

PLANCHE XXIV. COURONNEMENT D'UNE MARTYRE. — Cette peinture se trouve sur une des parois de la chapelle, et représente au milieu, une femme voilée, vêtue d'une longue tunique et d'un manteau. Deux personnages, placés de chaque côté, semblent la couronner ; nous nous sommes cru autorisé à le penser, en remarquant une couronne sur le dessin que d'Agincourt [3] a donné de cette peinture, à une époque où elle devait être moins détériorée qu'aujourd'hui.

1. *Matth.*, XXV, 32, 33.
2. *Ibid.*, IX, 13.
3. *Hist. de l'Art. Peinture*, t. V, pl. IX, 14.

Nous avons joint à ce monument une inscription funéraire en langue grecque, qui est peinte en rouge sur la voûte de la chapelle.

Voici cette inscription :

OBPIMOCΠAΛΛAΔIW

ΓAYKYTATWANEΨIW

CYNCXOΛACTHMNHMHC

XAPIN

Obrimus à la mémoire de Palladius, son très-cher cousin et son condisciple.

PLANCHE XXV. UN MONUMENT ET QUATRE FIGURES. — Il nous serait bien difficile de donner quelque sens à cette peinture singulièrement endommagée par le temps. Au milieu est une orante dont la tête paraît couverte d'un voile. Elle porte une longue tunique recouverte d'une espèce de manteau. A gauche est un personnage vêtu d'une courte tunique, et près de lui un monument dont l'entrée est ornée de draperies. A droite, se voit un groupe informe de deux personnages qui ont chacun un bras étendu du côté de l'orante. D'Agincourt [4], qui a publié une partie de cette fresque ainsi que la précédente, les place entre le IVe et le Ve siècle.

Nous donnons ici une inscription grecque, qui est peinte, comme la précédente, sur la voûte de la chapelle.

OBPIMOC· NECTOPIANH

MAKAPIA ΓAYKYTATH

Obrimus à Nestoriana bienheureuse, très-chère.

PLANCHE XXVI. TOBIE ET L'ANGE [5]. — Cette peinture a été découverte dans une galerie en 1849. L'ange Raphaël est à droite, vêtu d'une ample tunique ornée d'une croix redoublée. Le jeune Tobie porte d'une main le bâton du voyageur ; de l'autre, il présente le poisson à l'ange, qui étend le bras pour le saisir. On peut voir dans ce poisson la figure du Sauveur ; car, de même que ce poisson par son foie et son fiel délivra Sara du démon qui l'obsédait et rendit la vue au vieux Tobie, de même Notre-Seigneur exorcisa le monde, et dissipa les ténèbres qui le couvraient [5].

CHAPELLE A TROIS SALLES

PLANCHE XXVII. PLAN. VUE PERSPECTIVE DU PASSAGE DE LA SALLE B, A LA SALLE C. — PLAN. Trois salles composent l'ensemble de cette chapelle. La première A, a une entrée particulière du côté de la galerie indiquée au

4. *Hist. de l'Art. Peinture*, t. V, pl. IX, 13.
5. Optat. Milev., l. III. — S. Aug., t. V. *Appendix*, Serm. CCV, *in nat. apost. Petri et Pauli.*

bas du plan. Un petit couloir, où sont deux marches, est pratiqué au milieu d'un ancien *arcosolium* et communique de la salle A à la salle B. Cette dernière a, comme la salle précédente, son entrée particulière à l'angle de droite auprès de son *arcosolium* ou autel. Quatre colonnes avec chapiteaux taillés dans le tuf soutiennent la voûte d'arête. Un autre passage ou petit couloir à gauche, où se trouvent aussi deux marches, conduit de la salle B dans la salle C. Aux angles de celle-ci s'élèvent quatre colonnes, qui supportent la voûte d'arête. Au fond se trouve un *arcosolium*.

Vue perspective du passage de la salle B, a la salle C. — Cette vue est prise de l'intérieur du passage; elle nous montre sur le premier plan, quelques parties d'un *arcosolium* qui existait primitivement, et au milieu duquel on aurait pratiqué plus tard le passage que nous voyons. Au second plan, on aperçoit à gauche l'entrée de la galerie de la salle B.

Planche xxviii. SALLE B. VUE PERSPECTIVE. — On voit, à gauche, l'entrée qui conduit de la salle A à la salle B; à droite, l'*arcosolium* ou autel; dans le fond, l'*arcosolium* dont nous venons de parler à la planche précédente, et au milieu duquel on a ouvert le passage de la salle B à la salle C.

Nous pensons que ces diverses salles ont été faites non pas en même temps, mais à des époques différentes. Ce qui nous autorise à le croire, c'est le manque d'unité dans l'architecture, le niveau différent des trois salles, et enfin les passages qui ont été pratiqués à la place des *arcosolia*, pour ne former de ces trois salles qu'une seule et même chapelle.

Nous ferons remarquer les deux galeries qui devaient servir, l'une aux hommes, l'autre aux femmes; la première, placée à l'un des angles de la salle B, conduisait à la salle C où se réunissaient probablement les hommes, et à la salle B peut-être exclusivement réservée au clergé. La seconde introduisait dans la salle A, où pouvaient se placer les femmes.

Ce monument a été publié par le R. P. Marchi[1].

PLAN

ET VUE PERSPECTIVE D'UNE CRYPTE

Planche xxix. — L'architecture de cette crypte a le caractère qui convient si bien aux Catacombes, la simplicité et la fermeté. Aux deux côtés latéraux sont pratiqués des *loculi*;

au fond un *arcosolium* ou autel, dont la partie supérieure est hémisphérique et supportée par deux colonnes de grand module posées sur l'autel. La voûte de la crypte et celle de l'*arcosolium* sont décorées de compartiments formés par de simples lignes.

PLAN

ET VUE PERSPECTIVE D'UNE CRYPTE

Planche xxx. — Cette crypte ressemble à la précédente; seulement l'architecture en est plus élancée. Les colonnes placées sur l'autel sont couronnées de chapiteaux à larges feuilles. En outre, on remarque dans le plan deux grandes colonnes qui s'élèvent du sol jusqu'à la voûte, et qui sont placées aux côtés de l'entrée.

PLAN

ET COUPE D'UNE CRYPTE

Planche xxxi. Plan. — Ce monument se compose d'une salle presque carrée, contenant sur les côtés deux *loculi*, et dans le fond, un autel. Bosio[2] a publié ce monument. Son dessin présente trois sépulcres cachés aujourd'hui dans le sol, et que nous n'avons pu reproduire.

Coupe sur la ligne A B. — Deux colonnes, avec bases et chapiteaux, placées sur l'autel, supportent un arc hémisphérique où sont représentés un paon sur un globe, et deux vases d'où s'échappent des flammes. Sur le fond de l'autel, se voient sept personnages. Bosio[3] en porte le nombre à huit; Boldetti[4] n'en compte que sept. Nous attribuons cette différence à l'état de la peinture, que le temps a notablement détériorée. Ces hommes ont une tunique courte, ils tiennent à la main un bâton et portent sur des barres de bois un grand *dolium* ou tonneau. A gauche se trouvent deux autres vases de la même espèce.

Le *dolium*, souvent représenté sur les pierres sépulcrales[5], a beaucoup embarrassé les interprètes des antiquités chrétiennes. Bottari[6] donne sur ce sujet différentes opinions, que les limites imposées à ces notes explicatives ne nous permettent pas de rapporter.

---

1. *Monum. delle art. crist. primit.*, t. I, tav. XXXIII.
2. *Roma sotterr.*, p. 553.
3. *Ibid.*, p. 557.
4. *Osservaz. sopra i cimit.*, p. 103.
5. Nous en publions deux dans notre vol. V, pl. III, lettre f; pl. LXIV, n° 7.
6. *Scult. e pittur.*, t. III, p. 157.

CIMETIÈRE DE SAINT-HERMÈS

NOTICE

Les différents noms que l'on a donnés à cette partie des Catacombes, appelée communément cimetière de Saint-Hermès,
nous font douter si elle n'a pas formé autrefois plusieurs
cimetières distincts. Dans la vie du pape Pélage II, il est parlé
du cimetière de Saint-Hermès[1]; dans les anciens martyrologes et dans le calendrier du P. Boucher, on mentionne
plus souvent un cimetière du nom de Sainte-Basilla; Aringhi
et Boldetti donnent au même lieu, avec l'auteur de la vie
du pape Hadrien Ier, les noms réunis de Saint-Hermès, de
Sainte-Basilla et des saints Protus et Hyacinthe[2]; mais le P.
Lupi paraît y reconnaître plusieurs cimetières de différents
noms[3]. Sans nous arrêter à discuter ce point d'archéologie,
nous dirons seulement un mot des quatre saints dont les
noms se rattachent à cette partie des Catacombes.

Saint Hermès souffrit le martyre à Rome, au commencement du règne d'Hadrien. Quelques auteurs ont cru qu'il
avait été préfet de la ville, mais la critique se refuse à
admettre ce fait comme incontestable, soit à cause des difficultés chronologiques qu'il présente[4], soit à cause des graves
interpolations que les actes dont il est tiré paraissent avoir
subies[5]. Mais, si l'on ne possède pas de documents certains
sur l'histoire de ce saint martyr, on a, sur la haute antiquité
de son culte, des témoignages dont l'authenticité ne peut
donner lieu à aucun doute. Le calendrier du P. Boucher,
réputé contemporain du pape Libère, et le calendrier dit de
saint Jérôme en font mention au même jour, et l'on trouve
une messe pour le jour de sa fête dans les sacramentaires
gélasien et grégorien[6]. L'inscription suivante : ERMETES ✠
PASSVS, qui a été publiée par Fabretti[7], ne peut être attribuée à notre saint Hermès, puisqu'elle provient du cimetière
de Sainte-Priscille; mais elle rappelle un héros de la primitive
Église, qui, comme lui, scella de son sang la foi dans la
la divinité de la religion chrétienne; c'est ce que prouve
l'expression PASSVS, très-rare sur les marbres chrétiens[8], et
sûr indice d'une tombe de martyr. Le cimetière de Saint-
Hermès est un des plus anciens des Catacombes romaines.

Ce rang lui est assuré par l'époque de la passion du saint
martyr, qui eut lieu, comme nous l'avons dit, sous le règne
d'Hadrien.

L'histoire des saints Protus et Hyacinthe est peu connue;
mais tous les martyrologes les mentionnent et fixent leur
martyre au règne sanglant de Valérien. Le pape saint Damase
orna leurs tombeaux des deux épitaphes suivantes[9].

EXTREMO TVMVLVS LATVIT SVB AGGERE MONTIS
HVNC DAMASVS MONSTRAT SERVAT QVOD MEMBRA PIORVM
TE PROTVM RETINET MELIOR SIBI REGIA CAELI
SANGVINE PVRPVREO SEQVERIS YACINTHE PROBATVS
GERMANI FRATRES ANIMIS INGENTIBVS AMBO
HIC VICTOR MERVIT PALMAM PRIOR ILLE CORONAM

ASPICE DESCENSVM CERNES MIRABILE FACTVM
SANCTORVM MONVMENTA VIDES PATEFACTA SEPVLCRIS
MARTYRIS HIC·PROTI TVMVLVS IACET ATQVE YACINTHI
QVEM CVM IAMDVDVM TEGERET MONS TERRA CALIGO
HOC THEODORVS OPVS CONSTRVXIT PRESBITER INSTANS
VT DNI PLEBEM OPERA MAIORA TENERENT

La divine Providence nous a conservé les monuments lapi-
daires placés sur la tombe de ces deux saints au moment où
leurs restes furent déposés dans ce cimetière; ils ont été
retrouvés par le R. P. Marchi[10]. L'un d'eux a été reproduit
dans une autre partie de notre ouvrage[11]; l'autre est un frag-

---

1. Anast. Biblioth., t. I, p. 114.

2. Idem, ibid., t. I, p. 206. L'édition d'Anastase à laquelle nous renvoyons nos
lecteurs est celle de Rome, 1718. On y lit : *Basilicam cœmeterii sanctorum martyrum Hermetis, Proti et Hyacinthi, atque basilicam* (au lieu de Basilhe) *mira magni-
tudinis innovavit.*

3. *Epitaph. Sev. mart.*, p. 56, 112.

4. Corsini, *Ser. præf. urb.*, p. 54-56.

5. Baronius, Pearson, Tillemont et surtout Corsini, *Ser. præf. urb.*, p. 54-56.

6. Ap. Muratori, *Liturg. rom. vet.*, t. I, col. 605; t. II, col. 110.

7. *Inscript.*, p. 738, n° 491.

8. Nous publions dans notre V[e] vol., pl. XV, n° 15, une autre inscription où cette
expression se retrouve.

9. Gruter, p. 1172, 9; p. 1173, 11.

10. *Monum. delle art. crist. primit.*, t. 1, p. 239.

11. Vol. V, pl. LXXVIII, n° 4.

ment de marbre sur lequel on lit ces mots en caractères damasiens : SEPVLCRVM PROTI M.... *sepulcrum Proti martyris*[1].

On manque tout à fait de documents historiques sur sainte Basilla[2]; mais nous sommes autorisé, par plusieurs inscriptions trouvées dans les Catacombes, à faire remonter son culte aux premiers âges de l'Église. Suivant le Martyrologe romain, elle aurait souffert à peu près à la même époque que saint Protus et saint Hyacinthe. Le calendrier du P. Boucher parle d'une sainte du même nom, dont la passion aurait eu lieu sous le règne de Dioclétien. Enfin, quelques auteurs sont portés à croire qu'il n'y a eu qu'une sainte Basilla, et ils ne voient qu'une erreur de date dans la mention du calendrier du P. Boucher.

On a trouvé dans le cimetière de Saint-Hermès des richesses précieuses pour la piété et pour l'érudition. Les antiquaires y ont relevé un grand nombre d'inscriptions, non moins remarquables au point de vue religieux qu'au point de vue historique. Les ossements d'une foule de martyrs en ont été extraits durant les derniers siècles; enfin, de nos jours, la découverte du corps d'une sainte née dans la Gaule[3], sainte Théodosie, a donné à ce cimetière, pour nous autres Français, un intérêt tout à fait spécial. Le *loculus* qui contenait les restes précieux de cette sainte était fermé par une tablette en marbre, sur laquelle est gravée son épitaphe que nous publions volume v, planche xv, n° 13. Dans le ciment était scellé un de ces petits vases de sang qui se rencontrent si fréquemment à l'extérieur des sépultures, et qui sont le signe certain du martyre.

DESCRIPTION DES PLANCHES

PETIT MONUMENT EN MARBRE

PLANCHE XXXII. TITRE. — Ce petit monument, qui a été publié par le R. P. Marchi[4], a été trouvé dans la partie principale de la crypte de Saint-Protus et de Saint-Hyacinthe, et se voit maintenant dans une salle située à côté de l'église de Saint-Hermès. Il est creux et de forme circulaire; son diamètre, ainsi que sa hauteur, est de soixante-quinze centimètres; à la base est une ouverture carrée; au fond se trouve une ouverture plus petite et circulaire. Rien ne nous autorise à préciser la destination de ce monument; nous n'oserions même formuler aucune conjecture à cet égard.

ÉGLISE DE SAINT-HERMÈS

PLANCHE XXXIII. PLAN. COUPE LONGITUDINALE SUR LA LIGNE A B⁵. — PLAN. On y remarque deux parties distinctes. L'une, qui est latérale et supérieure, se compose de quatre petites salles L, où l'on arrive par l'escalier F. Deux de ces salles sont ornées de niches M. Dans la dernière s'ouvre une fenêtre N, qui prend jour sur l'église.

La partie inférieure H forme la plus grande église qui ait été découverte jusqu'à présent dans les Catacombes. Elle a trois entrées : l'une C conduit de l'étage inférieur du cimetière à droite de l'abside; elle était probablement destinée aux hommes. Ceux-ci, placés au haut de l'église, pouvaient être séparés des femmes au moyen d'une *transenne* transversale. L'autre entrée D, qui conduisait de l'étage supérieur du cimetière à la partie inférieure de l'église, était vraisemblablement destinée aux femmes. Enfin l'entrée E, qui date de la création de ce monument, conduisait de l'étage supérieur du cimetière au vestibule G. Un escalier moderne F, composé de quatre-vingt-huit marches, permet maintenant d'aller à l'église par le vestibule G, et au cimetière par l'entrée ou galerie E. Au fond de l'abside, qui rappelle la forme des basiliques romaines, on voit deux niches, dont il est difficile d'expliquer la destination. A gauche est une salle I, qui devait servir de sacristie (*secretarium*). Les deux contre-forts K, et les piliers qui se trouvent de chaque côté de l'entrée, sont d'une construction moderne : ils ont été élevés pour consolider l'édifice, qui menaçait ruine.

COUPE LONGITUDINALE. — Nous voyons à gauche les deux niches, l'une à cul-de-four, l'autre rectiligne; au bas de l'abside, l'entrée destinée aux hommes; dans le haut, le luminaire J. Dans la première travée, dont la voûte est à berceau, se trouve la fenêtre indiquée au plan sous la lettre N. La seconde et la troisième travée sont à voûte d'arête; mais l'une est à sept lunettes, l'autre seulement à quatre. En considérant ce

---

1. *Monum. delle art. crist. primit.*, t. I, tav. XLVIII, b.

2. Aringhi, *Roma subterr.*, t. II, p. 320. — Boldetti, *Osservaz. sopra i cimit.*, p. 463.

3. Son inscription porte NAT AMBIANA, *natione Ambiana*.

4. *Monum. delle art. crist. primit.*, t. I, tav. XLVIII, d.

5. Bosio a publié une coupe longitudinale de cette église (*Roma sotterr.*, p. 561). — Le R. P. Marchi en a donné le plan et deux coupes (*Monum. delle art. crist. primit.*, t. I, tav. XXXVIII).

manque d'harmonie et d'unité dans l'architecture, on serait
tenté de croire que cette partie de l'église a été refaite à une
époque où l'on avait oublié les règles de l'art. A droite,
à la dernière travée nous voyons les piliers et les contre-
forts nouvellement construits ; enfin le vestibule et l'escalier
moderne.

PLANCHE XXXIV. VUE PERSPECTIVE. — Sur le premier plan,
on embrasse l'ensemble de la travée voisine du vestibule, avec
ses contre-forts qui supportent des arcs-doubleaux ; à gauche
est l'entrée D. Au second plan se voient les autres travées,
l'abside avec ses niches, et, à droite, l'entrée C.

Quelle est l'origine du monument que nous venons de décrire? Le R. P. Marchi[1] pense que c'étaient des bains appartenant à un païen, lequel, converti à la foi les changea en église
vers l'an seize du second siècle[2]. Le même auteur ajoute, que
d'après l'examen de la construction primitive, ce monument
pouvait avoir deux étages, l'un inférieur où devaient être les
fourneaux et les fontaines, et l'autre supérieur où étaient les
bains. Plus tard on aurait abaissé les voûtes, et élevé le sol,
en ne faisant des deux étages qu'un seul, et en réduisant la
largeur du monument aux proportions qu'il a aujourd'hui.

Cette basilique, d'une *grandeur merveilleuse*, fut complète-
ment restaurée par le pape Hadrien Ier, ainsi que le rapporte
Anastase le Bibliothécaire[3], qui était presque le contemporain
de ce pontife. Il est à croire que les peintures murales dont
elle était ornée, suivant les écrivains de la Rome souterraine,
furent exécutées à la même époque ; elles ne subsistent plus.

Nous terminons ces notes en signalant deux inscriptions qui
ont été découvertes par le R. P. Marchi, à l'époque des dernières
restaurations de cet important monument. L'une a été trouvée
dans une fouille près de la tribune. Elle est datée du iv des ides
de septembre de l'année 402. Nous la donnons ici, d'après le
R. P. Marchi[4] :

HIC REQVIESCIT RVFINVS LECTOR
QVI VIXIT ANN. P. M. XXXI
DEPOSITVS IN PACE IIII. ID. SEPT.
ARCADIO ET HONORIO AVGG. V. CONSS.

L'autre, qui nous paraît être du milieu du iiie siècle, a
été trouvée parmi les matériaux qui servaient à réparer
l'église. Nous en donnons le fac-simile dans notre cinquième
volume[5].

NOTRE-SEIGNEUR
ET LES DOUZE APOTRES

PLANCHE XXXV. — Cette fresque décore l'*arcosolium* de la chapelle dite des Douze-Apôtres : elle a été découverte en 1726.
D'Agincourt signale l'autel comme un des premiers modèles
des monuments de ce genre élevés plus tard dans les basiliques
chrétiennes. Les peintures ont été singulièrement endommagées
par le temps, et nous n'avons pu reproduire que celles de la
partie supérieure et extérieure de l'*arcosolium*. Quant aux autres,
nous les avons retrouvées dans le commentaire de Bianchini
sur Anastase le Bibliothécaire[6]. Nous en dirons d'abord quelques mots. Au-dessus du sixième personnage à gauche, était
une ciste renfermant trois rouleaux ; dans le fond de l'*arcosolium*, on apercevait le Bon pasteur entouré de brebis ; au-
dessous, les trois jeune Hébreux dans la fournaise, et Daniel
dans la fosse aux lions. Puis, sous l'intrados de l'arc, parais-
saient quatre colombes, et, aux deux extrémités, un troupeau
paissant sous des arbres. Enfin, devant le sépulcre de l'*arcosolium*, étaient trois compartiments distincts. Dans le premier,
on voyait une femme debout et portant un rameau d'une
main, une coupe de l'autre ; dans le second, un fossoyeur au
travail semblait creuser la tombe d'un martyr ; dans le troisième, une femme debout comme la première, tenait de la
main droite un rameau, de la gauche une couronne. Une
corbeille pleine de fleurs était à ses pieds. Ce vase de sang,
cette tombe, cette palme et cette couronne, ne représentent-ils
pas les combats, le triomphe et la gloire des héros de la foi?

On a trouvé dans cette chapelle plusieurs corps de martyrs
accompagnés du vase de sang et plusieurs inscriptions gravées
sur le marbre. Nous citerons les deux suivantes, qui ont été
publiées par Bianchini[7] : la première est de l'année 337 de
Jésus-Christ, la seconde est de l'année 340.

. . . STANTIE   CONSTANTIVS
. . . . S DEP. XVI. KAL. DEC. FELICIANO ET
. . . . XX TITIANO CONS.

SEMVESTINO ALOM D. V. ID IAN
ACYNDINO ET PROC CONSS

---

1. *Monum. delle art. crist. primit.*, t. I, p. 193.
2. On lit dans le calendrier du P. Boucher, que dès les premiers temps qui suivirent
le martyre de saint Hermès, l'église romaine tenait ses assemblées le 28 août dans
l'église dédiée à ce saint.
3. *In Hadr.* 1, t. I, p. 260.

4. *Monum. delle art. crist. primit.*, t. I, p. 198.
5. Voyez pl. I., n° 29.
6. T. III, prol., fol. XXV.
7. Anast. Biblioth., t. III, p. XXV.

La fresque dont nous avons donné le dessin représente Notre-Seigneur assis au milieu des douze Apôtres. Il est vêtu d'une simple tunique ornée de deux bordures, et recouverte d'un long manteau. Il lève la main droite; sa main gauche est cachée sous les plis de ses vêtements. Les Apôtres sont également assis; ils ont le même costume et la même attitude que leur divin maître.

On pourrait voir dans cette peinture la représentation des disciples jurant fidélité au Sauveur la veille de sa passion, et protestant contre la trahison de Judas, ou la figure de l'Église instruisant l'univers par la bouche des pasteurs; ou bien encore la réalisation anticipée de ces paroles que le Sauveur adressait aux Apôtres : *Amen dico vobis, quod vos, qui secuti estis me, in regeneratione cum sederit Filius hominis in sede majestatis suæ, sedebitis et vos super sedes duodecim, judicantes duodecim tribus Israel* [1].

MOSAIQUE DE LA CRYPTE DE St-PROTUS ET DE St-HYACINTHE

PLANCHE XXXVI. — Cette mosaïque a été publiée par le R. P. Marchi [2]; elle se trouve sur l'intrados d'un *arcosolium*. Nous n'avons pu en reproduire que deux compartiments, formés par des entrelacs. Dans le premier on voit le Sauveur vêtu de la tunique et du manteau, la tête entourée d'un nimbe, et le bras droit étendu vers Lazare. Celui-ci est couché dans le tombeau, la tête enveloppée d'un suaire et le corps entouré de bandelettes. Marthe, sa sœur, est aux pieds de Jésus, à qui elle paraît adresser une fervente prière. Le deuxième compartiment représentait Daniel priant dans la fosse aux lions; on n'y distingue plus qu'une partie du corps du prophète et la tête d'un lion.

CIMETIÈRE DE SAINTE-CYRIAQUE

NOTICE

Ce célèbre cimetière, dont la découverte, comme celle de tant d'autres, est due à l'infatigable Bosio, a emprunté son nom à l'illustre matrone qui le fonda en 258, dans une terre qu'elle possédait aux champs *Véraniens*, sur la voie de Tibur. Sainte Cyriaque appartenait à une grande famille; après avoir passé onze ans dans l'état de mariage, elle était veuve depuis plus de trente-deux ans, employant ses revenus au soulagement des pauvres, et prêtant aux chrétiens sa maison du mont Cœlius, pour y tenir leurs assemblées durant le feu de la persécution, lorsqu'elle cueillit la palme du martyre. Livrée aux morsures des scorpions, déchirée à coups de balles de plomb, elle expira dans les supplices, et sa dépouille mortelle fut ensevelie dans le cimetière qu'elle avait fondé [3]. Le Martyrologe romain la mentionne au 21 août. Dans la suite, le pape Sergius II fit transporter ses restes à l'église de Saint-Martin-des-Monts [4].

Le cimetière de Sainte-Cyriaque, l'un des plus vastes de Rome, est à plusieurs étages; parmi les innombrables martyrs qui y furent déposés pendant la persécution de l'empereur Valérien, nous citerons saint Laurent et saint Hippolyte, qui partagèrent avec sainte Cyriaque la gloire de donner leurs noms à ces Catacombes. Saint Laurent était romain de naissance; il se consacra dès sa plus tendre jeunesse au service de l'Église, et fut mis par le pape Sixte II à la tête des sept diacres de Rome. On sait qu'au moment où l'on conduisait à la mort le vénérable pontife, saint Laurent lui adressa les plaintes les plus touchantes : « Mon père, lui dit-il, où allez-vous sans votre fils? « Saint prêtre, qu'allez-vous faire sans votre diacre? J'étais « habitué à vous assister pendant le saint sacrifice, et vous me « délaissez?... Vous aurais-je donc déplu? » — « Non, mon fils, « lui répondit le saint vieillard; je ne t'abandonne point. Ma « vieillesse n'aura à soutenir qu'une courte lutte; Dieu réserve « à ta jeunesse un plus glorieux triomphe... Tu pleures mainte-« nant; dans trois jours tu me suivras [5]... » Trois jours après, la prédiction s'accomplit. Sommé par le préfet de la ville de livrer les richesses de l'Église, Laurent assembla tous les pauvres auxquels il avait coutume de distribuer l'aumône, et les présentant au préfet : « Voici, dit-il, les richesses de l'Église » *Hæ sunt divitiæ Ecclesiæ* [6]. Étendu sur un brasier et voyant d'un œil tranquille sa chair alimenter la flamme, il dit au tyran : *Jam coctum est; quod superest, versate me et manducate* [7].

---

1. *Matth.*, XIX, 28.
2. *Monum. delle art. crist. primit.*, t. 1, tav. XLVII, *a, b, c.*
3. Aringhi, *Roma subterr.*, t. II, p. 127.
4. Baron., *Annal. ad Martyrolog. rom.*, *die 21 aug.*
5. S. Ambr., *Offic.*, l. 1, c. XLI.
6. S. Aug., *Serm.* 303, *in nat. Laurent.*
7. Idem, *ibid.*

Un instant après il expirait en murmurant une prière pour le bonheur et la conversion de Rome, sa chère patrie. Le Martyrologe romain le mentionne au 10 août.

Son nom fut célèbre dans toute l'Église primitive. Saint Ambroise, saint Pierre Chrysologue, saint Augustin, saint Léon Ier, ont célébré à l'envi son triomphe, et le poëte Prudence a composé un hymne en son honneur. Constantin fit construire sur sa tombe une église magnifique. Sixte III, qui fut enseveli plus tard dans le même cimetière, avec les pontifes Hilaire et Zosime, orna la confession de saint Laurent de colonnes et d'un pavé de porphyre[1]. A la prière de saint Léon Ier, Galla Placidia, fille de Théodose, fit reconstruire la basilique sur un plan plus étendu[2]. Saint Anastase II orna la confession de décorations nouvelles[3]. En 557, Pélage Ier restaura l'église, qui fut plus tard dépouillée par les Lombards, puis restaurée entièrement par Pélage II. Ce pape couvrit le tombeau de lames d'argent[4]. Hadrien Ier fit à son tour de grandes réparations à la basilique de Saint-Laurent[5]; enfin Honorius III lui donna, au commencement du xiiie siècle, la forme qu'elle a conservée depuis[6].

Quant au saint Hippolyte qui a donné son nom à quelques-unes des parties de ce cimetière, il est difficile de le déterminer. On connaît trois principaux saints de ce nom. Le premier était un prêtre d'Antioche, qui est mentionné dans plusieurs martyrologes à la date du 30 janvier[7]. Le second est nommé par Eusèbe[8], qui le dit évêque ou préfet (προεστώς) de quelque Église, et par saint Jérôme, qui le cite dans son catalogue des écrivains ecclésiastiques. Photius le compte parmi les disciples de saint Irénée; d'autres en font un disciple de Clément d'Alexandrie; enfin, suivant une troisième opinion, il devrait être identifié avec le savant évêque de Porto.

Le troisième saint Hippolyte est un soldat romain, qui fut converti par saint Laurent et martyrisé trois jours après l'illustre diacre. Il est célébré dans un vieux missel romain où il est dit : *Deus qui beatum Hippolytum tyrannicis adhuc obsequiis occupatum, subito fecisti Laurentii socium.* On lit la même chose dans un missel mozarabe. Saint Augustin en parle[9], ainsi que saint Grégoire de Tours[10]. Les martyrologes le mentionnent au 13 août. Quant à son martyre, voici ce qui se lit dans les manuscrits du Vatican cités par Aringhi[11]. *Jussit vero Valerianus in conspectu Hippolyti, ut omnes capite truncarentur, et decollati sunt promiscui sexus decem et novem. B. vero Hippolytum jussit ut pedes ejus ligarentur ad colla equorum indomitorum et sic per cardetum et tribulos trahi, qui cum traheretur emisit spiritum.*

On éleva dans la suite sur la tombe de saint Hippolyte, et sous l'invocation de saint Étienne, premier martyr, une église que le pape Hadrien Ier fit restaurer, ainsi que la partie du cimetière qui porte le nom de ce saint[12].

Nous donnons dans notre cinquième volume[13], le dessin d'une statue de saint Hippolyte, qui fut découverte en 1551 dans des ruines situées hors de Rome, près de l'église Saint-Laurent, et qui se voit encore de nos jours dans la bibliothèque Vaticane. Quelle que soit l'opinion que l'on adopte sur la question de savoir auquel des trois saints de ce nom il faut attribuer l'honneur d'avoir dénommé une partie du cimetière qui nous occupe, ce monument ne peut représenter que le second, puisqu'on y voit gravée la liste de ses ouvrages; elle porte la date du règne d'Alexandre Sévère, et suivant Winkelmann[14], le style de cette statue indique aussi cette époque. Elle a été gravée plusieurs fois d'une manière plus ou moins imparfaite; on la trouve dans un ouvrage de Vignoli[15], dans l'ancienne *Histoire littéraire de la France*[16], et mieux reproduite, sur une plus grande échelle, dans les actes de saint Hippolyte publiés à Rome en 1795. Les inscriptions gravées sur les côtés du siège occupé par le saint martyr, sont du plus haut intérêt au point de vue de la chronologie. Elles se composent de deux parties : 1° d'un catalogue des ouvrages du saint; 2° d'un double cycle pascal, qui a été commenté par Bianchini[17]. La position de la statue ne nous ayant pas permis de relever complétement les inscriptions du siége, nous avons pris nos empreintes sur la copie moderne qui en a été faite en marbre, et qui se trouve dans l'église de Saint-Laurent-*in-Damaso*[18].

---

1. Anast. Biblioth., *in Stat.* III, t. III, p. 107.

2. Ciampini, *De sacr. ædif. a Const. constr.*, p. 113.

3. Panvinius, *Epitome Pontific. rom.*, p. 18. Venetiis, 1557.

4. Anast. Biblioth., *in Pelag.* II, t. I, p. 114.

5. Idem, *in Hadr.*, t. I, p. 264.

6. Ciampini, *De sacr. ædif. a Const. constr.*, p. 115.

7. Florentinius, Usuard, Adon, Notker, etc.

8. *Hist. eccles.*, l. VI, c. XX.

9. *Append. Serm.* CCCXVI; t. V, p. 531. Paris, 1683.

10. *Hist. Franc.*, L. I, c. XXVIII.

11. *Roma subterr.*, t. II, p. 126.

12. Anast. Biblioth., *in Hadr.* I, t. I, p. 268.

13. Voyez pl. I, n° 2.

14. *Hist. de l'Art de l'antiquité*, t. III, p. 252. Leipzig, 1781.

15. *De anno primo imperii Sever. Alexand. Aug.....* Romæ, 1712 et 1714.

16. T. I, après la page 306.

17. *De Calendario et cyclo Cæsaris ac de paschali can. S. Hippolyti martyr...*, Romæ, 1703.

18. M. Greppo a donné sur saint Hippolyte une notice du plus haut intérêt, dans l'ouvrage intitulé : *Notes historiques, biographiques, archéologiques et littéraires sur les premiers siècles chrétiens.* Lyon, 1844.

DESCRIPTION DES PLANCHES

ENTRÉE DU CIMETIÈRE [1]

PLANCHE XXXVII. TITRE. — Une touffe de verdure ombrage cette entrée, qui est située près de la basilique de Saint-Laurent, et où l'on arrive par un sentier bordé de lauriers.

VESTIBULE AVEC SES PEINTURES

PLANCHE XXXVIII. LA SAINTE VIERGE, SAINTE CATHERINE ET SAINTE CYRIAQUE. — Cette fresque et celles des deux planches suivantes avaient été découvertes en 1780, et d'Agincourt les avait classées dans la série des peintures du IXe au XIe siècle. Elles ont été retrouvées en 1848. La Sainte Vierge MP ΘV (μήτηρ θεοῦ) est au milieu, dans l'attitude de la prière. Elle est vêtue d'une tunique violette et d'un manteau rouge. Un voile bleu entoure sa figure et son cou, et descend sur sa poitrine. Ce voile, qui était une espèce d'orarium [1], servait de coiffure aux vierges. A gauche on voit sainte Cyriaque, SCA CYRIACE, dont le costume consiste en une tunique verte, un manteau jaune, et un voile de la même forme et de la même couleur que celui de la Vierge. Sainte Catherine, SCA CATHARINA, qui se trouve à droite de la Sainte Vierge, est vêtue d'un costume dont la richesse est en rapport avec sa haute naissance. Sa belle figure est encadrée dans une chevelure blonde, ornée de perles; on remarque une couronne sur le pan de son manteau. Autour de chacune des trois têtes brille un nimbe d'or.

La partie inférieure de cette peinture est détériorée.

PLANCHE XXXIX. SAINTE CÉCILE. SCA CECILIA. — Cette magnifique peinture se voit sur une des parois du vestibule dont nous avons parlé. Le costume de l'illustre martyre rappelle la descendante de l'une des plus anciennes familles patriciennes de Rome. Sa tunique jaune, enrichie de perles et de pierreries, est à moitié recouverte par un long manteau vert, sur le pan duquel on remarque une couronne. Sa tête, entourée d'un nimbe d'or, est surmontée d'un diadème. Une chevelure blonde, semée de perles, rehausse l'éclat de sa belle figure,

dont l'expression, à la fois énergique et douce, rappelle la vierge héroïque dont la parole changea le cœur des satellites romains, et dont le regard déconcerta l'audace du préfet Almachius.

PLANCHE XL. UNE SAINTE. — Cette figure porte à peu près le même costume que la précédente; elle représente sans doute aussi une vierge distinguée par sa naissance. L'ornement qui entoure sa tête est connu dans l'antiquité sacrée et profane sous le nom de mitra ou mitrella [3]. Suivant saint Isidore de Séville [2], la mitrelle était chez les premiers chrétiens la coiffure des femmes dévouées à Dieu; suivant saint Optat de Milève [4], c'était celle des vierges dans l'Église d'Afrique. Elle se composait de bandelettes de laine de couleur de pourpre. Les femmes de distinction portaient des mitres élégantes par la forme et précieuses par la matière. Telle est celle que nous avons sous les yeux, et dont on trouve plusieurs autres exemples dans les monuments des Catacombes [5].

PLANCHE XLI. UN POISSON ET UN OISEAU [6]. — Cette peinture se voit au-dessous de l'une des deux figures précédentes. L'oiseau ouvre largement le bec, comme pour se nourrir du poisson. Le champ est semé de fleurs.

Si l'on se rappelle que le poisson était, chez les premiers chrétiens, le symbole du Christ, et que les fidèles sont souvent figurés par des oiseaux [6], on sera porté à reconnaître dans cette peinture une allusion au sacrement de l'Eucharistie.

PLANCHE XLII. LA SAINTE VIERGE, L'ENFANT JÉSUS ET PLUSIEURS SAINTS [5]. — Nous avons copié cette peinture d'après un dessin déposé à la custode des reliques de Saint-Apollinaire. Elle se divise en deux compartiments : dans le premier, on voit cinq personnages; dans le second, deux seulement. Parmi les premiers, on distingue la Sainte Vierge qui présente l'Enfant Jésus à la vénération des Saints, dont l'un a les mains jointes sur la poitrine, et s'incline pour recevoir la bénédiction du Sauveur. Le personnage placé à gauche, dans l'autre compartiment, se fait remarquer par le caractère de sa figure. Les autres n'ont rien qui mérite une mention particulière. Tous sont vêtus de la tunique et du manteau; tous aussi portent le nimbe autour de la tête.

---

1. Voyez vol. I, pl. LXXXIII, LXXXIV; et vol. III, pl. XII. — Polliccia, *De christ. Eccles. politia*, t. IV, p. 122.

2. *Judith.*, XVI, 10. — Virgil., *Æneid.*, IV, 215; IX, 616.

3. *Orig.*, l. XIX, c. XXXI.

4. L. VI.

5. Bosio, *Roma sotterr.*, p. 381. — Vol. IV, pl. XXII, n° 19.

6. Hilar., *in Matth.*, c. XIII, 4.

PEINTURES D'UNE CRYPTE

PLANCHE XLIII. NOTRE-SEIGNEUR ET DEUX PERSON-
NAGES[1]. — Cette peinture, quoique en partie effacée, est
cependant une des plus belles de notre collection. La pureté
des lignes, la simplicité du dessin, la disposition des costumes
et surtout la noble attitude des personnages, montrent assez
qu'elle appartient à une époque où les beaux procédés de
l'art antique étaient encore en vigueur. Elle nous représente
probablement deux disciples instruits par Jésus-Christ. Le
divin Maître, assis au milieu, sur un siége d'honneur,
apparaît sous la figure d'un jeune homme vêtu de la
tunique et du manteau, la tête entourée d'un nimbe, et
la main étendue vers le personnage placé à sa droite, tandis
qu'il semble regarder le personnage placé à sa gauche.
Celui-ci, dont les traits expriment l'étonnement, la droiture, la franchise, semble interroger le Sauveur, tandis que
l'autre, plus jeune, paraît seulement attentif. Peut-être
avons-nous ici sous les yeux l'entrevue de Jésus avec
Philippe et Nathanaël, rapportée par saint Jean dans son
Évangile[4]. Les circonstances du récit rapprochées des détails
de cette peinture donnent, ce nous semble, quelque vrai-
semblance à cette conjecture.

PLANCHE XLIV. UNE ORANTE ASSISE[5]. — Cette peinture
se trouve dans la même crypte que la précédente. Sans
être aussi remarquable, elle porte comme elle les caractères
d'une haute antiquité. La sainte est vêtue d'une tunique
jaune à larges manches. Sa tête est entourée d'un nimbe
dont la couleur verte est à remarquer.

TROIS SÉPULCRES
AVEC AMPOULE, PALME ET INSCRIPTION

PLANCHE XLV. — On voit dans ce dessin trois *loculi*, dont le
premier est fermé avec des briques cimentées, et laisse aper-
cevoir un vase de sang enchâssé dans le mortier; le second est
ouvert et présente deux palmes gravées sur ciment; le troisième est fermé avec une tablette de marbre sur laquelle on
lit l'inscription suivante entourée de symboles :

Les tombeaux appelés *loculi*, sont des niches oblongues,
pratiquées toujours sur un plan horizontal, dans les parois
des galeries, et rangées comme les rayons d'une bibliothèque,
parallèlement à la galerie elle-même. Cependant on en a
trouvé quelques-uns dont une extrémité seulement aboutissait à la galerie[2]. Ces derniers sont séparés les uns des
autres par le *pareticulum* ou cloison en briques, dont le nom
se rencontre sur les inscriptions[3]. Ces *loculi* pouvaient quelquefois contenir plusieurs corps, et ils s'appelaient alors *bisomum*,
trisomum ou *quadrisomum*[4]. Ils étaient fermés hermétiquement,
soit au moyen de briques cimentées, soit au moyen d'une
tablette en marbre appelée *tabula*, *tabella* ou *titulum*, comme
le font voir les inscriptions[5]. Sur les briques et sur les tablettes
on traçait des inscriptions peintes le plus souvent en rouge et
quelquefois en or[6]. Sur le ciment qui les reliait, on en gravait à la pointe sèche[7]; on y traçait aussi des palmes et des
monogrammes; on y enchâssait le vase de sang[8]. Souvent
on y incrustait des objets en ivoire, en verre, en métal,
en terre cuite, qui servaient à désigner les sépulcres[9]; on
y incrustait même des médailles pour déterminer l'époque
de la déposition des corps[10]. Sur les tablettes en marbre, on
gravait quelquefois les instruments du martyre ou de la
profession[11], et même des scènes ou des symboles, dont on
peut voir des exemples dans notre cinquième volume.

Les premiers fidèles avaient la plus grande vénération pour
les corps des martyrs. Souvent ils les transportaient aux Catacombes dans des enveloppes de soie[12]. Aringhi[13] cite une enveloppe de ce genre, qui était exposée de son temps dans la
basilique de Saint-Pierre et qu'il appelle *culcitra*. Avant de les
ensevelir, lorsque les circonstances le permettaient, on avait
la coutume de les laver[14], de les embaumer[15], de les enve-

---

1. I, 45, sqq.

2. Voyez R. P. Marchi, *Monum. delle art. crist. primit.*, t. I, tav. XLIII, XLIV.

3. Voyez notre V° vol., pl. XVIII, n° 23.

4. Voyez notre V° vol., pl. VIII, n° 12; pl. XX, n° 31; pl. XXIX, n° 67; pl. XXX,
n° 73; pl. XXXIII, n° 90; pl. LVI, n° 4; pl. LXXIII, n°s 3 et 5. — Boldetti (*Osservaz.
sopra i cimit.*, p. 650) trouva en 1790, dans l'étage inférieur du cimetière de Saint-
Calixte, une pierre sépulcrale sur laquelle il lut cette inscription, qui prouve qu'elle
couvrait les corps de huit hommes :

AHHIBONIVS FECIT SIBI ET SVIS
LOCVM HOMIBVS H VIII INFRO FORMAS
EC TON EMON PANTON TYTO EMOH

5. Boldetti, *Osservaz. sopra i cimit.*, p. 407, 408, 409, 413. — Notre V° vol.,
pl. LXIII, n° 13.

6. Voyez notre V° vol., pl. XLII, n° 3, et pl. V, J.

7. Voyez notre V° vol., pl. LIV, n° 14.

8. Voyez notre IV° vol., pl. XVIII.

9. Buonarruoti, *Vetri antichi*, p. VIII. — Notre IV° vol., pl. VIII.

10. Bosio, *Roma sotterr.*, p. 629. — Buonarruoti, *Vetri antichi*, p. XI. — Boldetti, *Osservaz. sopra i cimit.*, p. 563.

11. Boldetti, *Osservaz. sopra i cimit.*, p. 318, seg. — Notre V° vol., pl. III, E;
pl. XXII, n° 35; pl. XLII, n° 3.

12. Euseb., *Hist. eccles.*, l. VII, c. XVI.

13. *Roma subterr.*, t. I, p. 218, 219.

14. *Ibid.*, t. I, p. 109.

15. *Ibid.*, t. I, p. 113.

lopper de linges fins et quelquefois de riches vêtements[1]. On les entourait d'une couche de chaux vive[2], et souvent on enfermait avec eux divers objets, tels que des anneaux, des bracelets, et même quelquefois les actes de leur martyre, gravés sur des lames de plomb[3]. L'intérieur des tombes contenait aussi des instruments de martyre; on y a trouvé, notamment, des ongles de fer, une hache, des clous, des lances[4], des tenailles[5] et des chaînes[6].

L'ampoule, signe certain du martyre, était placée à l'extérieur du tombeau, près de la tête du saint. Une seule ampoule servait quelquefois pour plusieurs martyrs. Elle était alors placée à égale distance entre leurs corps, dont les têtes étaient tournées vers elle[7].

UNE ORANTE ET DEUX PERSONNAGES

Planche XLVI. — Nous avons copié cette peinture d'après le dessin de Bosio[8]. L'orante se distingue des autres, par la forme et l'ampleur de ses vêtements, et surtout par la pose de ses bras qui semblent, comme autrefois ceux de Moïse[9], succomber à la fatigue. Deux personnages, placés à droite et à gauche, s'approchent respectueusement pour les soutenir. Aringhi[10] serait porté à voir dans la figure du milieu sainte Cyriaque elle-même, ou bien quelque illustre matrone ensevelie dans le même cimetière. Quant aux deux autres personnages une peinture analogue fait croire à Bottari[11] que ce sont deux serviteurs; mais il nous semble que la noblesse de leur attitude et la forme de leurs vêtements doivent leur faire attribuer une condition plus élevée.

CRYPTE

Planche XLVII. PLAN[*]. — Cette crypte est dans la partie du cimetière de Sainte-Cyriaque qui porte le nom de Saint-Hippolyte, et dont l'entrée est près de la basilique de Saint-Laurent, à gauche de la voie Tiburtine. Elle est de forme carrée. Quatre colonnes aux angles supportent la voûte d'arête. A gauche est une niche destinée probablement à recevoir une lampe. Au fond se trouve l'*arcosolium* ou autel.

Planche XLVIII. VUE PERSPECTIVE[*]. — L'ordonnance de l'architecture, les proportions des colonnes, l'exécution des chapiteaux composés de palmes, l'élégante rosace au centre de la voûte: tout nous fait croire que la construction de ce monument remonte à une époque très-ancienne.

Déjà plus d'une fois nous avons fait observer qu'un grand nombre de *loculi* étaient creusés autour des *arcosolia*. Cette planche nous offre un nouvel exemple de cette disposition : on y remarque des *loculi* même dans la voûte et au fond de l'*arcosolium*, tant les chrétiens avaient à cœur d'être inhumés auprès des tombeaux des martyrs, comme pour se placer sous leur protection[12].

CIMETIÈRE DE SAINT-PONTIEN

NOTICE

Ce cimetière est situé près de la ville, aux environs de la voie Portuensis, sous une colline peu éloignée du Tibre et appelée *Monte-Verde*. Quoiqu'il porte le nom de Pontien, patricien romain qui vivait au milieu du IIIe siècle, il est vraisemblable qu'il remonte à une époque antérieure. Les tombes des martyrs dispersées à une assez grande distance les unes des autres, parmi les sépultures des simples fidèles qui reposent dans les galeries de cet immense cimetière, attestent qu'il a vu plusieurs époques de persécution. On sait en effet qu'on ne réservait point, pour les martyrs, de places spéciales, et qu'on les déposait simple-

---

1. Boldetti, *Osservaz. sopra i cimit.*, p. 200, seg. — Aringhi, *Roma subterr.*, t. I, p. 119 et 125. — Bottari, *Scult. e pittur.*, t. II, p. 22.

2. R. P. Marchi, *Monum. dello art. crist. primit.*, t. I, p. 19.

3. Voyez pour les anneaux Boldetti, *Osservaz. sopra i cimit.*, p. 502, tav. 3, et notre IVe vol., pl. XVI, n° 96; pour les bracelets, Boldetti, *ibid.*, p. 500, tav. 2, et notre IVe vol., pl. XVI, n° 46; pour les actes des martyrs, Boldetti, *ibid.*, p. 324.

4. Aringhi, *Roma subterr.*, t. I, p. 152; t. II, p. 688. Cet auteur donne la figure d'un clou aigu et coudé tiré du cimetière de Sainte-Agnès. On le trouva enfoncé dans la tête du défunt, particularité qui donne une entière certitude à l'attribution des objets de même nature que nous mentionnons.

5. Bosio, *Roma sotterr.*, p. 26. — Notre IVe vol., pl. XI, n° I.

6. Boldetti, *Osservaz. sopra i cimit.*, p. 318.

7. Idem, *ibid.*, p. 181.

8. *Roma sotterr.*, p. 405.

9. *Exod.*, XVII, 12.

10. *Roma subterr.*, t. II. p. 136.

11. *Scult. e pittur.*, t. II, 166, tav. 126.

12. S. Maxim., ep. Taurin., *Homil.* LXXXI, *in nat. ss. Taurin. mart.*, p. 262, 263. Romæ, 1784.

ment à côté de leurs frères, dans les galeries ouvertes pour les inhumations. Il faut donc en conclure, avec le R. P. Marchi[1], que plus on trouve de martyrs séparés les uns des autres dans les galeries d'un cimetière, plus ce cimetière a vu de persécutions.

C'est dans la roche marine et fluviale qu'ont été pratiquées les galeries du cimetière de Saint-Pontien. Les escaliers déblayés par Bosio nous révèlent l'existence de plusieurs étages dont le plus bas doit sans doute arriver à la couche volcanique. Quand on songe d'une part au peu de solidité que présentent ces couches de terrains secondaires, de l'autre à l'existence d'une vaste latomie païenne placée au-dessus du cimetière, on est forcé d'avouer que les chrétiens ne reculaient devant aucune difficulté, pour creuser leurs immenses galeries, et qu'ils évitaient autant que possible d'employer à leur usage les excavations d'origine païenne.

Différents noms servent à désigner le cimetière de Saint-Pontien. Nous devons citer d'abord ceux des saints Abdon et Sennen, persans d'origine, qui confessèrent généreusement la foi durant la persécution de l'empereur Dèce, et cueillirent en 250 la palme du martyre. Leurs corps, après avoir long-temps reposé dans la maison d'un sous-diacre, qui les avait recueillis sur le lieu de leur supplice, furent au IVe siècle transportés dans les grottes de Saint-Pontien. Ces deux saints sont nommés dans l'ancien calendrier de Libère et dans plusieurs martyrologes; mais, ainsi que l'a démontré le cardinal Noris[2], leurs actes, qui sont modernes, méritent peu de créance.

On appelle aussi ce cimetière *ad ursum pileatum, à l'ours coiffé*, sans doute à cause de quelque simulacre qui se trouvait dans le voisinage.

Nous ne nommerons point les nombreux martyrs dont les dépouilles furent inhumées dans ces Catacombes et qui y attirèrent un grand concours de peuple, jusqu'au IXe siècle, où le pape Grégoire IV fit transporter dans la basilique de Saint-Marc les restes des saints Abdon et Sennen. Ce cimetière tomba alors dans l'oubli, et ce fut seulement au XVIe siècle, que Bosio eut le bonheur de le découvrir après des peines infinies. Parmi les monuments qu'il renferme nous citerons un baptistère dont nous allons donner les dessins, et dont les peintures sont classées par d'Agincourt[3] dans la série de celles du VIe au VIIIe siècle.

DESCRIPTION DES PLANCHES

BAPTISTÈRE
DANS LA CRYPTE DE LA BASILIQUE
DE SAINTE-PRISQUE

Planche XLIX. Titre. — Ce baptistère est un chapiteau en marbre, d'ordre dorique, richement orné, dans lequel on a creusé un bassin circulaire.

D'après une tradition, saint Pierre aurait consacré un autel dans l'église de Sainte-Prisque, et administré le sacrement de baptême à ce même bassin. L'inscription suivante, qui se lit à la partie supérieure du monument SCE PET BACTISMV semble confirmer cette tradition, qui du reste n'a rien d'invraisemblable, si comme on le présume, l'église de Sainte-Prisque a été bâtie sur l'emplacement de la maison que saint Pierre habitait au mont Aventin.

1. *Monum. delle art. crist. primit.*, t. I, p. 25.
2. *Dissert.* III, *De epochis Syro-maced:*
3. *Hist. de l'Art. Peinture*, t. II, p. 23.

BAPTISTÈRE
DU CIMETIÈRE DE SAINT-PONTIEN
AVEC SES PEINTURES

Planche L. PLAN. — Ce baptistère est creusé dans le tuf. On descend dix marches, et l'on arrive au bas de l'escalier, à la place où devait se tenir le prêtre. La profondeur du bassin était assez grande pour qu'on pût y administrer le baptême par immersion, selon l'usage de la primitive Église. Un courant d'eau, qui subsiste encore aujourd'hui, servait à l'alimenter. Au fond et à gauche est un sarcophage au-dessous duquel se trouvent deux arcs. Les parois du baptistère sont garnies de *loculi*. Ce baptistère, ainsi que le précédent, a été publié par d'Agincourt[4]. Ils sont, au dire de cet auteur, les plus anciens que l'on connaisse[5].

4. *Ibid., Architecture*, t. IV, pl. LXIII, n°s 1, 2, 3, 4.
5. *Ibid.*, t. I, p. 118.

La construction des édifices qui sont appelés baptistères n'est pas antérieure au règne de Constantin. Dans les commencements de l'Église, le baptême s'administrait en tout lieu. Les actes des Apôtres[1] en font foi. Pendant les persécutions on baptisait surtout dans les Catacombes[2], et même quelquefois dans les prisons[3].

Planche li. COUPE LONGITUDINALE SUR LA LIGNE A B. — Cette coupe nous montre à gauche les dix marches, au bas desquelles est le bassin baptismal; à droite, un des côtés du premier arc, décoré du treillis et de fleurs, et, dans le fond, le second arc, par où sort la source. Au-dessus, se trouve le sarcophage de saint Abdon et de saint Sennen, dont la paroi extérieure est ornée d'une peinture représentant Notre-Seigneur couronnant les deux saints. Les deux arcs et le tombeau forment dans le baptistère un avant-corps de quatre-vingts centimètres, sur une hauteur de deux mètres.

Planche lii. COUPE TRANSVERSALE SUR LA LIGNE C D. — Cette coupe donne la vue perspective de l'ensemble du baptistère. Du fond même du bassin, s'élève une croix surmontée d'un arc au-dessus duquel est représenté le baptême de Notre-Seigneur.

Planche liii. NOTRE-SEIGNEUR. — A l'entrée du baptistère se voit la figure du Sauveur dans des proportions colossales. Sa main droite semble commander l'attention; à sa gauche, est un livre ouvert où se lisent ces mots : DOMINVS IE...††. Il porte la barbe. Sa longue chevelure, partagée sur le front, tombe sur ses épaules. Sa tête est entourée d'un nimbe crucifère richement orné de perles et de pierres précieuses. A la vue de cette figure si majestueuse, nous n'avons pu nous défendre des mêmes émotions qu'elle avait excitées autrefois dans l'âme de Bosio[4]. « Il « y a, dit-il, au milieu de la voûte une grande tête du « Rédempteur si bien peinte, qu'elle donne *moulte* dévotion « et vénération à qui la regarde. »

Planche liv. NOTRE-SEIGNEUR. — Cette tête est bien inférieure à la précédente. La pose de la main droite annonce que le Sauveur bénit; sur sa poitrine est un livre quadrangulaire richement orné. Son nimbe est doré et crucifère.

Planche lv. LE BAPTÊME DE NOTRE-SEIGNEUR. — Cette peinture se voit au-dessus de l'arc au fond du baptistère. Notre-Seigneur est dans l'eau jusqu'à la ceinture. Saint Jean-Baptiste, placé sur la rive, est revêtu du costume dont parle l'Évangile, mais que le temps a un peu effacé. Il tient de la main gauche un roseau, et sa main droite repose sur la tête de Jésus-Christ[5]. Le Saint-Esprit se montre sous la forme d'une colombe[6]. A gauche est un ange qui semble tenir un vêtement destiné au Sauveur. La tête de cet ange est ornée d'un nimbe, circonstance qui assignerait à cette peinture une date postérieure au IVe siècle[7]. Sur le rivage apparaît un cerf, qui regarde l'eau fixement et semble désireux d'y étancher sa soif, figure touchante du fidèle, brûlant du désir de s'abreuver à la fontaine du Sauveur, qui s'est comparé lui-même à une source d'eau vive[8].

Planche lvi. NOTRE-SEIGNEUR COURONNANT DES SAINTS. — Cette peinture se trouve sur la partie extérieure du sépulcre à gauche du bassin baptismal. On y lisait, du temps de Bottari, les lettres : ONIS DIE, que l'on pourrait ainsi compléter [DEPOSITI]ONIS DIE. Notre-Seigneur, couronné d'un nimbe crucifère et vêtu d'une tunique bleue à larges bordures de pourpre, apparaît au-dessus d'un nuage, entre les saints martyrs Abdon et Sennen[9]. Les bras étendus, il pose la couronne sur leurs têtes. On reconnaît dans la physionomie du Sauveur et dans l'expansion majestueuse de ses bras, le Dieu tout-puissant qui est magnifique dans ses récompenses[10].

Saint Abdon † SCS ABDO est vêtu d'une tunique bleue retenue par une ceinture; son long manteau rouge vient s'agrafer sur sa poitrine. Il porte sur la tête une coiffure conique de couleur jaune, recourbée au sommet et descendant sur les épaules. Saint Sennen † SCS SENNE a une tunique rouge sans ceinture, et un manteau bleu. C'est en cela surtout que son costume diffère de celui de saint Abdon. Tous deux étendent les mains vers le Sauveur, comme pour lui exprimer leur dévoûment et leur reconnaissance.

A droite de saint Abdon se voit un autre personnage † SCS MILIX dans l'attitude de la prière. Sa tunique est blanche. Les traits de son visage ont été effacés par le temps. Ne serait-ce pas saint Miles, évêque et martyr persan qui succomba en 341 durant la persécution de Sapor, et dont le Martyrologe fait mention au 22 avril?

---

1. VIII, 38; XVI, 15; 33.

2. Baron., *Annal. eccles.*, t. III, an. 303, n° CXI.

3. *Martyrolog. rom.*, die 11 julii. — Ruinart, *Acta ss. Fruct. et Eulog.*; *Acta ss. Montani et Luc.*

4. *Roma sotterr.*, p. 127.

5. Il faut remarquer que Notre-Seigneur n'est pas dans l'eau seulement jusqu'à la hauteur des genoux, comme cela se voit dans un grand nombre de peintures modernes; cette position eût été peu conforme au rit du baptême par immersion. De plus, le précurseur ne verse pas l'eau baptismale; il impose seulement la main, comme pour appeler le Saint-Esprit sur le nouveau baptisé (Tertul., *De baptismo*, 6.)

6. *Matth.*, III, 16.

7. Suivant Buonarruoti (*Vetri antichi*, p. 63), l'usage de décorer du nimbe la tête des anges ne date que du commencement du Ve siècle, et n'est devenu général que deux siècles plus tard.

8. *Joan.*, IV, 13, 14.

9. Le nom de ces deux saints est écrit différemment dans les divers calendriers ou martyrologes. On peut consulter Florentinius (*Vetustius Martyrologium*, die 30 julii. Lucæ, 1668), qui écrit *Abdon et Sennen*. D'après cet auteur, le calendrier de Fronti écrit *Abbon et Sennes*; le Martyrologe de Villibrord *Abdo et Sennis*, et celui de Bucherius *Adon et Sennen*.

10. *Matth.*, V, 12. — *Luc.*, VI, 38.

A gauche de saint Sennen se trouve saint Vincent ✝ SCS BICE[NTI]VS. Il porte une tunique bleue, et par-dessus un vêtement jaune, sans ceinture. Il est comme saint Miles, dans l'attitude de la prière. Sa tête, ainsi que celle de tous les autres personnages, est couronnée d'un nimbe d'or. Bottari [1] ne serait pas éloigné de voir ici l'illustre diacre saint Vincent martyrisé en Espagne sous Dioclétien.

Planche lvii. CROIX AU FOND DU BAPTISTÈRE. — Des pierres précieuses alternativement ovales et carrées, sont figurées dans toute la longueur et sur les bras de la croix, qui supportent chacun un chandelier lumineux. Du pied sortent, à droite et à gauche, des rosiers avec leurs feuilles et leurs fleurs, que la croix semble produire comme des rejetons. Ils s'élèvent jusqu'à la rencontre de deux petites chaînes qui paraissent descendre des chandeliers, et qui se terminent par l'*Alpha* et par l'*Oméga*, symboles de la Divinité. On ne pouvait environner le signe du salut d'emblèmes plus gracieux et surtout plus significatifs.

Il est à remarquer que dans les premiers siècles on ne mettait pas sous les yeux des fidèles l'image de Jésus-Christ sur la croix. On se contentait, par égard pour les âmes faibles, de peindre la croix d'abord nue, mais le plus souvent dissimulée dans le monogramme, puis ornée de pierres précieuses [2], de fleurs, de couronnes. Elle fut ensuite accompagnée d'un agneau couché à ses pieds [3]. Ce fut au vi⁰ siècle que l'on commença à y figurer le chef du Sauveur, comme on le voit dans la croix Vaticane [4], et même le corps entier avec les mains et les pieds percés de clous. Grégoire de Tours [5] parle d'un crucifix que l'on honorait de son temps à Narbonne, dans l'église de Saint-Geniès : le langage de cet historien autorise à croire que cette peinture subsistait depuis assez longtemps [6].

PEINTURES D'UN CUBICULUM

Planche lviii. TROIS SAINTS. — Cette peinture se trouve sur une des parois d'un *cubiculum*, à côté du baptistère dont nous avons parlé. Elle représente, au milieu, saint Pollion, SCS-POLLION, le même peut-être que celui qui fut martyrisé en Pannonie et dont le Martyrologe fait mention au quatrième jour des calendes de mai; à sa droite saint Marcellin, SCS-MARCELLINVS, et à sa gauche saint Pierre, SCS-PETRVS, les mêmes, au sentiment d'Aringhi [7], que le prêtre Marcellin et l'exorciste Pierre, martyrisés à Rome sous Dioclétien, et mentionnés dans les martyrologes au 2 juin. Ces trois saints portent le manteau blanc et la tunique blanche; ils ont la tête entourée d'un nimbe d'or. La partie supérieure de leur tête paraît rasée; leur barbe est courte. Saint Pollion porte de la main gauche, sur le pan de son manteau, une couronne d'or enrichie de pierres précieuses. On voit un *volumen* entre les mains des deux autres saints. Le manteau de saint Pollion est marqué de la lettre II, et celui de saint Marcellin de la lettre I. Ces trois personnages ont des sandales attachées avec des courroies. Au-dessous de la figure de saint Marcellin on lisait, du temps de Bosio [8], l'inscription suivante, monument pieux de l'humilité des premiers chrétiens :

EVSTATHIVS VMILIS PECCATOR

SERVITOR

B. MARCELLINI MARTYRIS

Planche lix. UNE CROIX ET DEUX SAINTS. — Cette fresque décore la paroi à gauche du *cubiculum* dont nous venons de parler. Au milieu s'élève une croix gemmée, dont le pied produit des fleurs. A droite, on voit saint Pygménius SCS PYMENIVS qui fut précipité dans le Tibre sous Julien l'Apostat, et dont il est fait mention dans le Martyrologe au ix des calendes d'avril. A gauche, paraît saint Miles, SCS MILES. Au temps de Bosio [9], on lisait encore auprès de cette peinture, ces mots d'une inscription à demi-effacée par le temps : DIE IIII [N] SCI MILIX M MAII.

Saint Pygménius porte une tunique rouge et un manteau vert; il a la barbe et les cheveux courts. Il tient des deux mains un *volumen*. Saint Miles est vêtu d'une tunique blanche, recouverte d'un manteau de la même couleur; et sa tête, comme celle de saint Pygménius, est environnée d'un nimbe d'or.

Nous ferons remarquer ici que les lettres SCS *sanctus*, accusent une date postérieure aux persécutions.

---

1. *Scult. e pittur.*, t. I, p. 201.

2. Constantin en conservait une de ce genre dans son palais (Euseb., *Vita Constantini*, l. III, c. XLIX).

3. S. Paulin., *Epist.* XXXII, *ad Sever.* :

Sub cruce sanguinea niveo stat Christus in agno.

Voyez aussi Bosio, *Roma sotterr.*, p. 607 et 626. — On peut voir dans Boldetti (*Osservaz. sopra i cimit.*, p. 349, seg.), une série d'inscriptions accompagnées de croix de formes diverses.

4. Settele, *Atti della pontif. Accad. rom. di archeol.*, t. II, p. 73.

5. *De glor. mart.*, l. I, c. XXIII.

6. Quant à l'usage de placer des croix sur la voie publique, voici ce que dit Eusèbe dans la vie de Constantin : *Columellas triumphales cruce insignitas ubique locorum collocavit* (Constantinus). Si plus tard il fut défendu par un édit de planter des croix de sa propre autorité, la prudence seule inspira une semblable mesure. Le lieu où l'on avait érigé une croix se trouvait pour ce fait placé sous la juridiction de l'église à laquelle elle appartenait : cet édit avait été rendu pour prévenir des conflits; il n'avait pas d'autre but.

7. *Roma sotterr.*, t. I, p. 375.

8. *Roma sotterr.*, p. 126.

9. *Ibid.*

OBJETS TROUVÉS DANS LES CATACOMBES

Jusqu'ici ces notes descriptives ont embrassé les monuments qui appartiennent à l'architecture et à la peinture; nous allons maintenant décrire les objets divers trouvés dans les Catacombes, laissant à une plume plus habile la partie qui concerne les inscriptions [1].

L'intérêt qui s'attache à l'exacte reproduction des monuments et des peintures ne s'affaiblira pas en se portant sur des objets qui nous révèlent les usages, les rites des premiers enfants de l'Église, et les tourments par lesquels on éprouvait leur foi. Les plus précieux de ces débris, nous les devons presque tous aux sépulcres des Catacombes, qui nous les ont fidèlement gardés pendant plus de quinze siècles. Ce sont des pierres gravées, des tessères d'hospitalité, des anneaux sigillaires ensevelis avec les morts, des vases et des lampes, ornements des tombes, ou destinés au service des autels et des agapes; enfin des instruments de supplice, des ampoules encore rougies du sang des martyrs. Ces divers objets ont généralement un intérêt et un mérite spécial, sous le double rapport de l'histoire et de l'art.

Sous le rapport de l'histoire, un grand nombre d'entre eux sont d'une époque certaine, tous sont d'une authenticité incontestable. Ils sont pour la plupart antérieurs au règne de Constantin, qui ferma l'ère des persécutions, et à partir duquel les chrétiens ne furent plus forcés de s'ensevelir morts et vivants dans les ténèbres des Catacombes. Il y a plus, ils accusent, soit par le costume des personnages qui y sont représentés, soit par le style de leurs ornements, soit par le caractère de leurs inscriptions, l'époque précise où ils ont été exécutés, et ils fournissent, par conséquent, d'importantes données pour fixer l'âge des autres monuments. Quant à leur

---

[1] La maladie prolongée de M. l'abbé Greppo ne lui ayant pas permis de nous prêter son concours pour la rédaction des notes descriptives de notre V⁰ volume, M. Léon Renier, bibliothécaire à la Sor- bonne, a bien voulu accepter cette tâche. M. Greppo n'en a pas moins des droits à notre reconnaissance pour ses bienveillantes intentions, comme M. Renier en a pour le travail dont il s'est chargé.

authenticité, elle résulte de leur séjour séculaire dans les sépulcres où ils furent déposés et soustraits ainsi à toute autre action que celle du temps.

Sous le rapport de l'art, nous devons reconnaître que si, parmi les dessins reproduits dans le quatrième volume, il s'en rencontre d'une médiocrité manifeste, il en est aussi un certain nombre qui se distinguent par leur excellente exécution. Voici l'ordre que nous allons suivre dans notre exposé général.

1º Poisson mystique;
2º Monogramme ou chrisme;
3º Lampes;
4º Pierres gravées, anneaux, instruments et autres objets;
5º Ampoules;
6º Fragments de vases en verre doré.

POISSON MYSTIQUE

Il faut bien exprimer les choses spirituelles et divines sous des images corporelles, car Dieu pourvoit chaque être selon sa nature, et il est de la nature de l'homme d'arriver aux choses intellectuelles par les choses sensibles, puisque la connaissance nous arrive par les sens [1]. Aussi, soit qu'il se parle à lui-même, soit qu'il s'adresse à son semblable, soit qu'il perpétue sa pensée par l'écriture ou par l'art, l'homme emploie toujours ou l'image ou le symbole. Nous ne nous étonnerons donc pas de voir les images et les symboles employés comme mode de transmission des vérités religieuses. Parmi les images ou représentations qui se rencontrent dans les Catacombes, non-seulement dans les peintures, mais encore sur les lampes, sur les pierres gravées, sur les vases de verre et dans les inscriptions sépulcrales, il en est dont le caractère est d'autant plus sacré qu'elles retracent les faits, soit de l'Ancien Testament, comme l'arche de Noé, le sacrifice d'Abraham, Daniel dans la fosse aux lions, les jeunes Hébreux dans la fournaise, Jonas dans des scènes différentes; soit du Nouveau Testament, comme la multiplication des pains, la résurrection de Lazare [2].

Un autre ordre de représentations se compose des symboles tirés des objets que

---

[1] *Invisibilia enim ipsius* (Dei), *a creatura mundi, per ea quæ facta sunt, intellecta conspiciuntur.* (*Ad Rom.*, I, 20.) — *Impossibile est homini in carne viventi agnoscere aliqua de occultis et invisibilibus, nisi imaginem aliquam et similitudinem conceperit de visibilibus. Ob hoc arbitror quod ille qui omnia in sapientia fecit, ita creavit unamquamque visibilium speciem in terris, ut in his doctrinam quamdam et agnitionem rerum invisibilium et cælestium poneret quo per hæc ascenderet mens humana ad spiritualem intelligentiam.* (Orig., t. II, p. 2, *Homil.* III, in *Cant.* Paris., 1512.) — *Est autem naturale homini ut per sensibilia ad intelligibilia veniat.* (S. Thomas, I q., I art., IX c.) Les prophètes se servaient de signes sensibles pour imprimer plus fortement dans les esprits les vérités qu'ils annonçaient (*Je-rem.* XIII — XVIII), et personne n'ignore que deux figures de chérubins aux ailes déployées étaient placées sur le propitiatoire, pour rappeler la majesté de Dieu. (*Exod.* XXXVII, 7.)

[2] Les images remplacent l'écriture pour ceux qui ne savent pas lire : *Idcirco pictura in ecclesiis adhibetur ut hi qui litteras nesciunt, saltem in parietibus videndo legant quæ legere in codicibus non valent* (*Summ. Pontif. epist.*, t. II, p. 356, S. Greg. *Epist.* CIX. Romæ 1591.) Les peintures des Catacombes étaient un livre où chacun pouvait s'instruire aisément. Le même dogme y était quelquefois représenté sous plusieurs symboles, entre autres le dogme de la résurrection, au sujet duquel on lit dans les constitutions apostoliques (l. V, c. VI) : *Credimus resurrectionem*

nous offre la nature et parmi lesquels il faut placer en première ligne, outre les paraboles dont le Maître se servait pour rendre la vérité accessible à tous, comme celle du Bon Pasteur, les emblèmes que désigne Clément d'Alexandrie [1] : la *colombe*, figure du Saint-Esprit [2], symbole de l'innocence et de la simplicité de l'âme juste [3]; le *navire* qui rappelle au chrétien tantôt le port du salut vers lequel il doit tendre, tantôt l'Église toujours ballottée par les tempêtes [4]; l'*ancre*, signe de force et d'espérance [5]; la *lyre*, symbole de la religion chrétienne qui adoucit les mœurs des hommes; enfin le *poisson* qui, par son sens mystique, est un de ces emblèmes les plus significatifs et les plus ingénieux.

Il faut placer dans une section à part les symboles qui n'appartiennent à aucun des ordres que nous venons de déterminer, entre autres l'*olivier*, emblème de la paix [6]; la *couronne* [7], la *palme* [8], la *branche de laurier* annonçant une victoire heureusement remportée et suivie du triomphe [9]; le *lièvre*, le *cerf*, le *cheval*, etc.

Parmi les symboles dont parle Clément d'Alexandrie, celui du poisson excite d'autant plus la curiosité, qu'au premier coup d'œil on ne distingue pas le rapport qu'il peut avoir avec les dogmes et les préceptes du christianisme.

Le poisson offrait aux chrétiens deux avantages comme signe symbolique. D'abord les lettres dont se compose le mot grec ΙΧΘΥΣ, sont les initiales du nom et des titres de Jésus-Christ :

I   ΗΣΟΥΣ

X   ΡΙΣΤΟΣ

θ   ΕΟΥ

Υ   ΙΟΣ.

Σ.   ΩΤΗΡ

Piscis nomen, dit saint Optat de Milève [10], *secundum appellationem græcam in uno nomine per singulas litteras, turbam sanctorum nominum continet* ΙΧΘΥΣ, *quod est latine*

futuram vel ex ipsa resurrectione Domini; ipse enim est qui Lazarum jam quarto die mortuum suscitavit..... Qui Jonam ex ventre ceti post tres dies vivum nullo modo læsum extraxit, item pueros illos tres in fornace babylonia et Danielem ex ore leonis, is non indigebit viribus ad suscitandum nos. Chose remarquable! les traits de l'Ancien et du Nouveau Testament dont il est parlé dans ce beau passage se reproduisent souvent dans les cimetières chrétiens, de sorte qu'une pensée commune semble avoir guidé la plume de l'écrivain et le pinceau des artistes. C'est la judicieuse réflexion de M. Raoul Rochette dans le *Tableau des Catacombes de Rome*, p. 284.

[1] *Pædag.*, l. III, c. XI.

[2] *Matth.*, III, 16. La colombe a souvent été placée sur les tombes des martyrs et dans les baptistères. On connaît aussi l'antique usage de conserver la sainte Eucharistie dans des vases qui avaient la forme d'une colombe. Nous lisons au chapitre sixième de la vie de saint Basile attribuée à Amphiloque, évêque d'Icone, que le saint fractionna en trois parts la sainte hostie, et qu'il en plaça une dans la colombe d'or suspendue au-dessus de l'au-tel : *tertiam partem in columba aurea deposita desuper sacrum altare suspendit.* (Bollandus, 14 Junii, p. 943, l. m.) Le concile de Constantinople célébré en 536, sous le patriarche Mennas, et le second concile de Nicée parlent aussi des colombes qui servaient de tabernacles. Voyez *Dissert. sulle antich. custodie della s. Eucaristia* Mgr D'Albertino Bellenghi, dans les *Atti della pontif. Accad. rom. di archeol.*, t. VII, p. 475, et Alex. Aurel. Pelliccia, *De christ. Eccles. politia*, t. III, p. 45. Vercellis, 1780.

[3] *Matth.*, X, 16. — Paulin. Nol., *Epist.* XXXII, ad Sever.; t. I, p. 208. Paris., 1685.

[4] S. Aug., *Serm.* LXXV; t. V, p. 412. Paris., 1683.

[5] *Hebr.*, VI, 19. — S. Ambr., *In epist. ad Hebr.*, c. VI; t. III, p. 637. Paris., 1642.

[6] Tertul., *De Baptismo*, c. VIII.

[7] II *Tim.*, IV, 8. — *Jacob.*, 1, 12. — 1 *Petr.*, V, 4. — *Apoc.*, II, 10.

[8] *Apoc.*, VII, 9. — Greg. M., *Homil.* XVII, in *Ezech.*; t. II, p. 227. Paris., 1586.

[9] S. Ambr., *Hexamer.*, l. III, c. XIII.

[10] *Adv. Parmen.*, l. III.

JESUS CHRISTUS, DEI FILIUS, SALVATOR. Saint Augustin [1] s'exprime plus clairement : *Græcorum quinque verborum quæ sunt* Ἰησοῦς Χριστὸς Θεοῦ Υἱὸς Σωτήρ *quod est latine* JESUS CHRISTUS, DEI FILIUS, SALVATOR, *si primas litteras jungas, erit* ΙΧΘΥΣ, *id est PISCIS, in quo nomine mystice intelligitur CHRISTUS* [2]. Dans cet hiéroglyphe dont le sens était complétement ignoré des païens, les chrétiens appelés par saint Jérôme *filii* ἰχθύος [3] voyaient l'histoire de leur religion, le résumé de leurs devoirs et de leurs espérances, et en même temps un signe bien propre à manifester les liens qui les unissaient entre eux.

Quelquefois ils ajoutaient au mot ἰχθύς la lettre Ν initiale de νικητής, *vainqueur*, ou de νικᾷ, *est vainqueur*. Boldetti [4] rapporte une inscription, qu'il avait trouvée dans le cimetière de Saint-Gordien et de Saint-Épimaque, et qui présente en lettres acrostiches les mots : ΙΧΘΥΣ Ν[ικητής] ; nous la transcrivons ici :

```
I    POSTVMIVS·EVTHE[N]ION·FIDELIS·QVI·GRATIA
X    SANCTA·CONSECVTVS·PRIDIE·NATALI·SVO·SEROTINA
Θ    HORA·REDDIT·DEBITVM·VITE·SVE·QVI·VIXIT
Y    ANNIS·SEX·ET·DEPOSITVS·QVINTO·IDVS·IVLIAS·DIE
C    IOVIS·QVO·ET·NATVS·EST·CVIVS·ANIMA
N    CVM·SANCTOS·IN·PACE·FILIO·BENEMERENTI
     POSTVMI·FELICISSIMVS·ET·EVTHE
     NIA·ET·FESTA·AVIA·IPSEIVS·
```

Nous avons reproduit dans notre cinquième volume plusieurs inscriptions où se trouve le mot ἰχθύς. Dans la première [5], qu'on voit gravée sur un fragment de marbre du musée Kircher, se lit le mot I·X·Θ·Y·C, dont toutes les lettres sont séparées par des points. Dans la seconde [6], nous trouvons ce même nom à la place qu'occupe ordinairement la figure du poisson. Dans la troisième [7], que ses caractères paléographiques font probablement remonter au iiiᵉ siècle, on remarque deux poissons, une ancre et la formule ΙΧΘΥC·ZWNTWN qui, placée sur une tombe, rappelle la pensée de l'immortalité, et montre la foi du défunt en celui qui a dit : *ego sum resurrectio et vita* [8].

---

[1] *De civit. Dei*, l. XVIII, c. XXIII. — Voyez aussi Origène, *in Matth.*, XIII, 10.

[2] Cette explication des cinq lettres du mot ΙΧΘΥΣ est prouvée par l'inscription d'une pierre gravée que nous donnons vol. IV, pl. XVI, n° 87. Sur cette pierre le chrisme remplace le X ordinaire du mot ΙΧΘΥC.

[3] *Epist.* VII, *ad Chromat.* Edit, Migne.

[4] *Osservaz. sopra i cimit.*, p. 58. Cette inscription se trouve aussi, mais avec quelques variantes, chez Fabretti (*Inscript.*, p. 329, n° 485), et chez Buonarruoti (*Vetri antichi*, p. 17.) Boldetti avait lu à la première ligne, EVTHERION, à la troisième, DEDITVM, et à la septième, LVTKENIA. Nous avons adopté pour cette dernière ligne le texte de Fabretti, qui a en outre le mot ΙΧΘΥC au-dessus de la première ligne.

[5] Pl. LII, n° 41.

[6] Pl. XXX, n° 72.

[7] Pl. XLIV, n° 2.

[8] *Joan.*, XI, 25. — On peut voir encore d'autres exemples d'inscriptions présentant le mot ἰχθύς, dans les ouvrages de Mamachi (*Orig. antiq. christ.*, t. IV, p. 12), de Marini (*Frat. Arval.*, p. 255), de Lupi (*Epitaph. Sev. mart.*, p. 103). Costadoni a publié, dans la *Raccolta d'opuscoli scient. e filolog.*, t. XLI, p. 249 (Venezia, 1749), une cornaline sur laquelle est gravé le mot ἰχθύς. Ce même nom se trouve sur un magnifique sceau d'or du musée Kircher (Lupi, *Dissert. lettero ed altre operette*, t. I, p. 83 et 233). Il se trouve encore au haut et au bas d'une inscription de la galerie du Vatican, que nous reproduisons d'après une copie qui nous a été communiquée :

```
              ΙΧΘΥC
    BONO ET INOCENTI FILIO
    PASTORI·QV·X·A·H·IIII
            NNIS·X
             ΙΧΘΥC
```

Enfin, dans le texte de l'inscription d'Autun se trouve

Une autre idée se rattachait à ce signe mystérieux. Comme le poisson naît dans l'eau et qu'il ne peut vivre hors de l'eau, de même le chrétien puise la véritable vie dans les eaux du baptême et trouve le salut en demeurant dans la grâce qu'il a reçue de Jésus-Christ; les fidèles voyaient donc aussi leur propre image dans le symbole du poisson. Cela nous explique le nom de *piscina* [1], donné aux fonts baptismaux, et celui de *pisciculi* [2], que les chrétiens des premiers âges se donnaient entre eux.

Le symbole du poisson se rattache enfin aux faits évangéliques les plus populaires. Les apôtres étaient bateliers et pêcheurs; le poisson, les eaux, les scènes de pêche, figurent dans les premiers et dans les derniers récits de l'Évangile : on aime à se rappeler la vocation des apôtres [3], les tempêtes apaisées, les pêches miraculeuses, la multiplication des pains et des poissons, l'apparition de Jésus sur les bords du lac de Génézareth [4].

D'après tout cela il est aisé de voir quelle série d'idées réveillait le poisson dans l'esprit des premiers chrétiens, et l'on comprend pourquoi ils en avaient fait un symbole.

Les limites de notre ouvrage ne nous permettant pas de plus longs détails sur cet intéressant sujet, nous renvoyons le lecteur aux traités spéciaux de Costadoni [5] et de Polidori [6].

MONOGRAMME OU CHRISME

Le monogramme est l'un des titres le plus fréquemment répétés sur les monuments de tout genre que nous trouvons dans les Catacombes. On a pu le remarquer dans les peintures de nos premiers volumes; on le rencontrera de nouveau et presque à chaque pas dans le quatrième et dans le cinquième.

Les chrétiens voyant dans les lettres X P, les initiales de ΧΡΙΣΤΟΣ, les adoptèrent sous la forme d'un monogramme comme un signe sacré, qui servit à leur rappeler leur Sauveur et leur Maître. L'opinion de ceux qui voient dans le monogramme chrétien les initiales du nom du Christ est confirmée par les inscriptions tumulaires, où le contexte exige qu'on lise ce nom. C'est donc une erreur qu'on ne peut imputer

---

répété plusieurs fois le mot ἰχθύς dans ses diverses acceptions symboliques. (Dom Pitra, *Spicileg. Solesm.*, t. I. — F. Lenormant, *Mémoire sur l'inscription d'Autun*, dans les *Mélanges d'archéologie* des RR. PP. Cahier et Martin, vol. IV, p. 117.)

[1] *Hic est piscis, qui in baptismate per invocationem fontalibus undis inseritur, ut quæ aqua fuerat, a pisce etiam piscina vocitetur* (Optat. Milev., l. III.)

[2] *Sed nos pisciculi secundum ἰχθύν nostrum Jesum Christum in aqua nascimur, nec aliter quam in aqua permanendo salvi sumus.* (Tertul., *De Baptismo*, 1).

[3] *Faciam vos fieri piscatores hominum.* (*Matth.* IV, 19.)

[4] *Joan.*, XXI. — Saint Augustin commente ainsi le verset 9 : *Piscis assus Christus est; ipse est et panis,*

qui *de cœlo descendit* (*Tract.* CXXIII, *in Joan.* c. XXI).

[5] Dans la *Raccolta d'opuscoli scient. e filolog.*, t. XLI, p. 249. Cet auteur a publié une série de petits monuments sur lesquels est gravé l'emblème du poisson. On y remarque entre autres une cornaline fort curieuse, qui représente un pêcheur tenant de la main gauche une espèce de corbeille, et de la main droite une ligne à l'hameçon de laquelle est suspendu un poisson. On lit dans le champ le mot ΙΧΘΥΣ. — Dans le *Museum Cortonense* (tab. 85) on voit sur une lampe d'argile une figure analogue : c'est un pêcheur portant une ligne, un filet et un poisson.

[6] *Del pesce come simb. di Crist. e dei crist.* Milano, 1843.

qu'à une profonde ignorance que de prendre l'une des deux lettres pour le P latin et l'autre pour l'abréviation de *Christus*, et de lire *pro Christo*.

Des savants, dont l'opinion n'a certainement rien d'invraisemblable, supposent qu'on peut faire dater le monogramme du Christ de l'époque où les fidèles d'Antioche prirent pour la première fois le nom de chrétiens. Suivant ces mêmes savants, le signe dont parle saint Jean dans l'Apocalypse, pourrait s'entendre de ce monogramme, et l'on devrait faire remonter jusqu'au temps de cet apôtre l'usage de l'accoster des lettres Λ et Ѡ.

Quoi qu'il en soit de cette origine, il est certain qu'elle ne date point de l'époque de Constantin, mais qu'elle lui est antérieure.

Pour réfuter l'opinion contraire, qui a prévalu parmi quelques écrivains, il n'est besoin que de rappeler les monuments du christianisme évidemment antérieurs à Constantin, où le monogramme est gravé. On le trouve sur les sépulcres. Nous citerons entre autres l'inscription d'un soldat nommé Marius, martyrisé sous Hadrien [1]; celle d'Alexandre, martyrisé sous Antonin-le-Pieux [2]; celle du pape Caïus, martyrisé sous Dioclétien [3]; celle d'Urbica, trouvée dans le cimetière de Sainte-Cyriaque, sur un tombeau où était scellé un vase de sang [4]; et celle de Simplicius et de Faustinus [5], monument précieux qui nous fait connaître en même temps le genre de supplice et le lieu de la sépulture de ces deux martyrs. On trouve aussi le monogramme sur les vases de verre, sur les lampes, sur les anneaux. Parmi les verres, nous citerons un fragment de coupe, teint de sang, tiré du cimetière de Saint-Calixte, et où le monogramme est ainsi gravé : ΛSΙΗΧPRE [6], et un vase tiré du même cimetière et qui renferme le sang de saint Almachius [7].

Quant aux formes diverses du chrisme, nous en publions un grand nombre dans notre ouvrage [8].

Toutefois il faut remarquer deux de ces formes qui sont le plus fréquemment en usage.

La première composée des deux lettres X et P liées de cette manière ☧ paraît devoir être considérée comme la plus ancienne. Dans la seconde, la lettre X a la forme d'une croix ✝, et la boucle du P se trouve à la ligne perpendiculaire de cette croix ⳨ [9].

Le monogramme du Christ est souvent flanqué des deux lettres Λ et Ѡ, allusion incontestable à plusieurs passages de l'Apocalypse où le Sauveur dit : *Ego sum* Λ *et* Ѡ,

---

[1] Bosio, *Roma sotterr.*, p. 217. — Aringhi, *Roma subterr.*, t. I, p. 525.

[2] Idem, *ibid.*, p. 216. — Aringhi, *Roma subterr.*, t. I, p. 524.

[3] Aringhi, *Roma subterr.*, t. I, p. 454; t. II, p. 642.

[4] Voyez vol. V, pl. LXVII, n° 13.

[5] Voyez vol. V, pl. XV, n° 15.

[6] Voyez vol. IV, pl. XXXIII, n° 106.

[7] Aringhi, *Roma subterr.*, t. I, p. 501, n° 11.

[8] Voyez vol. I, pl. I, pl. LVIII; vol. II, pl. VI; vol. IV, frontispice, pl. V; pl. IX, n° 1; pl. XI, n° 6; pl. XIII, n° 2; pl. XV, n°⁸ 1, 5; pl. XVI, n°⁸ 18, 50, 59, 62, 83, 91, 97; pl. XVIII, n° 4; pl. XX, n° 13; pl. XXVIII, n° 59; pl. XXX, n° 79; pl. XXXII, n° 99; vol. V, passim. — On peut voir dans Boldetti (*Osservaz. sopra i cimit.*, p. 334, seg.) une série de chrismes de toutes les formes. Sur une pierre sépulcrale reproduite par Mamachi (*Orig. antiq. christ.*, t. III, p. 18, n° 3), on voit un Bon Pasteur au-dessus de la tête duquel se trouve le monogramme. Enfin nous citerons un verre qui représente, suivant Bosio (*Roma sotterr.*, t. I, p. 509), saint Laurent; et suivant Passeri (*Thesaurus veter. diptych.*, t. III, tab. IX, p. 28), Notre-Seigneur : la tête est ornée du monogramme. Ces deux derniers exemples sont fort remarquables.

[9] Bartoli (*Le antiche lucerne*, III⁸ part., p. 9, tav. 27) a publié une statuette en métal d'une très-belle exécution, trouvée dans les Catacombes, qui représente saint Pierre bénissant d'une main, et de l'autre portant le monogramme du Christ. Nous retrouvons encore le chrisme sur la tête de Notre-Seigneur, dans une peinture du cimetière de Saint-Calixte (Boldetti,

principium et finis [1]. Ces deux lettres sont jointes indifféremment aux monogrammes de l'une et de l'autre forme ; mais dans ceux de la seconde forme, il en est où elles paraissent suspendues en quelque sorte aux bras de la croix, de cette manière ☧ [2].

C'est une question parmi les savants de savoir si le monogramme, que Constantin fit placer sur le *labarum* [3] et sur les boucliers [4] de ses soldats, avait la première ou la seconde de ces formes. Georgi [5], dans sa dissertation contre Basnage, soutient que le monogramme du *labarum* avait la forme ☧, que nous croyons être la plus ancienne. Alexis Aurèle Pelliccia [6] dit qu'il ressemblait à un X renversé avec une pointe recourbée, ce qui donne le monogramme en forme de croix ☧. Mais ce qui est certain, c'est que sur les monnaies de Constantin, on rencontre tantôt l'une, tantôt l'autre forme [7]. Dans les inscriptions chrétiennes des Catacombes, c'est le monogramme de cette forme, ☧, qui se rencontre le plus souvent.

Nos lecteurs aimeront sans doute à trouver ici, comme modèles de sceaux chrétiens, quelques monogrammes choisis parmi ceux qui sont accompagnés d'une acclamation. Nous en donnerons trois. Le n° 1 et le n° 3 [8] ont été découverts par Boldetti, le

premier dans le cimetière de Sainte-Agnès, le second dans le cimetière de Gordien, ils avaient été imprimés à l'aide d'un sceau de métal dans le ciment qui scellait les briques des *loculi*. Le n° 2 est tiré de Marangoni [9].

[1] *Osservaz. sopra i cimit.*, p. 60., tav. 1, n° 3), et sur la tête d'un agneau dans un sarcophage reproduit par Bottari (*Scult. e pittur.*, t. I, tav. XXI). — Voyez notre V° vol., frontispice, et pl. XLII, n° 1.

[2] I, 8 ; XXI, 6 ; XXII, 13.

[3] Voyez notre V° vol., pl. XXVII, n° 62 ; pl. LVIII, n° 6.

[4] Euseb., *Vita Const.*, l. I, c. XXXI. — Lactant., *De mortibus persecutorum*, c. XLIV.

[5] Prudent., *contra Symmach.*, l. I, v. 487.

[6] *De monogrammate Christi Domini*, p. 26, sqq. Romæ, 1738.

[7] *De christ. Eccles. politia*, t. III, p. 241, sqq. — On peut aussi consulter sur le monogramme l'ouvrage d'Allegranza, *De monogrammate D. N. Jesu Christi*. Milano, 1773.

[8] Du Cange, *Famil. byzantin.*, tab. III, IV, V. Paris, 1680.

[9] C'est d'après Lupi (*Dissert. lettere ed altre operette*, t. I, p. 261. Faenza, 1785) que nous avons reproduit ces deux monogrammes.

Act. s. *Victorini*, p. 98.

On trouvera dans notre V° vol. un certain nombre d'inscriptions fort intéressantes accostées à des monogrammes, par exemple : IN PACE ET IH ☧, pl. XXII. n° 35 ; IH ☧ DEO, pl. XXVIII, n° 66 ; ΔOY ☧ IH ☧ ΛH (c'est-à-dire Ἰησοῦ Χριστοῦ δούλη), pl. XXXV, n° 106 ; BIBAS IH ☧ CR[I]STO, pl. LXIII, n° 25.

L'inscription suivante, qui a été trouvée à Pesaro, et que nous empruntons à l'ouvrage d'Olivieri (*Marmora Pisaurensia*, p. 66, n° 163), offre un exemple peut-être unique, d'un monument où tous les mots sont séparés par des monogrammes :

ΔIOCKOPOC ☧ ΗΑΥΚΛΗΡOC ☧ WΔΗ ☧ ΗΚΥΜIΘΗ ☧ —
ΕΗ ☧ ΗΡΗΗΙ ☧ ΗΖΗC
ΗΤΗ ☧ ΟΕ·ΙΑΡΑΚΑΤΙ·Θ·ΚΛΛ·ΜΑΡ·ΥΠΠΑΤ·ΤW·ΑΡ —
ΚΛΔ·Κ·ΚΑΙ·ΡΥΦΗΗ
·✝·

Le consulat d'Arcadius et de Rufin, qui est mentionné dans cette inscription, correspond à l'an 392 de notre ère.

LAMPES

L'usage des lampes dans les cérémonies chrétiennes, remonte à une haute antiquité, peut-être jusqu'aux temps apostoliques [1].

Quoi qu'il en soit, on est obligé de reconnaître qu'il date [2] au moins de l'ère des persécutions, c'est-à-dire de l'âge des Catacombes, qui s'étend de saint Pierre à Constantin.

Le nombre des lampes trouvées dans les Catacombes est prodigieux. C'est par milliers qu'on peut les compter, et c'est par centaines qu'on les découvre encore aujourd'hui. La plupart sont en argile; un certain nombre en bronze.

Il n'est pas rare d'y rencontrer des ornements symboliques, tels que le monogramme du Christ, le Bon Pasteur, le poisson, la croix, le chandelier, la colombe, la palme. Tous ces ornements dont le style, dans la chronologie de l'art, se rapporte en général au second siècle et au troisième de notre ère, sont scrupuleusement reproduits dans nos planches [3].

Plusieurs ont la forme d'une petite barque plus ou moins prononcée : on ne peut s'empêcher d'y voir une signification mystique, car la barque était l'un des symboles les plus populaires parmi les chrétiens. C'était l'emblème de l'Église voguant sur la mer orageuse du monde vers les rivages de l'éternité.

Les lampes dans leurs formes particulières, se distinguent en deux classes : les unes sont garnies d'anses [4] ou de chaînettes [5]; les autres en sont dépourvues; celles-ci sont les plus nombreuses [6].

Les premières, se portaient à la main ou se suspendaient aux voûtes des galeries ou des chapelles.

Quant aux autres, qui ne pouvaient ni se porter à la main, ni se suspendre, on en a trouvé tantôt dans de petites niches, près des escaliers, à l'entrée des galeries principales et surtout à leurs points de jonction; tantôt sur des tablettes de marbre, ou enchâssées dans le tuf près des tombeaux, sans doute pour rendre hommage à la foi [7] des défunts. Ainsi un grand nombre des lampes qu'on a trouvées dans les Catacombes étaient destinées, soit à éclairer les galeries, soit à honorer la sépulture des chrétiens. Cependant on ne saurait douter qu'une partie n'aient été consacrées au service des autels et des agapes, à la célébration des fêtes, des funérailles des martyrs, et des anniversaires de leur mort [8].

---

[1] *Act. apost.*, XX, 7 et 8.

[2] Cette coutume nous rappelle ce qui se faisait sous la loi mosaïque. Le Seigneur avait ordonné qu'on entretînt ce feu dont il est dit : *ignis est iste perpetuus qui nunquam deficiet in altare* (*Levit.*, VI, 13); il avait prescrit en outre que le candélabre d'or à sept branches, qui portait autant de lampes, fût également allumé devant lui dans le secret du tabernacle (*Exod.*, XXVII, 20 et 21. — *Levit.*, XXIV, 2 et 3. — II *Paral.*, XIII, 11), et plus tard d'autres candélabres furent placés dans la maison de Dieu par Salomon (III *Reg.*, VII, 49).

[3] Voyez vol. IV, pl. V, IX, XIII, XV; XVII, n°s 1 et 3; XIX, n° 2.

[4] Voyez vol. IV, pl. III, n° 10; pl. XV, n° 3; pl. XIX, n° 6.

[5] Voyez vol. IV, pl. II; pl. V.

[6] Voyez vol. IV, pl. VII, n° 1; pl. IX; pl. XIII; pl. XV, n°s 1, 2, 4, 5; pl. XVII, n°s 1 et 3; pl. XIX, n°s 1, 2, 3, 5.

[7] Hieronym., *adv. Vigil.*, 7. — S. Aug., *Serm.* CCCXXXVIII, *in dedicat. eccles.*, III.

[8] Hieronym., *adv. Vigil.*, n° 8. — Paulin. Nol., *Poem.* XIV, v. 98, sqq. *Poem.* XXIV, v. 380, sqq. — Bottari, *Scult. e pittur.*, t. III, p. 67, 68. — Boldetti, *Osservaz. sopra i cimit.*, p. 524, 525.

PIERRES GRAVÉES, ANNEAUX, INSTRUMENTS
ET AUTRES OBJETS

Une pratique aussi universelle parmi les peuples que la coutume d'honorer les morts, c'était d'ensevelir avec leur dépouille mortelle, des objets destinés à rappeler leur condition, leur genre de vie et même leur âge. On a trouvé et on trouve encore dans les sépulcres des Catacombes, une foule de monuments, qui confirment la prolongation de cette coutume funéraire parmi les premiers chrétiens.

Parmi ces objets, on remarque des pierres gravées. Ce sont des pierres précieuses, qui faisaient partie d'anneaux, dans lesquels elles étaient enchâssées, et qui représentent divers emblèmes.

L'usage des anneaux est fort ancien ; il remonte jusqu'au temps des patriarches, comme on peut s'en convaincre par plusieurs passages de la Bible [1].

Les évêques portent un anneau, comme gage de l'union qu'ils ont contractée avec l'Église, et de la fidélité qu'ils doivent lui garder inviolablement. L'anneau de saint Caïus, trouvé dans son tombeau, prouve que les évêques de Rome s'en servaient au IVe siècle [2].

Les pierres gravées que nous avons reproduites dans la planche XVI, ont été pour la plupart enchâssées dans des anneaux; il est facile de le reconnaître aux divers emblèmes qu'elles représentent, et qui sont ceux dont Clément d'Alexandrie prescrivait l'usage aux chrétiens de son temps [3].

AMPOULES

Parmi les vases de verre qui nous ont été conservés à peu près intacts, les plus précieux sont sans doute les ampoules, à cause de leur pieuse destination.

Les ampoules se trouvent en très-grand nombre dans les Catacombes. Elles sont toujours enchâssées dans le ciment [4], et placées le plus souvent à l'angle extérieur du sépulcre.

Leibnitz constata lui-même qu'elles contenaient bien réellement du sang. De nos jours l'analyse chimique n'a laissé aucun doute à cet égard [5].

Le sang que les ampoules renfermaient ne peut être que celui des martyrs : c'est un fait irrécusable admis par la tradition, et confirmé par le témoignage des saints Pères, par les actes primitifs des martyrs, et par l'histoire des fouilles exécutées dans les Catacombes. Saint Ambroise se borne à dire à l'occasion de la découverte du tombeau

---

[1] *Gen.*, XXXVIII, 18 ; XLI, 42.

[2] Aringhi, *Roma subterr.*, t. II, p. 426.

[3] *Pædag.*, l. III, c. XI.

[4] Saint Gaudence, évêque de Brixia, paraît faire allusion à cette particularité lorsqu'il dit : *Quorum sanguinem tenemus gypso collectum, nihil amplius requirentes, tenemus enim sanguinem qui testis est passionis.* (*Tract. in dedic.*

Basil., dans la bibliothèque des Pères, t. V, p. 969. Lugduni, 1677.)

[5] Fabretti a cité les paroles de Leibnitz, dans ses *Inscriptiones domesticæ*, p. 556. — Voyez Bianchini, *Demonstratio hist. eccles.*, t. I, part. II, p. 315, sqq. Romæ, 1753; et dom Guéranger, *Explications sur les corps des saints martyrs*, p. 14. Angers, 1839.

de saint Vital et de saint Agricola : *collegimus sanguinem triumphalem* [1] ; et à l'occasion de la découverte des corps de saint Gervais et de saint Protais, il affirme également qu'il a trouvé les signes de leur martyre : *inveni signa convenientia..... ossa omnia integra, et sanguinis plurimum* [2]. Son témoignage est confirmé par ces paroles de saint Gaudence, contemporain de cette dernière découverte : *Nihil amplius requirentes, tenemus enim sanguinem qui testis est passionis.*

Les actes des martyrs établissent d'une manière incontestable le soin empressé que mettaient les premiers chrétiens à recueillir le sang de leurs frères morts pour la foi [3], la grande vénération dont ce sang précieux était l'objet parmi eux, et l'usage constant où ils étaient de le conserver religieusement [4].

Enfin l'histoire des fouilles exécutées dans les Catacombes prouve qu'on a trouvé des ampoules dans des tombeaux dont les inscriptions ne laissaient aucun doute sur le martyre des chrétiens dont les corps y reposaient.

On trouve encore aujourd'hui des sépulcres sans inscription, munis du signe de l'ampoule, et qui couvrent des saints *dont le Christ seul connaît les noms* [5] ; mais ces saints ont également droit à notre respect et à notre vénération, l'absence du nom n'ébranlant en rien la certitude de leur martyre.

Des preuves écrites viennent se joindre à tant de preuves. Les premiers chrétiens prirent quelquefois le soin inutile alors, mais devenu fort précieux pour nous, d'inscrire sur le ciment avec lequel les ampoules étaient scellées, le mot SANGVIS, abrégé en SA surmonté d'un trait, comme on le voit sur l'ampoule n° 2, pl. XVIII, ou plus au long SANG, comme sur l'ampoule n° 1. On écrivait quelquefois aussi le nom du martyr : SA SATVRNII, pour *sanguis Saturnini*, comme on le voit sur l'ampoule n° 7 de la même planche.

En vain voudrait-on transformer la lettre G en C, et y voir en abrégé le mot *sanctus ;* ce serait montrer une grande ignorance des monuments chrétiens des premiers siècles, où l'on ne rencontre jamais ce titre joint au nom des saints.

Mais si l'ampoule trouvée près d'un sépulcre est la marque sûre à laquelle l'Église reconnaît les tombeaux qui renferment les reliques des martyrs, il n'en est pas ainsi des palmes qu'on trouve en grand nombre sur les *loculi*, bien que souvent on pût se borner à graver sur la tombe d'un martyr cet emblème du triomphe, lorsqu'il avait été livré aux flammes ou à la dent des bêtes féroces [6].

Nous ne croyons pas pouvoir mieux terminer cette notice sur les ampoules qu'en rapportant une lettre adressée en 1841 au P. Secchi par un des plus savants archéologues de ce temps, feu M. Raoul-Rochette. Cette lettre restera comme un des

---

[1] *Ad. virg. exhort.*, p. 33. Paris., 1551.

[2] *Epist.* LXXXV, *ad soror.*, p. 190.

[3] Prudent., *Peristeph.*, *Hymn.* X. — Ruinart, *Act. martyr.*, *act. proconsul. s. Cyprian.*, p. 190. — Baronius, *Annal. eccles.*, *an.* 261, XXXIV. — On a trouvé dans plusieurs ampoules les restes des éponges qui avaient servi à recueillir le sang des martyrs (Boldetti, *Osservaz. sopra i cimit.*, p. 148, seg.). — On voit dans une inscription antique, publiée par Doni (*Class.* XX, 86, p. 543), que le sang du saint martyr Boniface était conservé dans un vase sous l'autel de saint Alexis, dans l'Aventin.

[4] S. Hilar., Pictav. episc., *Contra Constant.*, c. 8. Paris., 1693. — Prudent., *Ibid.*, *Hymn.* V. — Ruinart, *Ibid.*, *act. s. Vincent.*, p. 328.

[5] Prudent., *Ibid.*, *Hymn.* XI.

[6] Nous négligeons une infinité d'autres notions historiques qui ne seraient pas sans intérêt, mais que les limites restreintes de ces notes ne sauraient admettre convenablement. Nous renvoyons aux ouvrages de S. Jérôme, *Adv. Vigil.*; de Trombelli, *De cultu sanctorum*, Bononiæ, 1743 ; de dom Guéranger, *Explications sur les corps des saints martyrs extraits des Catacombes de Rome*, et de M. l'abbé Greppo, *Dissertations relatives à l'histoire du culte des reliques.* Lyon, 1842.

faits les plus honorables à la mémoire du célèbre académicien, dont elle atteste la droiture et l'amour pour la vérité [1].

« Paris, le 6 Août 1841.

« Mon révérend Père,

« Je viens de recevoir d'une main amie votre dissertation d'archéologie chrétienne publiée à l'occasion de la découverte du corps de saint Sabinianus, martyr, et je ne puis m'empêcher de vous faire part de l'intérêt avec lequel j'ai lu cette nouvelle production de votre plume savante. J'ai d'ailleurs un autre motif pour vous faire cette communication, qui vous paraîtrait peut-être indiscrète, si elle n'avait pour objet que de donner des éloges à votre travail : c'est l'occasion toute naturelle qu'elle me fournit de réparer une faute que j'ai commise, et que vous avez justement relevée. Il s'agit du vase de verre, en forme de lacrymatoire scellé à l'extrémité de la niche sépulcrale, et regardé dans les Catacombes chrétiennes comme un signe indubitable du martyre. En contestant ce point d'archéologie chrétienne, je n'avais pas suffisamment, j'en fais l'aveu sans la moindre peine, posé les circonstances qui accompagnent ordinairement l'insertion du vase en question, et qui ne peuvent pas ne point se rapporter à une tout autre intention que celle des *vases à parfums* déposés dans le sein de la tombe, conséquemment dans l'intérieur de la niche, *loculus*. Cette distinction seule, appréciée comme elle devait l'être, eût suffi pour prévenir la méprise où je suis tombé; et les témoignages de l'histoire ecclésiastique, sur l'usage des fidèles de recueillir, par tous les moyens qui étaient en leur pouvoir, le sang des martyrs, ces témoignages auxquels vous avez ajouté des citations nouvelles tout aussi dignes de foi, auraient dû dissiper entièrement mes doutes. Maintenant, mon révérend Père, il ne subsiste plus, après vous avoir lu, aucun de ces doutes dans mon esprit; l'assentiment que je donne à vos idées est complet et sans réserve, et c'est surtout pour vous adresser cet aveu et cette réparation de ma faute, que j'ai pris la plume, encore plus que pour vous procurer la vaine satisfaction de louer le savoir et la sagacité qui règnent dans toute votre dissertation. Après cette déclaration, qui est assurément bien spontanée de ma part, bien que, d'après quelques mots où j'ai cru me reconnaître, page 12, elle fût en quelque sorte devenue nécessaire, vous me permettrez, mon révérend Père, de vous dire que j'avais déjà retiré une opinion qui m'avait toujours laissé de grands scrupules; car voici comment je m'exprimais, page 255 de l'édition originale de mon *Tableau des Catacombes* publié à Paris en 1837 : « Les vases de verres peints sont au premier rang des objets d'antiquité chrétienne qu'on a recueillis dans les Catacombes. Sans parler de ceux de la forme dite vulgairement *lacrymatoire*, qui servirent, dans l'opinion commune des antiquaires romains, à recueillir le sang des martyrs, et qui ont acquis à ce titre, sous le nom d'*ampolla di sangue*, une si grande importance religieuse, il en est d'autres, etc. » J'énonçais ainsi, sans le contester, l'usage auquel on est convenu de rapporter les vases dont il s'agit, et par ce motif je m'abstenais d'en parler comme des autres objets d'antiquité chrétienne dérivés plus ou moins directement d'une coutume profane, avec lesquels l'*ampolla di sangue*, comme objet essentiellement sacré,

[1] Cette lettre a été insérée dans l'*Univers*, 15 octobre 1841, et dans les *Annal. delle scienze relig.*, vol. XIII, p. 109-113. — Voyez aussi Cavedoni, *Ragguaglio critic. dei monum. delle art. crist. primit.*, p. 13.

ne pouvait avoir le moindre rapport. Telle était donc déjà mon opinion; mais elle avait besoin d'être et plus solidement établie au dedans de moi-même, comme elle l'est maintenant, grâce à vous, mon révérend Père, et plus formellement exprimée pour les autres, comme je le fais aussi maintenant, en vous adressant cette déclaration, dont vous ferez, mon révérend Père, l'usage que vous jugerez convenable.

« Excusez, mon révérend Père, la liberté que j'ai prise, et veuillez agréer l'hommage de mon respect.

« RAOUL-ROCHETTE. »

FRAGMENTS DE VASES EN VERRE DORÉ

Personne n'ignore que l'usage du verre, tout nouveau à Rome au commencement de l'empire, était déjà fort répandu au temps de Sénèque. Il n'est donc pas étonnant qu'on ait trouvé dans les Catacombes des vases en verre qui ont été à l'usage des premiers chrétiens.

La plupart de ces vases sont d'une matière assez grossière. Ils sont dorés, il est vrai; mais à part quelques-uns, qui ont probablement appartenu à des familles patriciennes, la dorure en est simple et plus remarquable par la sainteté des sujets et des emblèmes, que par la richesse et la beauté de l'exécution.

D'ailleurs, le procédé employé pour dorer le verre aux premiers siècles de notre ère, ne pouvait être fort dispendieux. Voici en quoi il consistait suivant Buonarruoti [1]. « Sur une lame de verre arrondie qui devait servir de fond, l'ouvrier fixait une feuille d'or battu, et dessinait à la pointe sèche les personnages en pied ou en buste et l'inscription qu'il voulait. Il indiquait également à la pointe, par des hachures légères, les ombres et les modelés. Cette lame ainsi préparée, était ajustée au fond et au pied du vase, mise au four, et soumise à l'action d'un feu assez violent pour unir ces diverses parties entre elles. » Buonarruoti paraît avoir parfaitement compris le véritable procédé de la dorure des verres antiques; c'est l'opinion d'un savant dont le nom fait autorité en cette matière [2]. C'est à ce procédé ingénieux que nous devons la conservation d'une foule de figures et d'emblèmes bien précieux pour nous; car ces dorures, placées ainsi entre deux verres soudés ensemble, ont pu se conserver intactes après tant de siècles, et les doubles fonds entre lesquels elles étaient se sont trouvés d'une épaisseur assez grande pour échapper à la destruction.

Parmi les fragments de vases de verre trouvés dans les Catacombes, les uns étaient enchâssés dans le ciment sur les tombeaux; les autres en bien moindre nombre, étaient renfermés dans les sépulcres. Buonarruoti, dans son savant ouvrage sur les verres des Catacombes, se croit en droit de leur donner une date antérieure à la persécution de Dioclétien (303), parce que, dit-il, on les a trouvés sur les sépulcres des cimetières dont les galeries avaient été comblées pour soustraire aux païens les corps des nombreux martyrs qui y étaient ensevelis, et que ce travail, inspiré par la prudence ou par la nécessité n'a pu être fait après cette persécution qui fut la dernière. Ce savant va plus loin : il voit dans la coiffure des femmes représentées sur ces verres, un indice certain qu'ils appartiennent aux

[1] *Vetri antichi*, prefaz., p. III.

[2] M. Riocreux, conservateur du musée céramique de Sèvres.

époques qui avoisinent celle des deux Gordien, c'est-à-dire au troisième et même au second siècle de notre ère [1]. Suivant Trombelli [2] « c'est une opinion très-accréditée parmi les savants, que les fragments de vases de verre qu'on trouve dans les vieux cimetières chrétiens doivent être rapportés aux trois premiers siècles. » Le cardinal Orsi [3] affirme « qu'il a été démontré par les hommes les plus instruits en fait d'antiquités ecclésiastiques, que ces verres sont antérieurs non-seulement à la paix rendue à l'Église par Constantin, mais encore à la dernière persécution exercée par l'empereur Dioclétien. » Du reste le sang des martyrs dont plusieurs de ces verres sont teints atteste assez qu'ils datent de l'ère des persécutions.

La plupart de ces coupes avaient probablement servi aux agapes ; quelques-unes peuvent avoir servi de calices pour le saint sacrifice de la messe [4].

On remarque assez souvent sur les verres, les acclamations PIE ZESES pour πίε, ζήσαις, bois, *je souhaite que tu vives !* [5], ou PIE ZESIS, pour πίε, ζήσῃς, bois, *tu vivras.* Ces acclamations se lisent au fond de verres ou de coupes où sont ordinairement représentés quelques traits de l'Ancien ou du Nouveau Testament ; elles rappelaient aux premiers chrétiens l'aliment divin, où ils puisaient chaque jour une vie immortelle ; c'était comme le mot d'ordre par lequel ils se donnaient rendez-vous dans la patrie où les martyrs les avaient devancés.

---

[1] *Vetri antichi*, prefaz., p. XII.

[2] *De cultu sanctorum*, t. II, pars 2ᵉ, p. 152.

[3] *Della storia eccles.*, t. I, p. 326. Romæ, 1752.

[4] Le pape Zéphyrin décida en 202 que les coupes ou calices destinés au saint sacrifice seraient désormais en verre et non en bois, comme par le passé. Plus tard, lorsque le pape Urbain substitua les calices d'argent aux calices de verre, l'usage de ces derniers se conserva seulement dans les monastères et dans les églises pauvres. (Pelliccia, *De christ. Eccl. politia*, t. III, p. 18.)

[5] L'acclamation PIE ZHCAIC se lit sur une très-belle coupe, trouvée entière dans le cimetière de Saint-Thrason et de Saint-Saturnin, et que nous avons publiée vol. IV, pl. XXXI, n° 89.

OBJETS DIVERS

TROUVÉS DANS LES CATACOMBES

LAMPES EN BRONZE ET EN TERRE CUITE
VASES EN ARGENT DORÉ ET EN TERRE CUITE, PIERRES GRAVÉES
ANNEAUX, INSTRUMENTS, JOUETS D'ENFANTS, AMPOULES
FRAGMENTS DE VASES EN VERRE DORÉ

DESCRIPTION
DES PLANCHES
DU QUATRIÈME VOLUME

FRONTISPICE

MONOGRAMME EN BRONZE [1]

Planche i. — Ce monogramme est formé des deux lettres X et P croisées ensemble et accostées de l'alpha et de l'oméga. Il est au milieu d'une couronne. Au bas est une espèce de fleuron qui semble indiquer que cette plaque de bronze a dû être fixée au bout d'une hampe. Nous renvoyons, pour l'explication du monogramme, à la notice que nous avons donnée page 97.

LAMPE EN BRONZE

Planche ii. — Cette lampe en bronze, à plusieurs becs, a été trouvée dans les fouilles exécutées au mont Cœlius, près de l'église Saint-Étienne-le-Rond.

On ne la croit pas postérieure au v° siècle. Elle a la forme d'un navire dont la voile est déployée. À la poupe et à la proue sont placés deux personnages. Les antiquaires[1] s'accordent assez généralement à reconnoître dans le navire l'emblème de l'Église, et dans les personnages, saint Pierre et saint Paul. Saint Pierre, assis à la poupe, tient le gouvernail comme chef de l'Église; saint Paul est debout à la proue comme *dux verbi*, selon l'expression de l'Écriture[2]. Le mât porte un cartel avec cette inscription : DOMINVS LEGEM DAT VALERIO SEVERO [3] EVTROPI VIVAS.

1. Mamachi, *Orig. antiq. christ.*, t. V, p. 292, 197; et t. III, p. 100. — Fogghi, *De rom. divi Petri itinere...*, p. 485, sqq. Florentiæ, 1741. — Lami, *De eruditione Apostolor.*, c. IV, p. 123 et 163. Florentiæ, 1766. — Maffei, *Museum Veronense, epist. dedicat.* — Gori, *Inscript. antiquæ... in Etruriæ urbibus exstantes*, t. I, p. 68. Florentiæ, 1726. — Bartoli, *Le antiche lucerne*, parte III, p. 11, tav. 31. — Bianchini, *Demonstratio hist. eccles.*, t. I, part. II, p. 341.

OBJETS DIVERS [1]

Planche iii. — N°° 1, 2, 3, 7 et 9. Vases en terre cuite, conservés à la custode des reliques dite de Saint-Apollinaire [4].

N°° 4. 5. 6. Vases en émail et colombe en verre.

N°° 8 et 10. Vase et lampe en terre cuite. La lampe a une anse; elle est ornée d'un médaillon.

LE BON PASTEUR
STATUE EN MARBRE [4]

Planche iv. — Cette sculpture est d'un bon style, quoique l'exécution en soit grossière. Une expression de douce mélancolie est peinte sur le visage du Bon Pasteur. Il porte une tunique courte, drapée avec art et serrée autour des reins par une ceinture. Ses genoux et ses bras sont nus; il a une chaussure de berger; le *pedum* est à sa main gauche. La brebis se dresse sur ses épaules; elle soulève la tête pour bêler d'un air joyeux.

2. *Act.*, XIV, 11.

3. Dans quelques exemplaires de notre planche on lit SVEPO au lieu de SEVERO : c'est une erreur que nous nous empressons de *rectifier.*

4. Ces objets, comme tous ceux qui font partie de la custode des reliques du palais Quirinal et de celle de Saint-Apollinaire, ont été trouvés dans les Catacombes.

5. On croit à Rome que ce monument a été tiré des Catacombes.

LAMPES EN BRONZE

Planche v. — Ces sortes de lampes servaient à éclairer les chapelles où l'on se réunissait pour célébrer les saints mystères : nous avons encore vu fixés aux voûtes, des anneaux auxquels elles étaient suspendues.

Les lampes n⁰ˢ 1* et 4* sont ornées du monogramme. Le n⁰ 4 porte en outre l'alpha et l'oméga gracieusement encadrés dans l'espace laissé vide entre les branches du X et la couronne dont le monogramme est entouré.

La lampe n⁰ 3* offre ceci de remarquable que la forme de la croix est tout à fait apparente : on peut en inférer que cette lampe appartient à une époque moins ancienne.

La croix se retrouve presque sous la même forme au n⁰ 5*; mais les ornements qui l'encadrent pouvaient la dissimuler aux yeux des néophytes.

Un griffon forme la poignée de la lampe n⁰ 6 [1]. Il est surmonté d'un monogramme sur lequel est posée une colombe. Le monogramme est tracé sur les deux côtés.

VASES EN TERRE CUITE [2]

Planche vi. — Ces vases offriraient peu d'intérêt, s'ils ne provenaient des Catacombes. Les n⁰ˢ 1 et 3 étaient appelés *diota*, à cause des deux anses qui aidaient à les porter. Le n⁰ 2, qui se termine par une base pointue, était du genre de ceux que l'on enfonçait un peu dans la terre ou dans le sable, pour les faire tenir debout [2].

OBJETS DIVERS [3]

Planche vii. — N⁰ 1. Lampe en terre cuite ornée de deux poissons.

N⁰ 2. Fragment de balustrade ou *transenne* en marbre, trouvé au cimetière de Sainte-Cyriaque. Ce fragment très-curieux atteste que l'usage d'entourer les autels de balustrades existait dès les premiers siècles de l'Église. Boldetti [3] parle d'une dalle de marbre percée à jour, qu'il découvrit dans une petite chapelle du cimetière de Saint-Calixte, au-devant d'un tombeau.

Il ajoute que les cimetières de Sainte-Priscille et de Sainte-Hélène présentent les fragments de plusieurs autres balustrades du même genre.

N⁰ 3. Fragment de mosaïque, trouvé sur la tombe d'un martyr, dans le cimetière de Sainte-Cyriaque. Ce fragment représente un coq.

Le coq placé avec l'image de saint Pierre, rappelle sa chute et son repentir. Le coq seul est le symbole de la vigilance [4]; il pouvait rappeler aux chrétiens le mot du Sauveur : *Vigilate et orate* [5]. Deux coqs placés en face l'un de l'autre, sont l'emblème du combat dans lequel le martyr remporte une glorieuse victoire [6].

La pose et l'attitude du coq représenté ci-dessus sembleraient indiquer ce dernier symbole; mais alors l'autre coq manquerait à la mosaïque. Cette figure a été trouvée sur le tombeau d'un martyr, ce qui rend cette opinion vraisemblable.

N⁰ 4. Ornement sur ardoise. Le dessin a d'abord été gravé en creux sur l'ardoise; puis les vides ont été remplis avec un ciment ou stuc très-dur. Ce fragment fait partie d'une tablette qui fermait le tombeau d'une martyre, découvert en 1844 au cimetière de Sainte-Agnès.

JOUETS D'ENFANTS [7]

Planche viii. — Tous ces objets et autres semblables, servaient sans doute d'ornements sur les tombes : c'est, du moins, l'opinion de Marangoni [8].

N⁰ 1. Vase en terre cuite destiné à recevoir des pièces de monnaie. C'est un de ceux que Boldetti [9] a publiés dans son ouvrage.

N⁰ˢ 2*, 4 et 6*. Poupées en ivoire. Ces poupées ou espèces de marionnettes, aussi bien que tous les autres jouets d'enfants que nous donnons dans cette planche, furent trouvées attachées soit en dedans, soit au dehors de sépultures de jeunes gens des deux sexes. Boldetti [10] a fait graver quatre de ces poupées trouvées dans des tombeaux des Catacombes. Buonarruoti [11] avait vu dans le musée Carpegna de ces petites marionnettes d'os avec les jambes et les bras détachés, de manière à s'ajuster ensemble et à se mouvoir avec un fil métallique.

N⁰ 3*. Petit cheval en terre cuite, trouvé par M. Paris dans le cimetière de Saint-Sébastien [12].

N⁰ˢ 7*, 9, 10, 11. Clochettes en bronze (*tintinnabula*). Celle qui porte le n⁰ 7 a été trouvée dans le cimetière de Sainte-

1. Cette lampe a été publiée par Bartoli, *Le antiche lucerne*, parte III, p. 8, pl. XXV.

2. On peut consulter, sur les amphores et les vases romains, les *Antiquités rom.*, par A. Adam, t. II, p. 367, suiv. Paris, 1848.

3. *Osservaz. sopra i cimit.*, p. 34, 35. — D'Agincourt, *Hist. de l'Art. Architecture*, vol. I, p. 26. — Saint Paulin parle de la *transenne* qui se voyait de son temps dans la basilique de Saint-Félix de Nole. (*Epist. ad Sever.*) — Anastase, dans la vie de Sixte II, rapporte que ce pontife orna la *transenne*, l'autel et la confession du martyr (t. I, p. 72).

4. S. Ambr., *Hexamer.*, l. V, c. XXIV.

5. *Marc.*, XIV, 38.

6. Mamachi, *Orig. antiq. christ.*, t. III, p. 92. — Bosio, *Roma sotterr.*, p. 643.

7. Nous renvoyons à l'ouvrage qui a pour titre : *Ragionamento sopra gli antichi trastulli de' bambini* di Ignazio Paternò Castello. Firenze, 1781; et à la dissertation de Lupi, *Dissert., lettere ed altre operette*, t. II, p. 17, seg.

8. *Cose gentilesche....*, c. LXXV, p. 380.

9. *Osservaz. sopra i cimit.*, p. 496.

10. Idem, *ibid.*, p. 496, tav. I, n⁰ˢ 1, 2, 3, 4.

11. *Vetri antichi, prefaz.*, p. XI.

12. C'est à l'obligeance de M. Weiss, bibliothécaire, et de M. Maruotte, architecte, que nous devons le dessin non-seulement de ce curieux objet, mais de plusieurs autres encore qui figurent dans le vol. IV, pl. XX, sous les n⁰ˢ 9 et 12.

Agnès. Nous avons copié les autres dans l'ouvrage de Boldetti[1]. N°s 5* et 8*. Anneaux en ivoire. Le n° 8 a été trouvé enchâssé dans le ciment, près de la tombe d'un enfant, au cimetière de Saint-Marcellin et de Saint-Pierre.

LAMPES EN TERRE CUITE *

PLANCHE IX. — Ces lampes présentent toutes la même forme; leurs emblèmes sont entourés de divers ornements[2].
Le n° 1 porte le monogramme.
Le n° 2 représente une brebis avec un rameau.
Le n° 3, le poisson mystique.
Le n° 4, un coq.

VASES EN ARGENT DORÉ[3]

PLANCHE X. — D'Agincourt[4] a publié ces ampoules. Il les fait remonter aux premiers siècles de l'Église.

Les n°s 1, 2 et 3 représentent le même vase vu de différents côtés. Les bustes dont il est orné sont peut-être ceux de saint Pierre et de saint Paul.

Le n° 4 offre, dans le haut, des colombes alternées de croix; au milieu, plusieurs bustes; au bas, des agneaux : il a été reproduit par Bianchini[5]. La forme et l'ornementation de ce vase font présumer à cet auteur qu'il a dû servir à renfermer le saint-chrême.

OBJETS EN BRONZE

PLANCHE XI. — N° 1. Instrument de martyre. C'est une espèce de tenailles, trouvées dans les fondements de la basilique de Saint-Pierre, pendant les travaux qui y furent exécutés sous le pontificat de Paul III. Suivant Baronius[6], les tenailles avec lesquelles on déchirait les corps des martyrs étaient de trois sortes. Les unes servaient à couper les chairs; les autres à les serrer violemment et à les broyer; les troisièmes, semblables à celles dont nous donnons ici le dessin, étaient garnies de dents qui, s'engrenant les unes dans les autres, perçaient et arrachaient tout à la fois les chairs de la victime. Cet instrument a été publié par Bosio, Mamachi et Aringhi[7].

Ainsi que nous l'avons dit, en décrivant les planches de notre troisième volume (page 88), on ensevelissait souvent avec les corps de ceux qui avaient versé leur sang pour la foi, les instruments de leur supplice. Bosio[8] a trouvé lui-même plusieurs instruments semblables dans les tombeaux des martyrs, entre autres des tenailles pareilles à celles dont nous venons de parler.

N°s 2* et 8*. Cuiller dont nous ne saurions préciser l'usage.

N° 3. Anneau sigillaire portant le nom du propriétaire VITALIS.

N° 4. Anneau sigillaire avec le nom FORTVNIVS[9].

Sa forme est celle d'une plante de pied; à l'extrémité de la légende est un petit ornement, un cœur, ou plutôt une feuille

Ces deux anneaux, que nous publions d'après Boldetti[9], sont du nombre de ceux qu'on appelait *signatorii*, et qui étaient destinés à marquer du sceau du maître les objets sur lesquels ils étaient apposés.

On trouve la plante de pied non-seulement dans les sceaux[10], mais encore sur les pierres sépulcrales[11]. Les antiquaires sont partagés sur la signification de cet emblème appliqué aux tombeaux. Les uns, se fondant sur le sens des mots *pede secundo* (heureusement), y voient le souhait d'un heureux passage de cette vie à l'autre; d'autres le regardent comme équivalent à l'un des mots *emit, exerunt*. Les cimetières étaient une propriété commune; mais quand un sépulcre avait été creusé par les fossoyeurs, il appartenait à celui qui avait payé leur travail. L'acquéreur entrait dès lors en possession du droit d'y être inhumé ou d'y faire inhumer les siens. D'après ce sentiment, la plante de pied gravée sur la pierre, ou imprimée dans le ciment au moyen d'un anneau sigillaire, serait sur les sépulcres le signe de la propriété[12].

Quant au cœur placé dans les inscriptions, on s'accorde aujourd'hui à n'y voir qu'un simple signe consacré par l'usage pour séparer les mots et en marquer la fin[13].

N°s 5, 6*. Deux anneaux sigillaires, l'un avec l'inscription SPES IN DEO[14], l'autre avec le monogramme du Christ. Tous deux ont la forme d'une plante de pied. On les conserve au musée Kircher.

N° 7*. Vase trouvé au cimetière de Sainte-Cyriaque dans le tombeau de sainte Adéodata, vierge et martyre.

N° 9*. Instrument à clochettes.

---

1. *Osservaz. sopra i cimit.*, p. 406, tav. 4, n°s 7, 8 et 9.
2. C'est à M. Capranesi que nous devons la communication de ces objets.
3. Sur quelques exemplaires de cette planche, on lit : *Vases en cuivre.* C'est une erreur que nous devons signaler.
4. Voyez l'édition italienne in-8° : *Storia dell' arte*, t. 1, p. 205, Prato, 1826.
5. Anast. Biblioth., t. II, p. 179, n° 2.
6. *Martyrolog. rom.*, 26 junii, not. d.
7. *Roma sotterr.*, p. 26. — *Orig. antiq. christ.*, t. III, p. 201. — *Roma subterr.*, t. II, p. 684.
8. *Ibid.*, p. 24 et 26. — Nous trouvons encore des instruments de supplice de ce genre gravés sur les sépulcres des martyrs (Boldetti, *Osservaz. sopra i cimit.*, p. 316. — Vermiglioli, *Le antiche iscriz. perug.*, t. II, p. 434. Perugia, 1805).
9. *Osservaz. sopra i cimit.*, p. 507, tav. 4, n°s 38, 39.
10. Voyez vol. IV, pl. XXIII, n° 21.
11. Vol. V, pl. XXVI, n° 53.
12. Alex. Aurel. Pelliccia, *De christ. Eccles. politia*, t. III, p. 226, sqq. — Lupi, *Epitaph. Sev. mart.*, p. 60 et 70.
13. Lupi, *Dissert., lettere ed altre operette*, t. I, p. 238; et *Epitaph. Sev. mart.*, p. 53.
14. On retrouve cette acclamation gravée sur les anneaux chrétiens (Vermiglioli, *Le antiche iscriz. perug.*, t. II, p. 472), sur les pierres sépulcrales (Boldetti, *Osservaz. sopra i cimit.*, p. 418. — Buonarruoti, *Vetri antichi*, p. 112), et sur les sceaux (Boldetti, *Osservaz. sopra i cimit.*, Append., p. 808.)

OBJETS DIVERS

PLANCHE XII. — N° 1*. Coquille. (*Cassis sulcosa*. Brug.)
N° 6*. Coquille. (*Murex trunculus*. Lin.)
N° 8*. Coquille. (*Pecten Jacobæus*. Lin.)

Buonarroti[1] pense que ces coquilles, qui ont été trouvées dans divers cimetières, enchâssées dans le ciment, pouvaient servir à faire reconnaître les tombeaux près desquels elles étaient placées.

N° 2*, 3*, 9*. Poissons en verre et en cristal.

N° 11. Poisson en métal. Il a été publié par Costadoni[2] et par Mamachi[3], d'après lesquels nous l'avons reproduit. Le mot ϹΩϹΑΙϹ qu'on y voit gravé ne laisse aucun doute sur l'intention qu'avait l'artiste de représenter, sous le symbole du poisson, le Sauveur du monde.

N° 4* et 5*. Ampoules en verre.

N° 7*. Vase en terre.

N° 10*. Vase en terre.

LAMPES EN TERRE CUITE

PLANCHE XIII. — La lampe n° 1 a été publiée par Bosio, Aringhi, Mamachi et Bottari[4]. Elle a pour ornement la figure du Bon Pasteur portant la brebis sur ses épaules. Autour sont des grappes de raisin.

La vigne sert à différents emblèmes : elle est tour à tour le symbole de Jésus-Christ : *Ego sum vitis, vos palmites*[5]; celui de l'Église : *Vinea facta est dilecto meo*[6]; celui des souffrances ou de la joie des martyrs[7]; celui de l'Eucharistie[8]. Nous ne saurions préciser lequel de ces sujets est symbolisé par les grappes de raisin qui ornent la lampe n° 1.

On retrouve la figure symbolique de la vigne et du raisin sur deux monuments remarquables, le sarcophage de Sainte Constance[9], et la voûte d'un *cubiculum* du cimetière de la voie latine[10].

N° 2. Cette lampe, qui a été publiée dans le *Museum Cortonense*[11], est très-remarquable et peut-être unique en son genre : elle porte le monogramme environné des bustes des douze Apôtres.

N° 3*. Lampe avec deux palmes et deux couronnes, trouvée dans un des cimetières de Rome en 1849. Elle fait partie de notre collection.

La lampe n° 4* a pour ornement une croix entourée de deux poissons.

N° 5*. Lampe ornée d'un candélabre à cinq branches.

INSTRUMENTS EN BRONZE OU EN FER

PLANCHE XIV. — Cette planche offre la figure de divers instruments qui se voient au musée chrétien du Vatican. On croit à Rome que ce sont des instruments de supplice.

N° 1*. Pinces dentelées.

N°* 2*, 4*, 5*. *Plumbatæ*. Les *plumbatæ* étaient une espèce de fouet formé avec des cordes, des lanières de cuir ou des chaînettes, dont l'extrémité était garnie de boules de plomb. Un grand nombre de martyrs moururent sous les coups de cet instrument[12].

N°* 3, 7. Espèces de *fidiculæ*, ou *ungulæ*[13]. Cet instrument servait à labourer les côtes et les membres des martyrs étendus sur le chevalet[14].

N° 6*. Peigne de fer avec manche, *pecten*, autre instrument de martyre[15]. Il a la forme de celui qui fut trouvé dans le tombeau d'un martyr au cimetière de Calépodius et qui se conserve dans le monastère des Dominicains au Mont-Quirinal[16].

LAMPES EN TERRE CUITE

PLANCHE XV. — N°* 1*, 5*. Ces deux lampes portent un monogramme enrichi de gemmes figurant une croix. Le tour du disque supérieur est décoré de fleurons, de cœurs, de triangles et de méandres.

Suivant Mamachi[17] et Bianchini[18] l'usage des croix ornées de pierres précieuses s'introduisit avant Constantin ; mais ce ne fut qu'à l'époque du règne de ce prince qu'il se répandit généralement.

N° 2*. Lampe à deux becs (*dilychne*).

1. *Vetri antichi*, *prefaz.*, p. VIII.
2. *Raccolta d'opuscoli scient. e filolog.*, t. XLI, p. 218, IV.
3. *Orig. antiq. christ.*, t. III, p. 22, tab. 2, n° 7.
4. *Roma sotterr.*, p. 211. — *Roma subterr.*, t. II, p. 648. — *Orig. antiq. christ.*, t. III, p. 79. — *Scult. e pittur.*, t. III, tav. CCVIII.
5. *Joan.*, XV, 5. — S. Aug., *in Psalm.*, VIII, 2, et *contra Faust.*, l. XII, c. XXXI.
6. *Isat.*, V, 4. — S. Ambr., *Hexamer.*, l. III, c. XII.
7. Hieronym., *in Amos*, l. III, c. IX, 14, 15. — Aringhi, *Roma subterr.*, t. II, p. 649, 650.
8. Pascas., *De corp. et sang. Christi*, c. X, in Bibliotb. vet. PP. ed. Colon., t. IX, part. I, p. 142.
9. Bosio, *Roma sotterr.*, p. 421.
10. Idem, *ibid.*, p. 311.
11. Tab. LXXXIV, p. 119.
12. S. Ambr., l. II, *Epist.*, XVII; t. V, p. 215. — Prudent., *Peristeph.* *Hymn.* X. — Ruinart, *Act. mart.*, *Act. S. Bonos.*, etc., p. 520.
13. Baronius, *Martyrolog. rom.*, 22 *januar.*, not. b. — Isid. Hispal., *Orig.*, l. V, c. XXVI. — Nous voyons dans Aringhi (*Roma subterr.*, t. II, p. 687) un instrument de martyre analogue à ceux que nous décrivons ici; il a été trouvé dans un tombeau du cimetière de Calépodius.
14. Tertul., *Apologet.*, c. XII et XXX; *Scorpiac. adv. Gnosticos*, c. I. — S. Cypr., *De lapsis*, p. 174; *Epist.*, VIII, *ad mart.*, p. 19. Paris, 1679. — Prudent., *Peristeph.*, *Hymn.* I, V, X, XI. — Ruinart, *Act. mart.*, *Act. SS. Epipod. et Alexandr.*, p. 65; *Act. S. Claud. et Aster.*, p. 234; *Act. S. Bonifat.*, p. 251; *Act. S. Theodot.*, p. 305.
15. Surius, *Vita sanctor.*, t. III, *Act. S. Pebron.*, 15 *junii*; *Act. S. Jalit.*, 16 *junii*.
16. Boldetti, *Osservaz. sopra i cimit.*, p. 319.
17. *Orig. antiq. christ.*, t. III, p. 47.
18. *Demonstratio hist. eccles.*, t. I, part. II, p. 354.

N° 3. Lampe reproduite d'après un dessin de Boldetti[1]. Elle a pour ornement une tête de femme, remarquable par la douceur de ses traits; au-dessous sont deux bras croisés. La main droite tient une palme qui s'encadre avec le visage dans une auréole gracieuse, formée elle-même de deux autres palmes. N'est-ce pas là l'image touchante d'un martyr qui rend doucement son âme à Dieu, les palmes du triomphe à la main?

N° 4[*]. Lampe sur laquelle on voit, entre deux palmes, une colombe portant à son bec un rameau.

PIERRES GRAVÉES ET OBJETS CHRÉTIENS

PLANCHE XVI. — N° 1[*]. Ancre et poissons. L'ancre et le poisson sont au nombre des symboles que Clément d'Alexandrie recommande aux premiers chrétiens pour leurs sceaux : *Sint quidem nobis sigillacula, columba, vel piscis, vel navis quæ celeri cursu a vento fertur, vel lyra musica..., vel anchora nautica*[2]. Dans le champ sont les lettres PIA. Cette pierre et les suivantes, jusqu'au n° 26 inclusivement, sont de la collection de M. Hamilton, à l'exception des n° 10, 13 et 20[3].

N° 2[*]. Le Bon Pasteur. A sa droite la colombe sur un olivier.

N° 3[*]. Poisson et palme. Au-dessous probablement un *pedum*[4].

N° 4[*]. Bague d'or. Deux chatons également en or y sont soudés. Sur l'un est gravé le poisson; sur l'autre figure la colombe au sommet d'un olivier. Le nom ÆMILII est autour de l'arbre.

N° 5. Cette pierre représente quatre de ces sujets que l'on ne trouve d'ordinaire réunis que sur les sarcophages. On y reconnaît, dans la partie supérieure, le Bon Pasteur près de son *tugurium*, et Jonas sous la cucurbite; dans la partie inférieure, l'arche figurée par un coffre carré[5], sur lequel est posée la colombe. Les autres sujets sont difficiles à expliquer. Quelques-uns croient y voir Jonas jeté à la mer, et englouti par le monstre marin. Quant au groupe à gauche, il représenterait, selon M. Polidori, qui a publié ce petit monument[6], Adam et Ève, honteux et suppliants après leur chute. Dans le champ de la pierre, on remarque le triple symbole de l'ancre, du poisson et de la colombe.

Il y a, entre la copie de M. Polidori et la nôtre, des diffé-

rences essentielles qu'explique jusqu'à un certain point la mauvaise exécution de la pierre. Nous devons dire cependant que notre dessin a été fait d'après l'original même, et que nous nous sommes hâté de faire disparaître quelques incorrections qui s'étaient glissées dans un certain nombre d'épreuves.

N° 6[*]. Le Bon Pasteur, et, au-dessus de lui, deux colombes sur un olivier.

N° 7[*]. Pierre où sont gravés le poisson et l'ancre. On lit autour le mot ΕΠΙΤΥΝΧΑΝΟΥ.

N° 8[*]. Pierre sur laquelle sont représentés le Bon Pasteur, Daniel entre deux lions, le prophète Jonas; et, près de ce dernier, le vaisseau, le monstre marin, la cucurbite; enfin différents symboles, tels que l'ancre, les poissons, la colombe, l'olivier, une étoile et un monogramme formé des lettres IXC ('Ιησοῦς Χριστὸς Σωτήρ, *Jésus-Christ, Sauveur.*)

N° 9[*]. Colombe sur un olivier[7].

N° 10[*]. Colombe sur une couronne, avec une palme et deux poissons. Autour on lit : ROVR f. Cette pierre est un lapis-lazuli de la collection de M. Signol.

N° 11[*]. Pierre qui porte le nom de la personne à qui elle servait de cachet : PROCLA VRBICA.

N° 12[*]. On reconnaît ici le Bon Pasteur, la colombe posée sur un grand T, et tenant le rameau d'olivier, puis l'ancre et les poissons. Autour on lit le mot symbolique IXθYC. A la droite du Bon Pasteur est un objet qui n'est pas reconnaissable.

N° 13[*]. Jaspe rouge représentant une palme au milieu d'une couronne.

N° 14[*]. Pierre portant cette acclamation dont nous ne connaissons pas d'autre exemple : ΘΕΟC ΘΕΟY YIOC THPEI; *Dieu, Fils de Dieu, garde.*

N° 15[*]. Colombe tenant à son bec un rameau.

N° 16[*]. Buste d'homme. On lit autour l'acclamation : VIVAS IN DEO[8].

N° 17[*]. Pâte de verre, sur laquelle on voit un dauphin. Le poisson mystique est souvent figuré sous cette forme sur les monuments des Catacombes[9]; la tendresse du dauphin pour ses petits, son agilité et son calme pendant la tempête rappelaient aux chrétiens la puissance et la bonté du Sauveur[10].

N° 18[*]. Pierre cabochon. Le monogramme qu'elle porte est d'une forme rare; outre le X et le P, il donne le T du nom ΧΡιϹΤός.

N° 19[*]. Le Bon Pasteur.

---

1. *Osservaz. sopra i cimit.*, p. 63, tav. 3, n° 2.

2. *Pædag.*, l. III, c. XI, p. 246. Paris, 1641.

3. Nous reproduisons la collection de M. Hamilton, dans des dimensions doubles de celles des originaux.

4. Nous signalons ici une lampe très-curieuse, trouvée dans les Catacombes, et qui a été publiée par d'Agincourt (*Recueil de fragments de sculpture antique en terre cuite*, pl. XXIV, n° XI. Paris, 1814); sur la partie antérieure de ce petit meuble, le *pedum* croise le X et offre une composition du monogramme du Christ, que nous n'avons rencontrée nulle part.

5. L'arche est ainsi figurée sur plusieurs monuments chrétiens. Voyez vol. I, pl. XXIII; vol. II, pl. XXXI; pl. LXI; vol. IV, pl. XVII, n° 3; pl. XX, n° 7; pl. XXV, n° 35; vol. V, pl. XI, n° 132; pl. LXXVII, n° 8.

6. *Del pesce come simb. di Crist. e dei crist.*, p. 13.

7. Parmi les nombreux monuments qui nous offrent la représentation de la colombe, nous mentionnerons un fragment de marbre très-remarquable, trouvé dans le cimetière de Saint-Marcellin et de Saint-Pierre, sur lequel est gravé un siège épiscopal, portant à son sommet une colombe couronnée du nimbe : de chaque côté du siège sont des draperies (Bosio, *Roma sotterr.*, p. 327).

8. Les mêmes mots se lisent dans un grand nombre d'inscriptions, voyez vol. IV, pl. XVI, n° 42; vol. V, pl. XVIII, n° 24; pl. XXXVI, n° 114; pl. L, n° 25; pl. LXII, n° 20 bis. On trouve encore VIVAS IN DEO SEMPER, vol. IV, pl. XX, n° 5; VIBAS IN DOMINO ZESV, vol. V, pl. XIV, n° 6; et VIBAS IN AETERNO, vol. V, pl. XII, n° 3.

9. Bosio, *Roma sotterr.*, p. 59 et 247. — Lupi, *Epitaph. Sev. mart.*, p. 53, 65 et 185. — Marocchi, *Orig. antiq. christ.*, t. III, p. 22, tab. 2, n° 1 et 8. — Notre V° vol., pl. LVII, n° 8; pl. LXIII, n° 28.

10. Aringhi, *Roma subterr.*, t. II, p. 621. sqq.

N° 20˚. Cornaline. On y voit l'ancre et les deux poissons; elle est représentée dans des dimensions doubles de l'original.

N° 21˚. Camée, pierre sardonique. Élie, enlevé au ciel[1], tient son manteau qu'il va jeter à terre. Ce sujet se retrouve particulièrement sur les sarcophages et dans les peintures[2], mais il est rare sur les pierres gravées. Il enseignait aux chrétiens que la foi ardente est le char de triomphe des martyrs[3] : il pouvait aussi leur rappeler le dogme de la résurrection[4].

N° 22˚. Grenat. Une colombe tenant une palme dans ses pattes; au-dessus d'elle est une étoile.

N° 23˚. Deux brebis, et, autour d'elles, trois palmes plantées en terre.

N° 24˚. Deux poissons au-dessus d'un vase.

N° 25˚. Chaton d'anneau en argent, sur lequel est gravée une palme.

N° 26˚. Ancre en forme de croix, dont l'extrémité inférieure est cachée par un poisson. Sur la barre transversale, à gauche, est posée une colombe; le nom de Notre-Seigneur IHCOVC est gravé deux fois dans le champ. Sur la partie de droite, qui est brisée, se trouvait probablement une autre colombe, et en outre le C final du mot IHCOV[C].

Les pierres gravées ou pâtes antiques suivantes, jusqu'au n° 79, font partie de la collection de la bibliothèque royale de Turin, à l'exception des n°˚ 29, 42, 46, 47, 53, 58, 63, 74, 76, 77 et 78. Nous les avons copiées d'après des empreintes que M. Promis, bibliothécaire de S. M. le roi de Sardaigne, a eu l'obligeance de nous communiquer. M. Promis les croit toutes d'origine chrétienne.

N° 27˚. Une colombe posée sur un épi. (Pâte jaune.)

N° 28˚. Un paon. (Cornaline.) Le paon figure assez souvent au nombre des symboles représentés sur les monuments des Catacombes. On le voit dans les peintures[5], et sur les tombeaux[6].

N° 29˚. Un coq posé sur un rameau, avec le monogramme du Christ au-dessus. On remarque fréquemment le coq sur les monuments chrétiens. Il figure sur les sépulcres[7], sur les lampes[8], sur les verres[9], et dans les peintures[10].

N° 30˚. Une brebis. (Pâte brune.)

N° 31˚. L'ancre et les deux poissons. (Cornaline.)

N° 32˚. Un poisson s'enroulant autour d'un gouvernail. (Améthyste.)

N° 33˚. Un poisson. (Pâte rouge.)

N° 34˚. Une colombe tenant une palme dans ses pattes. (Pâte rouge.)

N° 35˚. Un dauphin; deux colombes posées, l'une sur une corne d'abondance, l'autre sur un de ces paniers de forme conique, qui sont si souvent employés dans l'ornementation des sarcophages chrétiens. (Onyx.)

N° 36˚. Un dauphin, une ancre, une colombe et le poisson. (Cornaline.)

N° 37. Cornaline à deux faces. Celle qui porte l'inscription a déjà été publiée, mais incomplétement, dans les *Gemmæ antiquæ litteratæ* de Ficoroni[11]. Sur celle que nous donnons ici est gravé auprès d'une palme le mot IHOENIXVA peut-être pour [F]HOENIX VA[LE], *Phœnix* étant le nom du propriétaire de la pierre, nom auquel la palme, en grec φοῖνιξ, fait peut-être aussi allusion. Nous retrouverons plus loin la même inscription. Au revers apparaissent deux personnages dans une barque, peut-être saint Pierre et saint Paul.

N° 38˚. Une brebis. (Pâte jaune.)

N° 39˚. Dauphin tenant une palme. (Grenat.)

N° 40˚. Un bélier. (Pâte jaune.)

N° 41˚. Poisson et deux coquilles. Ces coquilles, que nous rencontrons pour la première fois sur les pierres gravées chrétiennes, figurent peut-être ici comme se rattachant aux symboles ichthyologiques qu'affectionnaient les premiers fidèles. (Pâte bleue.)

N° 42. Cette pierre est doublement chrétienne et par le nom propre DEVSDEDIT[12], et par l'acclamation VIVAS IN DEO. Nous l'avons copiée d'après un dessin de Ficoroni[13].

N° 43˚. Camée. Un chien poursuivant un lièvre. C'est un symbole des dangers qui environnaient les premiers chrétiens, et les obligeaient à fuir et à se cacher : *Cum autem persequentur vos in civitate ista, fugite in aliam*[14].

N° 44˚. Camée. Un lièvre qui court; devant lui le monogramme; au-dessous une palme et cette inscription : K[E]PA[A]HAIC. (Onyx.)

N° 45. Pâte jaune, portant d'un côté deux poissons; de l'autre, la palme avec le mot PHOENIXYA, que nous venons de voir sur une cornaline de la collection de Ficoroni. Ce petit monument a aussi été publié par cet antiquaire, mais d'une manière inexacte et incomplète[15].

N° 46˚. Bracelet de bronze, trouvé dans les Catacombes, au bras d'un squelette.

N° 47. Calcédoine blanche, représentant la tête de Notre-Seigneur vue de profil; elle est accompagnée du nom XPICTOY; au bas se trouve le poisson. M. Raoul-Rochette[16], qui a le premier publié ce monument, le fait remonter au IIᵉ ou au

---

1. IV, *Reg.*, II.

2. Aringhi, *Roma subterr.*, t. I, p. 305, 309, 429, 565.

3. Maxim., episc. Taurin., *Serm.* LXXXIV, *de ss. mart. Cantio, Cantiano et Cantianilla*, col. 701 et 702. Éd. Migne.

4. Chrysost., t. II, *Homil. de resurrect. mort.*, col. 431; t. V, *in Psalm.* CXVII, col. 334. Éd. Migne.

5. Bosio, *Roma sotterr.*, p. 231 et 331. — Vol. I, pl. XX, pl. XXXIV bis, pl. LI; vol. III, pl. XI, pl. XV, pl. XXI.

6. Bosio, *Roma sotterr.*, p. 421. — Boldetti, *Osservaz. sopra i cimit.*, p. 361; vol. V, pl. LVII, n° 8; pl. LXX, n° 3.

7. Aringhi, *Roma subterr.*, t. II, p. 260. — Boldetti, *Osservaz. sopra i cimit.*, p. 360. — Bottari, *Scult. e pittur.*, t. III, tav. CXXXVII. — Notre IVᵉ vol., pl. VII, n° 3.

8. Notre IVᵉ vol., pl. IX, n° 4.

9. Boldetti, *Osservaz. sopra i cimit.*, p. 216, tav. 3, n° 2.

10. Bottari, *Scult. e pittur.*, t. III, tav. CLXXII.

11. Tab, VI, n° 7.

12. Boldetti donne une inscription où se trouve le nom DEVSDET (*Osservaz. sopra i cimit.*, p. 268). — Voyez *Atti della pontif. Accad. rom. di Archeol.*, t. IV, p. 27.

13. *Gemm. antiq. litt.*, tab. VII, n° 20. Romæ, 1757.

14. *Matth.*, X, 23.

15. *Gemm. antiq. litt.*, tab. VII, n° 11.

16. *Tableau des Catacombes de Rome*, frontispice; *Discours sur l'art du christianisme*, p. 21, note 2.

iiie siècle, et le considère comme l'un des plus anciens portraits du Christ. « Ce portrait est gravé, dit-il, sur la base d'un cône tronqué, percé de part en part, ce qui prouve qu'il était destiné à être porté en amulette.

N° 48[*]. Tête de femme. (Cornaline.)

N° 49[*]. Bon-Pasteur, avec palme et monogramme. (Pâte verte.)

N° 50[*]. Monogramme du Christ. (Agate.)

N° 51[*]. Navire. (Pâte brune.) Il est à remarquer que la vergue transversale, placée au haut du mât, forme avec lui une espèce de croix : ce qui nous rappelle ces paroles de Minutius Felix : *Cum erigitur jugum crucis signum est*[1].

Chez les anciens, un navire voguant à pleines voiles était l'emblème du bonheur et du succès. Winckelmann en cite pour exemple une médaille de l'empereur Hadrien. Clément d'Alexandrie[2] conseilla aux chrétiens de graver un navire sur leurs sceaux pour indiquer l'heureuse navigation vers le port du salut. Aussi personne n'ignore que le navire orne très-souvent les lampes[3], les anneaux[4], et les pierres sépulcrales[5]. On le voit aussi sur un petit monument en ivoire trouvé dans les Catacombes, et qui a été publié par Mamachi[6].

N° 52[*]. Vigne chargée de raisins[7] et enroulée autour d'un arbre; à droite et à gauche, un épi. (Améthyste.)

N° 53[*]. Améthyste portant le *labarum* avec le monogramme et la croix, au milieu de deux palmes.

N° 54[*]. Un agneau. (Pâte blanche.) Bosio[8] a publié une peinture très-remarquable qui orne la voûte d'un *cubiculum* du cimetière de Saint-Marcellin et de Saint-Pierre : on y voit quatre agneaux portant chacun un petit vase de forme ronde, et ayant une palme auprès d'eux. D'autres peintures nous offrent l'agneau tantôt portant une croix[9], tantôt ayant la tête environnée du nimbe au milieu duquel est le monogramme ⳩[10].

N° 55[*]. Un bélier. (Pâte bleue.)

N° 56[*]. Deux poissons. (Pâte.)

N° 57[*]. Un poisson et un crustacé. (Cornaline.)

N° 58. Chaton en argent d'un anneau appartenant au musée des antiques de Trèves. On y voit trois têtes : une d'homme, une de femme, la troisième d'enfant; celle-ci est au milieu. Toutes trois ont des coiffures ondulées. Au-dessus, deux colombes tiennent à leur bec une couronne. On lit autour ces mots : MAXSENTI VIVAS TVIS f. Suivant les antiquaires, cet anneau daterait du ive siècle. Nous en avons

emprunté le dessin au recueil intitulé : *Jahrb. d. Vereins v. alterthumsfr. im Rheinl.*, t. VIII, pl. I et II.

N° 59[*]. Monogramme du Christ. (Cornaline.)

N° 60[*]. Lyre. Cet instrument figure parmi les symboles que Clément d'Alexandrie indique comme devant être gravés sur les anneaux chrétiens[11].

N° 61[*]. Bon Pasteur. (Pâte grise.)

N° 62[*]. Monogramme du Christ. (Grenat.)

N° 63[*]. Plaque d'or gravée, d'un travail très-fin et d'un art qui rappelle les médailles frappées au nom des impératrices, qui montèrent sur le trône, vers la fin de l'empire d'occident. Le buste placé à gauche, est probablement celui de Valentinien III; l'autre serait celui de Placidie : la croix est au milieu d'eux.

N° 64[*]. Agate, d'un travail grossier, représentant peut-être une ancre et un oiseau.

N° 65[*]. Ancre. (Pâte jaune).

N° 66[*]. Bélier. Devant lui deux épis. (Cornaline.)

N° 67[*]. Ancre (Pâte brune.)

N° 68[*]. Phénix posé sur une palme. (Cornaline.) Le phénix se voit souvent sur les monuments des Catacombes[12].

N° 69[*]. Monogramme du Christ. (Pâte jaune.)

N° 70[*]. Dauphin et ancre. (Pâte rouge.)

N° 71[*]. Bélier. (Pâte jaune.)

N° 72[*]. Colombe sur un olivier. (Jaspe sanguin.)

N° 73[*]. Ancre et deux poissons.

N° 74[*]. Buste de Valentinien III, tenant un sceptre de la main droite : en regard on voit l'impératrice Eudoxie, sa femme; la croix est au milieu des deux figures. Cette intaille qui a dû être gravée à l'époque du mariage de Valentinien, provient du trésor de Troyes. Elle faisait partie des gemmes qui furent rapportées d'orient par les princes croisés, et vendues en 1826 par le chapitre de Troyes à MM. Durand et Rollin. (Grenat syrien.)

N° 75[*]. Pâte blanche représentant deux poissons.

N° 76[*]. Amulette chrétien. C'est une feuille d'or sur laquelle on voit gravées, d'un côté dix lignes de caractères grecs cursifs, de l'autre, trois lignes de caractères semblables. Cette petite plaque provient des environs de Beyrouth; elle a été trouvée dans un étui d'or (n° 77) destiné à être porté au cou.

Suivant M. François Lenormant, qui a publié ce monument[13],

1. *Octavius*, p. 33. Lugduni Batavorum, 1652. — *Antenna navium et velorum cornua sub figura nostræ crucis volitant* (*Epist. de Nativit. Domini*, apud Hieronym.).

2. *Pædag.*, l. III, c. XI.

3. Notre IVe vol. pl. II.

4. Boldetti, *Osservaz. sopra i cimit.*, p. 502, tav. 3, n° 28. — Ficoroni, *Gemm. antiq. litt.*, tab. XI, n° 8. — Borgia, *De cruce Veliterna.*, tit. Romæ, 1780. — Notre IVe vol., pl. XVI, n°[s] 8, 37 et 86.

5. Boldetti, *Osservaz. sopra i cimit.*, p. 360 et 368. — Lupi, *Epitaph. Sev. mart.*, p. 180. — Notre V[e] vol., pl. XXXVIII, n° 126; pl. LXIX, n° 7; pl. LXXI, n° 9.

6. *De' costumi de' primit. crist.*, t. I, frontispiz., prefaz., p. I. Roma, 1753.

7. Nous avons déjà parlé de la figure symbolique de la vigne et du raisin (p. 112, pl. XIII, n° 1). Nous ajouterons que ce même emblème se trouve aussi dans les peintures (Bottari, *Scult. e pittur.*, t. II, tav. LXXIV) et sur les pierres sépulcrales (Lupi, *Epitaph. Sev. mart.*, p. 121 et 182. — Fabretti, *Inscript.*, n° 112, p. 588). L'exemple tiré de Fabretti est très-intéressant surtout à cause de ces paroles de l'inscription : ΝΕΟΦΙΤΥΣ ΙΙΤ AD DEVM.

8. *Roma sotterr.*, p. 363.

9. *Ibid.*, p. 307.

10. Bottari, *Scult. e pittur.*, t. I, tav. IV.

11. *Pædag.*, l. III, c. XI. — Cavedoni, *Ragguaglio dei monum. delle art. crist. primit.*, p. 38.

12. Bosio, *Roma sotterr.*, p. 63 et 75. — Vol. I, pl. LXXV; vol. IV, pl. XXX, n° 80; vol. V, pl. XLIII, n° 1.

13. *Note sur un amulette chrétien conservé au cabinet des médailles*, dans les *Mélanges d'archéologie* des RR. PP. Cabier et Martin, t. III, p. 130.

et auquel nous en empruntons le dessin et l'explication, on lit sur la première face :

ΕΞΟΡΚΙΖШ	Ἐξορκίζω
CEШCATANNAC	σε, ὦ Σατανᾶς,
ΚΑΙCΤΜΕΝΙΫΟ	καὶ Στ[αυρέ] με νιψο᷅ν],
INAΜΜΗΠΟΤΕΚΑ	ἵνα μήποτε κα-
ΤΑΛΕΙΠΗCΤΟΗΤΟ	ταλείπης τὸν τό-
ΠΟΝCΟΥΕΠΙΤШΟ	πόν σου, ἐπὶ τῷ ὀ-
ΝΟΜΑΤΙΤΟΥΚΥ	νοματί τοῦ κυ-
ΡΙΟΥΘΕΟΥΖШΗ	ρίου Θεοῦ ζῶν-
ΤΟCΑΝΕΓΝШC	τος. Ἀνεγνωσ-
ΜΕΝΟΝΕΠΙΤШ	μένον ἐπὶ τῷ

Et sur la deuxième face :

ΤΟΠШΙΤΗC	τόπῳ τῆς
ΤΗΝΕΠΕΚΕΧΡ	τὴν ἐπεκέγρα-
ΙΚΑ	ικα.

Je t'exorcise, ô Satan! (ô croix! purifie-moi) afin que tu n'abandonnes jamais ta demeure, au nom du Seigneur Dieu vivant. Prononcé dans la demeure de celle sur laquelle j'ai fait l'onction.

Ce dernier mot ἐπεκέγρακα paraît ne pouvoir s'appliquer qu'à *l'onction sainte*, à l'extrême onction.

Quant à l'antiquité de ce monument, M. Fr. Lenormant la fait remonter jusqu'au temps des Antonins, c'est-à-dire à la fin du iie siècle de notre ère.

Ainsi, cet amulette établirait chez les chrétiens de la primitive Église :

1° La croyance à la puissance du signe de la croix pour mettre en fuite les démons;

2° L'usage du sacrement de l'extrême-onction;

3° L'usage d'exorcismes conçus dans les mêmes termes que ceux dont se sert encore l'Église catholique.

N° 77. Étui en or qui renfermait l'amulette dont nous venons de parler.

N° 78. Sceau de Marie, femme de l'empereur Honorius, trouvé, en 1544, dans son tombeau, en creusant les fondements de la basilique de Saint-Pierre[1]. Ce sceau est composé de deux onyx joints ensemble au moyen d'un cercle d'or, qui lui-même est orné de quatre émeraudes et de dix rubis. L'anneau qu'on voit au haut, montre qu'il était destiné à être porté au cou.

Sur une des faces on lit :
HONORI
MARIA
STELICHO
SERHHA
VIVATIS

Sur l'autre face on lit : STELICHO
SERENA
THERMAHTIA
EYCHERI
VIVATIS

Le monogramme ☧ est au centre de chaque côté. Notre dessin montre, à gauche, le même sceau vu de profil.

Ce sceau est au musée Trivulzio. Nous l'avons copié d'après une gravure publiée par Pietro Mazzucchelli[2].

N° 79. Buste de femme. A droite, une palme. La partie postérieure de la pierre manque. (Agate.)

N° 80. Le Bon Pasteur entouré de son troupeau; au-dessus de sa tête, une couronne d'étoiles; à sa droite, deux arbres; à sa gauche, le *tugurium* et le chien. Nous publions ce petit monument d'après une empreinte de la collection de M. Odelli.

N° 81. Monogramme du Christ, colombe, palme et étoile. Ce chaton d'un anneau chrétien est reproduit d'après Aringhi[3], ainsi que les n°s 83, 85, 91 et 97.

N° 82. Pâte bleue représentant le Bon Pasteur. Ce petit monument est emprunté à la *Revue archéologique*[4]. On croit qu'il a été trouvé dans les Catacombes.

N° 83. Médaille portant le monogramme du Christ. Le trou dont elle est percée montre qu'elle était destinée à être suspendue au cou[5].

N° 84. Verre coloré, appelé par les antiquaires *pasta antica*. Ces verres sont désignés, dans le traité du baron de Stosch[6], sous le nom générique de *vitra obsidiana*, et sous le nom spécifique de *gemmæ fictæ*.

L'Enfant Jésus, enveloppé de langes, est dans une crèche, auprès d'un bœuf et d'un âne. La Vierge-Mère est à demi couchée sur un lit grossier qui a la forme d'un banc; elle appuie la main droite sur la crèche, vers la tête de l'Enfant Jésus. Sa tunique est serrée sur sa poitrine à l'aide d'une ceinture; un long voile lui couvre la tête et les épaules; une draperie, roulée comme des bandelettes, l'enveloppe de la ceinture aux pieds. Saint Joseph est assis, la tête appuyée sur la main gauche, dans l'attitude de la contemplation. De la main droite, il tient le manteau qui recouvre sa tunique. Ces trois figures portent le nimbe. En haut, dans le champ, on voit d'un côté la lune, symbole de la nuit, au milieu de laquelle s'est accompli le mystère de la naissance du Sauveur; de l'autre, l'étoile qui conduisit les Mages à la crèche où reposait l'Enfant-Dieu.

Cette pâte est au musée Vettori. Nous la publions d'après Gori[7], mais dans la grandeur originale.

N° 85. Cet onyx, dont la grandeur est à peu près celle d'un ongle, nous présente, à droite, le Christ marchant sur les

---

1. On peut voir dans Aringhi (*Roma subterr.*, t. II, p. 970), dans Gruter (t. I, p. CCLXXXVII, 4), et dans Cancellieri (*De Secretar. Basilic. Vatic.*, t. II, p. 995-1000), les détails de cette découverte.

2. *La bolla di Maria moglie d'Onorio imperatore*, frontispiz. Milano, 1819.

3. *Roma subterr.*, t. II, p. 708.

4. 1re année, 1844, p. 404.

5. Aringhi a publié cette médaille (*Roma subterr.*, t. II, p. 567).

6. *In præfat. ad Gemm. ant. cælatus sculpturum nomine insign.*, p. XVI, XVII, XVIII.

7. *Monum. rappres. il presepio del nato Signore*, à la fin de *Del parto della Vergine* di Sannazar. Florentiæ, 1750.

eaux [1]; au centre, une barque violemment agitée : une colombe est posée sur la poupe, une autre sur le mât; et sous la quille apparaît un énorme poisson. La voile est pliée, *erat enim contrarius ventus* [2]; les rameurs luttent avec énergie contre la fureur des vagues. A quelques pas de la proue, Pierre IHET marche sur les flots agités; mais effrayé par la tempête, il ne se soutient plus; Jésus IHC [3] lui tend la main et le retient au-dessus des eaux.

Nul doute que ce navire ne soit l'Église; la mer agitée, le monde, et surtout le monde pendant les persécutions [4]; les rameurs, les apôtres; la colombe, le Saint-Esprit. Saint Pierre effrayé, c'est bien l'Église qui, sur le point de périr, recourt dans la personne de son premier Pasteur au divin Maître, en s'écriant : *Domine, salvum me fac* [5]. Enfin que signifie ce poisson sous le navire? Selon les uns c'est le terrible Léviathan de l'Écriture, qui cherche, mais en vain, à faire sombrer le vaisseau de l'Église [6]; selon d'autres, c'est Jésus-Christ, si souvent symbolisé par le poisson, qui soutient son Église au milieu des plus effroyables tempêtes [7].

Pelliccia [8] dit que les plus anciens monogrammes du nom de Jésus ont la forme IHC, qui se voit sur ce précieux monument, lequel a été souvent publié [9], et dont Aleander [10] a fait l'objet d'une dissertation, à laquelle nous renvoyons nos lecteurs.

N° 86. Ancre et poissons. Lupi [11] d'après lequel nous publions cet onyx, pense qu'il a appartenu à un anneau nuptial. Selon lui, l'ancre représente la croix dont elle a la forme; les deux poissons sont l'emblème de deux époux chrétiens.

N° 87. Cornaline portant le nom symbolique IXΘYC. Le X entrelacé avec un P présente en outre le monogramme du Christ. Ce monument en même temps rare et curieux a été donné au musée du Vatican par M. le comte de l'Escalopier. Nous l'avons dessiné d'après une empreinte qu'a bien voulu nous communiquer M. Éd. Le Blant.

N° 88. Cette pâte de verre brun nous montre une colombe tenant à son bec un rameau. Au-dessous se trouve un dauphin; dans le champ, les lettres CIAP. Nous l'avons copiée, ainsi que la pierre suivante, d'après les dessins de la *Revue archéologique* [12].

N° 89. Cette améthyste porte une ancre, une nef et un poisson,

accompagnés des lettres S. T. qui sont ou les initiales d'un nom de saint, ou celles du propriétaire de la pierre.

N° 90. Sceau de fer portant l'acclamation VIVAS IN DEO. Nous le publions d'après le dessin de Lupi [13].

Est-ce là une tessère d'hospitalité, comme le croit Dumolinet [14]? Nous n'osons l'assurer. Quant à l'usage des tessères d'hospitalité, parmi les premiers chrétiens, il ne paraît pas qu'on puisse le révoquer en doute. *Itaque*, dit Tertullien, *tot et tantæ ecclesiæ, una est illa ab Apostolis prima, ex qua omnes. Sin omnes primæ, et omnes apostolicæ, dum unam omnes probant unitatem : dum est illis communicatio pacis, et appellatio fraternitatis, et contesseratio hospitalitatis, quæ jura non alia ratio regit quam ejusdem sacramenti una traditio* [15]. Or, suivant Baronius [16], l'expression *contesseratio hospitalitatis* doit être entendue en ce sens que les chrétiens avaient une certaine marque qui faisait reconnaître celui qui la portait pour un véritable enfant de l'Église Catholique, et le faisait recevoir en cette qualité par les fidèles, ses frères, qui lui donnaient la plus généreuse hospitalité. Les hérétiques et les païens ayant contrefait ces marques, on les changea souvent, et enfin on y substitua les lettres appelées *litteræ formatæ* par les Pères du concile de Nicée.

On peut consulter sur les tessères d'hospitalité, les ouvrages de Thomassin et de Pacichellius [17].

N° 91. Boîte d'or quadrangulaire trouvée en 1751, dans un sépulcre au cimetière du Vatican. Son anneau montre qu'elle était destinée à être portée au cou.

Bosio, Aringhi et Bottari [18], qui ont publié ce petit monument, pensent qu'il servait à contenir des reliques; mais d'après Pelliccia [19], ces sortes de custodiettes étaient destinées à contenir la sainte Eucharistie. Il ajoute qu'on les plaçait dans les sépulcres comme une des choses les plus chères aux défunts, à cause du précieux dépôt qu'elles avaient renfermé.

Cette boîte offre une autre particularité remarquable; elle présente d'un côté, le monogramme accosté des lettres symboliques A W; de l'autre, une colombe.

Extraite du cimetière du Vatican, elle appartient à la série des monuments des trois premiers siècles; car ce cimetière est un des plus anciens de Rome, et depuis la construction de la basilique Constantinienne aucun chrétien n'y a été enseveli [20].

N° 92. Anneau de métal portant une clef et un chaton, *annulus*

---

1. *Matth.*, XIV, 25.

2. *Ibid.*, XIV, 24.

3. Quelques exemples très-anciens nous offrent les lettres IH ensemble et reproduisant le nom de Jésus. Nous en citerons deux : l'un au bas du tombeau d'une vierge, où se trouve une ancre avec les caractères IH ✗ ΔΟΥΛΗ, c'est-à-dire *Jesu Christi ancilla* (Vᵉ vol., pl. XXXV, n° 106); l'autre sur le sépulcre d'une femme nommée IVLIA, où l'on voit d'un côté de l'inscription le monogramme de Jésus IH et de l'autre celui du Christ ✗ (Marangoni, *Act. s. Victorini*, p. 115).

4. Tertul., *De baptismo*, c. XII. — S. Aug., t. V, *Serm.* LXXV, p. 112.

5. *Matth.*, XIV, 30.

6. Aringhi, *Roma subterr.*, t. II, p. 476.

7. Voyez la dissertation de Costadoni dans la *Raccolta d'opuscoli scient. e filolog.*, t. XLI, p. 303. — Polidori, *Dei pesce come simb. di Crist. e dei crist.*, p. 11.

8. *De christ. Eccles. politia*, t. III, p. 272.

9. Aringhi, *Roma subterr.*, t. II, p. 476. — Mamachi, *Orig. antiq. christ.*, t. I, p. 115, 261. — Bottari, *Scult. e pittur.*, t. II, p. 156. — Vottori, *Dissert. de monogr. Christ.*, p. 57, sqq.

10. *Navis Ecclesiam referentis symbolum*. Romæ, 1696.

11. *Epitaph. Sev. mart.*, p. 64.

12. 1ʳᵉ année, 1844, p. 404.

13. *Epitaph. Sev. mart.*, tab. IX, p. 57.

14. *Cabinet de la bibliothèque de Sainte-Geneviève*, p. 3.

15. *De præscript. adv. hæreticos*, c. XX.

16. *Annal. eccles.*, t. I, an. 73, XV.

17. *De tesseris hospitalitatis*. Amstelodami, 1670. — *De jure hospitalitatis universo.*

18. *Roma sotterr.*, p. 105. — *Roma subterr.*, t. I, p. 335. — *Scult. e pittur.*, t. I, p. 156.

19. *De christ. Eccles. politia*, t. III, p. 27, sqq. Cet auteur (t. III, p. 7) cite un texte fort remarquable de saint Cyprien : « Cum (femina culpis irretita) arcam suam, in qua Domini sanctum fuit, manibus indignis tentasset aperire, igne inde surgente deterrita est ne auderet attingere (*De lapsis*). — Voyez aussi *Fasti della Chiesa*, t. III, p. 54. Milano, 1825.

20. Pelliccia, *De christ. Eccles. politia*, t. III, p. 29.

ad claves. Il a été trouvé dans les Catacombes. Nous publions ce petit monument d'après le dessin de Boldetti [1].

Les *annuli ad claves* étaient des clefs semblables aux nôtres, mais beaucoup plus petites, qui servaient à ouvrir et à fermer les cassettes, etc. : on les portait au doigt en guise d'anneaux pour plus de sûreté [2]. Il en est fait mention dans les *Annales* de Tacite [3].

N° 93'. Fibule en bronze, fort curieuse comme objet d'art primitif. Elle représente un cheval dont l'un des genoux est plié jusqu'à terre. Cette figure nous rappelle deux chevaux gravés sur la pierre sépulcrale du martyr saint Valentin et qui regardent une croix placée au milieu d'eux [4]. Boldetti [5] a publié un grand nombre de fibules qu'il a trouvées lui-même dans les Catacombes : les unes étaient fixées à l'extérieur des tombeaux, et les autres renfermées dans l'intérieur.

N° 94'. Autre fibule en bronze, terminée par une tête de colombe que surmonte une croix pattée.

N° 95. Boucle d'oreilles en métal, provenant du cimetière de Sainte-Cyriaque. Nous la publions d'après le dessin de Boldetti [6].

N° 96'. Anneau en bronze, garni d'un chaton, trouvé dans le même cimetière, au doigt d'une martyre.

N° 97. Boîte d'or découverte en 1571, dans un sépulcre du cimetière du Vatican. Elle porte les mêmes emblèmes que le n° 91. Peut-être avait-elle également servi à renfermer la sainte Eucharistie.

OBJETS DIVERS

PLANCHE XVII. — N° 1'. Lampe en terre cuite, représentant Orphée jouant de la lyre et entouré de divers animaux [7].

N° 2'. Verre orné de trois palmes dorées.

N° 3. Lampe en terre cuite [8]. Le Bon Pasteur dont la tête semble couronnée de sept étoiles, porte sur ses épaules la brebis égarée ; auprès de lui sont rassemblées sept brebis fidèles. Il est vêtu d'une courte tunique ; un manteau tombe sur ses épaules et vient se rattacher par une agrafe sur sa poitrine. Autour du Bon Pasteur, qui est le sujet principal, sont groupés d'autres sujets : d'un côté, Jonas rejeté par le monstre marin, et au-dessus, la colombe et l'arche de Noé ; de l'autre, Jonas sous l'arbrisseau.

Dans la partie supérieure se voient deux personnages : à gauche un vieillard couronné d'un diadème radié, et étendant la main au-dessus des nuages qui l'entourent ; à droite une femme le croissant sur le front, et le voile déployé au-dessus de la tête ; près d'elle est un oiseau.

Ces dernières figures sont, suivant Bartoli et Bianchini [9], les personnifications du soleil et de la lune.

N° 4. Verre doré. On y voit le poisson symbolique. Ce verre a été publié par Costadoni [10].

N° 5 et 7. Médaillon à deux faces en cuivre doré. Il a été trouvé dans un cimetière chrétien ; Buonarruoti l'a publié [11].

L'une des faces représente le Bon Pasteur entre deux oliviers. Sa tunique est courte et retenue par une double ceinture. A sa main gauche est le *pedum.* Sa main droite est posée sur sa tête en signe de douleur.

L'autre face représente encore le Bon Pasteur entre deux oliviers. Sa tunique est retenue par une seule ceinture ; il porte sur ses épaules un bouc, image du pécheur que la miséricorde divine ramène au milieu des âmes fidèles.

N° 6'. Verre représentant un cerf au pied d'un arbre. L'emblème du cerf se voit aussi sur les lampes [12] et dans les peintures [13].

Nos 8', 9', 10'. Trois vases en terre cuite. Celui qui a des anses a été trouvé dans le cimetière de Sainte-Cyriaque.

AMPOULES EN VERRE

PALMES ET MONOGRAMME GRAVÉS SUR LE CIMENT

PLANCHE XVIII. — L'ampoule n° 1 a été trouvée dans le tombeau de saint Victor au cimetière de Saint-Calixte ; elle est enchâssée dans du ciment sur lequel sont gravées les lettres ƧANG.

L'ampoule n° 2 a été trouvée au même cimetière, dans le tombeau de saint Nicaise ; on voit sur le ciment dont elle est enveloppée la palme avec les lettres ƧA.

Le n° 3' représente une palme au bas de laquelle se voit une couronne.

N° 4'. Le monogramme.

La palme n° 5' a été trouvée en 1848, au cimetière de Saint-Processus et de Saint-Martinianus [14].

L'ampoule n° 6' a été découverte teinte de sang au cimetière de Sainte-Cyriaque. Elle fait partie de notre collection.

---

1. *Osservaz. sopra i cimit.*, p. 506, tav. 4, n° 37.

2. Voyez Licetus, *De annulis antiquis*, c. XXIX, p. 147, sqq. Utini, 1645. — Nicolaus, *De siglis veterum*, c. XLIV, p. 290, sqq. Lugduni Batavorum, 1703. — Casalius, *De insignibus, annulis, fibulis*, etc., c. III, apud Gronovium, *Thesaur. græc. antiquit.*, t. IX, p. 911.

3. L. II, c. 2. — Voyez aussi les commentaires de Justus-Lipse sur ce passage de Tacite, p. 33. Antuerpiæ, 1589.

4. Voyez Boldetti, *Osservaz. sopra i cimit.*, p. 354.

5. *Ibid.*, p. 548, tav. 9.

6. *Ibid.*, p. 502, tav. 3, n° 25.

7. Voyez Mamachi, *Orig. antiq. christ.*, t. III, p. 81. Cet auteur cite une gemme du musée Vettori sur laquelle est gravée l'image d'Orphée. — Voyez aussi nos notes descriptives, p. 30, pl. XX.

8. Cette lampe a été publiée par Mamachi (*Ibid.*, p. 78), et par Bottari (*Scult. e pittur.*, t. III, p. 77).

9. *Le antiche lucerne*, parte III, p. 10, tav. 29. — *Demonstratio hist. eccles.*, t. I, part. II, p. 380.

10. *Raccolta d'opuscoli scient. e filolog.*, t. XLI, p. 246, I, 19.

11. *Vetri antichi*, tav. IV.

12. Casalius, *De veter. christian. ritibus*, p. 185. Romæ, 1647.

13. Bosio, *Roma sotterr.*, p. 335 et 443. — Notre III° vol., pl. LII.

14. Nous aimons à signaler ici deux petits monuments très-rares : ce sont deux formes en terre cuite, dont les chrétiens se servaient pour tirer des figures de palmes et de monogrammes (D'Agincourt, *Recueil de fragments de sculpture antique en terre cuite*, pl. XXXIV, n° V). Cet auteur dit que ces objets étaient conservés au musée chrétien du Vatican.

L'ampoule n° 7 provient du cimetière de Saint-Calixte; elle est accompagnée de la palme et des mots SA SATVRNII. Nous avons publié les n°° 1, 2 et 7 d'après les dessins de Boldetti [1].

LAMPES EN TERRE CUITE

Planche XIX. — N° 1'. Lampe ornée d'une rosace.

N° 2'. Lampe offrant la figure grossière d'un cheval au galop, symbole, selon Mamachi [2], de l'ardeur avec laquelle les chrétiens doivent embrasser la vérité de l'Évangile.

N° 3'. Lampe ornée d'une coquille.

N° 4'. Petit meuble en terre cuite en forme de tour. Les faces latérales du pied sont légèrement échancrées. Trois d'entre elles sont ornées d'une couronne au milieu avec quatre palmes disposées en diagonales. Une lampe à deux becs est adaptée à la quatrième face, qui est ornée d'une palme seulement. La partie supérieure est creusée en petit bassin circulaire. Bosio [3] a publié un monument qui a presque la même forme et qui, selon lui, aurait été destiné à contenir le sang ou les reliques de quelque martyr.

Sandelli [4] donne sur un petit meuble, également en forme de tour et en argile, des détails d'un très-grand intérêt. Il dit qu'on l'a trouvé dans un cimetière de Rome et qu'il était destiné à conserver la sainte Eucharistie; et il en fait la description d'après un dessin qui lui fut envoyé par le chevalier Jean Passeri. Celui-ci affirme qu'il a recueilli plus d'une fois des fragments de semblables petites tours dans les Catacombes. Quelques-unes portaient encore adhérentes à leurs parois, ou appuyées à leurs flancs des lampes en bronze ou en argile, afin de rendre un honneur perpétuel à l'auguste sacrement. « Or il n'est pas étonnant, ajoute-t-il, que l'on rencontre de nombreux débris de ces vases, ou petits meubles, précisément dans les lieux où les premiers chrétiens se réfugiaient durant leur vie et recevaient la sépulture après leur mort. »

Si l'opinion de Sandelli ne paraît pas assise sur des preuves irréfragables, elle se rattache du moins à un fait qu'on ne saurait révoquer en doute, l'usage de conserver la sainte Eucharistie, qui remonte aux premiers siècles de l'Église. Les fidèles avaient chez eux une petite arche, boîte ou coffret pour y garder respectueusement le pain sacré, lorsqu'on leur permettait de l'emporter dans leurs maisons. Plusieurs Pères de l'Église parlent de cette coutume [5] et mentionnent le petit coffret dans lequel chacun conservait le précieux dépôt qui lui était confié [6].

N° 5'. Lampe perlée.

N° 6'. Lampe ornée de losanges et pourvue d'une anse, qui servait à la suspendre.

OBJETS DIVERS

Planche XX. — N°° 1, 3, 11 et 13. Fragments de briques sigillées, trouvés dans divers cimetières en 1849. La plupart de ces fragments indiquent la date de leur fabrication, ainsi que le nom du fabricant.

Le n° 1 porte dans le premier cercle : OP. DOL. EX PRAED AVG. N. FIGL; dans le second : DOMITIANAS MINOR; dans le troisième : un buste. Cette inscription peut se lire ainsi : *opus doliare ex praediis Augusti nostri; figulinas Domitianas minores.*

Le n° 3 porte dans le premier cercle, OP. D. DORYPHOR. DOMIT. P. F. LVCILL [7]; dans le second, PAET ET APRO COS; il doit se lire ainsi : *opus doliare Doryphori, (servi) Domitiae, Publii filiae, Lucillae, Paetino et Aproniano consulibus.*

Le n° 11 fait voir dans le premier cercle, EX. FIG. Q. AS.....; dans le second, C. NVNNIDI FORTV....., et dans le troisième, PAET. ET APRO. COS. Il doit se lire ainsi : *ex figlina Quinti As[inii Marcelli, opus doliare] Caii Nunnidii Fortu[nati], Paetino et Aproniano consulibus* [8].

Quintus Arrius Paetinus et *Caius Ventidius Apronianus* furent consuls sous Hadrien, en 123. Un savant de notre connaissance, et peut-être n'est-il pas seul de cette opinion, pense que les briques sigillées portant une date consulaire, qui ferment un grand nombre de *loculi*, ont été employées à cet usage, afin de marquer la date de la mort des personnages, et surtout des martyrs ensevelis dans ces *loculi*. Il y a lieu de regretter que les antiquaires romains n'aient pas assez remarqué les tombes et les quartiers des cimetières chrétiens, d'où ont été tirées les briques de ce genre qu'ils ont publiées : ces observations auraient pu servir à éclaircir plusieurs points de la chronologie des martyrs.

Le n° 13 a dans le premier cercle le nom CLAVDIANA [9]; dans le second, le monogramme du Christ [9].

N° 2. Ampoule de verre avec le sang d'un martyr. Nous la publions d'après Boldetti [10] qui l'a trouvée dans le cimetière

---

1. *Osservaz. sopra i cimit.*, p. 187, tav. 1, n°° 1, 2 et 3. Cet auteur a donné une série d'ampoules, p. 149, seg., tav. 1, 2, 3, 4, 5, 6, 7, 8. — Voyez aussi Bosio, *Roma sotterr.*, p. 199, 159, et notre notice sur les ampoules, page 104.

2. *Orig. antiq. christ.*, t. III, p. 89.

3. *Roma sotterr.*, p. 209.

4. Apud Perrone, *Praelect. theolog.*, t. VI, *Tract. de Euchar.*, c. III, p. 240, not. 7. Lovanii, 1841.

5. Tertul., *Ad uxor.*, l. II, c. V; *De orat.*, c. XIV.

6. S. Cypr., *De lapsis*, l. II, p. 214. Antuerpiae, 1568. — Voyez aussi les actes de saint Indes et de sainte Dooma (Surius, *Vitae sanctor.*, die 26 decembr.). On y lit que le juge païen ayant fait une perquisition dans la maison des saints martyrs, y trouva entre autres choses une image de la croix, une lampe, un encensoir en argile et une petite arche de bois où ils avaient déposé l'oblation sainte à laquelle ils participaient. — On peut consulter sur la liturgie relative à la sainte Eucharistie, Pelliccia, *De christ. Eccles. politia*, t. III, dissert. I; et Perrone, *Praelect. theolog.*, t. VI, *Tract. de Euchar.*, c. III, p. 230, sqq.

7. Le P et l'H du mot DORYPHOR sont liés.

8. Voyez dans Muratori (*Nov. thes. Inscript.*, p. 321, n° 11) un autre exemplaire complet de la même brique.

9. On peut voir dans Fabretti (*Inscript.*, p. 496, sqq.) et dans Boldetti (*Osservaz. sopra i cimit.*, p. 528, seg.), un grand nombre d'inscriptions de briques sigillées.

10. *Osservaz. sopra i cimit.*, p. 154, tav. 6.

de Saint-Calixte. De chaque côté est figurée une colombe dans une cage tout entourée de palmes.

N° 4°. Statuette en ivoire. On l'a découverte en 1849 au cimetière de Sainte-Cyriaque, enchâssée dans le ciment près d'un tombeau. Elle fait partie de notre collection.

N° 5°. Épingle en argent à six faces, du cabinet de M. l'abbé Greppo. Sur la première face on lit : ROMVLA; sur la troisième : VIVAS IN DEO; sur la cinquième : SEMPER.

N° 6°. Vase en terre cuite du cabinet de M. Lenoir. On l'a trouvé en 1830 dans le cimetière de Sainte-Cyriaque. Sur chaque côté est représenté un chrétien en prière. Nous pensons que ce gracieux petit vase, qui n'a pas de pied, se portait au cou à l'aide d'un cordon passé dans les anses.

N° 7. Médaillon en métal trouvé dans le cimetière de Saint-Pontien. Il a été publié par Ciampini et par Buonarruoti [1]. Au centre se montre la figure principale, celle du Bon Pasteur; une brebis est sur ses épaules, deux autres sont à ses pieds. Autour de cette figure sont groupés divers sujets de l'Ancien Testament, en quatre compartiments distincts. Dans le premier se voient Adam et Ève, Noé dans l'arche, Jonas sous la cucurbite; dans le second, le sacrifice d'Abraham, Daniel au milieu des lions [2]; dans le troisième, Moïse frappant le rocher, Samson emportant les portes de Gaza, figure du Sauveur qui a ouvert les portes de l'enfer et est ressuscité glorieux et immortel [3]; dans le quatrième, Jonas englouti, et Jonas rejeté par le monstre marin.

N° 8. Peigne en ivoire, qui a été trouvé fixé à un tombeau. Les mots EVSEBI. ANNI, qu'on y lit, indiquent sans doute qu'il a appartenu à *Eusebius Annius*.

Le peigne était l'un des objets que l'on plaçait dans les tombeaux soit des hommes, soit des femmes. C'est d'ailleurs un fait avéré par de nombreux témoignages d'écrivains ecclésiastiques, que les peignes d'ivoire faisaient partie du mobilier de la primitive Église, d'après l'usage où étaient les prêtres de peigner leurs cheveux, avant d'approcher de l'autel [4].

N° 9°. Ampoule en verre trouvée dans un cimetière. Elle appartient au musée de Besançon.

N° 10. Épingle en ivoire. C'est une de ces épingles qui servaient à la coiffure des femmes. Elle se termine par une tête de femme coiffée à la mode romaine du temps d'Hadrien. Nous avons reproduit cette épingle et le peigne d'après les dessins de Boldetti [5].

N° 12°. Coupe en terre cuite trouvée au cimetière de Saint-Sébastien. Elle est au musée de Besançon.

FRAGMENTS DE VASES EN VERRE

PLANCHE XXI. — Tous ces fragments sont des fonds de coupe dont les bords ont été brisés.

N° 1 [6]. Ce fragment, qui a été trouvé dans un cimetière, représente la Sainte Vierge nimbée, sous la figure d'une orante, entre deux arbres revêtus de leur feuillage, et qui, selon l'interprétation de Buonarruoti [7], signifient les délices du paradis. Le nimbe joint au nom de MARIA ne laisse aucun doute sur l'intention de l'artiste. Au-dessus des épaules de la Sainte Vierge se voient deux colombes.

Le n° 7° offre une analogie frappante avec le n° 1, quoique le nom y soit défiguré : MARA.

N° 2°. Ce fragment représente le buste de saint Paul, PAVLVS.

N° 3°. Bustes de saint Pierre et de saint Paul PETRVS PAVLVS, sur un fond d'azur [8]. Une triple couronne de laurier, ornée de bandelettes, surmonte leurs têtes. Dans ces profils, on reconnaît les traits principaux du type traditionnel [9] des deux apôtres : la touffe de cheveux sur le haut du front de saint Pierre, ainsi que le front chauve, le nez droit et allongé de saint Paul. Les deux apôtres sont représentés sans le glaive et sans les clés, attributs qui n'ont été adoptés pour les désigner qu'à une époque bien postérieure aux persécutions [10].

Il faut remarquer que dans ce dessin, comme dans presque tous les autres, saint Pierre occupe la droite [11]. Cette circonstance est importante à observer, parce qu'elle dénote de la manière la plus certaine l'antiquité du monument [12]. Ce fut, en effet, seulement beaucoup plus tard, que les mosaïques quelquefois et toujours les sceaux pontificaux [13], s'écartèrent de cet usage, pour des raisons qui ont longtemps exercé la sagacité des interprètes de l'iconographie chrétienne [14].

N° 4°. Buste d'homme avec les mots : S·PELORI·PIE ZEZE[S].

Le n° 5, qui a été publié par Bottari [15], représente le buste d'un grave personnage, revêtu du costume des empereurs, tel qu'on le voit sur les bas-reliefs de la colonne Trajane et sur ceux de la colonne Antonine. Ce personnage ne peut donc être que d'un rang très-élevé. Sa tunique est blanche; sa chlamyde [16]

---

1. *De duobus emblematibus*, p. 4. Rome, 1601. — *Vetri antichi*, tav. I, n° 1.

2. Bottari (*Scult. e pittur.*, t. II, p. 26) a publié un médaillon en métal du musée du Vatican, qui est très-remarquable. Daniel y est représenté vêtu, agenouillé entre deux lions, et les bras étendus dans l'attitude de la prière. Le prophète Habacuc lui apporte de la nourriture.

3. S. Aug., *Serm.* CCCLXIV; t. V, pars II, col. 1649. Éd. Migne. — Greg. M., *Homil.* XXI; t. II, col. 1172. Éd. Migne. Le même sujet se trouve représenté sur une peinture (Bosio, *Roma sotterr.*, p. 367, II).

4. Voyez sur cet usage l'*Hierolexicon* de Macri, au mot *Pecten*, p. 402.

5. Observez, *supra i cimit.*, p. 509, tav. 3, n° 21 et 24.

6. Ce verre a été publié par Aringhi (*Roma subterr.*, t. II, p. 680).

7. *Vetri antichi*, p. 423.

8. Les premiers chrétiens ornaient aussi de ces figures vénérables leurs lampes sépulcrales. (Voyez d'Agincourt, *Recueil de fragments de sculpture antique en terre cuite*, pl. XXIV, n° 3.)

9. Voyez p. 23 l'explication de la pl. II, où sont aussi représentés saint Pierre et saint Paul.

10. Buonarruoti, *Vetri antichi*, p. 99. — Raoul-Rochette, *Tableau des Catacombes de Rome*, p. 268.

11. Voyez vol. IV, pl. XXVI, n° 42 et 43; pl. XXVIII, n° 65; pl. XXXII, n° 101; pl. XXXIII, n° 114 et 115; vol. V, pl. XI, n° 1.

12. Mamachi, *Orig. antiq. christ.*, t. V, p. 476, sqq.

13. Idem, *ibid.*, t. V, p. 503, sqq.

14. Mulanus, *De hist. ss. imag. et pictur.*, p. 300, sqq. Lovanii, 1771.

15. *Scult. e pittur.*, t. II, frontispicio.

16. On peut consulter sur la chlamyde l'ouvrage d'Albertus Rubenius, *De re vestiaria*, apud Graevium, *Thesaur. antiq. rom.*, t. VI; et celui de Lens, *Le costume des peuples de l'antiquité prouvé par les monuments*. Dresde, 1785.

est d'or, bordée d'une frange, et agrafée sur l'épaule droite. D'une main il tient le style; de l'autre, un *volumen*, sur lequel il trace des caractères. Sur les deux montants du siége où il est assis sont deux figures de femme à tête nimbée. Devant l'une d'elles est une figurine à genoux.

Il est à regretter qu'il n'y ait rien d'intelligible ni dans les caractères du *volumen*, ni dans l'inscription qui entoure le dessin, sinon les mots PIE ZESES, qui sont précédés des lettres IOCE.

Ce dessin est bien supérieur aux autres, et sa belle exécution non moins que le costume des personnages qui y sont représentés, semble lui assigner une haute antiquité. La bordure est fort remarquable : elle forme deux cercles, l'un à losanges de couleur rouge, l'autre à feuillage d'or sur fond d'azur.

N° 6. Buste de Notre-Seigneur à tête nimbée : le nom CRISTVS est écrit autour [1].

Le nimbe est un ornement presque toujours circulaire qui entoure la tête. Les artistes chrétiens l'ont adopté, pour peindre la gloire de Dieu, des anges et des saints. Il rappelle les rayons lumineux dont la face de Moïse était environnée, lorsqu'il descendit du mont Sinaï [2]. Le nimbe crucifère fut réservé au Dieu Sauveur comme signe de distinction [3].

Sur les verres qu'on a trouvés dans les Catacombes et qui datent, comme on sait, de l'ère des persécutions, Notre-Seigneur et la Sainte Vierge sont représentés tantôt avec le nimbe [4], tantôt sans le nimbe [5]. L'usage d'orner du nimbe les images des anges, des apôtres, et des autres saints ne devint pas général avant le viie siècle; mais on en trouve des exemples antérieurs à cette époque [6]. Nous renvoyons pour de plus grands détails à l'ouvrage de Buonarruoti [7].

N° 8. Un serpent entrelacé au tronc d'un arbre; quatre pommes dans le champ. C'est l'image du tentateur.

N° 9. Fragment avec l'acclamation VITA TIBI [8]. C'est un des souhaits qu'on inscrivait sur les coupes en verre.

FRAGMENTS DE VASES EN VERRE

PLANCHE XXII. — Le n° 10 représente sept bustes dans autant de médaillons disposés circulairement, et une figure en pied. Le buste gravé dans le médaillon du milieu paraît être celui d'une femme; les six autres sont ceux de jeunes hommes, et la figure en pied, celle d'un enfant.

Buonarruoti [9] qui a publié ce verre, y voit la représentation des sept frères Machabées et de leur mère, ou celle de sainte Félicité et de ses sept fils.

N° 11. Une femme voilée, priant à genoux.

N° 12 [10]. Deux personnages en pied, vêtus de la tunique et du manteau. L'un est désigné par le nom de LAVRENTIVS; l'autre par celui de CRIPRANVS; ce dernier nom est peut-être celui de saint Cyprien, altéré par l'ignorance de l'artiste. Chacun de ces personnages tient de la main gauche un *volumen*, sur lequel il pose la main droite. Un autre *volumen* est à leurs pieds. Une couronne est placée entre les deux têtes, au-dessus du monogramme du Christ.

Entre les deux filets gravés autour du verre on lit cette inscription : HILARIS VIVAS CVM TVIS FELICITER SEMPER REFRIGERIS IM PACE DEI. C'est encore un des souhaits qu'on inscrivait sur les coupes des agapes.

N° 13. Buste de femme avec cette inscription en partie effacée : T EHANEVIVIV.

N° 14. Personnage en pied, vêtu d'une tunique et d'une chlamyde à franges, comme celui qui est représenté au n° 5 de la planche XXI. Il porte un large pantalon. Son attitude est remarquable : il tient de la main gauche un *volumen*, et de la droite, une longue canne à pommeau, qui semble le signe du commandement. Une équerre pend à sa ceinture.

Des deux côtés sont dessinées six figures représentant des ouvriers dans l'exercice de leur profession, qui paraît être la même pour tous. Il n'est pas sans intérêt de remarquer les outils qu'ils ont à la main et qui étaient en usage à cette époque. Ces ouvriers sont jeunes, excepté le dernier qui est au bas, à droite, et qui semble occupé de la construction d'une carène. Près de l'un de ces ouvriers, se tient debout, le génie des arts, symbolisé par la figure de Minerve. Autour du verre, on lit l'inscription : DEDALI·ISPES·TVA.... PIE·ZESES. Il est à regretter que la vétusté l'ait rendue incomplète : peut-être aurait-on pu mieux saisir la pensée qu'elle exprime.

Le nom DEDALI est probablement celui du personnage auquel ce vase a été offert; le petit tableau que nous venons de décrire, et qui rappelle le Dédale de la mythologie, serait alors une seconde expression figurée de ce nom. Malgré cette allusion, et la présence d'une figure de Minerve, ce verre est chrétien, comme le prouve l'acclamation si commune aux agapes : PIE·ZESES. Il surpasse les autres en dimension et ne le cède, pour l'exécution, qu'au verre n° 5 de la planche XXI.

N° 15. Un homme et une femme couronnés par Notre-Seigneur, avec ces mots : PIE ZESVS.

N° 16. Un chasseur, un cheval, un cerf poursuivi par deux chiens. Ce verre a été publié par Buonarruoti [11].

N° 17. L'apôtre saint Pierre, PETRVS.

N° 18. Ce verre, qui a été découvert en 1688 dans le cimetière de Saint-Pontien, représente un âne, expression figurée,

---

1. Ce verre a été publié par Aringhi, *Roma subterr.*, t. II, p. 689. On peut voir dans une collection de verres fort remarquables, mais mal reproduits, l'image de Jésus-Christ plusieurs fois représentée avec le nom CRISTVS (*Museum Sanclementianum*, t. III, tab. XLI, n° 1, et XLII, n°s 7 et 9. Roma, 1808).

2. *Exod.*, c. XXXIV.

3. Durand., *Rat. divin. offic.*, l. I, c. III, n° 20. Lugduni, 1672.

4. Vol. IV, pl. XXI, n°s 6 et 7; pl. XXV, n° 36; pl. XXXIII, n° 102.

5. Vol. III, pl. XIV, n° 3, titre; vol. IV, pl. XXIX, n° 70.

6. Campini, *Veter. monim.*, t. 1, p. 184. — Voyez notre IIe vol., pl. L.

7. *Vetri antichi*, p. 59. Cet auteur parle des différentes couleurs données au nimbe (p. 63).

8. Ce verre a été publié par Vettori, *Sanctorum septem dormientium historia*, p. XXIII. Roma, 1744.

9. *Vetri antichi*, p. 140, tav. XX, n° I, C.

10. Ce verre a été publié par Buonarruoti (*Vetri antichi*, tav. XX, n° 2, C).

11. *Vetri antichi*, tav. XXIV, n° 3.

 CATACOMBES DE ROME.

suivant toute apparence, du nom d'un personnage : ASINVS[1]. Nous venons de signaler, dans la description du verre n° 14*, une allusion du même genre; on pourrait en citer de nombreux exemples : c'est ainsi qu'une ancre et des poissons rappellent le nom d'une femme nommée *Maritima*[2]; que l'image d'une petite truie accompagne l'épitaphe d'une autre femme appelée *Porcella*[3]; que la figure d'un onagre se trouve sur l'inscription d'un certain *Onager*[4]; qu'un lion est gravé au-dessous de l'inscription d'un chrétien portant le nom de *Pontius Leo*[5]; qu'une petite chèvre est figurée à côté de l'épitaphe d'une jeune fille nommée *Capriola*[6]; qu'enfin, l'inscription suivante, trouvée dans les Catacombes de Naples, avait pour ornement une fleur, sans doute par allusion au mot FLORE, qui la termine :

HIS. IAHVARI. MARTYR
S. AETERHO. FLORE.[7]

FRAGMENTS DE VASES EN VERRE

PLANCHE XXIII. — N° 19. Sainte Agnès |A]GHE, dans l'attitude d'une orante. Elle porte une longue tunique et un manteau agrafé sur la poitrine; sa tête est ornée d'une mitrelle[8]. On voit dans le champ, sur des piédestaux, deux colombes tenant chacune au bec une couronne, dont les linéaments sont presque effacés. Ces couronnes rappellent la double gloire du martyre et de la virginité :

Duplex corona est præstita martyri
Intactum ab omni crimine virginal
Mortis deinde gloria libera[9].

Du temps de Buonarruoti[10] on lisait le mot ANGHE. Le n° 20 représente deux personnages avec cette acclamation à l'entour : MAXIMA·VIVAS·CVM DEX....; les lettres TRO qui complétaient le dernier mot, se voyaient encore du temps de Buonarruoti[11]. Ces personnages, suivant lui, sont deux époux. C'était la coutume chez les anciens de figurer sur les coupes du festin les images du père et de la mère de famille. Les premiers chrétiens durent conserver dans leurs agapes cet usage domestique si respectable.

La coiffure ondulée de l'épouse et le *segmentum* qui orne son vêtement méritent d'être remarqués[12].

N° 21*. Fragment de verre trouvé le 26 février 1849, dans le cimetière de Saint-Sixte, avec le vase de sang, auprès de la tombe d'un martyr, et déposé maintenant à la custode des reliques du palais Quirinal. Ce verre à demi brisé représente un personnage assis, le bras levé et dans l'attitude d'un orateur. La lettre Я qui doit être un P dans la position inverse du verre, et les cinq empreintes d'un cachet en forme de plante de pied[13], qui se trouvent dans le ciment où était enchâssé le vase de sang, et sur chacune desquelles est le nom PAVLI, ont fait penser que Paul était le nom du martyr.

N° 22*. Ce fragment offre la figure d'un seul des deux apôtres Pierre et Paul; mais il devait les représenter tous les deux, comme l'indiquent les noms PETRVS, PAVLVS inscrits dans un cartel au-dessus d'une colonne.

La figure reproduite dans ce dessin est probablement celle de saint Paul, parce qu'elle est à gauche et qu'elle a les traits caractéristiques de cet apôtre.

FRAGMENTS DE VASES EN VERRE

PLANCHE XXIV. — Les n°* 23* et 29* représentent l'arche d'alliance. Les portes du tabernacle sont ouvertes; elles laissent voir dans le premier verre neuf *columna*, et dans le second, six.

De chaque côté de l'arche n° 23, se trouve une colombe posée sur un globe. Au-dessous de l'arche s'élève tout allumé le candélabre à sept branches, qui était, suivant les Pères de l'Église[14], la figure de Jésus-Christ. A droite et à gauche de ce luminaire reposent deux lions, images de ceux qui ornaient le trône de Salomon. Autour du candélabre, on distingue plusieurs objets, tels que la corne destinée à contenir l'huile sacrée, le vase où se conservait la manne, la palme attribut de la Judée. Quant à la tige qui sort d'une racine, elle paraît représenter la verge d'Aaron.

Dans le n° 29, l'arche est entre deux rideaux. Les lions sont placés à droite et à gauche avec un *volumen* entre leurs pattes. Au-dessous de l'arche s'élèvent deux candélabres à sept branches allumées, et près d'eux, les mêmes objets dont nous avons parlé ci-dessus. Seulement il y a deux vases pour la manne.

Dans la partie supérieure du dessin on lit : PIE ZESIS ELARES. Ces vases peuvent avoir appartenu à des juifs devenus chrétiens.

N° 24. Une corbeille dans un octogone, publiée par Buonarruoti[15].

N° 25. Une couronne avec cette inscription dans le milieu : CEHA BEHANTI ET CLAVDIAHI QVI SE CORONABERIH BIBAH, laquelle doit se lire ainsi : *Cœna Venantii et Claudiani. Qui se coronaverin[t] biban[t].*

1. *Vetri antichi*, p. 74, tav. IX, n° 4. — Boldetti, *Osservaz. sopra i cimit.*, p. 205, tav. 8, n° 27.
2. Boldetti, *Osservaz. sopra i cimit.*, p. 372.
3. Idem, *Ibid.*, p. 376.
4. Idem, *Ibid.*, p. 498.
5. On voit cette inscription dans la galerie du Vatican.
6. Voyez notre Ve vol., pl. V, lettre M.
7. Pellicia, *De christ. Eccles. politia*, t. III, p. 248.
8. Buonarruoti, *Vetri antichi*, p. 123.

9. Prudent., *Peristeph.*, *Hymn.* XIV.
10. *Vetri antichi*, tav. XVIII, n. 3. — Boldetti, *Osservaz. sopra i cimit.*, p. 14, tav. 1, n. 2.
11. *Vetri antichi*, p. 151, tav. XXIV, n° 1.
12. Voyez ci-après les notes descriptives du n° 72.
13. Voyez les notes descriptives, p. 111, vol. IV, pl. XI, n° 4.
14. Clem. Alex., *Stromat.*, l. V, p. 666. Oxonii, 1715. — Greg. M., t. II, l. I in Ezech., *Homil.* VI, p. 93. Paris, 1586.
15. *Vetri antichi*, tav. VIII, n° 3.

Ce vase de verre a été trouvé teint de sang, au cimetière de Saint-Calixte, comme le rapporte Boldetti[1], qui l'a publié avant nous.

Nous avons déjà fait observer que les chrétiens se servaient souvent, sans doute à défaut d'autres, d'objets qui avaient été à l'usage des païens[2]. Tel paraît avoir été le verre dont a fait partie ce fragment.

N° 26 *. Saint Pierre et saint Paul assis, PETRVS, PAVLVS. Les deux apôtres tiennent chacun un *volumen* à la main, sans doute le livre de leurs épîtres. Ils paraissent s'entretenir ensemble. Autour du médaillon se voient quatre autres *volumina*, probablement les quatre Évangiles.

N° 27. Jonas sous la cucurbite. Ce verre a été publié par Mamachi et par Vettori[3].

N° 28 *. Multiplication des pains. Notre-Seigneur tient une verge à la main ; il est vêtu d'une tunique et d'un manteau. Dans le champ se voient sept vases[4].

N° 30. Le même sujet, mais dans de plus petites dimensions ; Buonarruoti l'a publié[5].

N° 31 *. Deux époux et deux enfants avec cette acclamation : CARITOSA VENANTI VIVATIS IN DEO. On voit dans le champ une rose et une flamme. Les cheveux de l'épouse sont ondulés et présentent une touffe au-dessous de chaque oreille.

FRAGMENTS DE VASES EN VERRE

Planche xxv. — N° 32 *. Une famille composée du père, de la mère et des deux enfants. On lit à l'entour, avec leurs quatre noms, l'acclamation AMADA E ABAS MARA GERMANVS VIVAS...

N° 33. Le jeune Tobie avec le poisson[6] sur fond d'azur.

Les chrétiens devaient choisir d'autant plus volontiers cette représentation, qu'elle servait à rappeler en même temps et le signe mystique du poisson, et le baptême dont le poisson est souvent le symbole.

N° 34 *. Deux athlètes luttant au pugilat. Leurs mains sont garnies de cestes. Un gymnasiarque est au milieu, tenant à la main une palme destinée au vainqueur. On lit autour du verre le nom d'ASELLVS, celui de ZENVARVS et le C initial d'un autre nom, peut-être de CONSTANTIVS, qui se lit avec ASELLVS sur le n° 52, où se trouve figuré un sujet analogue à celui-ci.

Nous faisons ici la même observation que pour le n° 25.

N° 35 *. Noé dans l'arche[7] sur fond d'azur. Il semble tendre les bras vers la colombe. Il est représenté sous la figure d'un jeune homme. Il faut remarquer qu'on rencontre souvent dans les Catacombes les saints[8] et les patriarches eux-mêmes[9], sous les traits de jeunes hommes, pour marquer probablement l'immutabilité de leurs vertus, de leur bonheur et de leur gloire[10].

N° 36 *. Résurrection de Lazare. Notre-Seigneur tend la main vers le sépulcre ; il est vêtu d'une tunique et d'un manteau ; sa tête est nimbée. Lazare est enveloppé de bandelettes.

N° 37. Lazare au tombeau sur fond d'azur. L'artiste a figuré un sépulcre avec une porte à deux battants, au lieu d'une grotte fermée avec une pierre[11].

N° 38 *. Saint Simon et saint Jean. Les deux apôtres sont assis ; l'un d'eux porte à la main un *volumen* ; c'est sans doute saint Jean tenant ses écrits. Une couronne entoure leurs noms : SIMON-IOHANES, peut-être pour IOHANES.

N° 39. Un jeune homme nu et debout, dans l'attitude de la prière. C'est probablement l'un des trois jeunes Hébreux dans la fournaise. Buonarruoti[12] croit que c'est Daniel.

N° 40 *. Buste d'homme avec cette acclamation à l'entour : HILARES-OMNES SERBVLE-PIE ZESES.

FRAGMENTS DE VASES EN VERRE

Planche xxvi. — N° 41. Sainte Agnès entre deux arbres, dans l'attitude d'une orante. On lit au-dessus de sa tête AGNE[13].

N° 42. Autre figure de sainte Agnès, dans l'attitude d'une orante, entre saint Pierre et saint Paul. Chacun de ces personnages a son nom inscrit au-dessus de sa tête : AGNE PETRVS PAVLVS.

---

1. *Osservaz. sopra i cimit.*, p. 124, tav. 3, n. 1.

2. Voyez Marangoni, *Cose gentilesche*, c. LXX, p. 370.

3. *Orig. antiq. christ.*, t. 1, p. 255. — *Sanctorum septem dormientium historia*, p. 55. — Voyez nos notes descriptives, p. 44, vol. I, pl. LXVII. — Le type de Jonas qui est reproduit si fréquemment dans les peintures et sur les sarcophages (Bottari, *Scult. e pittur.*, t. I, tav. XXXVII, XLII ; t. II, tav. LXXXIV, LXXXV ; t. III, tav. CXXXI, CXXXVII), est rare sur les tablettes destinées à fermer les niches funéraires (vol. V, pl. XL., n° 132 ; pl. LVII, n° 7). Il se rencontre aussi sur les lampes (Vettori, *Sanctorum septem dormientium historia*, p. 53. — Bartoli, *Le antiche lucerne*, part. III, tav. 30). Le dernier exemple se fait remarquer par le monogramme qui se trouve au milieu d'une couronne formée par la cucurbite.

4. Voyez nos notes descriptives, p. 31, vol. 1, pl. XXVII.

5. *Vetri antichi*, tav. VIII, n° 2.

6. Ce sujet se retrouve dans les peintures. Outre celles que nous avons données, nous en citerons une de Bottari (*Scult. e pittur.*, t. II, tav. LXV), et une de d'Agincourt (*Hist. de l'Art. Peinture*, t. V, pl. VII, n° 3).

7. Ici l'arche a la forme d'un coffre carré : c'est ainsi qu'elle est presque toujours représentée dans les peintures ou bas-reliefs des Catacombes. Seulement on la voit tantôt s'arrêtant sur un rocher (le mont Ararat) (Bosio, *Roma sotterr.*, p. 529), tantôt voguant sur les eaux (Idem, *ibid.*, p. 381). Bosio (*ibid.*, p. 531) donne une peinture où l'arche, figurée sous une forme circulaire, est ornée de têtes de lions et repose sur des pieds. Dans une autre peinture se voient deux colombes (Idem, *ibid.*, p. 343). Enfin nous citerons un sarcophage où Noé semble présenter de la nourriture à la colombe (Idem, *ibid.*, p. 99).

8. Voyez vol. 1, pl. VII, XXV ; vol. II, pl. L ; vol. IV, pl. XXXII, n° 99.

9. Vol. 1, pl. XXIII et XXIV.

10. S. Chrysost., t. IV, *Homil. X, in Epist. ad Rom.*, c. VI, p. 127. Paris, 1636.

11. *Joan.*, XI, 38. — Buonarruoti (*Vetri antichi*, tav. VII, n° 3) a publié ce verre. — La grotte est figurée dans une peinture du cimetière de Saint-Hermès (Bottari, *Scult. e pittur.*, t. III, tav. CLXXVII, n° VII). Dans une autre peinture (Idem, *ibid.*, t. III, tav. CLXXXVI, n° V) Lazare est debout, et le tombeau n'est pas représenté. Sur les sarcophages on voit souvent à côté de Notre-Seigneur, Marthe seule (Idem, *ibid.*, t. I, tav. XXXVI ; t. II, tav. XLIX, n° 1, tav. LXXXV), et quelquefois Marthe accompagnée de Marie, sa sœur (Idem, *ibid.*, t. I, tav. XLII). Enfin sur le sarcophage de Junius Bassus (Idem, *ibid.*, t. I, tav. XV) Jésus-Christ ressuscitant Lazare, est figuré par un agneau.

12. *Vetri antichi*, p. 18, tav. II, n° 3.

13. Ce verre a été publié par Buonarruoti, *Vetri antichi*, tav. XXI, n° 1.

N° 43. Bustes de saint Pierre et de saint Paul, PETRVS PAVLVS, couronnés par Notre-Seigneur.

N° 44. Buste de saint Calixte, CALLISTVS publié par Boldetti[1].

N° 45. Saint Sixte et saint Timothée couronnés par Notre-Seigneur[2]. Les deux saints sont assis. Leurs noms sont inscrits près d'eux : SVSTVS. TIMOTEVS.

N° 46. Buste de saint Paul, PAVLVS, publié par Buonarruoti[3].

N° 47 *. Bustes de deux époux couronnés par Notre-Seigneur, avec l'acclamation : IVCVNDE CVRACE ZESES.

N° 48 *. Fragment d'une figure nimbée dans l'attitude de la prière, avec une croix et une palme.

N° 49. Bustes de deux époux. Une colonne surmontée d'une couronne s'élève au milieu d'eux. Les deux *volumina* à droite et à gauche représentent peut-être le *calendarium*, ou le contrat matrimonial, dont il est fait mention dans les écrits des Pères de l'Église[4].

FRAGMENTS DE VASES EN VERRE

PLANCHE XXVII. — N° 50. Trois figures qui sont la personnification des monnaies d'or, d'argent et de bronze, telles qu'on les voit sur quelques médailles impériales. Chaque personnage tient la balance d'une main, la corne d'abondance de l'autre. A leurs pieds sont des masses de métal d'or, d'argent et de cuivre. Du temps de Buonarruoti[5], on voyait des deniers répandus dans le champ.

Le même auteur[6] dit qu'on représentait les monnaies, ainsi personnifiées, sur des coupes dont on faisait des présents appelés *xenia*.

Dans le champ on lit : GAS VIVAS. A l'époque où Buonarruoti[7] a publié ce verre, on y lisait encore HVGAS VIVAS.

N° 51 *. Un discobole.

N° 52. Deux lutteurs et avec eux probablement un gymnasiarque, avec leurs noms : ASELLVS ILARVS CONSTANTIVS.

Voyez le n° 34, planche XXV.

N° 53. Image de Notre-Seigneur avec deux étoiles, sur un fond d'azur. Il tient de la main gauche un livre ouvert ; le geste de la main droite semble indiquer qu'il porte la parole. Ses vêtements sont argentés, tandis que tout le reste du dessin est doré.

L'inscription A SAECVLARE BEHEDICTE PIEZ qu'on lit autour du médaillon, doit, selon Ciampini[8] qui a publié ce verre, se compléter de la manière suivante A[HHO] SAECVLARE BEHEDICTE PIE Z[ESES]. Elle rappellerait l'année 247 de notre ère, où furent célébrés les jeux séculaires sous le règne de l'empereur Philippe, qu'un grand nombre d'auteurs croient avoir été chrétien.

Suivant Buonarruoti[9], le mot BEHEDICTE pourrait se rapporter à Notre-Seigneur, ou bien ce serait le nom de la personne à laquelle aurait été donné ce verre. Cette dernière opinion nous paraît plus probable.

N° 54. Ce verre mutilé représente deux femmes assises, vêtues de tuniques et ornées de colliers. Toutes deux ont à la main droite un objet de forme sphérique et à la main gauche une haste. Devant elles on voit un personnage agenouillé.

Mamachi et Vettori[10] ont publié ce verre. La partie supérieure n'en était pas sans doute alors brisée; aussi se trouve-t-elle plus complète dans leurs dessins que dans le nôtre. Les deux hastes portaient vraisemblablement le *labarum*, car elles sont surmontées d'une couronne entourant un objet peu distinct, qui semble être le monogramme du Christ.

On lit à gauche ces mots : AHIMA DVLCIS PIE Z.

N° 55. Deux époux avec l'acclamation PIE-ZESES[11].

N° 56. Un personnage tenant de la main droite un rameau, et deux flûtes de la main gauche. Suivant Boldetti[12], ce personnage serait un acteur, comme semblent l'indiquer son costume et son masque. Il est possible en effet que les mots ILIA CAPITOLIA inscrits sur l'hermès, sur lequel sont gravées deux couronnes, se rapportent aux jeux *ihens* et aux jeux *capitolins*, et à ceux que Suétone[13] appelle *Troja ludum*.

Autour du verre on lit : INVICTA ROM[A] ILIOROR (sic) pour ILIORVM.

N° 57 *. Deux époux avec un enfant; autour du médaillon, en deux lignes circulaires : FE[ETE VIVAS PARENTIBVS, et au milieu le mot TVIS, *Philete, vivas parentibus tuis!*

N° 58. Suivant Boldetti et Lupi[14], ce verre représente la Sainte Vierge avec l'Enfant Jésus sur ses genoux. Boldetti l'a trouvé teint de sang, près du tombeau d'un martyr, dans le cimetière de Saint-Calixte; il est donc antérieur à l'époque de Constantin, et plus encore à celle de Nestorius.

Une couronne est au-dessus de la tête de l'Enfant Jésus[15]. La Sainte Vierge, parée d'un riche vêtement et d'une brillante couronne, est assise sur un siège d'honneur.

Un personnage se tient debout, le *flabellum* à la main ; il est vêtu d'une dalmatique ornée de *calliculæ*[16]. Ces deux signes le font reconnaître pour un diacre.

L'un des offices du diacre était d'agiter le *flabellum*[17] pendant le saint sacrifice de la messe, et cet usage se pratique encore

1. *Osservaz. sopra i cimit.*, p. 201, tav. 6, n° 17.

2. Voyez Bottari, *Scult. e pittur.*, t. III, tav. CLXXXXVIIII.

3. *Vetri antichi*, tav. XIII, n° 1.—Le même auteur a publié le n° 49, tav. XXIII, n° 3.

4. Tertul., *Ad uxor.*, l. II, c. III. — Hieronym., *Epist.* LIV, *ad Furiam.*

5. *Vetri antichi*, p. 207, tav. XXIX, n° 1.

6. *Ibid.*, p. 207.

7. *Ibid.*, tav. XXIX, n° 1.

8. *De duobus emblematibus*, p. 16, sqq. Romæ, 1691. — Buonarruoti (*Vetri antichi*, tav. V, n° 3) a également publié ce verre.

9. *Vetri antichi*, p. 38.

10. *Orig. antiq. christ.*, t. III, p. 49. — *Dissert. glyptogr.*, p. 44.

11. Ce verre a été publié par Buonarruoti, *Vetri antichi*, tav. XXII, n° 2.

12. *Osservaz. sopra i cimit.*, p. 205 et 206, tav. 8, n° 20.

13. *August.*, XLIII, 5.

14. *Osservaz. sopra i cimit.*, p. 203, tav. 7, n° 21. — *Dissert. lettera ed altre operette*, t. 1, p. 233.

15. Sur le dessin que Boldetti a publié il y a plus d'un siècle, la tête de l'Enfant Jésus est en outre environnée du nimbe.

16. Nous lisons dans les actes de sainte Perpétue, que le diacre Pomponius qui lui apparut en songe dans sa prison, était vêtu d'une robe blanche enrichie d'un grand nombre de *calliculæ* (Ruinart, *Act. mart.*, p. 84).

17. *Constit. apost.*, l. VIII, c. XI.

aujourd'hui dans l'Église grecque, et à Rome lorsque le pape officie.

L'inscription est en partie effacée; on ne lit plus que les mots : CVM TVIS avec ces lettres QVIRAC... On peut la compléter ainsi : QVIRAC[E VIVAS] CVM TVIS[1].

FRAGMENTS DE VASES EN VERRE

PLANCHE XXVIII. — Nᵒˢ 59 et 67[2]. La multiplication des pains. Dans le nᵒ 59 on voit deux figures en pied. L'une est celle de Jésus-Christ qui bénit; l'autre, celle d'un apôtre[3]. Entre les deux figures se trouvent, dans le haut, le monogramme du Christ entre deux étoiles; dans le bas, sept corbeilles qui rappellent le miracle de la multiplication des pains. Les pains sont marqués chacun d'une croix. Les *columina* que l'on voit aux quatre côtés du médaillon représentent les quatre Évangiles.

Dans le nᵒ 67*, Notre-Seigneur est seul; il tient à la main la verge, signe de sa puissance divine. Sept vases couverts remplacent les sept corbeilles[4].

Nᵒ 60. Bouc. C'est vraisemblablement le bouc émissaire des Hébreux[5], figure du Sauveur qui s'est chargé de nos iniquités.

Le nᵒ 61 a été publié par Buonarruoti et par Boldetti[6]; il représente l'arche d'alliance, comme les nᵒˢ 23 et 29 auxquels nous renvoyons. Autour du verre on lit : ANASTASI PIE ZESES.

Nᵒ 62*. Un jeune homme vêtu d'une tunique, debout au milieu des flammes, dans l'attitude de la prière.

Nᵒ 63. Saint Pierre PETRVS, sous la figure de Moïse[7]. Le prince des apôtres tient à la main la verge miraculeuse, et fait jaillir l'eau vive du sein du rocher. Il est assez étrange, au premier abord, de voir ainsi saint Pierre substitué à Moïse : cependant le nom PETRVS, bien conservé, ne laisse aucun doute à cet égard; et pour celui qui connaît les dogmes chrétiens, ce rapprochement est assez naturel. Saint Pierre en effet n'a-t-il pas été donné pour conducteur au nouveau peuple de Dieu, comme Moïse avait été institué le chef d'Israël?

Le rocher d'où l'eau jaillit est, suivant saint Paul, le symbole de Jésus-Christ, source de grâces[8]. La verge que saint Pierre porte à la main, est le signe de la puissance dont Jésus-Christ l'a revêtu; il s'en sert pour faire jaillir du rocher les eaux de la grâce, afin d'en abreuver les fidèles. Rien assurément ne pouvait mieux qu'une telle représentation, donner une

hante idée de la puissance du premier pasteur de l'Église.

Nᵒ 64*. Un jeune homme debout, dans l'attitude de la prière, placé jusqu'à mi-jambe dans une petite cuve. C'est peut-être un jeune néophyte attendant le baptême, qui se donnait alors par immersion : à sa gauche on croit voir une colombe, symbole du Saint-Esprit.

Nᵒ 65*. Sainte Agnès, ANNES, dans l'attitude d'une orante, entre saint Pierre PETRVS, et saint Paul PAVLVS.

Saint Paul tient à la main un *volumen*, sans doute le livre de ses épîtres. Au bas, on lit : ZESES.

Nᵒ 66*. Un serpent enlacé à un tronc d'arbre, image du tentateur.

FRAGMENTS DE VASES EN VERRE

PLANCHE XXIX. — Nᵒ 68. Buste d'un personnage entouré de divers sujets de l'Ancien et du Nouveau Testament. Ce verre a été trouvé en 1715 au cimetière de Saint-Calixte; Boldetti l'a publié. Suivant lui, le buste du milieu serait celui de Notre-Seigneur; c'est en effet ce que peuvent faire présumer les sujets sacrés qui l'environnent. Ces sujets sont, pour l'Ancien Testament : les trois jeunes Hébreux dans la fournaise; le jeune Tobie avec le poisson; Moïse deux fois représenté la verge à la main; pour le Nouveau Testament : le paralytique guéri, la multiplication des pains.

Alentour on lit le mot ZESES.

Nᵒ 69. Un personnage tenant une verge à la main. On peut y voir l'image de Moïse.

Nᵒ 70[10]. Saint Pierre et saint Paul couronnés[11] par Notre-Seigneur. Il ne reste du nom de saint Pierre, que les trois dernières lettres, RVS, de celui de saint Paul, que la première lettre, P. Au nom CRI[S]TVS il manque une S. On lit autour du médaillon une inscription à laquelle il ne manque que le mot VIVAS et les deux lettres CV, qui se lclient à l'M pour faire le mot CVM. Cette inscription est une des acclamations ordinaires : HILARIS [VIVAS CV]M TVIS OMNIBY FELICITER SEMPER IM PACE DEI.

Nᵒ 71. Deux personnages, l'un assis à une table, l'autre debout. On lit dans le champ l'acclamation ZESES. Boldetti[12] d'après lequel nous avons publié ce verre, pense que ce sont deux marchands, parce qu'on voit des pièces d'étoffes suspendues au-dessus de leurs têtes.

Nᵒ 72. Une famille composée du père, de la mère, de deux filles et de deux fils. Ce verre est d'une dimension et d'une

---

1. Voyez sur ce verre, une intéressante dissertation de Lupi, *Dissert. lettere ed altre operette*, t. I, p. 243.

2. Le nᵒ 59 a été publié par Buonarruoti (*Vetri antichi*, tav. VIII, nᵒ 1), et par Boldetti (*Osservaz. supra i cimit.*, p. 208, tav. 7, nᵒ 38).

3. Dans une peinture (Bottari, *Scult. e pittur.*, t. II, tav. LXVI, nᵒ II) Notre-Seigneur est représenté bénissant d'une main, et de l'autre, tenant six pains dans le pan de son vêtement. Il est quelquefois accompagné de deux personnages qui lui présentent les pains et les poissons (Idem, *ibid.*, t. I, tav. XXXVI; t. II, tav. XLIX et LXXXIV).

4. *Matth.*, XV, 37.

5. *Levit.*, XVI, 20, sqq. — Ce verre a été publié par Buonarruoti, *Vetri antichi*, tav. II, nᵒ 4.

6. *Vetri antichi*, tav. II, nᵒ 5. — *Osservaz. sopra i cimit.*, p. 201, tav. 6, n. 15.

7. Mamachi (*Orig. antiq. christ.*, t. V, p. 206) et Boldetti (*Osservaz. sopra i cimit.*, p. 200, tav. 5, nᵒ 14) ont publié ce verre.

8. I *Cor.*, X, 4 : *Petra autem erat Christus.*

9. *Osservaz. sopra i cimit.*, p. 197, tav. 4, nᵒ 7.

10. Ce verre a été publié par Boldetti, *Osservaz. sopra i cimit.*, p. 314, tav. 7, nᵒ 72.

11. *Domine.... posuisti in capite ejus coronam de lapide pretioso* (Psalm. XX, 4).

12. *Osservaz. sopra i cimit.*, p. 205, tav. 8, nᵒ 28.

richesse remarquables. Le fond en est d'azur. Les vêtements du père et des fils sont en argent, avec des bordures de pourpre. Le père porte la toge romaine, et les fils une espèce de *penula*. La tunique de la mère et celles des deux filles sont en or et enrichies de *segmenta*. Dans ces sortes d'ornements et dans la forme de la toge, Buonarruoti[1] voit une double raison de décider que le verre dont il s'agit remonte à une haute antiquité.

La coiffure de la mère est lisse, avec une touffe de cheveux au-dessous de chaque oreille; elle ressemble à celles qu'on voit dans les médailles de Julia Paula, d'Aquilia Severa et de Soemias, mère d'Élagabale. La coiffure des filles est ondulée; une partie des cheveux sont ramenés en tresses jusqu'au sommet de la tête. On remarque une coiffure à peu près semblable sur les médailles de Julia Mamæa, mère d'Alexandre-Sévère, de Salonine, femme de Gallien, et de Sévérina, femme d'Aurélien. Ces observations confirment l'opinion de Buonarruoti, et prouvent l'antiquité de ce monument : elles s'appliquent également aux peintures qui présenteraient les mêmes caractères.

Quant à la chevelure des deux fils, elle se distingue par une épaisse touffe de cheveux au côté droit de la tête.

L'inscription, dont il ne reste que les lettres EN... BVS, le mot VESTRIS et les lettres P. Z., peut se compléter ainsi : [CVM PAR.EN(TI)BVS VESTRIS P(IE) Z(ESES)].

Nº 73. La multiplication des pains. On lit autour de ce médaillon, qui a été publié par Boldetti[2] : CRISTV ZESVS[3]. La tête de Notre-Seigneur est nimbée; les sept corbeilles sont autour de lui.

Nº 74. Un vainqueur du cirque dans un quadrige. De la main droite, il agite le fouet; de la gauche, qu'il appuie sur le bord du char, il tient la palme du triomphe. Une cuirasse couvre sa poitrine.

On lit à gauche, en haut du médaillon : LEAEHI NICA, c'est sans doute une acclamation au vainqueur : Leontius, sois victorieux! Suivant Buonarruoti[4], le mot grec NICA s'ajoutait quelquefois au nom du vainqueur, pour indiquer que la faction se déclarait pour lui.

Les chevaux du quadrige sont richement harnachés et portent des palmes sur la tête. Chacun d'eux est accompagné de son nom : HICEFORVS·AEROPETES·BOTROCALES·ENACCIATVS. Ces noms avaient sans doute rapport à leurs qualités. Les deux chevaux du milieu sont remarquables par leur large collier, par les deux marques, une palme et un R barré, qu'ils ont à la cuisse, et enfin par l'espèce de chausse qui enveloppe leurs jambes de derrière. On avait coutume de donner des repas à

l'occasion des triomphes du cirque, et d'offrir des coupes pour en perpétuer le souvenir[5].

Nous ferons observer ici que l'emblème du cheval se rencontre fréquemment sur les monuments primitifs du christianisme. Buonarruoti[6] a publié un vase chrétien en verre, qui présente une inscription où se lit le nom de *Vincentius*, avec l'image de trois chevaux vainqueurs. Sur une pierre sépulcrale tirée du cimetière de Saint-Calixte, l'image d'un cheval avec la palme sur la tête, sert à orner l'inscription d'un jeune chrétien nommé *Victor*[7]. Un monument non moins remarquable que les précédents est celui d'une femme chrétienne nommée *Vettia Simplicia*[8], dont l'inscription est accompagnée de la figure d'un cheval et d'une palme. Dans une peinture qui décore la voûte d'un *cubiculum* du cimetière de Sainte-Priscille[9], on voit deux quadriges dont les chevaux portent des panaches sur la tête. Enfin nous citerons une pierre précieuse sur laquelle est gravé un cheval avec la palme[10].

On peut regarder ces sortes de représentations, qui se rencontrent quelquefois également sur des sarcophages chrétiens, comme autant d'allusions symboliques à la carrière de la vie heureusement parcourue[11].

Nº 75. Résurrection de Lazare[12] sur un fond d'azur. Contrairement à l'usage, le tombeau n'est pas figuré.

Nº 76*. Jonas englouti par le monstre marin. A droite se lit le mot ZESES.

FRAGMENTS DE VASES EN VERRE

PLANCHE XXX. — Nº 77[13]. On reconnaît dans ce verre tous les attributs de l'art du potier : le fourneau d'où s'échappent les flammes, la zone avec le girù, et enfin le vase de terre. Le jeune homme ailé, dont la poitrine est couverte d'une draperie, et dont la main droite tient un bâton sur la roue, nous semble être le génie de la céramique. Autour du verre on lit ces mots A ANIMA DVLCIS.

Nº 78*. Un personnage assis, dans l'attitude d'un homme qui porte la parole. Devant lui est une couronne.

Nº 79. Deux personnages sans désignation de noms, debout auprès d'une colonne surmontée du monogramme du Christ. Suivant Buonarruoti[14], ce seraient peut-être les deux princes des apôtres. Le monogramme représente Jésus-Christ, et la colonne, l'Église[15]. Les quatre Évangiles sont figurés sous une forme quadrangulaire, aux quatre côtés du médaillon.

1. *Vetri antichi*, p. 175, seg., tav. XXVI. Voyez aussi p. 155, seg. Notre dessin est emprunté à cet auteur.

2. *Osservaz. sopra i cimit.*, p. 205, tav. 8, nº 34.

3. On retrouve le nom de *Jesus* écrit de cette manière, vol. IV, pl. XXXII, nº 97, et vol. V, pl. XIV, nº 6.

4. *Vetri antichi*, p. 180, tav. XXVII, nº 1. Ce verre a été publié non-seulement par Buonarruoti dont nous avons copié le dessin, mais encore par Fabretti, *Inscript.*, p. 537.

5. Buonarruoti, *Vetri antichi*, p. 183.

6. *Ibid.*, tav. XXIX, nº 2.

7. Boldetti, *Osservaz. sopra i cimit.*, p. 215.

8. Voyez notre Vᵉ vol., pl. I., nº 28.

9. Bottari, *Scult. e pittur.*, t. III, tav. CLX.

10. Boldetti, *Osservaz. sopra i cimit.*, p. 216, tav. 3, nº 1.

11. Pelliccia, *De christ. Eccles. politia*, t. III, p. 232.

12. Mamachi (*Orig. antiq. christ.*, t. I, p. 273) et Vettori (*Sanctorum septem dormientium historia*, p. 30) ont publié ce monument.

13. Boldetti (*Osservaz. sopra i cimit.*, p. 334, tav. 2, nº 2) a publié ce verre.

14. *Vetri antichi*, p. 92, tav. XIV, nº 2. — Gori (*Thesaurus veter. diptych.*, t. III, p. 84. Florentiæ, 1759) a aussi publié ce verre.

15. 1 *Tim.*, III, 15.

N° 80. La Transfiguration[1]. Notre-Seigneur est représenté sur le Thabor entre Élie et Moïse, qui semblent s'entretenir avec lui. Sur sa tête on lit : PIE Z...; les lettres ESES sont effacées. Moïse tient la verge de la main gauche, et reçoit de la droite une bandelette, où se trouve écrit un mot dont il ne reste plus que les quatre dernières lettres IHVS.

Le phénix, qui est à gauche, sur un palmier[2], est le symbole de la résurrection[3].

Au bas du médaillon, dans un compartiment séparé, on voit un agneau sur une montagne, d'où s'échappent quatre sources et au pied de laquelle se trouvent six brebis[4]. L'agneau est la figure de Jésus-Christ[5]; la montagne, celle de l'Église[6]; les quatre sources, celles des quatre Évangiles, qui, semblables aux quatre fleuves du paradis terrestre, ont arrosé le monde des eaux de leur salutaire doctrine[7]. Les brebis représentent les fidèles[8].

On voit sur les deux côtés du compartiment deux villes accompagnées des titres IERVSALE-BECLE, noms de Jérusalem et de Bethléem. Au milieu est inscrit le mot IORDANES.

N° 81. Le Bon Pasteur avec la brebis égarée sur ses épaules. Deux brebis sont à ses côtés et tournent vers lui la tête. On aperçoit à sa gauche la syrinx; un vase est à ses pieds. On lit autour du médaillon : DIGNTIAS-AMICORVM VIVAS CVM TVIS FELICITER-I. Le premier mot est mal écrit : c'est évidemment DIGNITAS.

On sait que Tertullien[9] parle du Bon Pasteur représenté sur les calices.

N° 82. Une femme parée de bracelets et de périscélides. Elle est debout, une fleur à la main droite, tandis que de la gauche elle soutient une draperie. A ses côtés sont deux génies ailés, dont l'un lui présente un miroir, et l'autre des fleurs abondamment répandues dans le champ. De l'inscription, qui est mutilée, on ne lit plus que ...HOPE...A...STINA FILIA ZESES.

Vettori[10] a publié cette inscription ainsi qu'il suit : [PARTE]HOPE [CVM F]A[V]STINA FILIA ZESES.

Pelliccia[11] donne plusieurs explications de la présence de ces sortes d'images dans les peintures chrétiennes. Il dit, entre autres choses, qu'on peut regarder ces figures comme un simple ornement emprunté à l'art païen.

N° 83[12]. Deux époux avec leur enfant. Au milieu d'eux est un *volumen*, sans doute le contrat matrimonial. Autour du médaillon, on lit : PIE ZESIS. L'épouse est remarquable par sa coiffure, qui est lisse avec une touffe de cheveux au-dessous de chaque oreille.

N° 84*. Le monogramme du Christ au milieu d'un cercle. A côté, une tête de jeune homme.

N° 85*. Deux époux couronnés par Notre-Seigneur. On ne lit de l'inscription que ...LCIS ANIMA VIVAS pour [DV]LCIS ANIMA VIVAS.

FRAGMENTS DE VASES EN VERRE

PLANCHE XXXI. — N° 86[13]. Sacrifice d'Abraham[14]. Abraham lève le glaive de la main droite, tandis qu'il pose la main gauche sur la tête d'Isaac, dont les yeux sont bandés et les mains liées derrière le dos. En ce moment le saint patriarche tourne la tête à la voix de Dieu qui l'appelle. Derrière lui est le bélier, victime qui doit être substituée à Isaac.

On voit à gauche, à l'angle supérieur du médaillon, une espèce de corbeille. Les fruits et le cordeau qu'on y remarque peuvent signifier la terre promise qui devait être l'héritage d'Abraham, et où sa race devait se multiplier. Le cordeau est le symbole de la propriété : *Chanaan funiculum hæreditatis vestræ*[15]. Aux quatre côtés du médaillon on lit HILARIS ZESES CVM TVIS SPES.

N° 87[16]. Adam et Ève. Le serpent s'enlace autour de l'arbre;

---

1. Ce verre a été publié par Buonarruoti (*Vetri antichi*, tav. VI, n° 1), et par Boldetti (*Osservaz. sopra i cimit.*, p. 200, tav. 5, n° 13).

2. Nous trouvons, sur une lampe sépulcrale (Aringhi, *Roma subterr.*, t. I, p. 517, et t. II, p. 638), un palmier environné de quatre colombes, dont deux planent au-dessus de l'arbre.

3. Tertul., *De resurrect. carnis*, c. XIII. — S. Clem. Rom., I *Epist. ad Corinth.*, c. XXV, p. 34, sqq. Oxonii, 1633.

4. Le même sujet se rencontre aussi sur les tombeaux (Bosio, *Roma sotterr.*, p. 61, 63 et 157). On y voit quelquefois représentées douze brebis (Idem, *Ibid.*, p. 75. — Notre Ve vol., pl. III, lettre II), qui sont probablement l'emblème des douze apôtres (Aringhi, *Roma subterr.*, t. II, p. 375. — Ciampini, *Veter. monim.*, t. II, p. 62 et 162).

5. Joan., I, 29. — Apoc., VII, 17. — Sur le sarcophage de Junius Bassus (Bottari, *Scult. e pittur.*, t. I, tav. XV), Notre-Seigneur est représenté sous la figure d'un agneau, dans différentes circonstances de sa vie. Ainsi on le voit recevant le baptême dans le Jourdain, opérant le miracle de la multiplication des pains, et ressuscitant Lazare. Sur le même sarcophage sont deux agneaux : l'un tenant une verge en frappe l'autre à la tête, d'où jaillit une source abondante. Ce serait là, suivant Bottari (*Ibid.*, t. I, p. 47), une représentation du miracle du mont Horeb : le premier agneau figurerait Moïse, et le second, le rocher, symbole de Jésus-Christ.

6. Paulin. Nol., *Epist.* XII, ad Sever.

7. S. Cypr., *De habit. virg.*, t. II, p. 470. Paris, 1643. — S. Greg. Nissen., *Orat.* IV *in Christi resurrect.*, t. II, p. 809. Paris, 1615. — Paulin. Nol., *Ibid.*

8. Joan., X, 14, 27.

9. *De pudicit.*, c. VII et X.

10. *Dissert. glyptogr.*, p. 41.

11. *De christ. Eccles. politia*, t. III, p. 228, sqq.

12. Buonarruoti, *Vetri antichi*, tav. XXIII, n° 4.

13. Buonarruoti (*Ibid.*, tav. II, n° 1), et Boldetti (*Osservaz. sopra i cimit.*, p. 200, tav. 5, n° 13) ont publié ce verre.

14. Les artistes chrétiens ont représenté de différentes manières le sacrifice d'Abraham. On voit Isaac tantôt portant le bois du sacrifice (Notre IIIe vol., pl. XX), tantôt agenouillé sur le bûcher (Bosio, *Roma sotterr.*, p. 339) ou sur l'autel (Idem, *Ibid.*, p. 85). Bosio (*Ibid.*, p. 503, III) a publié une peinture remarquable qui nous offre Abraham debout lui-même sur l'autel, les mains étendues et dans l'attitude de la prière : à ses côtés sont Isaac et le bélier. La voix de Dieu qui ordonne à Abraham d'épargner son fils est souvent figurée par une main qui sort des nuages (Idem, *Ibid.*, p. 77, 231 et 395). Enfin Abraham et Isaac sont quelquefois accompagnés d'un personnage qui est sans doute Eliezer (Idem, *Ibid.*, p. 45). Boldetti (*Osservaz. sopra i cimit.*, p. 298, tav. 1, n° 10 et 11) a reproduit un petit monument composé de myrrhe, ayant la forme d'une noix et faisant voir en relief le sacrifice d'Abraham.

15. *Psalm.* CIV, 11.

16. Buonarruoti, *Vetri antichi*, tav. I, n° 3. — Boldetti, *Osservaz. sopra i cimit.*, p. 200, tav. 5, n° 9. — Voyez les notes descriptives, p. 58, vol. II, pl. XXVI. — Nous retrouverons l'histoire de nos premiers parents reproduite sur les sarcophages et dans

il présente la pomme à Ève. Celle-ci cueille le fruit et l'offre à son tour à Adam. Leur attitude montre qu'ils sont honteux de leur nudité. Ève porte un collier et des bracelets. On compte sept pommes sur l'arbre : c'est l'image des sept péchés capitaux.

Autour du médaillon se lisent les lettres DIG...ICORVM·PIE... restes de l'inscription : DIG[NITAS AM]ICORVM PIE [ZESES CVM TVIS].

N° 88[*]. Une orante entre deux arbres. On lit autour : DVLCIS·ANIMA·PIE·ZESES·VIVAS.

N° 89. Vase en cristal trouvé intact dans le cimetière de Saint-Thrason et de Saint-Saturnin. Nous le publions d'après Lupi[1]. Autour du vase étaient gravés les mots : ΠΙΕ ΖΗCΑΙC ΕΝ ΑΓΑΘΟΙC. Le R. P. Secchi[2] voit dans cette acclamation la preuve que ce vase était destiné au sacrifice de l'autel ou à la communion des chrétiens. Il se fonde sur les paroles mêmes de l'acclamation : *Bois, afin que tu vives de ces biens.* Les saints Pères, dit-il, appelaient souvent la sainte Eucharistie, τὸ ἀγαθόν, *le bien*, pour une seule espèce, et au pluriel, τὰ ἀγαθά, *les biens*, pour les deux espèces[3].

N° 90. Résurrection de Lazare. Autour on lit ces mots : PIE·ZESES.

N° 91[4]. Buste de saint Paul, PAVLVS. Cette figure est remarquable par la beauté des traits, où l'on reconnaît le type traditionnel de l'apôtre des Gentils.

N° 92[5]. La résurrection de Lazare et la multiplication des pains. Ces deux miracles sont représentés en deux compartiments distincts.

FRAGMENTS DE VASES EN VERRE

PLANCHE XXXII. — N° 93. Saint Pierre, PETRVS, et saint Paul, PAVLVS, couronnés par Notre-Seigneur. Autour du médaillon on lit : DIGNITAS AMICORVM VIVAS CVM TVIS ZESES.

N° 94[*]. Un phénix dans un encadrement octogone.

N° 95[6]. Quatre bustes de saints avec leurs noms, SIMON, DAMAS, PETRVS, FLORVS. Suivant Buonarruoti, les couronnes entre les têtes indiqueraient que ces saints ont subi le martyre.

N° 96. Un personnage debout, tenant un livre fermé. De la main gauche il soutient son livre qui pourrait être celui des saintes Écritures. On lit autour du médaillon : TO...IN HOMINE LAVRETI. L'omission de l'H dans le mot LAVRETI est conforme à l'usage des anciens; on en trouve un exemple au volume III, planche LVI, où on lit BICENTIVS au lieu de VINCENTIVS.

L'inscription est plus complète dans le verre tel que l'a publié Buonarruoti[7]. On y lit de plus VICTO...IVAS : c'est évidemment, dit-il : [VIC]TO[R VIVAS] IN HOMINE LAVRETI.

N° 97[8]. La résurrection de Lazare. Lazare est sur les degrés du tombeau; il faut remarquer que sa tête est ornée du nimbe. Autour on lit : ZESVS CRISTVS.

N° 98[9]. Le monogramme du Christ avec l'alpha et l'oméga dans un cercle. Suivant l'historien Josèphe[10], Moïse avait écrit dans une couronne le nom de Jéhovah, qui s'y lisait encore de son temps. Cette couronne, dans la pensée du législateur des Hébreux, était probablement le symbole de la gloire et de l'éternité au sein de laquelle repose celui qui est.

N° 99[*]. Quatre bustes de saints avec les noms PASTOR DAMAS PETRVS PAVLVS, et le monogramme du Christ.

N° 100[11]. Le paralytique guéri, emportant son lit.

N° 101[*]. La Sainte Vierge MARIA, dans l'attitude de la prière, entre saint Pierre et Saint Paul, PETRVS, PAVLVS, qu'elle domine par sa stature. Chacun des apôtres tient un *volumen* à la main.

FRAGMENTS DE VASES EN VERRE

PLANCHE XXXIII. — N° 102[12]. Notre-Seigneur, le paralytique emportant son lit. La tête de Notre-Seigneur est nimbée; sa face est couleur de chair, au lieu d'être dorée. L'artiste n'aurait-il pas voulu par là exprimer la divinité de celui qui ne connaît ni changement, ni ombre même de vicissitude[13]?

Le paralytique porte un vêtement court, comme dans la plupart des monuments, assez nombreux, qui le représentent[14].

---

les peintures. Le serpent tentateur n'est pas toujours figuré, et l'arbre qui s'élève entre Adam et Ève n'est quelquefois qu'un tronc nu et desséché (Bottari, *Scult. e pittur.*, t. III, tav. CXXXI). Dans une peinture d'une chambre sépulcrale du cimetière de Saint-Marcellin et de Saint-Pierre (Idem, *Ibid.*, t. II, tav. CXXVI), le serpent est à terre, la tête dressée du côté d'Ève. Sur d'autres monuments, Dieu, sous une forme humaine, prononce la sentence : d'une main il donne à Adam un faisceau d'épis, et, de l'autre, un agneau à Ève (Idem, *Ibid.*, t. II, tav. LXXXIV). Quelquefois Dieu n'est pas représenté, mais seulement les deux emblèmes des épis et de l'agneau (Idem, *Ibid.*, t. I, tav. XV). Ailleurs nous voyons l'ange chassant Adam et Ève du paradis terrestre (Idem, *Ibid.*, t. II, tav. LI). Enfin nous signalerons une lampe trouvée dans les Catacombes, et que D'Agincourt (*Recueil de fragments de sculpture antique en terre cuite*, pl. XXIV, n° 2) place parmi les monuments du premier âge du christianisme, à cause de son bon style. La mère du genre humain y est représentée cherchant un voile au moment où, après avoir reçu la pomme, elle venait de perdre celui de l'innocence.

1. *Épitaph. Sev. mart.*, tab. XX, p. 193.
2. *Annali delle scienze religiose*, vol. XIII, p. 52, seg.
3. Voyez le mot ἀγαθόν dans le *Lexicon ecclesiasticon* de Suicer.

4. Buonarruoti, *Vetri antichi*, tav. XIII, n° 1. — Boldetti, *Osservaz. sopra i cimit.*, p. 204, tav. 6, n° 16.
5. Buonarruoti, *Vetri antichi*, tav. VII, n° 9, C.
6. Idem, *Ibid.*, p. 133, tav. XIX, n° 3. — Bianchini, *Demonstratio hist. eccles.*, t. I, part. II, tab. III, sæc. I, n° 59. Cet auteur a publié un grand nombre de verres accompagnés de savantes dissertations.
7. *Vetri antichi*, p. 129, seg., tav. XIX, n° 2.
8. Idem, *Ibid.*, tav. VII, n° 1. — Boldetti, *Ibid.*, p. 194, tav. 3, n° 5.
9. Ce verre est publié d'après Boldetti, *Ibid.*, p. 194, tav. 3, n° 4.
10. *Antiq. judaic.*, l. VIII, c. III, 8. Paris, 1845.
11. Buonarruoti, *Orig. antiq. christ.*, t. I, p. 258. — Buonarruoti, *Vetri antichi*, tav. IX, n° 2.
12. Ce verre a été publié d'après le dessin de Buonarruoti, *Vetri antichi*, tav. IX, n° 1.
13. *Jacob.*, 1, 17.
14. Nous en citerons un entre autres : c'est une lampe publiée par D'Agincourt dans son *Recueil de fragments de sculpture antique en terre cuite*, pl. XXVIII, n° 10.

N° 103*. Le Christ en croix entre la Sainte Vierge et saint Jean. Notre-Seigneur a le nimbe crucifère; sa barbe et ses cheveux sont longs. Il a pour ceinture le *lumbare*. Ses pieds reposent sur une tablette ou console (*suppedaneum*)[1] fixée à la croix; leur position atteste que chacun d'eux a été cloué séparément, ce qui paraît plus conforme à la tradition[2]. Une partie du titre[3], INRI (*Jesus Nazarenus Rex Judæorum*), est effacée : on n'en voit que les dernières lettres RI.

La Sainte Vierge, couverte d'un voile, est debout[4], les bras croisés sur la poitrine. Elle semble recueillir les paroles de Jésus qui la proclame notre mère : *Ecce filius tuus*[5]. Saint Jean est aussi debout; il appuie la tête sur sa main droite en signe de douleur. Une riche bordure entrecoupée de compartiments bleus règne autour de ce fond de coupe.

Le caractère des figures, le genre des ornements, font juger que ce verre est bien postérieur aux temps des persécutions. Du reste, comme nous l'avons déjà fait observer, les archéologues ne font pas remonter au delà du vi[e] siècle l'usage de représenter Jésus en croix[6].

On peut consulter sur les variations des crucifix un intéressant ouvrage de Jiacomo Bosio[7], un de Gretzer[8], deux du cardinal Borgia[9], et les *Mélanges d'archéologie* des RR. PP. Cahier et Martin[10].

N° 104. Notre-Seigneur et saint Étienne. Suivant Buonarruoti[11], Notre-Seigneur est deux fois représenté dans ce fond de coupe. A gauche, on lit son nom CRISTVS; il est assis : auprès de lui se voit un *scrinium* ou boîte à renfermer les manuscrits; un globe, figure de la terre, dont il est le maître et le sauveur, est à ses pieds. Il tient de la main gauche un *volumen*; le geste de sa main droite indique qu'il parle.

Saint Étienne, dont le nom est écrit ISTEFANVS, comme on peut en voir d'autres exemples dans les inscriptions de notre cinquième volume[12], est représenté assis, mais dans une attitude respectueuse, et les mains jointes : il semble écouter son divin Maître.

Dans le haut du médaillon apparaît encore Notre-Seigneur, la tête nimbée et les bras étendus. C'est peut-être la vision qu'eut saint Étienne au moment de son martyre : *Video cœlos apertos, et Filium hominis stantem a dextris Dei*[13]. Nous avons déjà vu que les premiers artistes chrétiens avaient l'habitude de rappeler dans un même dessin plusieurs faits successifs.

On lit autour du verre : DIGNITAS AMICORVM VIVAS· CVM TVIS FELICITER.

N° 105. Tête de jeune homme et tête d'enfant. Ce médaillon, qui a été publié par d'Agincourt[14], porte les noms de FORTVNATVS et de ZENOBIVS. Il est remarquable par sa belle exécution.

N° 106. Fragment accompagné du monogramme du Christ inscrit au milieu de plusieurs lettres : ASIN✱PRE. On pourrait ainsi compléter le premier mot [VIV]AS. Les dernières lettres PRE seraient peut-être le commencement d'un nom propre. Cette manière d'inscrire le monogramme se trouve souvent dans les inscriptions funéraires.

Buonarruoti[15] rappelle dans sa préface que ce verre a été trouvé teint de sang au cimetière de Saint-Calixte.

N° 107. Verre avec cette inscription : HILARE SEMPER GAVDEAS[16].

N° 108. Trois bustes; l'un est celui de saint Paul. Cet apôtre, dont le nom est écrit RAVLVS, occupe le milieu; autour de lui étaient quatre médaillons. La brisure du verre ne permet d'en voir que deux; ils représentent probablement des martyrs, comme le font présumer les palmes dont ils sont accompagnés.

N° 109. Une patène en albâtre avec cette inscription :

NON VHDA LETAVS EST
AVSA CONSTANTI FERRE
QVAM LICVIT FERRO CORONA

Au-dessous est une couronne, signe du martyre.

Ce monument a été trouvé dans le cimetière de Sainte-Agnès, à l'intérieur du sépulcre d'un martyr appelé *Constans*. Un autre vase y était joint, mais un peu moins large, plus profond et en verre : Aringhi[17] en donne le dessin avec celui du premier. Suivant toute apparence, c'est ce vase de verre qui avait contenu le sang du martyr; l'autre, que nous reproduisons ici et qui est plus plat et plus large, devait lui servir de couvercle. Quoi qu'il en soit, ce dernier est fort remarquable, non-seulement par sa matière, mais encore et bien plus par l'inscription qu'il nous fait lire, laquelle nous apprend que le martyr Constans ayant résisté au poison qu'on lui avait fait prendre, ne put être mis à mort que par le fer.

N° 110. Un enfant avec sa nourrice. Autour du médaillon : COCA VIVAS PARENTIBVS TVIS.

---

1. S. Grégoire de Tours est le premier qui parle ouvertement de cette tablette (*De glor. mart.*, l. I, c. VI, n° 727). Outre cette espèce de soutien, plusieurs Pères de l'Église ont pensé qu'on plaçait vers le milieu de la hauteur de la croix une grosse cheville sur laquelle le patient était comme à cheval (S. Justin., *Dialog. cum Tryphon.*, p. 318. Coloniæ, 1686. — Tertul., *Ad nationes*, l. I, p. 88. Paris., 1641. — S. Irenæus, *Contra hæretes*, l. II, c. XLII, p. 151, sqq. Paris., 1710).

2. *Clavis sacros pedes terebrantibus* (S. Cypr., *Appendix, De passione Christi*, p. 83. Amstelodami, 1700). — Greg. Turon., *De glor. mart.*, l. I, c. VI. — Voyez Buonarruoti, *Vetri antichi*, p. 264; Pelliccia, *De christ. Eccles. politia*, t. II, p. 140; et Molanus, *De historia ss. imag. et pict.*, p. 437, sqq. Lovanii, 1771.

3. On peut voir sur ce titre une savante notice de Dom Calmet, qui se trouve à la fin de son *Dictionnaire de la Bible* (*Encyclopédie théologique*, t. IV, § XI, col. 1315, suiv.).

4. *Joan.*, XIX, 25.

5. *Ibid.*, XIX, 26.

6. Greg. Turon., *De glor. mart.*, l. I, c. XXIII.

7. *La trionfante e gloriosa croce*. Roma, 1610.

8. *De sancta cruce.*

9. *De cruce Vaticana.* — *De cruce Veliterna.*

10. T. I, p. 207, suiv.; t. II, p. 44, suiv.

11. *Vetri antichi*, p. 110, seg., tav. XVII, n° 1.

12. Pl. XXVI, n° 56, pl. LXX, n° 5.

13. *Act.*, VII, 55.

14. *Hist. de l'Art. Peinture*, t. V, pl. XII, 23.

15. *Vetri antichi*, p. XIII.

16. Boldetti (*Osservaz. sopra i cimit.*, p. 205, tav. 8, n° 30) a publié ce verre. Nous l'avons copié sur son dessin, qui est réduit à la moitié de l'original.

17. *Roma subterr.*, t. I, p. 509. Nous avons copié son dessin. — Mamachi, *Orig. antiq. christ.*, t. III, p. 98, tab. 18. — Bottari, *Scult. e pittur.*, t. III, tav. CCX.

L'enfant a des bandes de pourpre sur sa tunique; il est debout; sa nourrice est assise[1].

N° 111'. Tête d'homme sur fond d'azur.

N° 112. Un personnage sur fond d'azur, tenant une verge à la main. On peut y voir la figure de Moïse.

N° 113. Un mariage. Les deux époux se présentent la main droite, mais de telle sorte que l'épouse donne la sienne, et que celle de l'époux la reçoit et la soutient. On voit entre leurs têtes une couronne, et à leurs pieds, une espèce d'autel. L'épouse se distingue par sa coiffure ondulée et par la richesse de son costume. Autour du médaillon, on lit : VIVATIS IN DEO. C'est le plus beau souhait qu'on puisse faire à deux époux.

Nous avons copié ce monument d'après Bottari[2].

N° 114. Sainte Agnès AHE dans l'attitude d'une orante, entre saint Pierre PETRVS, et saint Paul PAVLVS. Ce verre a été trouvé, en 1687, dans le cimetière de Saint-Pontien[3].

Saint Pierre est à la droite de la vierge, et saint Paul à sa gauche. Sainte Agnès est revêtue de riches draperies[4]; un voile couvre sa tête. Dans le champ, entre les personnages, se voient des flammes figurées d'une manière très-imparfaite. Cette héroïque vierge est debout et les bras étendus. En la représentant ainsi, les artistes se sont conformés à la tradition, qui nous la montre dans cette attitude, lorsqu'elle fut exposée à l'épreuve du feu : *Tendere Christo inter ignes manus, atque in ipsis sacrilegis focis trophæum Domini signare victoris*[5]. Le signe | se voit sur les vêtements des trois personnages. Le médaillon est richement orné.

N° 115. Notre-Seigneur entre saint Pierre et saint Paul. Nous publions ce verre d'après Boldetti[6]. On ne lit que les noms PETRVS. PAVLVS. La tête de Notre-Seigneur est seule nimbée. Il paraît s'entretenir avec les deux apôtres, qui tournent vers lui leurs regards.

Ici s'achève notre tâche.

Parvenu à ce terme de nos longs efforts, qu'il nous soit permis de nous arrêter un instant, et de jeter un regard d'ensemble sur l'œuvre que nous avons essayé d'accomplir.

Avant tout, on l'a pu voir : c'est une œuvre d'art, de vénération, de respect, bien plus qu'une œuvre d'érudition et de savoir. Frappé d'admiration devant les merveilles ignorées qui se présentaient à nous; jaloux de les montrer dans leur majesté, dans leur simplicité, dans leur vérité; convaincu que leur connaissance servirait puissamment aux progrès des études, révélerait une phase inconnue de l'art chrétien, et contribuerait à l'honneur de l'Église, nous nous sommes appliqué à les reproduire avec une fidélité scrupuleuse, et à les décrire telles que nous les avions vues. Là s'est bornée toute notre ambition.

C'est à l'accomplissement de ce désir que nous avons consacré cinq années passées sans relâche à préparer les éléments de notre recueil, et pendant lesquelles il n'a fallu rien moins, pour nous encourager et nous soutenir, que les souveraines bontés du Père commun des fidèles, l'appui des personnages les plus illustres, le concours des amis les plus dévoués. Cinq autres années ont été employées à surveiller la reproduction de nos dessins, et cela, sous l'approbation des pouvoirs publics, avec la révision des juges les plus autorisés.

Que si, aux peintures, aux plans, aux inscriptions, aux objets divers reproduits dans nos planches, nous avons dû ajouter un texte, ce texte a été limité à des notes descriptives et explicatives, sans aucune prétention de science, et surtout sans aucun esprit de système.

Sans doute, nous avons dû invoquer le témoignage des savants et des archéologues, dont les recherches lumineuses éclairent le sujet de nos labeurs; sans doute, nous avons cité avec reconnaissance, non-seulement les écrivains anciens dont la renommée est européenne, les Bosio, les Aringhi; mais les auteurs plus modernes et non moins célèbres : les Fabretti, les Buonarroti, les Boldetti, les Lupi, les Bottari, les Marangoni, les Ciampini, les Mamachi, les Pelliccia, les d'Agincourt, etc.; et enfin les contemporains illustres qui méritent si noblement de l'Église et des lettres, et dont nous saluons avec bonheur les travaux et les découvertes : les Marchi, les de Rossi, les Visconti, les Gerbet, les Raoul-Rochette. Leurs noms, figurant à chacune de nos pages, sont nos garants. Mais, nous le déclarons, simple artiste, simple architecte, nous n'avons pu prétendre à donner des exposés scientifiques et à tirer des conclusions d'histoire ou d'érudition, et nous reconnaissons volontiers qu'il a pu et dû nous échapper bien des lacunes, bien des imperfections, bien des interprétations incomplètes ou insuffisantes.

De même aussi, nous nous empressons de déclarer que, dans toutes nos appréciations, nous avons voulu rester fermement soumis à l'enseignement infaillible de l'Église, rétractant par avance et solennellement toute parole qui aurait pu nous échapper et qui s'éloignerait en quoi que ce soit des doctrines dont cette sainte Église a le dépôt. Nous n'avons voulu qu'ajouter une page à l'histoire de l'art chrétien, que mettre en lumière une gloire peu connue des âges primitifs, que faire vénérer et aimer les vivants souvenirs de nos ancêtres dans la foi.

Certes, rien n'est plus grandiose, rien n'est plus touchant que la vue des Catacombes; l'âme s'y sent toute pénétrée d'une impression indicible, d'un attendrissement profond, et d'une vénération mêlée de larmes et d'enthousiasme. Ainsi que

---

1. Nous reproduisons ce verre d'après la *Raccolta d'opuscoli scient. e filolog.*, t. XLII, p. 361.

2. *Scult. e pittur.*, t. III, tav. CIC. — Ficoroni, *Gemm. antiq. litt.*, tab. XI, n° 1.

3. Nous publions ce verre d'après Buonarruoti (*Vetri antichi*, tav. XIV. n° 1).

4. *Auro textis cycladibus induta* (S. Ambr., *Serm*. XC).

5. S. Ambr., *De virgin.*, l. I, c. 2.

6. *Osservaz. sopra i cimit.*, p. 192, tav. 2, n° 2. — Mamachi, *Orig. antiq. christ.*, t. V, p. 485.

l'exprime si bien M. l'abbé Greppo dans une de ses dissertations sur l'histoire du culte des reliques, « dans le culte de vénération rendu aux saints, il y a plus qu'un sentiment d'amour et de respect, plus que cet instinct naturel à l'homme, démontré par le témoignage universel des temps. Ces hommes ne furent pas seulement chéris, estimés, grands, puissants, courageux, savants, vertueux, admirables aux yeux du monde; ils sont des saints, et ce seul mot dit tout. Sur la terre, ils ont été les amis de Dieu, comme Samuel[1]; de leurs tombeaux, leurs corps, comme celui d'Élisée[2], opéraient des miracles; dans le ciel, ils prient pour leurs frères, comme le pontife Onias et le prophète Jérémie[3]. Il nous est bien permis d'honorer leurs restes, de croire à leur intercession autrefois si efficace, et qui n'a rien perdu de son pouvoir dans l'éternelle patrie! »

Tel est le sentiment qui nous a dominé, aidé, fortifié dans tout le cours de ce travail; l'honneur des saints et la gloire de Dieu, voilà quel a été notre unique mobile et la seule source de notre persévérance.

Pourquoi faut-il que ce sentiment ait été si peu et si mal compris par quelques personnes, et que nous nous soyons vu exposé à des attaques, à des reproches même de profanation, contre lesquels notre œuvre elle-même devait suffire à nous défendre?

Les martyrs qui dorment au fond des Catacombes ont dédaigné toute apologie et toute plainte; nous l'avons remarqué avec admiration, et ce modèle eût dû peut-être nous servir de leçon. Toutefois le zèle de la vérité, le devoir de gratitude contracté par nous envers la France, protectrice de notre œuvre, nous ont semblé exiger quelque chose de plus que le silence.

Un homme entouré de la considération universelle, honoré de la confiance du gouvernement français et de l'affectueuse bienveillance du Souverain Pontife, notre ambassadeur près le Saint-Siége en des jours si mémorables et si difficiles, M. de Corcelle avait suivi de ses yeux nos explorations et nos travaux. C'est à son témoignage que nous avons fait appel, et il a bien voulu nous donner la déclaration qu'on va lire. Assurément nous nous reconnaissons très-peu digne des hautes marques de bonté qui nous y sont données; mais le chrétien et l'homme de goût y parlent si éloquemment des Catacombes, que nous n'aurions jamais pu trouver un plus bel épilogue à notre œuvre. Ce langage si élevé et si pur suppléera à notre insuffisance :

« Monsieur,

« Il me sera doux et facile de répondre à votre appel. Votre reconnaissance envers le Souverain Pontife, qui a bien voulu vous ouvrir les saints lieux où sont rassemblés les souvenirs de nos ancêtres dans la foi, l'attachement que vous avez témoigné à l'Église en abandonnant les intérêts d'une profession considérée, en vous associant pendant cinq années au dévouement apostolique de nos missionnaires de la Nouvelle-Zélande, et en vous efforçant, pendant cinq années encore, d'offrir au monde chrétien un ouvrage digne de ses méditations : voilà

sans doute des titres qui réfutent hautement les propos que personne d'ailleurs n'avoue.

« Comment auriez-vous ressenti si ardemment la sainteté de votre œuvre, vécu dix ans d'une vie de sacrifice, consacré tous vos instants à la religion des Catacombes, pour aboutir à des profanations ingrates et sacriléges? Ces réflexions rassurent ceux qui vous connaissent; elles doivent suffire à ceux qui, ne sachant de vous que ces antécédents incontestables, voudraient vous juger, je ne dis pas seulement avec équité, mais avec le simple bon sens. Quand on engage sa réputation dans une entreprise telle que la vôtre, ce n'est pas afin de se déshonorer par des actes dont la preuve est trop facile en face des monuments les plus illustres et les plus visités de l'univers. On ne mutile pas ce que l'on aime et ce que l'on veut faire aimer.

« Bien des noms honorables pourraient être opposés à ces tristes murmures. Je suis heureux, avec vous, de citer celui d'un de vos collaborateurs, M. Savinien Petit, dont le talent égale la piété.

« En vous abstenant de toute récrimination personnelle, vous vous conformez, Monsieur, aux habitudes des âmes très-douces, avec lesquelles vous avez entretenu d'excellentes relations et vous nous faites faire connaissance. Là, en effet, sur ces physionomies, dans le charmant langage des inscriptions, aucun oubli de charité ni même une plainte. *Dulcissimæ animæ in pace — in Deo.*

« Les profanations qu'il faut rappeler sont celles qui affligeaient Rome, au grand jour, dans le moment où vous dessiniez, sous la basilique de Saint-Sébastien, les figures de la première tombe de saint Pierre et de saint Paul. Vos soins religieux contrastaient alors avec les violences du dehors. »

« *Les corps sacrés de saint Pierre et de saint Paul,* s'écriait au IVe siècle saint Jean Chrysostôme, *défendent plus puissamment Rome que les tours et les bastions ne défendent les plus fortes villes... Ce qui me l'a fait aimer et estimer, autant que je l'aime et l'estime, c'est l'amour de ces bienheureux apôtres pour elle, leurs entretiens pleins du feu du Saint-Esprit, et enfin leur charité qui les a fait mourir dans cette ville véritablement auguste. Oh! qui me fera la grâce d'aller me prosterner devant ces sépulcres et d'y demeurer attaché!... Que je voudrais voir les cendres qui nous restent de ces pieds qui ont été si souvent enchaînés pour Jésus-Christ, et ont parcouru la terre sans se donner de relâche, de ces membres en qui notre Rédempteur vivait, que le Saint-Esprit avait rendus comme son temple, et qui étaient tellement soumis à la loi de l'esprit, qu'ils semblaient transpercés par la chaste crainte de Dieu!* » (*XXXIIIe Serm.,* chap. 16. *Épit. aux Rom.*).

« Vous voyez, Monsieur, avec quelle éloquente tendresse et prévoyance le saint évêque de Constantinople exprimait, il y a quinze cents ans, la prééminence de Rome comme patrie universelle, la grandeur qui la recommandait et qui la défend encore. Saint Jean Chrysostôme n'eût guère compris les petites jalousies locales occupées à vous contester l'un des plus sen-

---

1. *Eccli.*, XLVI, 16.
2. *IV Reg.*, XIII, 21. — *Eccli.*, XLVIII, 14 et 15.

3. *Machab.*, XV, 12, 14.

sibles caractères de vos études : la vénération des reliques laissées par la société des martyrs.

« Consolez-vous. Non-seulement vous n'avez rien effacé ni dégradé, mais vous avez admirablement conservé, propagé ce qui va échapper désormais aux ténèbres, à l'humidité, aux lentes démolitions du temps. Je doute qu'un meilleur *Custode* puisse rendre de plus signalés services aux Catacombes; c'est-à-dire à la foi, à l'histoire, à l'art chrétien.

« Assurément, je souhaite comme vous que de savants archéologues romains vous surpassent dans leurs explications et commentaires. Quoique ce ne soit pas la principale partie de votre tâche, vous puisez volontiers aux sources qu'ils ont ouvertes, vous vous plaisez à reconnaître leur mérite, car ces divers travaux doivent être un sujet d'édification, d'émulation, non de médisance.

« Encore une fois, consolez-vous. Vous avez élevé à l'honneur de l'intervention française un durable monument; il était impossible d'en marquer la trace par de plus beaux et plus touchants souvenirs.

« Je vous prie, Monsieur, d'ajouter à ma déclaration sincère l'assurance de mon attachement.

« FR. DE CORCELLE. »

« Je déclare que dans le cours de ma mission auprès du Saint-Siége, j'ai eu souvent l'occasion de recueillir à Rome sur les travaux de M. Perret, auprès de tous les Français dévoués à l'Église et de plusieurs savants, prélats, prêtres et laïques, italiens et étrangers, on ne peut plus distingués et compétents dans des appréciations de ce genre, de vifs témoignages d'affection et d'estime.

« Si M. Perret avait abusé de l'autorisation si gracieusement accordée par Sa Sainteté, en dégradant les fresques et inscriptions reproduites dans le magnifique ouvrage des Catacombes avec une admirable fidélité et persévérance, je l'aurais certainement appris, et j'ajoute que je me serais cru responsable, ainsi que l'autorité française, de telles profanations.

« Bien loin de là, j'ai constaté l'unanimité d'un témoignage contraire par mes informations personnelles, et en comparant moi-même les dessins de l'ouvrage dont il s'agit avec les fresques des Catacombes, j'ai la conviction profonde que celles-ci ont été religieusement respectées dans l'opération fort simple et inoffensive des calques ou copies auxquelles elles ont donné lieu. Le *Bon Pasteur*, en particulier, dans le cimetière de Sainte-Agnès, m'a paru aussi bien conservé que les autres fresques des mêmes galeries souterraines. J'ai visité Sainte-Agnès au mois de novembre 1849, avec M. Daremberg, bibliothécaire à la bibliothèque Mazarine, M. E. Renan, employé à la bibliothèque impériale, et un autre savant français. Les travaux de M. Perret nous ont inspiré les mêmes sentiments, que je suis heureux d'exprimer ici comme l'un de mes meilleurs souvenirs.

« FR. DE CORCELLE. »

Après de telles paroles et à la fin de notre œuvre, nous n'avons plus qu'à formuler le vœu si simple et si vrai que renferme cette ligne d'une inscription des Catacombes, publiée par Boldetti, p. 420 :

QVI LEGERIT VIVAT IN CRISTV.

INSCRIPTIONS

FIGURES ET SYMBOLES GRAVÉS SUR PIERRE

AVANT-PROPOS

Les inscriptions des Catacombes de Rome ont de tout temps excité l'intérêt, non-seulement des savants qui se sont occupés d'une manière spéciale de l'étude des antiquités chrétiennes, comme Bosio, Aringhi, Boldetti, Bottari, Buonarroti, etc., mais même des épigraphistes en général. Elles tiennent une place considérable dans la plupart des grands recueils d'inscriptions antiques[1], et on en a formé des collections particulières, comme celles de Marangoni, de Nicolaï, du P. Lupi, de Marini enfin, qui s'était proposé de recueillir toutes les inscriptions chrétiennes du premier au dixième siècle de notre ère, et dont le travail, resté incomplet, n'a été publié qu'en partie par le cardinal Maï[2].

Mais ces divers recueils ne nous donnent que le texte de ces documents, et encore nous le donnent-ils, pour la plupart, avec une extrême inexactitude. Leurs auteurs n'ont pas toujours tenu compte de la division des lignes, qu'il est si utile de connaître, lorsqu'il s'agit d'expliquer des inscriptions incomplètes et altérées par le temps, ou même des inscriptions entières, mais dans lesquelles les sigles sont fréquents et les mots abrégés d'une manière plus ou moins capricieuse; quant à la forme des lettres, quant aux irrégularités de l'écriture, qui varie presque pour chaque monument, il était impossible d'en donner une idée avec les caractères de l'imprimerie, soit que l'on se servît, comme le cardinal Maï, de lettres minuscules, soit que l'on employât, comme les autres collecteurs, des lettres capitales. Il n'y avait qu'un moyen d'obtenir ce résultat, qui a bien aussi son utilité, car ces inscriptions présentent, comme monuments paléographiques, un intérêt que personne ne peut méconnaître; ce moyen, M. Perret a pu l'employer, et c'est ce qui fait le caractère particulier et la véritable importance de sa collection.

Cette collection se compose de quatre cent trente inscriptions trouvées à Rome, presque toutes dans les Catacombes; et je puis dire qu'aucune précaution n'a été négligée pour que leur reproduction en fac-simile fût aussi exacte que possible. Sauf quelques-unes, qui ont été calquées sur les manuscrits de la Custode des reliques de saint Apollinaire, toutes ont été dessinées et réduites au pantographe sur des estampages à la mine de plomb, exécutées avec une grande habileté par M. Perret lui-même. Les dessins ainsi obtenus ont été revus et corrigés par moi avec la plus minutieuse attention; j'en ai ensuite revu les premières épreuves lithographiées, et, pendant un voyage d'Algérie, que j'ai fait à la fin de 1852 et au commencement de 1853, mon ami, M. Edmond Leblant, dont on connaît le

---

[1] Notamment dans ceux de Reinesius, de Fleetwood, de Fabretti, de Passionei, de Muratori.

[2] Dans le tome V de sa *Nova Collectio*, Rome, 1831, in-4°.

beau travail sur les inscriptions chrétiennes de la Gaule, a bien voulu, à ma prière, en faire une nouvelle révision. Enfin, depuis mon retour en France, les éditeurs se préparant à faire faire un deuxième tirage de ce volume, j'en ai revu encore une fois toutes les planches, en les comparant lettre par lettre avec les estampages.

Quant aux notes explicatives de ce cinquième volume, le lecteur sait déjà que M. l'abbé Greppo, qui avait bien voulu se charger de les rédiger, en a été empêché par le mauvais état de sa santé. J'ai plus que personne sujet de le regretter, puisque c'est sur moi qu'est retombée cette tâche, à laquelle, bien que m'occupant depuis longtemps de l'étude des inscriptions romaines, j'étais, je m'empresse de le reconnaître, beaucoup moins préparé que lui. C'est que les inscriptions dont se compose ce volume ne sont pas seulement des monuments historiques; ce sont surtout des monuments ecclésiasiques, présentant pour la plupart, outre leur sens littéral et en quelque sorte matériel, un sens mystique et théologique, à l'interprétation duquel les connaissances de l'épigraphiste ne suffisent pas toujours. Je n'ai pas pensé qu'il me fût permis d'aborder cette interprétation, et me bornant, presque toujours, à faire connaître le sens littéral des monuments, j'ai cru devoir laisser aux personnes revêtues d'un caractère religieux, qui leur impose le devoir et leur donne le droit de faire de ces matières une étude spéciale, le soin de tirer de ces monuments toutes les conséquences qu'ils peuvent avoir, pour l'histoire du dogme, de la discipline et de la hiérarchie ecclésiastique.

L. RENIER.

EXPLICATION

DES INSCRIPTIONS

CINQUIÈME VOLUME

FRONTISPICE

FRAGMENT D'UN TOMBEAU

Ce fragment, qui est conservé dans la galerie du Vatican, représente un chrisme en forme de croix; sur les branches de la croix sont posés l'α et l'ω; au-dessous sont deux soldats de bout, appuyés chacun sur un bouclier, et paraissant tenir la hampe du monogramme.

STATUE ET CYCLE DE SAINT HIPPOLYTE

PLANCHE I

Statue de saint Hippolyte. — Cette statue a été découverte en 1551, hors des murs de Rome, près de l'église Saint-Laurent. Le cardinal Cervini, qui occupa depuis la chaire pontificale, sous le nom de Marcel II, la fit placer à l'entrée de la bibliothèque du Vatican, d'où l'on vient, dit-on, de la retirer, pour lui donner une place plus convenable dans le nouveau musée chrétien de Saint-Jean-de-Latran. Le saint prélat est représenté dans le costume des anciens philosophes, assis sur un siége et appuyant son coude droit sur un livre, qu'il tient de la main gauche. Son nom ne se lit nulle part; mais l'attribution qui lui a été faite de ce monument est établie, d'une manière incontestable, par les inscriptions qui se lisent sur les côtés du siége, inscriptions qui consistent en une liste d'ouvrages, dont quelques-uns sont cités comme étant de lui,

par saint Jérôme[1]; et surtout en un double cycle pascal, que toute l'antiquité chrétienne, pour ainsi dire, s'accorde à lui attribuer[2].

Cette statue est en marbre, de grandeur naturelle, d'un bon style, et surtout précieuse parce que c'est le plus antique monument chrétien de cette nature qui soit parvenu jusqu'à nous[3]. On peut en effet la regarder comme contemporaine d'Alexandre Sévère; Winckelmann en a jugé ainsi d'après son style[4], et, comme on le verra plus loin, cela résulte, avec plus de certitude encore, des inscriptions dont nous venons de parler.

La statue de saint Hippolyte a été gravée plusieurs fois, mais toujours d'une manière inexacte : dans le traité de Bianchini, *de Calendario et Cyclo Cæsaris ac de paschali canone sancti Hippolyti martyris*; Romæ, 1703, in-fol.; dans celui de Vignoli, *De anno primo imperii Severi Alexandri Augusti*; Romæ, 1712, in-4°; dans l'édition des *OEuvres de saint Hippolyte*, publiée par Fabricius; Hambourg, 1716-1718, 2 vol. in-fol.; dans l'*Histoire littéraire de France*, par les Bénédictins, t. I", p. 366, et enfin, sur un plus grand format et beaucoup moins inexactement, par De Magistris, dans les *Acta martyrum ad Ostia Tiberina*; Romæ, 1795, in-fol.

PLANCHE II

Inscription n° 3. — Les inscriptions du siége de saint Hippolyte sont reproduites en fac-simile dans les planches ii et iv[5]. Elles consistent, ainsi que nous l'avons dit, en une liste d'ou-

---

1. *De Viris illustrib.*, lxi.

2. Hieronym., *de Viris illustrib.*, lxi; Euseb., *Hist. ecclesiast.*, vi, 22; Gennad., *de Viris illustrib.*, xxxviii; Isidor. Hispal., *Etymol.*, vi, 17.

3. Malheureusement ce monument était fort mutilé, lorsqu'il a été découvert; plusieurs de ses parties sont des restaurations modernes : la tête notamment a été rapportée. Voy. le cardinal Mai, *Script. veterum nova collectio*, t. V, p. 70, note 1.

4. *Histoire de l'Art*, t. III, p. 252 de la trad. française, ed. de Leipzig, 1781, in-4°.

5. La position de la statue, dans la bibliothèque du Vatican, ne permettant pas d'en relever complétement les inscriptions, M. Perret a dû se contenter de prendre ses empreintes sur la copie moderne qui en a été faite en marbre, et qui se trouve dans l'église de Saint-Laurent-in-Damaso. Ce sont ces empreintes qui ont été reproduites dans les deux planches dont il s'agit.

vrages et en un double cycle pascal. Commençons par la liste d'ouvrages.

Cette liste, qui est gravée sur le derrière du siège, est reproduite sur la gauche de la planche 11; quoiqu'elle ait un peu souffert, vers le haut, on a pu la restituer entièrement avec assez de certitude; elle doit se lire ainsi :

Πρὸς Ἰουδαίους[1].	Adversus Iudaeos.
Περὶ ἡγεμο]νίας.	De regimine.
Εἰς τοὺς] ψαλμούς.	In psalmos.
Εἰς τὴν ἐγ]γαστρίμυθον.	In pythonissam.
Ὑπὲρ τοῦ κατὰ Ἰωάν[ν]ην εὐαγγελίου καὶ ἀποκαλύψεως.	De evangelio secundum Ioannem et apocalypsi.
Περὶ χαρισμάτων ἀποστολικὴ παράδοσις.	De charismatibus traditio apostolica.
Χρονικῶν.	Chronicon.
Πρὸς Ἕλληνας καὶ πρὸς Πλάτωνα, ἢ καὶ περὶ τοῦ παντός.	Adversus ethnicos et adversus Platonem, vel etiam de universo.
Προτρεπτικὸς πρὸς Σεβηρεῖναν.	Exhortatorius ad Severinam.
Ἀπόδειξις χρόνων τοῦ Πάσχα καθ'ἃ ἐν τῷ πίνακι.	Demonstratio temporum Paschae quemadmodum in tabula.
Ὠδαὶ εἰς πάσας τὰς γραφάς.	Hymni in omnes Scripturas.
Περὶ Θ(εο)ῦ καὶ σαρκὸς ἀναστάσεως.	De Deo et carnis resurrectione.
Περὶ τ'ἀγαθοῦ [κ]αὶ πόθεν τὸ κακόν[2].	De bono et unde malum.

Tous ces ouvrages ne sont pas parvenus jusqu'à nous; mais en revanche, nous en possédons plusieurs autres, qui sont incontestablement de saint Hippolyte, et qui ne figurent point dans cette liste. On en a conclu naturellement que cette statue avait été élevée assez longtemps avant la mort du saint prélat[3]. Cette opinion, toutefois, a rencontré des contradicteurs[4].

L'édition la plus estimée des *OEuvres de saint Hippolyte*, est celle qui a été publiée par Fabricius (Hambourg, 2 vol. in-fol. 1716-1718). On y trouve le texte à peu près entier du traité de *Charismatibus*[5], une *chronique* latine, que l'on croit être une traduction ancienne de celle de saint Hippolyte[6], enfin des fragments plus ou moins considérables des traités *contre les Juifs*[7], *contre les Gentils*[8], *sur la Résurrection*[9], et de l'*Explication du cycle pascal*[10].

INSCRIPTION n° 4. — Le reste de la planche 11 est occupé par la première partie de ce cycle, celle qui est gravée sur le côté droit du siège. Cette première partie doit se lire ainsi :

Ἔτους α' βασιλείας Ἀλεξάνδρου Αὐτοκράτορος ἐγένετο ἡ ιδ' τοῦ Πάσχα, εἰδοῖς ἀπρειλίαις, σαββάτῳ, ἐμβολίμου μηνὸς γενομένου. Ἔσται τοῖς ἑξῆς ἔτεσιν καθὼς ὑποτέτακται ἐν τῷ πίνακι· ἐγένετο δὲ ἐν τοῖς παρῳχηκόσιν καθὼς σεσημείωται. Ἀπονηστίζεσθαι δὲ δεῖ οὗ ἂν ἐμπέσῃ κυριακή.

εἰδοῖς ἀπρει(λίαις), ἐμ(βολίμου γενομένου).	Z	S	E	Δ	Γ	B	Δ
πρὸ δ' νω(νῶν) ἀπρει(λίων).	Δ	Γ	B	A	Z	S	E
πρὸ ιϛ', πρὸ ια' κα(λανδῶν) ἀπρει(λίων),							
δισέκτου (γενομένου).	Δ	Z	S	E	Δ	Γ	B
πρὸ ε' εἰ(δῶν) ἀπρει(λίων), ἐμ(βολίμου).	Z	S	E	Δ	Γ	B	A
πρὸ δ' κα(λανδῶν) ἀπρει(λίων).	Δ	Γ	B	A	Z	S	E
πρὸ ιε' κα(λανδῶν) ἀπρει(λίων).	A	Z	S	E	Δ	Γ	Δ
νωναῖς ἀπρει(λίαις), δισέκτου καὶ ἐμβολίμου.	Z	S	K	Δ	Γ	B	Δ
πρὸ η' κα(λανδῶν) ἀπρει(λίων).	Δ	Γ	B	A	Z	S	E
εἰδοῖς ἀπρει(λίαις), ἐμ(βολίμου).	Γ	B	A	Z	S	E	Δ
πρὸ δ' νω(νῶν) ἀπρει(λίων).	Z	S	K	Δ	Γ	B	A
πρὸ ιϛ', πρὸ ια' κα(λανδῶν) ἀπρει(λίων), δισέκτου.	Δ	Γ	B	A	Z	S	E
πρὸ ε' εἰ(δῶν) ἀπρει(λίων), ἐμ(βολίμου).	Γ	B	A	Z	S	E	Δ
πρὸ δ' κα(λανδῶν) ἀπρει(λίων).	Z	S	E	Δ	Γ	B	A
πρὸ ιε' κα(λανδῶν) ἀπρει(λίων).	Δ	Γ	B	A	Z	S	E
νωναῖς ἀπρει(λίαις), δισέκτου καὶ ἐμβολίμου.	Γ	B	A	Z	S	E	Δ
πρὸ η' κα(λανδῶν) ἀπρει(λίων).	Z	S	E	Δ	Γ	B	A

1. D'autres suppléent εἰς τοὺς πρωτοκλήτους; voy. le card. Mai, *Scriptorum veterum nova collectio*, t. V, p. 70, note 2.

2. ΓΑΙ est une faute du graveur moderne; on lit ΚΑΙ sur l'original de la bibliothèque du Vatican; voy. le card. Mai, *ibid.*, p. 71.

3. Voy. M. l'abbé Groppo, dans sa *notice sur saint Hippolyte*, p. 181 de ses *Notes historiques, biographiques, archéologiques et littéraires concernant les premiers siècles chrétiens*, Lyon, 1841, in-8°.

4. E.-J. Kimmel, *de Hippolyti vita et scriptis*, Iena, 1839, in-8°, p. 17.

5. T. Iᵉʳ, p. 215.

6. T. Iᵉʳ, p. 49. Cette traduction, si c'en est une, n'a pu être composée après le règne de Charlemagne.

7. T. Iᵉʳ, p. 248.

8. T. Iᵉʳ, p. 220.

9. T. Iᵉʳ, p. 264. — 10. T. Iᵉʳ, p. 43.

Anno I regni Alexandri imperatoris, fuit XIV^a Paschae idibus aprilibus, sabbato, cum mensis embolimaeus fuisset. Erit sequentibus annis sicut infra ordinatur in tabula; evenit vero in praeteritis sicut indicatum est. Solvere oportet jejunium ubi dominica inciderit.

	1	2	3	4	5	6	7
Idibus aprilibus, embolimaeus.	G	F (Exitus juxta Danielem et in deserto.)	E	D	C	B	A
iv nonas apriles.	D (Caesaris Christi.)	C	B	A	G	F	E
xii, xi kalendas apriles, bissextum.	A (Ezechias.)	G	F (Iesus.)	E	D	C	B
v idus apriles, embolimaeus.	G (Iosias.)	F	E	D	C	B	A
iv kalendas apriles.	D	C	B	A	G	F	E
xv kalendas apriles.	A	G (Ezechias juxta Danielem et Iosias.)	F	E	D	C	B
Nonis aprilibus, bissextum, embolimaeus.	G	F	E	D (Iesus juxta Danielem.)	C	B	A
vii kalendas apriles.	D	C	B	A	G	F	E
Idibus aprilibus, embolimaeus.	G	B	A	G	F	E	D
iv nonas apriles.	G	F	E	D	C	B	A (Exodus.)
xii, xi kalendas apriles, bissextum.	D	C	B	A	G	F	E
v idus apriles, embolimaeus.	C	D	A	G	F	E	D (in deserto.)
iv kalendas apriles.	G	F	E	D	C	B	A
xv kalendas apriles.	D	C	B	A	G	F	E
vii kalendas apriles.	C (Exodus juxta Danielem.)	B	A	G	F	E	D (Esdras.)
Nonis aprilibus, bissextum, embolimaeus.	G	F (Pasch. Christi.)	E	D	C	B	A

Le cycle de saint Hippolyte a été l'objet de nombreux travaux[1], dont le plus estimé est le mémoire de Bianchini, que nous avons déjà cité[2]; nous y renvoyons ceux de nos lecteurs qui voudraient avoir une explication complète de ce monument, nous bornant à faire remarquer que le tableau que nous venons de reproduire contient, pour une période de 112 ans, à partir de la première année du règne d'Alexandre Sévère, l'indication du jour, du mois et de la semaine, auquel devait tomber le 14me de la lune de mars, jour qu'il était nécessaire de connaître pour déterminer celui de la fête de Pâques, puisque le vendredi-saint devait toujours être le premier vendredi après ce quantième de la lune. Les lettres A, B, Γ, Δ, E, S (pour ç), Z, sont ici employées comme chiffres, et désignent les sept jours de la semaine, en commençant par le dimanche. Les années se comptent de haut en bas, en commençant par la première colonne à gauche. La période épuisée, on en recommence une autre, en allant toujours de haut en bas et de gauche à droite, de sorte que ce tableau peut être considéré comme un cycle perpétuel. Il y a plus : dans la pensée de saint Hippolyte, il s'appliquait au passé aussi bien qu'à l'avenir; c'est ce que montrent ces mots du titre : ἐγένετο δὲ ἐν τοῖς παρῳχηκόσι καθὼς συντέτακται, *evenit vero in praeteritis sicut indicatum est*, et ce que prouvent les indications dont il s'agit, indications qui se trouvent en effet dans quelques-unes des cases du tableau. Ces indications se rapportent aux seules fêtes de Pâques dont la célébration soit mentionnée dans l'Écriture; ainsi le mot Ἔξοδος, *Exodus*, qui se lit dans la dixième case de la septième colonne, indique la première pâque célébrée par les Israélites, au moment de leur sortie d'Égypte (*Exode*, ch. xii); les mots ἐν ἐρήμῳ, *in deserto*, qu'on lit deux cases plus loin, se rapportent à la pâque qu'ils célébrèrent deux ans après, dans le désert, et dont il est parlé dans le livre des *Nombres*, ch. ix; le mot Ἰησοῦς, *Iesus*, qui se trouve dans la troisième case de la troisième colonne, c'est-à-dire, dans la quarante et unième après celle où se lit le mot Ἔξοδος, rappelle la pâque célébrée quarante et un ans après la sortie d'Égypte, lors de l'entrée dans la terre promise, sous Josué (Iésu fils de Navé). (Voy. le livre de *Josué*, ch. iii). Les mots Ἐζεχίας (*Ezechias*), Ἰωσίας (*Josias*), Ἔσδρα (*Esdras*), indiquent les fêtes de Pâques célébrées par les rois Ézéchias et Josias, et par le prêtre Esdras, avec une solennité qui leur a valu une mention spéciale dans la Bible. (Voy. *Paralipomen.*, II, ch. xxx et xxxv; *Rois*, IV, ch. xxiii; *Esdr.*, I, ch. vi). Enfin, ces différentes indications sont reproduites dans d'autres cases, avec ces mots : κατὰ Δανιήλ, *juxta Danielem*, pour indiquer les jours où auraient dû tomber les fêtes dont il s'agit, suivant les calculs chronologiques basés sur l'emploi des semaines de Daniel.

Il n'y a que deux indications qui ne soient données qu'une seule fois; ce sont celles qui se rapportent à l'*Annonciation*, γένεσις Χριστοῦ, et à la *Passion*, πάθος Χριστοῦ; et, en effet, ces deux événements étant le point de départ des calculs dont il s'agit, ces calculs ne peuvent influer sur la détermination de leur date. Saint Hippolyte place le premier deux cent vingt-trois ans (deux périodes moins un an) avant la première année d'Alexandre Sévère, ou, en d'autres termes, il fait correspondre cette première année avec l'an 222 de notre ère; et, des expres-

---

1. *Hippolyti episcopi canon paschalis, cum Josephi Scaligeri commentario;* Lugduni-Batavorum, 1595, in-4° — Egid. Bucherius, *In Victorii Aquitani canonem commentarius, quo veterum cycli paschales exponuntur;* Antuerpiae, 1633, in-fol. — Vignoli, *De anno primo imperii Severi Alexandri, quem praefert cathedra marmorea sancti Hippolyti;* Romae, 1712, in-4°., et *Dissertatio apologetica de anno primo imperii Severi Alexandri, qua potissimum programma cycli paschalis sancti Hippolyti denuo exponitur;* Romae, 1714, in-4°. — Phil. a Turre, *De annis imperii M. Aurelii Eliogabali;* Patavii, 1713, et Venetiis, 1744, in-4°.

2. *De kalendario et cyclo Caesaris, ac paschali canone sancti Hippolyti martyris dissertationes duae;* Romae, 1703, in-fol. La partie de ces dissertations qui est relative au cycle dont nous nous occupons, a été reproduite dans l'édition des *Œuvres de saint Hippolyte*, publiée par Fabricius, t. Ier, p. 93 et suiv.

sions dont il se sert, dans le titre de ce tableau, on peut conclure qu'aux ides d'avril de cette année, ce prince était déjà sur le trône. C'est en effet au 11 mars 222 que l'on s'accorde aujourd'hui à placer la mort d'Élagabale et l'avénement d'Alexandre Sévère [1].

PLANCHE IV

INSCRIPTION n° 5. — Cette planche reproduit la seconde partie du cycle, celle qui est gravée sur le côté gauche du siége. Elle doit se lire ainsi :

Ἔτει Ἀλεξάνδρου Καίσαρος τῷ α' ἀρχή. Αἱ κυριακαὶ τοῦ Πάσχα κατὰ ἔτος. Αἱ δὲ παρακεντήσεις δηλοῦσι τὴν δὶς πρὸ ἕξ.

Α.

πρὸ ια' κα(λανδῶν) μαΐ(ων), κυ(ριακή).
πρὸ η' εἰ(δῶν) ἀπρ(ειλίων).
πρὸ ε' κα(λανδῶν) ἀπρ(ειλίων).
πρὸ ιε' κα(λανδῶν) μαΐ(ων).
πρὸ δ' νω(νῶν) ἀπρ(ειλίων).
πρὸ ι' κα(λανδῶν) ἀπρ(ειλίων).
εἰ(δοῖς) ἀπρ(ειλίαις).
πρὸ δ' κα(λανδῶν) ἀπρ(ειλίων).
πρὸ ιδ' κα(λανδῶν) μαΐ(ων).
πρὸ δ' εἰ(δῶν) ἀπρ(ειλίων).
πρὸ η' κα(λανδῶν) ἀπρ(ειλίων).
πρὸ ιη' κα(λανδῶν) μαΐ(ων).
πρὸ η' εἰ(δῶν) ἀπρ(ειλίων).
πρὸ ια' κα(λανδῶν) ἀπρ(ειλίων).
πρὸ δ' εἰ(δῶν) ἀπρ(ειλίων).
πρὸ δ' νω(νῶν) ἀπρ(ειλίων).

Γ.

πρὸ ιζ' κα(λανδῶν) μαΐ(ων), κυ(ριακή).
πρὸ ζ' εἰ(δῶν) ἀπρ(ειλίων).
πρὸ ι' κα(λανδῶν) ἀπρ(ειλίων).
πρὸ α' εἰ(δῶν) ἀπρ(ειλίων).
πρὸ δ' νω(νῶν) ἀπρ(ειλίων).
πρὸ ιγ' κα(λανδῶν) ἀπρ(ειλίων).
πρὸ ζ' εἰ(δῶν) ἀπρ(ειλίων).
πρὸ α' κα(λανδῶν) ἀπρ(ειλίων).
πρὸ ιβ' κα(λανδῶν) μαΐ(ων).
νω(ναῖς) ἀπρ(ειλίαις).
πρὸ ζ' κα(λανδῶν) ἀπρ(ειλίων).
πρὸ ιϛ' κα(λανδῶν) μαΐ(ων).
κα(λάνδαις) ἀπρ(ειλίαις).
πρὸ θ' κα(λανδῶν) ἀπρ(ειλίων) [4].
πρὸ α' εἰ(δῶν) ἀπρ(ειλίων).
πρὸ ι' κα(λανδῶν) ἀπρ(ειλίων).

Ε.

πρὸ ιδ' κα(λανδῶν) μαΐ(ων), κυ(ριακή).
πρὸ δ' εἰ(δῶν) ἀπρ(ειλίων).
πρὸ η' κα(λανδῶν) ἀπρ(ειλίων).
πρὸ ιη' κα(λανδῶν) μαΐ(ων).
πρὸ η' εἰ(δῶν) ἀπρ(ειλίων).
πρὸ ια' κα(λανδῶν) ἀπρ(ειλίων).
πρὸ δ' εἰ(δῶν) ἀπρ(ειλίων).
πρὸ δ' νω(νῶν) ἀπρ(ειλίων).
πρὸ ιζ' κα(λανδῶν) μαΐ(ων).
πρὸ ζ' εἰ(δῶν) ἀπρει(λίων).
πρὸ δ' κα(λανδῶν) ἀπρ(ειλίων).
πρὸ γ' εἰ(δῶν) ἀπρ(ειλίων).
πρὸ γ' νω(νῶν) ἀπρ(ειλίων).
πρὸ ζ' κα(λανδῶν) ἀπρ(ειλίων).
πρὸ ζ' εἰ(δῶν) ἀπρ(ειλίων).
πρὸ γ' κα(λανδῶν) ἀπρ(ειλίων).

Ζ.

πρὸ ιβ' κα(λανδῶν) μαΐ(ων), κυ(ριακή).
νω(ναῖς) ἀπρ(ειλίαις).
πρὸ ϛ' κα(λανδῶν) ἀπρ(ειλίων).
πρὸ ιϛ' κα(λανδῶν) μαΐ(ων).
κα(λάνδαις) ἀπρ(ειλίαις).
πρὸ θ' κα(λανδῶν) ἀπρ(ειλίων).
πρὸ α' εἰ(δῶν) ἀπρ(ειλίων).
πρὸ ε' κα(λανδῶν) ἀπρ(ειλίων).
πρὸ ιϛ' κα(λανδῶν) μαΐ(ων).
πρὸ ι' εἰ(δῶν) ἀπρ(ειλίων).
πρὸ θ' κα(λανδῶν) ἀπρ(ειλίων).
εἰδοῖς ἀπρ(ειλίαις).
νω(ναῖς) ἀπρ(ειλίαις).
πρὸ ιβ' κα(λανδῶν) ἀπρ(ειλίων).
πρὸ ε' εἰ(δῶν) ἀπρ(ειλίων).
κα(λάνδαις) ἀπρ(ειλίαις).

Β.

πρὸ ιζ' κα(λανδῶν) μαΐ(ων), κυ(ριακή).
πρὸ ζ' εἰ(δῶν) ἀπρ(ειλίων).
πρὸ δ' κα(λανδῶν) ἀπρ(ειλίων).
πρὸ γ' εἰ(δῶν) ἀπρ(ειλίων).
πρὸ γ' νω(νῶν) ἀπρ(ειλίων).
πρὸ ζ' κα(λανδῶν) ἀπρ(ειλίων).
πρὸ ζ' εἰ(δῶν) ἀπρ(ειλίων).
πρὸ γ' κα(λανδῶν) ἀπρ(ειλίων).
πρὸ ιγ' κα(λανδῶν) μαΐ(ων) [2].
πρὸ α' νω(νῶν) ἀπρ(ειλίων) [3].
πρὸ ζ' κα(λανδῶν) ἀπρ(ειλίων).
πρὸ ιζ' κα(λανδῶν) μαΐ(ων).
πρὸ α' κα(λανδῶν) ἀπρ(ειλίων).
πρὸ ι' κα(λανδῶν) ἀπρ(ειλίων).
πρὸ γ' εἰ(δῶν) ἀπρ(ειλίων).
πρὸ ϛ' κα(λανδῶν) ἀπρ(ειλίων).

Δ.

πρὸ ιε' κα(λανδῶν) μαΐ(ων), κυ(ριακή).
πρὸ ε' εἰ(δῶν) ἀπρ(ειλίων).
πρὸ θ' κα(λανδῶν) ἀπρ(ειλίων).
εἰ(δοῖς) ἀπρ(ειλίαις).
νω(ναῖς) ἀπρ(ειλίαις).
πρὸ ιδ' κα(λανδῶν) ἀπρ(ειλίων).
προ ε' εἰ(δῶν) ἀπρ(ειλίων).
κα(λάνδαις) ἀπρ(ειλίαις).
πρὸ ια' κα(λανδῶν) μαΐ(ων).
πρὸ η' εἰ(δῶν) ἀπρ(ειλίων).
πρὸ ε' κα(λανδῶν) ἀπρ(ειλίων).
πρὸ ιε' κα(λανδῶν) μαΐ(ων).
πρὸ δ' νω(νῶν) ἀπρ(ειλίων).
πρὸ κ' κα(λανδῶν) ἀπρ(ειλίων).
εἰ(δοῖς) ἀπρ(ειλίαις).
πρὸ δ' κα(λανδῶν) ἀπρ(ειλίων).

Θ.

πρὸ ιγ' κα(λανδῶν) μαΐ(ων), κυ(ριακή).
πρὸ α' νω(νῶν) ἀπρ(ειλίων).
πρὸ ζ' κα(λανδῶν) ἀπρ(ειλίων).
πρὸ ιζ' κα(λανδῶν) μαΐ(ων).
πρὸ α' κα(λανδῶν) ἀπρ(ειλίων).
πρὸ ι' κα(λανδῶν) ἀπρ(ειλίων).
πρὸ γ' εἰ(δῶν) ἀπρ(ειλίων).
πρὸ ϛ' εἰ(δῶν) ἀπρ(ειλίων).
πρὸ ιϛ' κα(λανδῶν) μαΐ(ων) [3].
πρὸ ϛ' εἰ(δῶν) ἀπρ(ειλίων).
πρὸ ι' κα(λανδῶν) ἀπρ(ειλίων).
πρὸ α' εἰ(δῶν) ἀπρ(ειλίων).
πρὸ α' νω(νῶν) ἀπρ(ειλίων).
πρὸ ιγ' κα(λανδῶν) ἀπρ(ειλίων).
πρὸ γ' εἰ(δῶν) ἀπρ(ειλίων).
πρὸ α' κα(λανδῶν) ἀπρ(ειλίων).

---

1. Voy. Eckhel, *Doctrina numorum veterum*, t. VII, p. 202; Borghesi, *Frammento di fasti sacerdotali*, dans les *Mem. dell' Instit. Archeol. di Roma*, t. Ier, p. 314; Arduino, *Osservaz. sopra un inedito diploma militare dell' imperatore Alessandro Severo*, dans ses *Opuscoli diversi*, vol. III, p. 185.

2. Π. ΚΑ. ΜΑΙ, ιγ' κα(λανδῶν) μαΐ(ων), est une faute du graveur moderne, pour Γ. ΚΑ. ΜΑΡ, γ' κα(λανδῶν) μαρ(τίων), qui se lit en effet sur l'original de la bibliothèque du Vatican; voy. le card. Mai, *Script. vet. nova collect.*, t. V, p. 72.

3. Au lieu de ΑΠΡ, ἀπρ(ειλίων), il faudrait ΜΑΙ, μαΐ(ων).

4. Au lieu de Θ, il faudrait E. Cette faute et la précédente existent sur l'original; voy. le card. Mai, *ibid.*, p. 73.

5. On lit ΜΑΡ, μαρ(τίων), qui est une faute, sur l'original de la bibliothèque du Vatican; voy. le card. Mai, *ibid.*, p. 73.

Anno Alexandri Caesaris primo initium. Dominicae paschales secundum annos; adpunctiones vero ostendunt bissextum.

I.	III.	V.	VII.
xi kalendas maias, dominica.	xvi kalendas maias, dominica.	xrv kalendas maias, dominica.	xii kalendas maias, dominica.
viii idus apriles.	vi idus apriles.	rv idus apriles.	nonis aprilibus.
v kalendas apriles.	x kalendas apriles.	viii kalendas apriles.	vi kalendas apriles.
xv kalendas maias.	pridie idus apriles.	xviii kalendas maias.	xvi kalendas maias.
iv nonas apriles.	pridie nonas apriles.	vii idus apriles.	kalendis aprilibus.
viii kalendas apriles.	xiii kalendas apriles.	xi kalendas apriles.	ix kalendas apriles.
idibus aprilibus.	vi idus apriles.	rv idus apriles.	pridie idus apriles.
iv kalendas apriles.	pridie kalendas apriles.	iv nonas apriles.	v kalendas apriles.
xiv kalendas maias.	xii kalendas maias.	xvii kalendas maias.	xv kalendas maias.
iv idus apriles.	nonis aprilibus.	vii idus apriles.	v idus apriles.
viii kalendas apriles.	vi kalendas apriles.	iv kalendas apriles.	ix kalendas apriles.
xviii kalendas maias.	xvi kalendas maias.	iii idus apriles.	idibus aprilibus.
viii idus apriles.	kalendis aprilibus.	iii nonas apriles.	nonis aprilibus.
xi kalendas apriles.	[v] kalendas apriles.	vii kalendas apriles.	xii kalendas apriles.
iv idus apriles.	pridie idus apriles.	vii idus apriles.	v idus apriles.
iv nonas apriles.	v kalendas apriles.	iii kalendas apriles.	kalendis aprilibus.

II.	IV.	VI.
xvii kalendas maias, dominica.	xv kalendas maias, dominica.	xiii kalendas maias, dominica.
vii idus apriles.	v idus apriles.	pridie nonas apriles.
iv kalendas apriles.	ix kalendas apriles.	vii kalendas apriles.
iii idus apriles.	idibus aprilibus.	xvii kalendas maias.
iii nonas apriles.	nonis aprilibus.	pridie kalendas apriles.
vii kalendas apriles.	xii kalendas apriles.	x kalendas apriles.
vii idus apriles.	v idus apriles.	iii idus apriles.
iii kalendas apriles.	kalendis aprilibus.	vi idus apriles.
[iii] kalendas [martias].	xi kalendas maias.	xvi kalendas maias.
pridie nonas [maias].	viii idus apriles.	vi idus apriles.
vii kalendas apriles.	v kalendas apriles.	x kalendas apriles.
xvii kalendas maias.	xv kalendas maias.	pridie idus apriles.
pridie kalendas apriles.	iv nonas apriles.	pridie nonas apriles.
x kalendas apriles.	viii kalendas apriles.	xvi kalendas apriles.
iii idus apriles.	idibus aprilibus.	iii idus apriles.
vi kalendas apriles.	iv kalendas apriles.	pridie kalendas apriles.

On voit que ce tableau contient, aussi pour une période de cent douze ans, à partir de la première année du règne d'Alexandre Sévère, l'indication du quantième du mois où tombe le dimanche de Pâques. Les lettres A, B, Γ, Δ, E, S, Z, y sont également employées comme signes numériques, non plus pour désigner les jours de la semaine, mais pour indiquer dans quel ordre doivent être lues les sept colonnes dont se compose le tableau. Dans notre transcription, afin d'abréger, nous n'avons complété qu'une seule fois en tête de chaque colonne, le sigle KY, κυριακή, *dominica*, qui, sur la planche et sur le monument, se trouve répété à la fin de toutes les lignes.

Le signe de ponctuation (SS ou ςς), annoncé dans le titre comme devant indiquer les années bissextiles, a été oublié sur le monument.

INSCRIPTIONS D'ANAGNI

PLANCHE III

INSCRIPTION A. — Trouvée au cimetière de Sainte-Priscille.

Marangoni, *Acta sancti Victorini*, appendix, p. 72. Muratori, *Novus thesaurus Inscriptionum veterum*, p. 1885, 5.

Ἑρμογένη χαῖρε, ἔτη βιώσας μέ, κάλως πράξας, μηδένα λυπήσας, μηδενί προσκρούσας.

Hermogenes vale, annos qui vixit xlv, bene agens, neminem contristans, neminem offendens.

INSCRIPTION B. —

Felicissima in pace, uxor quæ vixit annis [v]iginti no(v)e(m), mensis nove(m) dies no(ve)(m), deposita (est) vii idus julias, pos(t) consulatu(m) Limenii et Catulini. Gaudentius.

Le même nom *Gaudentius* forme une ligne verticale au commencement de l'inscription.

Diginti, *nobem*, sont pour *Viginti*, *novem*. Il n'y a pas de confusion de lettres plus fréquente, dans les inscriptions romaines, surtout dans les inscriptions des époques postérieures au deuxième siècle de notre ère, que celle des lettres B et V; voyez Mariui, *Atti e monumenti de' Fratelli Arvali*, p. 367, 368 et 413 b.; on en rencontrera, presque à chaque pas, des exemples dans la suite de ce recueil.

142   CATACOMBES DE ROME.

Limenius et *Catullinus* avaient été consuls en 349 de notre
ère. Les consuls désignés pour l'année 350 étaient *Sergius* et
Nigrinianus; mais au commencement de cette même année, eut
lieu l'usurpation de Magnence, qui abolit les actes de son pré-
décesseur; dès lors le consulat de Sergius et de Nigrinianus fut
regardé comme non avenu dans les provinces qui reconnurent
l'autorité de ce tyran, et l'on y data par les noms des consuls
de l'année précédente. Cette inscription est donc de l'an 350 de
notre ère.

INSCRIPTION C. —   Λίβερα.
                    Libera.

A droite, une colombe tenant dans son bec un rameau
d'olivier.

INSCRIPTION D. — Trouvée au cimetière de Saint-Prétextat.
Marangoni, *Act. s. Victorin.*, p. 109.

                    Ρεδημπτα.
                    Redempta.

Au-dessous, une colombe.

INSCRIPTION E. — Trouvée au cimetière de Saint-Thrason et
de Saint-Saturnin. Marangoni, *Act. s. Victorin.*, p. 89.
Muratori, p. 1856, 5.

Cyriacus, anima dulcis, in pac(e). Vixit annum i, d(ies) LXXII.

A gauche, un boisseau.
Anima dulçis, expression de tendresse fréquemment employée, surtout dans les épitaphes des enfants; voy. Fabretti,
Inscriptiones antiquæ, p. 576; Lupi, *Epitaphium Severæ martyris*,
p. 165 et suiv.

INSCRIPTION F. — Cimetière de Sainte-Cyriaque. Marangoni,
Act. s. Victorin., p. 105; Muratori, p. 2000, 3.

Arcadio V et Honorio IIII (consulibus), deposita (est) Staturina, X
kal(endas) apriles. Sabbatiu[s] maritus fecit.

C'est ainsi que cette inscription a été lue par Marangoni;
mais Arcadius et Honorius furent tous deux consuls pour la cinquième fois en 402. Peut-être à la fin de la première ligne, la
cassure de la pierre a-t-elle emporté un cinquième I.

INSCRIPTION G. — Cimetière de Saint-Thrason et de Saint-
Saturnin. Marangoni, *Act. s. Victorin.*, p. 85. Muratori,
p. 1898, 5. D'Agincourt, *Histoire de l'Art par les monuments*, Sculpture, pl. VIII, n° 35.

Laurentia, melle dulcior, quiesce in pace.

A gauche, un vase; à droite une colombe tenant dans ses
pattes un rameau d'olivier.

FIGURE II. — Cimetière de Sainte-Priscille. Marangoni,
Act. s. Victorin., p. 42.

Notre Seigneur sur une montagne, entre saint Pierre et saint
Paul. Sa tête est nimbée; de la main gauche il présente à saint
Pierre un livre en forme de rouleau, en partie déployé. Sa main
droite est étendue, et il semble dire aux deux apôtres d'aller
prêcher son évangile par toute la terre. Saint Pierre est à sa
gauche; il porte une croix, et se penche comme pour recevoir
le livre que le Sauveur lui présente. Aux pieds du Christ,
sur la montagne, se trouve un agneau, la tête entourée d'un
nimbe, au-dessus duquel on remarque une petite croix; au
bas de la montagne, quatre appendices en forme de larmes,
ou de gouttes, figurent les sources des quatre fleuves du paradis
terrestre. Aux deux extrémités du tableau s'élèvent deux palmiers chargés de fruits. Une étoile brille à l'extrémité de l'une
des branches de celui de gauche. Au pied de ces arbres, on
remarque deux bercails, d'où sortent, en se dirigeant vers la
montagne, deux troupeaux, symboles des deux peuples, les
juifs et les gentils, également appelés à recevoir les bienfaits de
la foi et du baptême.

INSCRIPTION I. —

Aurelia Felicitas, qui vixit anis n(umero) XVII. Feceru(nt)
parentes benemor(enti).

A droite un tonneau, *dolium*, allégorie parlante de la douleur
des parents de cette jeune fille; voy. Pelliccia, *Politia veteris
Ecclesiæ*, t. III, p. 217.

INSCRIPTION J. — Cimetière de Sainte-Priscille. Marangoni,
Act. s. Victorin., p. 72. Murat., p. 1951, 2.

Θρέ(πτος)(?), πολείτης τῆς Φοινίκης, Λεόντεις, ἐν εἰρήνῃ.
Threptus, civis Phoenicius, Leonteus, in pace.

Au-dessous, un oiseau.
Civis Phoenicius, né en Phénicie. Voy. la note sur l'inscription
82 de la pl. XXXIII.
Λεόντεις est pour Λεόντειος, comme 'Αντωνις pour 'Αντώνιος,
pl. LVI, n° 5, et 'Ανάτολις pour 'Ανατόλιος, pl. LXVI, n° 11. Voyez
Bœckh, *Corpus inscr. Græc.* u. 265.

INSCRIPTION K. — Cimetière de Saint-Hippolyte. Boldetti,
Osservazioni sopra i cimiterj de' SS. Martiri, p. 82. Muratori, p. 390, 1. Zaccaria, *Storia letteraria d'Italia*, t. I,
p. 227.

Cette inscription était encore entière lorsqu'elle a été publiée
par Boldetti. En voici le texte restitué d'après cet auteur, qui,
du reste, en a mal distribué les lignes.

DDNNCLAEARCO]ETRICOMEDEVVCC
CONSVLIBVSBENEM]ERENTIOLIBIONIQVIVIXIT
ANNVSXVMESIS]VIDIESXXDECESSIT
DIEXVFALENDAS]OCTOBRESINPACE

D(ominis) n(ostris) Clearco et Ricomede, v(iris) c(larissimis), consulibus
bene merenti Olibioni, qui vixit annos XV, mesis VI, dies XX, decessit
die XV kalendas octobres, in pace.

Le consulat de Clearchus et de Ricomes correspond à l'an 384 de notre ère. Le nom du second de ces consuls est écrit, aux cas indirects, indifféremment par un R et par un D. Voy. Reland, *Fasti consulares*, p. 480 et suiv.; Fea, *Frammenti di Fasti*, p. xcvii.

INSCRIPTION L. — Cimetière de Saint-Thrason et de Saint-Saturnin. Marangoni, *Act. s. Victorin.*, p. 91. Muratori, p. 1943, 2.

Sintropian(us) in pace, qui vixit ann(os) x, menses sex, dies xvii, dece[p](tor) paren(tum). Flavia Victor(ia), ejus avia, ex omnia subventrix ea fecit. Qui valet.

A droite de la deuxième ligne, une couronne; à gauche, une coupe; à la fin de la dernière ligne, une palme.

Marangoni, et Muratori qui l'a copié, n'ont rien compris aux dernières lignes de cette inscription.

L'expression *deceptor parentum* ne contient aucune idée de blâme ou de reproche : elle signifie seulement que l'enfant auquel elle s'applique est mort avant ses parents, qui ont été ainsi trompés (*decepti*) dans l'espoir qu'ils avaient que leur fils leur survivrait; voy. Lupi, *Epitaph. Severæ martyr.*, p. 189.

Ex omnia, pour *ex omnibus*, ou plutôt pour *omnium*, est un solécisme comme on en rencontrera beaucoup dans la suite de ce recueil. La langue de la plupart de ces inscriptions est celle des classes inférieures de la société romaine, dans les premiers siècles de notre ère. Cette langue est déjà bien différente du latin des derniers temps de la république : ceux qui la parlent n'ont presque plus le sentiment des cas; on sent qu'ils vont perdre celui de la syntaxe, et qu'ils descendent rapidement la pente au bas de laquelle se trouvent les langues romanes.

Le mot *subventrix* ne se rencontre pas dans les lexiques; mais *subventor* nous est donné par deux inscriptions du recueil de Gruter, p. 459, 1 et 1095, 7.

INSCRIPTION M. —

Vittoria in pace.

Au-dessous une orante; à sa gauche une colombe; à sa droite le monogramme du Christ.

Vittoria, pour *Victoria*, est curieux; c'est déjà de l'italien.

INSCRIPTION N. — Cimetière de Saint-Thrason et de Saint-Saturnin. Marangoni, *Act. s. Victorin*, p. 91. Muratori, p. 1870, 4.

Felicissimus Crescentino conjugi dulcissimo, karissimo, qui vixit ann(os) xxiii, mes(es) ii, accepit ii kal(endas) jul(ias), deposita (est) vi kal(endas) novembres. Bene merenti.

Au commencement de la quatrième ligne, le graveur ayant oublié les chiffres iii du nombre xxiii, les a placés dans l'interligne, au-dessus des mots xx. MES.

Après le verbe *accepit*, il faut sous-entendre *baptisma*, ou plutôt *Spiritum sanctum per baptisma*; voy. Fabretti, *Inscr. ant.*, p. 563, n. xxxix, et p. 566. *Percepit* est plus souvent employé dans ce sens; voy. Fabretti, *ibid.*, p. 577, n. lxx;

Mommsen, *Inscr. Regni Neap.*, n. 3160, et Cavedoni, *Bullettino archeol. Neap.*, 1854, p. 163.

INSCRIPTION O. — Cimetière de Saint-Prétextat. Marangoni, *Act. s. Victorin.*, p. 105. Muratori, p. 1998, 2.

Innocentissimo Paulo, qui vix(it) m(enses) x, d(ies) xiii, deposit(us est) prid(ie) non(as) dece(mbres) in pace, Costantio iii et Costate ii cons(ulibus).

A droite, une feuille grossièrement dessinée.

Costantio, Costate sont pour *Costantio* et *Constante*. Le consulat mentionné correspond à l'an 342 de notre ère.

INSCRIPTION P. — Cimetière de Saint-Gordien et de Saint-Épimaque. Marangoni, *Act. s. Victorin.*, p. 102. Muratori, p. 1874, 2.

Fl(avius) Olius Paternus, centurio c(o)hor(tis) x urb(anae), qui vixit an(nis) xxvii, in pace.

Nous retrouverons, pl. xxxiii, n° 91, un soldat de la même cohorte.

PLANCHE V

INSCRIPTION A. — Trouvée au cimetière de Saint-Calixte ou de Saint-Prétextat, avec un vase de sang. Boldetti, *Osservaz. sopra i cimit.*, p. 365; Muratori, p. 1940, 5; Marini, *Inscr. christ.*, p. 456, n. 8.

Σερηνίλλα παρθένος, ζήσασα ἐνιαυτὸν καὶ μ[ῆ]νας ί, ἐνθάδε κάτ[αι] ἐν [εἰ]ρήνῃ, τῇ πρὸ ί καλ(ανδῶν) ἰαν(ουαρίων).

Serenilla virgo, quae vixit annum et menses x, hic jacet in pace, x kalendas januarias.

De chaque côté un oiseau; au-dessous, une barque.

A la fin de la deuxième ligne, Marini a lu MONAΣI au lieu de MINAΣI.

INSCRIPTION B. —

Crescentio Victoriae, alumna(e) fideli, bene merenti, qui vixit annis p(lus) m(inus) xxx, in Christo.

Crescentio est au nominatif; voy. Gruter, p. 21, 3 et 527, 5. Le mot *Christo* est exprimé par le monogramme, qui se voit au-dessous de la dernière ligne

INSCRIPTION C. —

Maria in pace, dep(osita est) xv kal(endas) dec(embres).

INSCRIPTION D. — Cimetière de Sainte-Agnès; vase de sang. Boldetti, p. 374. Buonarroti, *Vetri antichi*, p. 74. Marini, *Inscr. christ.*, p. 440, 3.

Marcella Cydis in pace.

Au-dessous, un vase entre deux colombes.

INSCRIPTION E. — Cimetière de Saint-Prétextat. Marangoni, *Act. s. Victorin.*, p. 109. Muratori, p. 1921, 2.

Quiriacae, quae vixit annis u(numero) quator.

Au milieu de la deuxième ligne, un oiseau entre deux feuilles.

Inscription F. — Cimetière de Saint-Thrason et de Saint-Saturnin; vase de sang. Marangoni, *Act. s. Victorin.*, p. 81 ; Muratori, p. 1550, 1; Marini, *Inser. christ.*, p. 424, 1.

D(e)posi(ti)one Castes, ux idus febrarias, anorum xxxu et menses vi.

Castes est le génitif de *Caste*, pour *Casta*. Cette forme de génitif des noms féminins de la première déclinaison n'est pas rare dans les inscriptions; voy. Marini, *Arval.*, p. 367 et 413 *b*. On en retrouvera un exemple dans l'inscription M de cette planche.

Inscription G. — Cimetière de Saint-Thrason et de Saint-Saturnin. Marangoni, *Act. s. Victorin.*, p. 151. Muratori, p. 2092, 2.

P(ublius) Flavius Rufinus. Oc(tavia) Eufrosyne c(onjugi) o(ptimo).

Au-dessus, un dauphin; de chaque côté, une ancre.

Figure. H. — Une orante entre deux arbres.

Inscription I. — Cimetière de Saint-Prétextat. Marangoni, *Act. s. Victorin.*, p. 150. Muratori, p. 2046, 6.

Zonisus, cursor, qui cucurrit opere maxime, q(u)i cucurrit annis [vi], mensis uu, qui vixit in juventute sua annis xu, et pos(t) morte(m) patris luce(m) vidit dies v, mens(es) uu, qui decesit die manumes(sionis) vi.

Dans les orillons du cartouche :

Deyros (?) fratris cursor(i)s; unus separat(us) est.

Au milieu de la troisième ligne, à l'endroit où il y a maintenant une lacune, Marangoni a lu le chiffre vi.

Zonisus, ou plutôt *Dionysus* (voy. la note sur l'inscription n° 5 de la pl. lviii.), avait été coureur de l'empereur, et il était mort le septième jour après son affranchissement, ce qui ne permet pas d'assigner à ce monument une date antérieure au règne d'Alexandre Sévère, ce prince étant le premier empereur qui ait eu pour coureurs des esclaves; voy. Lamprid. *in Alexand. Sever.*, 42, et la note de Saumaise. Les coureurs des empereurs sont souvent mentionnés dans les inscriptions; c'est ainsi qu'on lit VRSACIVS CVRSOR DOMINICVS, dans une inscription publiée par Muratori, p. 1888, 2; SEPT. AVG. L. PRAEPOSITVS CVRSORVM, dans une inscription publiée par Gruter, p. 600, 15, et enfin TRIGINTA ET DVO CIRCITER CELERI CVRSV PEREGI MEO, dans une inscription publiée par Marini, *Arval.*, p. 505.

Spartien nous apprend dans la *Vie d'Ælius Verus*, ch. 5, que ce prince faisait porter des ailes à ses coureurs, et qu'il leur donnait les noms des vents, Borée, Notus, Aquilon, Circius, etc : *cursoribus suis exemplo Cupidinum alas frequenter apposuit, eosque ventorum nominibus sæpe vocavit, Boream alium, alium Notum, et item Aquilonem aut Circium, cæterisque nominibus appellans.* Peut-être, en conséquence, faut-il voir un coureur de l'empereur, un *cursor dominicus*, plutôt qu'un fossoyeur, dans le personnage représenté pl. xxxi, fig. 5 du tome premier de cet ouvrage. Ce personnage, en effet, porte sur les épaules deux

appendices en forme d'ailes de papillon, et l'on sait que c'était ainsi que l'on représentait les ailes des Vents; il est dans l'attitude de la course, et son costume, qui est très-léger, paraît beaucoup mieux approprié aux fonctions des coureurs qu'aux durs travaux des fossoyeurs. Les instruments qu'il porte dans ses mains, et dont l'un ressemble à une arme, un trait, pouvaient lui servir à écarter les passants qu'il rencontrait sur sa route.

Pour revenir à notre monument, je dois dire que le premier mot de l'orillon de gauche me paraît indéchiffrable et que je suis forcé de laisser à de plus habiles le soin de restituer et d'expliquer cette partie de l'inscription.

Inscription J. — Cimetière de Saint-Thrason et de Saint-Saturnin; vase de sang. Marangoni, *Act. s. Victorin.*, p. 88; Muratori, p. 1833, 11; Marini, *Inser. christ.*, p. 419, 7.

Anima dulcis, Aufenia, virgo benedicta, que vixit anni(os) xxx. Dormit in pace.

Une orante au milieu de l'inscription.
Les lettres de cette inscription sont dorées.

Inscription K. — Cimetière de Saint Prétextat; vase de sang. Marangoni, *Act. s. Victorin.*, p. 108. Muratori, p. 1931, 2.

Pascaso innocenti, in pace Christi d(epositus est) un id(us) jul(ias).

Au-dessous, un arbre entre un chien courant vers la droite, et une colombe tenant un rameau d'olivier; au-dessous de ce rameau, un cercle, peut-être une couronne.

Le mot *Christi* est exprimé par le monogramme.

A la fin de la deuxième ligne, Marangoni a omis les lettres D. IIII. ID. IVL. Muratori a confondu cette inscription avec plusieurs autres, empruntées également à Marangoni, et qu'il donne toutes ensemble, comme ne formant qu'un seul monument.

Inscription L. — Cimetière de Saint-Thrason et de Saint-Saturnin. Marangoni, *Act. s. Victorin.*, p. 95. Murat., p. 1871, 2.

Felix, qui iv, (ixit) an(nos) n(umero) v, d(ies) n(umero) xxviii, d(e)p(ositus est) v idus julias.

Au-dessous, un orant entre deux arbres et deux brebis; près de sa main droite est le monogramme, près de la gauche une croix.

Inscription M. — Cimetière de Saint-Gordien et de Saint-Épimaque. Marangoni, *Act. s. Victorin.*, p. 102. Murat., p. 1849, 5. Marini, *Inser. christ.*, p. 124, 8.

Spiritum Caprioles in p(ace).

A droite une petite chèvre, allégorie parlante du nom de *Capriola*. On retrouvera ce nom de *Capriola*, pl. lxxv, n° 1.

INSCRIPTION N. — Cimetière de Saint-Calixte ou de Saint-Prétextat. Boldetti, p. 475.

Εὐτυχιάνη τη κον πακε.

Eutychiane, te cum pace.

A gauche une colombe et un rameau d'olivier.

C'est du latin écrit avec des lettres grecques. Un grand nombre d'inscriptions chrétiennes présentent cette particularité; voy. Fabretti, *Inser. ant.*, p. 390 et suiv.; Olivieri, *Marmora Pisaurensia*, n. CLXVII et CLXXI, et surtout Lupi, *Epitaph. Severæ mart.*, p. 61 et suiv.

Te cum pace est pour *te cum pace Christus faciat esse*, formule qui se trouve entière dans une inscription publiée par Marini, *Arval.*, p. 422 b.

INSCRIPTION O. — Cimetière de Sainte-Cyriaque. Marangoni, *Acta s. Victorini*, p. 104. Murat., p. 1999, 2. Walch., *Acta societ. Ienensis*, t. IV, p. 92, et *Dissert. de funer. Steph.*, p. 13. Orelli, *Inser. lat.*, n. 1123.

D(omino) n(ostro) Magno Maximo Aug(usto) ii cons(ule), iii idus maias, fatum fecit Leo, et depositus (est) pridie idus maias. Bene merenti in pace.

L'empereur mentionné dans cette inscription est le tyran Maxime, dont l'autorité ne fut reconnue à Rome, que depuis le milieu de l'année 387, jusque vers le mois d'août 388, époque où il fut vaincu et tué par Théodose. Ce monument étant daté de son second consulat, doit être nécessairement de cette dernière année.

INSCRIPTION P. —

Constantius in pace, qui vixit annis xxx.

A droite, une feuille et une palme.

INSCRIPTION Q. — Cimetière de Saint-Calépode. Boldetti, p. 488.

Prima, te in pace.

Au-dessus, le monogramme du Christ, dans une couronne; au-dessous, un buste, et un oiseau buvant dans un vase.

Les mots *Te in pace* sont, suivant le P. Lupi, *Epitaph. Severæ mart.*, p. 175, une expression abrégée de cette formule liturgique encore employée aujourd'hui dans l'office des morts : *Suscipiat te Christus, qui vocavit te !* L'inscription suivante, qui a été publiée par Fabretti, *Inser. ant.*, p. 571, 49, prouve l'exactitude de cette explication :

GAVDENTIA
SVSCIPEATVR
IN PACE

Gaudentia suscip(i)atur in pace.

INSCRIPTION R. — Cimetière de Saint-Thrason et de Saint-Saturnin; vase de sang. Marangoni, *Acta s. Victorini*, p. 89. Murat., p. 1852, 7.

Clemes, qui vixit annos xxviii, m(enses) viii, d(i)e(s) vau. Elianus fratri n(ostro) in pace.

Clemes est pour *Clemens*, comme *Costantio* pour *Constantio*, pl. III, inscr. O, et *mesis* pour *mensis*, dans un grand nombre d'inscriptions de ce recueil. Rien n'est plus commun, dans les inscriptions antiques, que la suppression de la lettre *n* devant *s*.

BIBLIOTHÈQUE ET MUSÉE CHRÉTIEN DU VATICAN

PLANCHE VI

INSCRIPTION n° 7. — Cimetière de Sainte-Cyriaque; vase de sang. Settele, *Atti della pontificia accademia Romana di Archeologia*, t. IV, p. 48.

Adeodato, dignae et meritae virgini, et quiescit hic in pace, jubente Christo ejus.

INSCRIPTION n° 8. — Cimetière de Saint-Prétextat. Marangoni, *Acta s. Victoria*, p. 129. Murat., p. 1870, 8. Bianchini, *Demonstr. hist. eccles.*, tab. 1, sect. 1, n. 57.

Cette inscription était encore entière, lorsque Marangoni l'a publiée; en voici le texte, restitué d'après celui de ce collecteur :

FELICI FILIO BE[NEMERENTI QVI VIXIT ANNOS
XXIII DIES X QV[I EXIVIT VIRGO DE SECVLO ET
NEOFITVS·[IN PACE
   PARENTE|S   FECERVNT
      DEP[IIII NONAS AVG

Felici, filio bene merenti, qui vixit annos xxiii, dies x, qui exivit virgo de seculo et neofitus, in pace. Parentes fecerunt. Dep(ositus est) iiii nonas aug(ustas).

A gauche, une colombe portant un rameau dans son bec; et au-dessous, un compas, un poinçon et deux pinceaux, emblèmes, probablement, de la profession du défunt.

PLANCHE VII

INSCRIPTION n° 9. — Cimetière de Comodilla. Boldetti, p. 808. Murat., p. 386, 6. Pelliccia, *de Christianæ ecclesiæ politia*, t. III, p. 305.

Petroniae, dignae conjugi, quae vixit annis xxi, et fecit cum compare suo m(enses) x, d(ies) v, kal(endis) nov(embribus), pos(t) cons(ulatum) Gratiani ter et Equitii. Ursus maritus sibi et innocenti compari fecit. Cosquet in pace.

Au-dessous, une orante entre deux colombes.

Gratien fut consul pour la troisième fois, avec Equitius, en 374. Cette inscription, qui est datée de l'année suivante, est donc de l'an 375.

Cesquet est pour *quiescit; compare* et *compari*, pour *conjuge* et *conjugi*. Ces expressions se rencontrent très-fréquemment dans les inscriptions chrétiennes; voy. Lupi, *Epitaph. Severæ mart.*, p. 70 et 134; Cannegieter, *de Nominib.*, p. 89.

L'emploi du mot *compar*, dans le sens de *conjux*, ne paraît pas remonter plus haut que le quatrième siècle; voy. Pelliccia, passage cité. Il est fréquent dans les inscriptions chrétiennes.

INSCRIPTION n° 10. — Fabretti, *Inscr. ant.* p. 252, 39, et p. 576, 162. Reland, *Fast. cons.* p. 494. Banduri, *Num. imp.* t. II, p. 511. Ang. Mai, *Script. vet. nova collectio*, t. V, tab. et p. xxxii, n. 5.

Hic posita est anima dulcis, innoca, sapiens et pulcra, nomine Quiriace, que vixit annos ii, m(enses) ix, d(ies) vii. D(e)p(osita est) in pace iii Id(us) Jan(uarias), cons(ulibus) d(omino) n(ostro) Teodosio Aug(usto) ii et Merobaude v(iro) c(larissimo) ii.

Au-dessous, une colombe posée sur un rameau d'olivier.

Cette inscription est de l'an 388, c'est-à-dire de la même année que l'inscription O de la pl. V. Elle est une preuve que l'autorité du tyran Maxime n'était pas parfaitement établie à Rome, puisqu'elle n'est pas datée de son consulat; mais en même temps, elle peut servir à démontrer qu'on n'était pas dans cette ville fort au courant de ce qui se passait à Constantinople, puisqu'on y donne pour collègue à Théodose, dans son deuxième consulat, *Merobandes*, au lieu de *Cynegius*, qui figure dans tous les autres documents; voy. Reland, *Fast. cons.*, p. 483 et suiv.

Suivant Muratori, *Annal. Ital.*, ad ann. 388, Cynegius mourut le troisième mois de son consulat. Le cardinal Mai en conclut que le consul qui lui fut substitué fut *Merobaudes*; mais cette hypothèse est inadmissible, puisque cette inscription, qui est le seul monument connu où soit mentionné le troisième consulat de ce personnage, est datée des premiers jours de cette année, du 4 des ides de janvier.

INSCRIPTION n° 11. —

D(iis) M(anibus) S(acrum).
Vitalis, deposita diae salut(i), v k(a)l(endas) aug(ustas), q(uae) vixit annis xxvi, me(n)s(ibus) ii, fecit cum marit(o) annis x, dies xx.

Entre les sigles M. S, le monogramme du Christ; à gauche de l'inscription le même monogramme accosté de l'α et de l'ω, dans une couronne attachée avec des bandelettes.

La présence des sigles D. M, ou D. M. S, en tête d'un certain nombre d'inscriptions évidemment chrétiennes, a fort embarrassé les antiquaires. On a cherché d'abord à les expliquer par des formules chrétiennes, comme *Deo Magno*, *Deo Magno sacrum*; voy. Fabretti, *Inscr. ant.*, p. 564; Boldetti, *Osser-vaz. sopra i cimiteri*, p. 125 et 145; Mamachi, *Origin. christ.*, t. III, p. 119, etc. Mais il n'est pas croyable que des chrétiens aient employé avec intention, même en leur donnant une signification chrétienne, des signes qu'ils savaient devoir être interprétés par les païens dans un sens tout différent; ils avaient trop le courage de leurs croyances pour recourir à de pareils subterfuges. D'ailleurs, plusieurs inscriptions chrétiennes précédées, non plus de ces sigles seulement, mais des mots DIS MANIBVS écrits en toutes lettres (voy. pl. LI, n. 35), sont venues démontrer la fausseté de ces explications. On s'accorde aujourd'hui à penser que les sigles dont il s'agit, et même les mots DIS MANIBVS, que l'on était habitué à voir sur tous les tombeaux, avaient perdu pour le peuple leur signification primitive, et n'étaient plus regardés que comme de simples formules funéraires. Des chrétiens ignorants ont donc pu les faire graver sur leurs tombeaux, comme ils y faisaient graver des vases, des couronnes, etc., sans y attacher d'autre sens que celui que ces divers emblèmes avaient alors pour tout le monde. Voy. Mabillon, *Iter Italic.*, p. 70, éd. de 1724; Maffei, *Mus. Veron.*, p. 179; Zaccaria, *de vet. Christ. inscript. usu*, c. 1; Settele, *Mem. sull' importanza dei monum. che si trovano nei cemeterj crist.*, p. 60 du tirage à part.

PLANCHE VIII

INSCRIPTION n° 12. —

Hic requiescet Samso in bisomum, et Victor(ia), se viva, uxer eju(s).

Se viva, réminiscence d'une formule très-commune dans les inscriptions païennes : *se viva*, ou *se vivo sibi fecit*.

INSCRIPTION n° 13. — Provenant du pavé de la basilique de S. Maria-in-Trastevere. Marangoni, *Acta s. Victorin.*, p. 127. Murat., p. 1837, 10.

In pace.
Aurelio Fellci, qui [v]ixit cum cojuge annos xviii. Dulcis in cojugio, bone memorie, [v]ixit annos lv. Raptus eterne domus xii kal(endas) januarias.

Raptus eterne domus, pour *raptus in aeternam domum*. Les mots *Domus æterna* et *domus æternalis* étaient devenus synonymes de *sepulcrum*, *monumentum*; voy. Orelli, *Inscr. lat.* n. 4525 et suiv.; Fabretti, *Inscr. ant.*, p. 113; cf. S. Augustin., *In psalm. XLVIII*, serm. I, n. 5. Des chrétiens ont donc pu les employer comme les sigles D. M.

INSCRIPTION n° 14. — Passionei, *Iscriz. antich.*, p. 117, 38.

Dulcissimo filio Endelerio, bene merenti, qui vixit annos ii, mense imu, dies xx, in pace.

Endelecius, pour *Endelechius*, est un nom fort rare, mais qui est formé régulièrement du grec ἐνδελεχής.

Inscription n° 15. — Cimetière de Saint-Prétextat. Marangoni, *Acta s. Victorin.*, p. 129. Muratori, p. 1850, 3.

Cette inscription a été brisée depuis que Marangoni l'a publiée; en voici le texte restitué d'après celui de ce collecteur :

BONOATQ VEDVLCISS[IMOCOIVGICASTORI
NOQVIVIXIT ANNIS[XI[I·MENSIBVSV·DX
BENE MERENTI VXOR[FECITVIVEIN
⸰ DEO ⸰

Bono atque dulcissimo cojugi Castorino, qui vixit annis LXII, mensibus V, d(iebus) X; bene merenti uxor fecit. Vive in Deo.

Marangoni et Muratori ont, à la première ligne, BONDATO, au lieu de BONOATQ.

PLANCHE IX

Inscription n° 16. — Aringhi, *Roma subt.* p. 138. Reines, p. 964, 290. Cittadini, *Orig. del volg. ling.*, p. 82. Fleetwood, *Sylloge*, p. 386, 5. Gervasonius, in *Miscell. Venet.*, ann. 1741, vol. V, p. 381. Zaccaria, *Ist. lett. d'Ital.*, t. V, p. 523. Ciampini, *Vet. monim.* t. I, p. 275. Martinelli, *de s. Agath. diacon.*, p. XLIII. Corsini, Diss. in append. ad *Not. Græc.*, p. 53. Jacutius, *Exercit. de titulo Bonusæ et Mennæ*; Romæ, 1758, in-4°.

Il ic requiescit in pace domna Bonusa; q(ui) vix(it) ann(os) XXXXIX, et domna Menna, q(ui) vix(it) (annos..... in pac)e. Abeat anatema a Juda, si quis uterum omine(m) super me posuer(it).[A]nathema abeas da tricenti deca[m et oc]to patriarche, qui chanones esposuerun(t), et da sancta Christi quattuor evuguanelia.

Jacuzio, qui a consacré une dissertation spéciale à l'explication de ce curieux monument, a lu à la fin de la deuxième ligne, DOMNO MENNA, au lieu de DOMNA MENNA. Cittadini et Gervasoni ont lu comme nous DOMNA MENNA; les autres éditeurs écrivent seulement D. MENNA.

Suivant Jacuzio, le mot *da*, qui se lit à la fin des lignes 5 et 7, est un italianisme pour *ab*, et il faut expliquer ainsi la fin de l'inscription : *Anathema habens a ter centum decem et octo patriarchis, qui canones exposuerunt, et a sanctis Christi quatuor evangeliis*; les trois cent dix-huit patriarches dont il est ici question n'étant autres que les Pères du concile de Nicée, qui, on le sait, furent en effet au nombre de trois cent dix-huit. Cette explication s'appuie sur une inscription de Rimini, dans laquelle on lit : *qui hoc tumulum violaverit habeat anathema ad* (ou *da*, les deux lettres étant liées) *CCCXVIII patribus* (Murat., p. 1955, 1; Jacut., *op. laud.*, p. 57), et sur deux diplômes de l'an 752 et de l'an 880 (Ugholl. *Ital. sac.*, t. II, col. 104, et Boldetti, *Osservaz.*,

p. 745), dans lesquels les Pères du concile de Nicée sont également invoqués dans des malédictions et des anathèmes.

Bonusae, pour *Bonusae*, est un nom formé de *Bona*, comme *Caritosa*, pour *Charitosa*, de *Charite*, pl. LXXVII, n° 3; *Juliusa* de *Julia*, etc. On retrouvera dans la pl. LXV, n°° 1 et 4, d'autres exemples de ce nom.

Inscription n° 17. — Trouvée en 1749, dans les thermes de Dioclétien. Gori, *Symbol. litt.*, t. IV, p. 12. Zaccaria, *Ist. lett. d'Ital.*, t. II, p. 532. Mamachi, *Origin. christ.*, t. II, p. 466, 467. Oderic., *Sylloge vet. inser.*, p. 268. Orelli, *Inscr. lat.*, n. 2529.

Sanctis marturibus Papro et Mauroleoni, domnis, votum redd(iderunt) C(aius) Amasius, qui et Asclepius, et Victorin(a), nat(ali) h(abito) die XIIX kal(endas) octob(res). Pacri, qui vot(um) b(otauerunt), Vitalis, Maramus, Abundantius, Telesfor(us).

IIIIX KAL, au milieu de la ligne 5, est pour XIIII KAL; l'inscription n° 18 présente la même particularité.

Sur le côté opposé de la pierre, on lit la même inscription, avec quelques variantes :

DOMHIS · SANCTIS
PAPRO · ET · MAVROLEONI
✶ MARTVRIBVS
CAMASIVS QVI ET ASCLEPIVS ET VICTORIHA VOT · REDD
HAT · HAB · DIE · XIII · KAL · OCTOB ·
..... ARAME · VITALIS ✶
...... TI ✶ TELES · POS ⸱

Domnis sanctis Papro et Mauroleoni, marturibus, C(aius) Amasius, qui et Asclepius, et Victorina vot(um) redd(iderunt), nat(ali) hab(ito) die XII(I) kal(endas) octob(res). [Ma]rame, Vitalis, [Abundan]ti(us), Teles(forus) pos(uerunt).

Natali habito, leur fête, l'anniversaire de leur martyre, étant célébré, etc.; voyez la note sur l'inscription n° 3 de la planche LXXVIII.

Inscription n° 17 bis. —

Παρθένον.... θυγάτηρ.... μηνὸς εἰκάδι.....
ἔμπαλιν..... ὥσπερ ἥλιος.

... Virginem..... filia..... mensis vicesima.....
iterum..... ut speravit.

Inscription n° 18. — Cimetière de Saint-Laurent. D'Agincourt, *Histoire de l'Art*, sculpture, pl. VII, fig. 1.

Felicia, fedelissima virgo, im pace, III calendas [v]enturas septembres, que vixit annos XVIII.

Au milieu de l'inscription, une orante.

Inscription n° 18 *bis*. —

Antono Macaro.

Au-dessus, une croix et un fouet.

Inscription n° 19. — Passionei, *Iscriz. antiche*, p. 124, 80. Donati, *Supplem. ad Murat. thes.*, p. 185, 4.

Refrigerio bene mere(n)ti, in pace, qui vixit ann(os) plus minu[s] n(umero) xt. Deposeitus (est) iii idus mais['i] , d(omino) n(ostro) Iuliano Aug(usto) iiii, Sallustio c(larissimo) [v(iro)], consulibus.

Refrigerius est un nom que l'on ne rencontre que dans les inscriptions chrétiennes, et encore y est-il extrêmement rare. On peut cependant en citer quelques exemples incontestables, notamment sur un monument du cimetière de Sainte-Hélène, publié par Boldetti, p. 346, et dans une inscription du recueil de Muratori, p. 1971, 2. Voyez sur l'origine de ce nom, et sur sa signification, Cavedoni, *Ragguaglio critico dei Monumenti delle arti crist. primitiv.*, p. 33.

Les consuls mentionnés sont Julien l'Apostat et Sallustius; leur consulat correspond à l'an 363 de notre ère.

Inscription n° 20. —

Locus Felicis et Parcules.

A droite, le monogramme accosté de l'α et de l'ω.

Inscription n° 21. — Jacutius, *Exercit. de Bonusæ et Mennæ titulo*, p. 7. Passionei, p. 123, 75.

Ce sont deux épitaphes; Passionei les a confondues en une seule, ce qui rend son texte inexplicable. Jacuzio a omis l'inscription de gauche.

<table>
<tr><td></td><td>Bene merent(i) quojugi</td><td></td></tr>
<tr><td>Paulina,</td><td>Gentie , quæ vixit an-</td><td>po</td></tr>
<tr><td>q(uæ) v(ixit) an(nos) xi,</td><td>nos xxx, et reddedit xni</td><td>su</td></tr>
<tr><td>dep(osita) oct(obres) xi</td><td>kal(endas) maias. Maritus Aureli-</td><td>it.</td></tr>
<tr><td>kal(endas) oct(obres).</td><td>nus, qui militavi centurio an(nos) xxx,</td><td></td></tr>
</table>

Après *reddedit*, qui est pour *reddidit*, il faut sous-entendre *debitum vitae suae*, comme dans l'inscription n° 15 de la pl. LIX, voy. Fabretti, *Inser. ant.*, p. 558; ou *debitum Domino*, voy. Boldetti, p. 275; ou enfin *vitam* comme dans l'inscription n° 1 de la pl. LXI, voy. Lupi, *Epitaph. Severæ mart.*, p. 171, not. 4.

Inscription n° 22. — Bottari, *Sculture e pitture sacre*, t. III, p. 118, 27. Passionei, p. 117, 41. Donati, p. 191, 2.

Hic jacet Fredam, que vixit in pace fidelis annis p(lus) m(inus) xx, (post) consulatum d(omini) n(ostri) Honorii VI, deposuit nonis octobris.

A gauche, une colombe.
Deposuit pour *deposita est*.

Honorius fut consul pour la sixième fois, en 404. Les consuls de l'année 405 furent Stilichon et Anthemius; mais alors eut lieu l'invasion de Radagaise, qui causa tant d'effroi à Rome, et qui explique comment on put n'y avoir pas connaissance des consuls de cette année. La bataille de Florence, où fut détruite l'armée de Radagaise, fut livrée peu de temps avant l'hiver; voy. Tillemont, *Hist. des Empereurs*, t. V, p. 538, et p. 806, note 20.

PLANCHE X

Inscription n° 23. —

Φ]λασιστ Βικτόρια διατροφῷ Ἀσυγκρίτῳ, μνήμης χάριν, in [pace.

Fecit Victoria nutritori Asyncrito, memoriæ causa, in pace.

Le mot διατροφός, *nutritor* (voy. pl. XVII, n° 21 et pl. XXX, n° 75), est formé régulièrement de διατρέφω, comme τροφός l'est de τρέφω; il manque cependant aux dictionnaires.

Μνήμης χάριν est une formule qui se rencontre fréquemment dans les inscriptions païennes. Elle est moins commune dans les inscriptions chrétiennes; cependant on la retrouvera dans la pl. I., n° 29 et dans l'inscription peinte qui a été reproduite dans la pl. XXIV du tome III de cet ouvrage. On lit une formule analogue, ἐν μνείας χάριν, probablement pour ἐν εἰρήνῃ, μνείας χάριν, le mot εἰρήνη ayant été oublié par le graveur de lettres, dans l'inscription suivante, qui a été trouvée au cimetière de Sainte-Priscille, et qui est aujourd'hui conservée dans la cathédrale de Langres, avec le corps du martyr dont elle nous fait connaître le nom, et le vase de sang qui accompagnait ces précieuses reliques :

ΟΝΟΜΑΤΑ · ΘΡΕΠΤΩΝ
ΑΥΡ · ΡΟΔΩΝ · ΑΥΡ · ΑΣΚΛΗ
ΠΑC · ΠΑΤΡΩΝΟ · ΑΥΡ ·
ΜΑΡΚΙΑΝΟ ☧ ΕΠΟΙΗCΑΝ
ΕΝ ΜΝΙΑC ΧΑΡΙΝ ·

Ὀνόματα θρεπτῶν, Αὐρ(ηλία) Ῥόδων, Αὐρ(ήλιος) Ἀσκλήπας. Πατρών[ῳ, Αὐρ(ηλίῳ) Μαρκιαν[ῷ] ἐποίησαν, ἐν [εἰρήνῃ], μν(εί)ας χάριν.

Nomina alumnorum, Aurelia Rhodon, Aurelius Asclepas. Patrono Aurelio Marciano, in [pace], memoriæ causa.

Inscription n° 24. — Cimetière de Saint-Prétextat. Marangoni, *Acta s. Victorini*, p. 132. Murat., p. 1825, 2. Ang. Mai, *Inser. christ.* tab. fig. 4 et p. XXXII.

Titus Eupor, qui vixit annos v et menses vii, decessit vui kal(endas) maias in pace.

Au milieu de l'inscription, un orant; à droite et à

gauche, une colombe tenant dans son bec un rameau d'olivier.

Inscription n° 25. — Lami, *de erud. Apost.*, 109. Bottari,
Sculture e pitture sacre, t. III, p. 117, n° 18. Zaccaria,
Ist. lett. d'Ital., t. 1, p. 304.

Prœfectus cœsquet in pace. Vixit annis vini, menses viiii, dies iii, nutricatus
Deo Cristo marturibus.

A gauche de la troisième ligne, une colombe posée sur un
rameau d'olivier. Trois monogrammes du Christ, au milieu
et à la fin de la première ligne, et après le mot *pace*. Le dernier
est remarquable en ce que le P est tourné à droite, comme
un *q*.

PLANCHE XI

Inscription n° 1. — Cimetière de Saint-Hippolyte. Boldetti,
p. 193. Muratori, p. 1832, 1. Foggini, *de Romano
D. Petri itinere*, p. 480. D. Tassin, *Traité de diplom.*,
t. II, pl. 28 et 610. Fontanini, *Discus votivus illustr.*,
p. 40. Mamachi, *Origin. christ.*, t. III, 84. Les bustes
des deux apôtres ont été seuls reproduits par le cardinal Angelo Mai, dans la planche qui accompagne sa
collection d'inscriptions chrétiennes.

Bustes de Saint Pierre et de Saint Paul, avec leurs noms,
Petrus, Paulus; et au-dessous :

Asellu bene mbercnti, qui viexit annu(s) sex, mesis octo, dies xxviii.

Mberenti, pour *merenti*.

On peut rapprocher de ce monument, l'inscription suivante,
qui témoigne également de la dévotion des premiers chrétiens
pour le prince des apôtres. Elle a été trouvée, avec un vase de
sang, au cimetière de Sainte-Priscille, et a été publiée par
Boldetti, p. 388; par Muratori, p. 1934, 6, et par le card. Angelo Mai, *Inscr. christ.*, p. 446, 9 :

RVTAOMNIBVSSVBDITAETATfABI
LISBIBETINHOMINEPETRI
INPACE   ✼

Ruta, omnibus subdita et affabilis, [v]i[v]et in nomine Petri, in pace Christi.

PLANCHE XII

Inscription n° 2. — D'Agincourt, *Hist. de l'Art*, sculpture,
pl. vii, fig. 6 et 7. Ang. Mai, *Inscr. christ.*, tab., fig. 3
et p. xxxii.

Severa, in Deo vivas.

A gauche, un buste de femme, à droite l'adoration des
Mages : la Vierge assise tient l'enfant Jésus sur ses genoux.
Saint Joseph est debout derrière elle; devant, sont les trois
rois mages, coiffés du bonnet phrygien, vêtus d'une tunique,
et d'un manteau dont un pan flotte sur leurs épaules.

Inscription n° 3. — D'Agincourt, *Hist. de l'Art*, sculpture,
pl. vii, fig. 5. Ang. Mai, *Inser. christ.*, tab. fig. 1, et
p. xxxii.

Vi[v]as, l'oatia, in aeterno.

A droite de l'inscription, Daniel entre deux lions; au-dessous, un laboureur conduisant une charrue traînée par deux
bœufs, devant lesquels court un chien, ou un renard; à
gauche, Adam et Ève séduits par le serpent; un homme assis
devant une maison, au milieu des animaux de sa basse-cour;
enfin le bon pasteur entre deux brebis.

GALERIE DU VATICAN

PLANCHE XIII

Inscription n° 1. —

Florentius Felix, agneglus Dei.

Agneglus, pour *agnellus*, expression de tendresse, à laquelle
on peut comparer *palumbulus*, pl. lxi, n° 2.

Figure n° 2. — Notre-Seigneur ressuscitant Lazare.

Inscription n° 3. — Cimetière de Saint-Thrason et de Saint-
Saturnin. Lupi, *Epitaph. Severæ martyr.*, p. 170. Marangoni, *Act. s. Victorin.*, p. 100. Murat., p. 1859, 6.

Domninae innocentissimae et dulcissimae cojugi; quae vixit ann(is) xvi,
m(ensibus) iii, et fuit imaritata ann(is) duobus, m(ensibus) iiii, d(iebus) viiii;
cum qua non licuit fuisse, propter causas peregrinationis, nisi mensib(us) vi,
quo tempore, ut ego sensi et exh(i)bui amorem meum, nulli su(um) alii
sic dilexerunt. Deposit(a est) xv kal(endas) jun(ias).

Dans quelques exemplaires, provenant d'un premier tirage,
on lit au commencement de la quatrième ligne, MARITATA
au lieu de IMARITATA.

PLANCHE XIV

Inscription n° 4. —

Filius fecerunt matri Marcelinae, bene mer(e)nti, in pace.

Inscription n° 5. —

. . . . in evum
. . . . Concordiae, conjugi incomparabili, quae vixit sine! ulla macula, annis
. . . . in pace.

Inscription n° 6. — Cimetière de Sainte-Priscille; vase de
sang. Gruter, p. 1058, 6. Bosio, p. 483. Aringhi,

t. II, p. 262 et 639. Reines., p. 935, 159. Fleetwood, Sylloge, p. 473, 7, Fabretti, *Inscr. antiq.*, p. 573, n. 149. Mamachi, *Orig. christ.*, t. III, p. 21. Spon, *Recherches d'antiq.*, dissert. X, p. 171. Bohletti, p. 266, Settele, *Mem. sull' importanza dei monum. che si trovano nei cemeterj degli ant. crist.*, p. 93.

Cette inscription, qui n'est plus aujourd'hui qu'un fragment de peu d'intérêt, peut du moins servir à confirmer le témoignage des auteurs que nous venons de citer, et chez lesquels on la trouve complète, ainsi qu'il suit :

REG]INAVIBAS
IN]DOMINO
Z]EƧV

Regina, vi(v)as in domino Zesu!

Les verres des catacombes nous présentent souvent le nom de *Jesus* écrit de cette manière; voyez le tome IV de cet ouvrage, pl. xxix, n° 73 et pl. xxxii, n° 97. Les exemples de l'emploi du *Z* pour le *J* ne sont pas rares non plus dans les inscriptions, surtout dans les inscriptions chrétiennes; voy. Settele, ouvrage cité, p. 93.

INSCRIPTION n° 7. — Cimetière de Saint-Hippolyte, suivant Boldetti, p. 376; cimetière de Saint-Calixte ou de Saint-Prétextat, suivant le même, p. 383.

Leoniae, pudica femina, bene mer(ent), maritus fecit.

INSCRIPTION n° 8. —

Aelpis, quae vixit ann(is) n(umero) s(ex?). . .

PROVENANCES DIVERSES

PLANCHE XV

INSCRIPTION n° 9. — Cimetière de Sainte-Priscille. Boldetti, p. 462. Muratori, p. 1875, 6. Bianchini, *Hist. eccles. quadr.*, t. II, p. 214, tab. I, sæc. I, n. 56. Marini, *Arval.*, p. 171. Portique de S. Maria-in-Trastevere.

D(iis) m(anibus) S(acrum).
Florentius filio suo Aproniano fecit titulum bene merenti, q(ui) vixit annum et menses nove(m), dies quinque. Cum soldi amatus fuisset a majore sua, et vidit hunc morti constitutum esse, petivit de Aecclesia ut fidelis de seculo recessisset.

Soldu, pour *solidum*, solidement; on trouve dans Apulée (*Metam.*, lib. V), un exemple de *solidum* employé de même pour *solide*.

A majore sua, par son aïeule.

Constitum, pour *constitutum*, comme *Restuius*, pour *Restitutus*, pl. xxxvi, n° 109. *Morti constitutus* est la même chose que *in morte constitutus*, ou *constitutus in discrimine vitae*, qui se lit dans le *Digeste*, l. xxxii, fr. 39, § 1.

La fin de cette inscription peut se traduire ainsi : « Comme « il était solidement aimé de son aïeule, celle-ci le voyant « près de mourir, demanda qu'il sortît fidèle du siècle ». C'est-à-dire qu'elle obtint qu'il fût baptisé avant de mourir.

INSCRIPTION n° 10. — Vase de sang. Chapelle du séminaire de Saint-Nicolas du Chardonnet, à Paris.

Ursinus, qui vixit annis xxx et mensses vi.

La troisième X du chiffre XXX ayant été oublié, a été gravé après coup dans l'interligne.

INSCRIPTION n° 11. — Cimetière de Sainte-Priscille; vase de sang. Église de Notre-Dame des Victoires, à Paris.

Aureliae bene merenti.

A gauche, le bon pasteur entre deux brebis. Il ne reste plus que celle de gauche, l'autre ayant été enlevée par la cassure de la pierre. En dessous, le monogramme du Christ.

INSCRIPTION n° 12. — Grottes vaticanes.

. . . . ustila s(ua) p(ecunia) f(ecit),
. . . . Albino v(iro) c(larissimo) co(nsule),
. . . .
. . . .
vixit a]nn(os) p(lus) m(inus) xlviii, dies xx. . .

Un grand nombre de consuls ont porté le nom d'Albinus; on peut cependant conjecturer, avec assez de raison, que celui qui est mentionné dans cette inscription est le consul de l'an 444 de notre ère.

INSCRIPTION n° 13. — Cimetière de Saint-Hermès, vase de sang. Cathédrale d'Amiens.

Aureliae Theudosiae, benignissimae et incomparabili feminae. Aurelius Optatus conjugi innocentissimae, depos(itae) pr(idie) kal(endas) dec(embres), nat(ione) Ambiana, b(ene) m(erenti) f(ecit).

Theudosiae est pour *Theodosiae*, comme *Theudosio*, pl. vii, n° 10, est pour *Theodosio*, et *Neuterio*, pl. lxvi, n° 8, pour *Neotherio*.

Le *loculus* que fermait la pierre, sur laquelle se lit cette inscription, contenait, outre les reliques d'*Aurelia Theodosia*, un squelette d'homme, peut-être celui de son mari *Aurelius Optatus*.

Natione Ambiana, signifie de naissance *ambienne*, c'est-à-dire née dans le pays des *Ambiani*, et non pas née dans la ville d'Amiens, comme l'ont pensé quelques personnes; la forme des lettres, le style, l'orthographe de ce monument, et l'on peut ajouter aussi les noms des personnes qui y sont mentionnées, indiquent une époque antérieure à celle où les villes principales des différents peuples de la Gaule abandonnèrent leurs anciens noms pour prendre ceux de ces peuples.

Quoi qu'il en soit, *Aurelia Theodosia* était gauloise, et son inscription est la quatrième, parmi celles qui ont été trouvées dans les Catacombes, où soit mentionnée une personne née dans la Gaule. Le lecteur ne nous saura peut-être pas mauvais gré de reproduire ici les trois autres, qui, c'est une chose qui n'a encore été remarquée dans aucun ouvrage imprimé, proviennent toutes du cimetière de Sainte-Agnès.

La première a été publiée avec plus ou moins d'inexactitude dans les ouvrages dont les titres suivent : Bosio, p. 438. Aringhi, t. II, p. 176. Reines., *Sylloge*, p. 985, 380. Fabretti, *Inscr. ant.*, p. 112, 277. Reland., *Fast. cos.*, p. 616. Murat., p. 406, 2. Fleetwood, *Sylloge*, p. 472. 1. Labbe, *Thes. epitaph.*, p. 66. Bonada, *Carmina ant.*, t. II, p. 495. Burmann, *Anthol.* IV. 119. Meyer, *Anthol.* n. 1248.

```
7 EPITAFIVM REMO ET ARCONTIAE QVI NATIONE GALLA GERMANI FRATRES 7
      ALTI VNA DIE MORTVI ET PARITER TVMVLATI SVNT

   HAEC TENET VRNA DVOS SEXV SED DISPARE FRATRES
      QVOS VNO LACHESIS MERSIT ACERBA DIE
   ORA PVER DVBIAE SIGNANS LANVGINE VESTIS
      VIX HIEMES LICVIT CVI GEMINASSE NOVEM
   NEC THALAMIS LONGINQVA SOROR TRIETERIDE QVINTA
      TAENARIAS CRVDO FVNERE VIDIT AQVAS
   ILLE REMI LATIO FICTVM DE SANGVINE NOMEN
      SED GALLOS CLARO GERMINE TRAXIT AVOS
   AST HAEC GRAIVGENAM RESONANS ARCONTIA LINGVAM
      NOMINA VIRGINEO NON TVLIT APTA CHORO

   DEPOSITI NONIS NOBEMB. CONSVL. DIOSCORI
                                      V. C
```

Epitaphium Remo et Arc(h)ontiae, qui, natione Galla, germani fratres
alti, una die mortui et pariter tumulati sunt.

Haec tenet urna duos, sexu sed dispare, fratres,
Quos uno Lachesis mersit acerba die.
Ora puer dubiae signans lanugine vestis,
Vix hiemes licuit cui geminasse novem.
Nec thalamis longinqua soror, trieteride quinta,
Taenarias crudo funere vidit aquas.
Ille Remi, Latio fictum de sanguine, nomen,
Sed Gallos claro germine traxit avos.
Ast haec, Graiugenam resonans Arc(h)ontia linguam,
Nomina virgineo non tulit apta choro.

Depositi nonis no[v]emb(ribus), consul(atu) Dioscori, v(iri), c(larissimi).

On voit qu'elle est consacrée à deux jeunes gens, un frère et une sœur, nés dans la Gaule de parents illustres, élevés ensemble, morts et ensevelis en même temps, le jour des nones de novembre de l'an 442 de notre ère. Cette épitaphe, dans laquelle on regrette de trouver quelques réminiscences un peu trop païennes, *Lachesis, Taenarias aquas*, est d'ailleurs fort remarquable pour l'époque où elle a été composée.

L'expression *natione Galla*, par laquelle est indiquée la patrie de ces deux jeunes gens, est tout à fait analogue à celle de *natione Ambiana*, que nous avons vue dans l'épitaphe d'Aurelia Theodosia.

La deuxième a été publiée par Marini, *Iscriz. Albane*, p. 197, et par M. Mommsen, *Inscr. regni Neap. latinæ*, n. 7194; elle est aujourd'hui conservée au musée Bourbon à Naples.

```
VICTOREBIRGINICIVIGALLE
QVEVIXITANNISVIIIMESISX
DIESXI
```

Victore [v]irgini, civi Galle, quae vixit annis vIII, mesis x, dies xI.

Victore, pour *Victorie*, comme *Mara* pour *Maria*, pl. XIX, n° 27. Ici la patrie est indiquée par le mot *civis* suivi de l'ethnique de la province, comme pl. XXXII, n° 82; pl. XXXVI, n° 116, etc.

Enfin, la troisième a été publiée par Aringhi, t. I, p. 599;
Reines., *Sylloge*, p. 920, 91, et *Ep. ad Rupert.*, p. 389; Mabillon, *de re Diplomat.*, p. 637, et *Iter Ital.*, p. 139; Fabretti,
Inscr. ant., p. 390, 249; Boldetti, p. 233; Martin, *Religion des Gaulois*, t. I, p. 39; Lami, *de erud. Apostol.*, p. 197; Mamachi,
Origin. christ., t. I, p. 460; Oderic., *Num. Orcitor.*, p. 30; Maffei,
Veron. illustr., t. I, p. 634; Muratori, *Antiquit. med. œvi*, t. V,
p. 47; Marini, *Inscr. christ.*, p. 458, 1 :

ΘΗΣΓΩΡΔΗΑΝΥΣΓΑΛΛΗΕΝΥΝΣΗΥΣ
ΗΥΓΥΛΑΤΥΣΠΡΩΦΗΔΕΣΥΔΦΑΔΗΛ
ΗΑΤΩΤΑΟΥΗΕΣΣΥΝΤΗΝΠΑΚΕ
ΓΕΩΦΗΛΑΑΝΣΗΑΛΛΑΦΕΣΗΤ

Θης Γωρδηανος, Γαλλης νυνσυς, ηγγυλατυς πρω φηδε, ουμ φαμηλγα
τωτα, φυησετωντ ην παπε. [Τ]εωφηλα ανσυλλα φπεητ.

On voit que c'est du latin écrit avec des lettres grecques
mêlées de quelques lettres latines; il faut lire :

Hie Gordianus, Gallie nuncius, jugulatus pro fide, cum familia tota, quiescunt
in pace. Theophila ancilla fecit.

Je dois dire cependant, qu'à la fin de la première ligne, au
lieu de *Gallie nuncius*, Reinesius lit *Galli enunchus*, pour *eunuchus*, « eunuque du César Gallus », et que Marini se montre
disposé à adopter cette explication.

Inscription n° 14. — Cimetière de Saint-Thrason et de
Saint-Saturnin. Marangoni, *Act. s. Victorin,*, p. 92.
Murat., p. 1901, v. 1. Anagni.

Leontiae bene merenti, quae vix(it) annos xxvi et mensis nove(m). Fecit
frater, in pace(e), x k(alendas) mar(tias).

Au-dessous, un monogramme.

Inscription n° 14 bis. — Cimetière de Saint-Thrason et de
Saint-Saturnin. Marangoni, *Act. s. Victorin.*, p. 80,
Murat., p. 1936, 5. Anagni.

Saturninus bene mer[enti, quae] [v]ix(it) ann(os) v, meses vi, [dies.....
decessit diae vx ka[lendas.....

Inscription n° 15. — Cimetière de Saint-Saturnin. Bosio,
p. 122. Aringhi, t. I, p. 365. Reines., p. 987, 390.
Fleetwood, *Sylloge*, p. 481, 7. Mamachi, *Orig. christ.*,
t. III, p. 243. Marchi, *Monum. delle arti crist. primitiv.*,
t. I, p. 27. Presbytère de Sainte-Marie-Majeure.

Martures Simplicius et Faustinus, qui passi sunt in flumen Tibere, et positi
sunt in cimiterium Generoses, super Filippi.

Au-dessus, un monogramme.

Monument intéressant pour l'histoire des persécutions,
puisqu'on y lit les noms de deux martyrs qui sont mentionnés dans les martyrologes, et qu'il nous fait connaître le
genre et le lieu de leur supplice.

GALERIE DU VATICAN

PLANCHE XVI

Inscription n° 16. — Passionei, *Iscriz. ant.*, p. 124, 82.
Donati, p. 186, 5. Fea, *Frammenti di fasti*, p. xciv.

Romano, neofito bene merenti, qui vixit annos viii, d(ies) xv. Requiescit
in pace, d(omino) n(ostro) Fl(avio) Gratiano Augusto II et Petronio Probo
c(on)s(ulibus).

371 de notre ère.

Inscription n° 17. — Cimetière de Sainte-Cyriaque. Amaduzzi, *Anecdot. litt.* t. I p. 478. Oderic., *Sylloge*, p. 349,
Fea, *Frammenti di fasti*, p. xciv.

Bene merenti et innocenti Leac, que vixit annos xi, m(enses) i, dies xi.
Dep(osita est) vi kal(endas) feb(ruarias), Valentiniano III et Valente III
(consulibus).

370 de notre ère.

Inscription n° 18. — Trouvée en 1805, au cimetière de
Saint-Pontien.

..... ef]xit ann(is) xviii, m(ensibus) ii, d(iebus) .... depositus est]
iii kal(endas) mar(tias).

Au-dessous, une barque.

PLANCHE XVII

Inscription n° 19. —

Septimia Afrodite, sancta ac religiosa uxor, exemplum castitatis et bonitatis,
quae vixit an(nos) xxxvi, mens(es) vii, d(ies) viii. Sept(imius) Jo[v]inus,
conpar, bene merenti, in pace. Recedit vii idus no[v]emb(res).

Inscription n° 20. — Guasco, *Inscriptiones musei Capitolini*,
tom. III, p. 138.

Magus, puer innocens. Esse jam inter innocentis coepisti; quam sta[b]iles
ti[b]i haec vita est! quam te letum excipet mater Ecclesiae. de (h)oc
mundo reverteutem! Conprematur pectorum gemitus, [ob]struatur fletus
oculorum!

A gauche, une croix; à la fin de la dernière ligne, une palme.
Cette inscription devait être entourée d'un cartouche, dont
on n'a gravé que les orillons.

Inscription n° 21. — Cimetière de Sainte-Priscille; vase de
sang. Marini, *Arval.*, p. 255; *Inscr. christ.*, p. 444, 7.

Cette inscription, aujourd'hui mutilée, était encore entière
lorsque Marini l'a copiée; il la donne ainsi :

DVLCISSIMAE FILIAE PVBLICIAE
MAXIMINVS PATER ET SVLLECTIO ET
EVHOEA HVTRITORES ʋ

Dulcissimae filiae Publiciae, Maximinus pater, et Syllectio et Eunoea nutritores.

PLANCHE XVIII

INSCRIPTION n° 22. — Cimetière de Saint-Prétextat. Boldetti, p. 360 et 484. Marini, *Inscr. christ.*, p. 428, 7. Brunati, *Mus. Kirch. inscr.*, p. 111.

Eucarpia, dormis in pace.

A droite, une palme; à gauche, une couronne.

INSCRIPTION n° 23. — Passionei, *Iscrizion; ant.*, p. 113, 11. Marchi, *Monum. delle arti crist. primitiv.*, t. I, p. 85. Furlanetto, in *Forcellini Lexic.*, s. v. PARIETICOLUS.

Domus eternalis Aur(elii) Celsi et Aur(eliae) Ilaritatis, compari(s) nices. Fecimus nobis et nostris et amicis arcosolio cum pareticulo suo, in pacem.

Mees est pour *meae*, comme *Castes* pour *Castae*, pl. v, inscr. F, et *Caprioles* pour *Capriolae*, même planche, inscr. M. *Arcosolio cum pareticulo*, pour *arcosolium cum parieticulo*; un *arcosolium* avec son petit mur, sa cloison, qui le divisait en plusieurs compartiments.

Voyez pour les mots *domus eternalis*, la note sur l'inscription n° 13 de la pl. VIII.

INSCRIPTION n° 24. —

Sabina, vi(v)as in Deo!

A droite, un oiseau.

PLANCHE XIX

INSCRIPTION n° 25. —

Valerius Evangelius, in pace. Vixit anis XIII, menses VII, d(ies) XV. H(ic) s(epultus est).

A la fin de la deuxième ligne, une palme.

INSCRIPTION n° 26. —

. . . fleblili et con. . . . . devota Cristo. . . . . . d(ie) idibus maiis. . . .

Devota Christo. On retrouvera une formule analogue, *Christo sanctisque devoti*, dans l'inscription n° 131 *bis* de la pl. XXXIX.

INSCRIPTION n° 27. — Cimetière de Comodilla. Boldetti, page 547.

Mara, que vixit ann(os) LX, dies XV, dep(osita est) XV kal(endas) fabr(uaria)s.

Mara est pour *Maria*, comme sur un fond de verre reproduit vol. IV, pl. XXI, n° 7.

INSCRIPTION n° 28. — Kellermann, *Vigil. Roman.* pag. 42, not. 77.

Ilantio, draconarius, hic requiescit in pace, qui vixit annos triginta quinque, cum suis.

Les corps de troupes, moindres que les légions, avaient pour enseignes, *vexilla*, des animaux fantastiques, des dragons, *dracones*; les soldats chargés de porter ces enseignes s'appelaient *vexillarii*, ou *signiferi*; plus tard on les nomma *draconarii*, et l'on voit dans Végèce, *de Re milit.* II, 7, qu'ils portaient déjà ce nom sous le règne de Valentinien. Cette inscription est jusqu'ici la seule où soit mentionné un *draconarius*.

PLANCHE XX

INSCRIPTION n° 29. — Cimetière de Sainte-Agnès. Marini, *Iscriz. Albane*, p. 37; *Arval.*, p. 361.

Gentianus fidelis in pace, qui vixit annis XXI, mense(s) VIII, dies XVI, et in orationis tuis roges pro nobis, quia scimus te in Christo.

Au milieu de l'inscription, le monogramme du Christ entre deux colombes, dans un cartouche qui n'a pas été terminé.

INSCRIPTION n° 30. — Osann, *Sylloge*, p. 428, XLVI.

Πέτρος, θρεπτὸς γλυκύτατος, ἐν θεῷ.
Petrus, alumnus dulcissimus, in Deo.

De chaque côté, une colombe tenant dans son bec un rameau d'olivier; en dessous un cercle, peut-être une couronne, entre deux œufs. Voy. R. Rochette, 3e *Mém. sur les Catacombes, Acad. des Inscr.*, t. XIII, p. 780; et Cavedoni, *Ragguaglio critico dei monum. delle arti crist. primitiv.*, p. 48.

Presque toutes les lettres sont séparées par des points; c'est une particularité qui n'est pas rare dans les inscriptions des deuxième et troisième siècles de notre ère; voy. Zaccaria, *Istituzione lapidaria*, p. 338.

INSCRIPTION n° 31. — Muratori, p. 1907, 3.

In codea bisomo positus est Marcellinus, quem fec(i)t Studentius sibi et fratri.

PLANCHE XXI

INSCRIPTION n° 32. —

In nomen Dei, Gorgoni(us). . . . .
in pace, cum parent(ibus). . . . . . . qui vixit anis(?)
n(umero) III, et mesis n(umero) VI, et di(es) n(umero). . .
q(ui) vixit anis duo, dies XXII, qui v(ixit). . . . . . .

INSCRIPTION n° 33. —

Mire ingritati et prudentiae Flavio(?) Valentioni, qui vixit annos XXXVIII, mensas VI, dies XI. Quiescet in pace, die XIII kal(endas) sept(embres), div(o) Ioviano Aug(usto) et (V)arroniano cons(ulibus). Donata mater sibi et filio suo b(ene) m(erenti) f(ecit).

Il existe de cette inscription deux autres copies sur pierre, qui ne diffèrent de celle-ci que parce que les derniers mots de la dernière ligne, BENE MERENTI FECIT, y sont écrits en toutes lettres. L'une fait partie du musée lapidaire de l'université de Pérouse, et elle a été publiée par Vermiglioli, *Antich. Iscriz. Perugine*, deuxième éd., t. II, p. 577, n. 3; l'autre se trouve, de même que celle-ci, dans la galerie du Vatican, où elle a été copiée par Maffei, qui l'a publiée dans son *Mus. Veronense*, 252, 2, et par Fea, qui l'a également reproduite dans ses *Frammenti di Fasti*, p. xcn. Voy. Vermiglioli, ouvrage cité, t. II, p. 577.

Mire ingritati est pour *mirae integritatis*; comparez *totius integritatis*, pl. xxxvi, n° 112.

L'empereur Jovien fut consul en 364, avec son fils Varronianus; il mourut au mois de février de la même année.

On peut s'étonner de voir un empereur chrétien qualifié de *divus* dans une inscription chrétienne. Mais il en était de cette expression comme des mots DIS MANIBVS; elle avait depuis longtemps perdu sa signification primitive : *dicimus divos*, dit Servius, *ad Æn.*, V, 45, *quasi qui diem obierint, unde divos etiam imperatores vocamus*. Des chrétiens ont donc pu l'employer sans y attacher d'autre sens que celui de *défunt*, le seul qui lui fût resté dans le langage ordinaire.

Inscription n° 34. — Lupi, *Epitaph. Severæ mart.*, p. 136. Murat., p. 1964, 6. Oderic, *Sylloge*, p. 266. Mamachi, *Origin. christ.*, t. I, p. 3. Osann, *Sylloge*, p. 447, etn.

Πιστὸς ἐκ πιστῶν Ζώσιμος ἐνθάδε κεῖμε, ζήσας ἔτεσιν β',
μη(νὶ) α', ἡμέ(ραις) κε'.

Fidelis ex fidelibus Zosimus hic jaceo, qui vixi annis ii,
mense i, diebus xxv.

Au-dessous, une ancre et un poisson.
Πιστὸς ἐκ πιστῶν, chrétien né de parents chrétiens.

PLANCHE XXII

Inscription n° 35. — Cimetière de Sainte-Cyriaque, vase de sang. Boldetti, p. 318. Mamachi, *Origin. christ.* t. III, p. 206. Marini, *Inser. christ.*, p. 422, 4.

[V]ictorina in pace et in Christo.

Au milieu de l'inscription, un boisseau rempli de blé. Le mot *Christo* est exprimé par le monogramme.

Figure n° 36. — Cimetière de Sainte-Priscille (?). Un oiseau becquetant une grappe de raisin, près d'une grande feuille ornée de trois étoiles.

Cette figure décorait probablement le côté droit du monument sur lequel est gravée l'inscription n° 42 de la pl. xxiii.

Figure n° 37. — Cimetière de Sainte-Priscille. Marini, *Papiri diplomatici*, p. 332, b.

Une balance et un poids, provenant du côté gauche du même monument.

Inscription n° 38. — Un prêtre assis dans une *cathedra*, une femme et un animal (une brebis ou un chien), avec ce fragment d'inscription :

. . . que v(ixit) an(nos) xvm i(n) Christo.

Le mot *Christo* est exprimé par le monogramme suivi de la lettre O.

Inscription n° 39. — Cimetière de Saint-Hermès, Lupi, *Epitaph. Severæ mart.*, p. 153. Marangoni, *Acta s. Victorin.*, p. 124. Murat., p. 1927, 5. Ficoroni, *Tal. lusor.*, p. 123.

Primae [v]iduae. Decessit ann(orum) centu(m), decessit vn idus dec(embres) in pace.

PLANCHE XXIII

Inscription n° 40. — Cimetière de Saint-Prétextat. Marangoni, *Act. s. Victorin.*, p. 130, Murat. p. 1834, 3 et 2001, 8. Passionei, *Iscriz. ant.*, p. 112, 8. Giorgi, *Liturg. Rom. pontif.*, t. II, p. 83. Zaccaria, *Ist. lett. d'Ital.*, t. I, p. 85. Donati, p. 195, 3. Fea, *Frammenti di Fasti*, p. C. Marchi, *Monum. delle arti crist. primitiv.*, p. 26.

Locus Augusti, lectoris de [V]elabru.
Dep(osita est) Surica xvi kal(endes) aug(ustas), quo vixit annos p(lus) m(inus) xu, cons(ulatu) Se(v)erini.

Lectoris de Belabru, lecteur de la basilique du Vélabre. Le consulat de Severinus correspond à l'an 471 de notre ère.

Inscription n° 41. — Riccio, *Mem. Rom. cet.*, p. 136. Marini, *Inser. christ.*, p. 354.

Deo annoente, folis pedatura Susti, v(iri) p(erfectissimi) (?).

Au-dessus, un monogramme dans une couronne, entre l'a et l'ω.

Annoente est pour *annuente*; *felis* pour *felix*; *Susti* pour *Sixti* ou *Sexti*.

On lit de l'autre côté une inscription païenne ainsi conçue :

D   M
P·AELIVS·AVG·LIB·MELITINVS
INVITATORFECITSIBIETAELIAE
SEVERAEVXORIKARISSIMAE
LIB·LIBERTABQ·MEISPOSTERIS
QVERORVMEXCEPTOEVTY
CHELIB·MEOCVIVSNEQVECOR
PVSNEQVEOSSAINHOCMONVMENTO
INFERRIVOLO

D(iis) M(anibus).
P(ublius) Aelius, Aug(usti) lib(ertus), Melitinus, invitator, fecit sibi et Aeliae Severae, uxori karissimae, lib(ertis) libertab(us)q(ue) meis, posterisque eorum, excepto Eutyche, lib(erto) meo, cujus neque corpus, neque ossa in hoc monumento inferri volo.

Voy. Visconti, *Opere*, t. I, p. 182. Orelli, *Inser. lat.* n. 4436.

INSCRIPTION n° 42. — Cimetière de Sainte-Priscille. Marini, *Papiri diplomatici*, p. 332, a.

Aur(elio) Venerando, numul(ario), qui vixit ann(os) xxxv. Atilia Valentina fecit marito bene merenti in pace.

Les figures reproduites pl. xxii, n° 36 et n° 37, décoraient les faces latérales de la pierre sur laquelle est gravée cette inscription; elles en ont été détachées, probablement, lorsque ce monument a dû être encastré dans la muraille de la galerie du Vatican. La figure n° 37 représente une balance et un poids, emblèmes de la profession de *Venerandus*; on sait que la profession des *nummularii*, comme celle des *argentarii*, consistait à vérifier la valeur des monnaies.

INSCRIPTION n° 43. —

Angelico bono in pa(ce).

A gauche, le monogramme du Christ, dans une couronne.

PLANCHE XXIV

INSCRIPTION n° 44. —

Leontii spirito bono et infantiae.

INSCRIPTION n° 45. — Un autel orné de deux colonnes et de deux flambeaux allumés; autour ce fragment d'inscription :

. . . . in pace [vixit a(nnos)] vu, m(enses) x, d(ies) v.

Au-dessous, une orante.

INSCRIPTION n° 46. —

Tezianus, qui vixit mesis vııı et dies vıııı, dulcis anima in pace.

A gauche, un vase entre deux colombes; à droite, une couronne.

PLANCHE XXV

INSCRIPTION n° 47. — Trouvée en 1845, au cimetière de Sainte-Priscille.

Agape, vivies in eternum

A gauche, une feuille.

INSCRIPTION n° 48. — Cimetière de Saint-Sébastien; vase de sang. Marini, *Inscr. christ.*, p. 452, 6.

Domine, ne quando adumbretur spiritus Veneres! De filiis ipseius [q]ui superstitis sunt, V)enerosus, Projectus.

Le texte de Marini était conforme au fac-simile; le cardinal Mai a corrigé à tort, à la troisième ligne, *filis*, et à la cinquième, *superstites*.

Veneres est pour *Venerine*. Venerius et Veneria sont des noms qui se rencontrent assez souvent dans les inscriptions païennes. Ils sont moins communs dans les inscriptions chrétiennes. On verra cependant un exemple du nom Venerius, dans la planche xxii, n° 82 *bis*, et nous pouvons en citer quelques autres, notamment celui d'un évêque qui vivait au quatrième siècle de notre ère et que nous fait connaître une curieuse inscription de Narbonne (Grut. p. 1059, 1.), et celui d'un martyr, dont la sépulture a été retrouvée, il y a quelques années, dans le cimetière de Saint-Hermès, et dont les reliques, avec l'inscription et le vase de sang qui les accompagnait, sont aujourd'hui déposés dans la cathédrale de Reims. L'inscription est ainsi conçue :

VENERIOPATRIVENEMERENTQVIVIXITAHHNIS
LXXIIMESISVIIDIISXXINPACEMVENERIVSFILI
VSCARISIMVSFECIT

Venerio patri [b]ene merenti(i), qui vixit annis lxxii, mesis vu, diis xx, in pacem. Venerius filius carisimus fecit.

INSCRIPTION n° 49. —

Laidi, bono genere crea(te), ob caritatem conjugis, quae vixit annis xiiii, mens(ibus) x, d(iebus) xii. Viatorinus conjugi dulcissi(mae).

A gauche, les initiales des mots

B(onae) M(emoriae)

A droite, une feuille renversée, ou un Q, initiale du mot *Quiescit*.
Les lettres ERE du mot *genere* sont liées.

INSCRIPTION n° 50 — Marini, *Arval.*, p. 170.

Antigonus locum habet cum sore sua.

Un monogramme à la fin de l'inscription.
Sore est pour *sorore*. Marini, ouvrage cité, p. 169 et suiv., et dans ses *Iscriz. Albane*, p. 191, donne de nombreux exemples de mots ainsi tronqués dans les inscriptions, par suite de l'omission d'une syllabe.

PLANCHE XXVI

INSCRIPTION n° 51. — Lupi, *Epitaph. Severae martyris*, pl. viii, n. 1, p. 51. Murat., p. 1912, 8. Galeotti, *Mus. Odescalc.*, t. II, pl. 51. R. Rochette, 2e *Mém. sur les Catacombes*, Acad. des Inscr., t. XIII, p. 258.

Maximinus, qui vixit annos xxii, amicus omnium.

Au-dessous, un homme tenant à la main une baguette, près d'une mesure, *modius*, remplie de blé, et d'où s'échappent des gerbes d'épis. C'est, suivant le P. Lupi, l'image du Christ, qui, lorsque le juste sortira du tombeau, lui rendra, suivant la parole de l'Évangile (Luc, vi, 28), *mensuram plenam, confertam, cogitatam et superfluentem*; peut-être aussi, suivant le même antiquaire, les épis sont-ils une allusion à ce grain de froment, *quòd quum mortuum fuerit, multum fructum afferet* (Joann., xii, 24). Enfin, on peut voir encore dans ce grossier dessin, l'emblème de la profession de Maximin, lequel aurait été, de son vivant, mesureur public, *mensor Cereris Augustae*.

Amicus omnium est une formule qui se rencontre quelquefois dans les inscriptions chrétiennes; nous en retrouverons une analogue, *omnibus amicatus*, dans l'inscription n° 2 de la planche LXXVII.

INSCRIPTION n° 52. — Marini, *Arval.*, p. 270. Fea, *Frammenti di Fasti*, p. xcv, n° xxv.

Depositus est puer nomine Exsuperantius, qui vixit annoro(m) plu(s) minus III, et menses VII, dies V, depositus (est) VII idus maias, sub consulatu Modesto et F(lavio) Arintheo e(on)s(ulibus), in pace.

Le consulat de Fl. Domitius Modestus et de Fl. Arintheus correspond à l'an 372 de notre ère.

INSCRIPTION n° 53. —

. . . . que vixit]
unnis xxxvi, meses vii, dies xi, horas viii. Marcianus
cojugi dignissemo, in pace.

Au-dessous, deux empreintes de pieds. On rencontre souvent de ces empreintes dans les inscriptions funéraires chrétiennes; voy. Lupi, *Epitaph. Severæ mart.*, p. 69 et 70; Boldetti, p. 363 et 419; Buonarroti, *Vetri antich.*, p. 165; Fabretti, *Inscr.*, p. 484 et 738. Suivant le P. Lupi, ce sont des espèces d'ex-voto, offerts à Dieu, par les parents du mort, heureusement arrivé au terme du long voyage dans lequel, suivant l'expression de saint Paul, *peregrinamur a Domino (Ep. II, ad Corinth., 5)*.

INSCRIPTION n° 54. —

Facundo Artemoni, q(ui) v(ixit) a(nnum) I, m(ensem) I, dies XII.

De chaque côté, une ancre.

Artemon est le nom d'un martyr dont les reliques ont été découvertes en 1835, au cimetière de Saint-Calixte, et sont aujourd'hui conservées dans la cathédrale de Rodez, avec le vase de sang qui les accompagnait, et l'inscription qui fermait le *loculus* dans lequel elles ont été trouvées. Cette inscription est ainsi conçue :

ΑΡΤΕ
ΜΩΝ
✝

Artemon.

INSCRIPTION n° 55. —

Leopardus. Bene morenti, in pace, qui [v]iesit anis xvii, mensis vi, dep(ositus est) III idus augus(tas), dii [V]eneri(s). Florentius, qui vixit annos xxvi.

Les mots *dii Veneri[s]* forment une ligne verticale sur la gauche de l'inscription.

A la droite on voit une paire de ciseaux et divers instruments, destinés probablement à rappeler la profession de Leopardus. Les mots *Florentius, qui vixit annos* xxvi, sont gravés sur deux de ces instruments.

INSCRIPTION n° 56. —

Lais cum pace, ispiritus in bonu quescat!

INSCRIPTION n° 57. —

Vincense scripsit fem(ine) bene morenti, q(uae) vix(it) ann(os) xxvi.

Au-dessus, un monogramme de forme particulière.

Vincense est pour *Vincentiae*. Le nom de la personne qui a fait faire le tombeau et gravé l'inscription, *qui scripsit*, a été omis. Il n'est pas rare de rencontrer de même le verbe *fecit*, sans que son sujet soit indiqué; on trouvera dans ce recueil, plusieurs exemples de cette omission, qui est particulière aux inscriptions chrétiennes. Voy. le P. Lupi, *Epitaph. Severæ martyris*, p. 105, not. 2.

INSCRIPTION n° 58. — Maffei, *Mus. Veron.*, p. 261, 6.

Theuduli et Projecte sepulcrum.

PLANCHE XXVII

INSCRIPTION n° 59. —

Antistio Crescenti parenti, Antistius Crescentianus et Antistius Genialis filii scripserunt patri suo, qui vixit cxvi annis.

Au-dessous, un instrument dont il est difficile de déterminer l'usage, peut-être un instrument de supplice.

INSCRIPTION n° 60. — Cimetière de Saint-Thrason et de Saint-Saturnin. Marangoni, *Acta s. Victorin.*, p. 84. Murat., p. 1836, 8. Oderic., *Sylloge*, p. 263.

Aurelius Agapetus et Aurelia Felicissima alumnae Felicitati dignissimae, quae vixit anis xxx et vi; et pale pro Coloniano conjugem.

A gauche et à droite de la troisième ligne, une feuille en forme de trèfle. Celle de droite est en partie effacée; les éléments de celle de gauche ne sont pas réunis.

INSCRIPTION n° 61. —

Innocentissimae etatis dulcissimo filio Joviano, qui vixit ann(os) vii et menses vi, non merentes Theoctistu(s et) Thalluso parentes.

Voyez, pour l'expression *non merentes*, la note sur l'inscription n° 1 de la planche LXI.

Thallusa est un nom grec, Θαλλουσα, analogue à Τεκουσα, dont on trouve de même la transcription latine, *Tecusa*, dans l'inscription suivante, provenant du cimetière de Saint-Calixte, et conservée avec les reliques qu'elle recouvrait, et le vase de sang dont ces reliques étaient accompagnées, dans l'église de Sainte-Marie du mont Carmel, à Chambéry :

FONTEIAEVICTORINAE
BENEMERENTI·TECVSE·F·C

Fonteiae Victorinae bene merenti, Tecusa f(aciendum) c(uravit).

Les lettres de cette inscription, sont celles des monuments de l'époque des Antonins.

INSCRIPTION n° 62. — Cimetière de Sainte-Cyriaque. Marini, *Aroal.*, p. 827.

Hic jacet infelix proprio Cicercula nomen,
Innocens qui vis(it) semper in pace quiescat,
Cui cum bis binos natura ut conpleret annos
A(b)stulit atra dies et funere mersit acerbo.

Au-dessus, un monogramme en forme de croix, aux branches duquel sont suspendus l'α et l'ω; à droite un monogramme accosté de l'α et de l'ω, dans une couronne.

Le quatrième vers est tiré de l'*Enéide*, où il est deux fois répété, livre vi, 429, et livre xi, 28, Marini, ouvrage cité, p. 494 et 827, cite un certain nombre d'inscriptions chrétiennes métriques, dans lesquelles on remarque de même des vers empruntés aux poètes païens.

PLANCHE XXVIII

INSCRIPTION n° 63. —

Aestonia, virgo peregrina, que vixit unis xu et d(ie)s vii, un kal(endas) mar(tias) decessit de corpore.

A gauche, le monogramme du Christ.
Decessit de corpore. On trouve une expression analogue, *recessit de corpore*, dans une inscription du cimetière de Sainte-Cyriaque, publiée par Boldetti, p. 407.

INSCRIPTION n° 64. — Maffei, *Museum Veronense*, p. 306, 6. Zaccaria, *Ist. lett. d'Ital.* t. IX, p. 176; t. X, p. 320. Mamachi, *Orig. christ.*, t. II, p. 237.

Ureni, que vixit ann(us) p(lus) m(inus) xlv, cum cu(m)pare suo fecit annus vii, que recessit in non(as), in pace, sub Damaso episco(po).

Saint Damase occupa la chaire de saint Pierre de l'an 366 à l'an 384.

INSCRIPTION n° 65. — Passionei, p. 118, 47.

Fides Vall(io) (?) Rubicus Felicisim(a)e nofitre [b]ene merenti, mirae cistitatis, que [v]ixit anno(s) xxx, et dismis(it) filios tres infantes, quos m[ater a(c)cepit. . . . . prius fecit. . . . . suae labor.

A droite et à gauche de la première ligne, un monogramme. *Rubicus* est pour *Urbicus*, la lettre r ayant été transposée par le graveur. *Dismis(it)* est pour *dimisit*; on lit *dimisit filium*, dans une inscription publiée par Boldetti, p. 433; et *remisit* est de même employé dans le sens de *reliquit*, dans deux autres inscriptions publiées par le même, p. 411 et 413.

INSCRIPTION n° 66. — Cimetière de Sainte-Cyriaque. Odoric., *Sylloge*, p. 33.

Aequitio in Christo Deo innofito bene merenti, qui vixit an(nos) xxvi, m(enses) v, d(ies) iii, dec(essit) in non(as) aug(ustas).

Le mot *Christo* est exprimé par le monogramme.
Innofito est pour *neophyto*.

PLANCHE XXIX

INSCRIPTION n° 67. — Suttele, *Atti dell' Accad. Rom. di Archeol.*, t. II, page 66.

Sabini bisomum; se [v](c)um fecit sibi in cymeterium Balbinae, in crypta no(v)a.

Cette inscription présente plusieurs particularités dignes de remarque : c'est, jusqu'à présent, la seule qui contienne le mot *cymeterium* ou *cameterium*, et dans laquelle soit mentionné le cimetière de Sainte-Balbine; enfin c'est un des rares monuments où se lit le mot *crypta*. Voy. sur le sens de ce mot, le P. Marchi, *Monum. delle arti crist. primitiv.*, t. I, p. 102 et suiv.

INSCRIPTION n° 68. —

Sutiridi benemerenti, nutritoris heius fecerun(t), in pace

Sutiridi pour *Soteridi*; *nutritoris heius* pour *nutritores ejus*.

INSCRIPTION n° 69. — Cimetière de Saint-Sébastien. Boldetti, p. 807.

Dul(cissimo) (b)ene merit(o) Victori, filio, parentes. qui. . . . . . fecit vit(ae) d(ies) lxxx, neofitus qu(i) fuit in pace Christi.

A droite et à gauche de la première ligne, un monogramme. Le mot *Christi* est exprimé par un monogramme, qui n'a pas été achevé, X.

INSCRIPTION n° 70. —

[V]ictoria fidelis [v]irgo, que vixit annis xvii, mensis viii, dies v, in pace defu(n)cta v idus septemb(res).

INSCRIPTION n° 71. — Cimetière de Sainte-Agnès. Boldetti, p. 463. Murat., p. 1837, 11.

Somno heternali.
Aurelius Gemellus, qui [v]ixit an(nos)...; et meses viii, dies xvii. Mater filio (suo) carissimo benae merenti fecit, in pa(ce). Commando Bussila innocentia Gemelli.

Somno heternali, pour *somno aeternali*. On a cherché à expli-

quer ces mots en leur donnant une signification chrétienne;
voy. Cavedoni, *Cenni sopra alcune iscriz. crist. della reggenza
d'Algeri*, p. 17. C'est une idée qui ne me paraît pas plus heureuse que celle qu'on a eue aussi d'interpréter par les mots
Deo Magno, le sigles D. M., lorsqu'ils se rencontrent dans les
inscriptions chrétiennes.

Les mots *somno aeternali*, ou *somno aeternali sacrum*, sont
comme les mots *Dis Manibus*, une formule païenne; voy. Fabretti, *Inscr. ant.*, p. 555; mais qui, à l'époque où cette
inscription a dû être gravée, avait également perdu son sens
religieux, pour ne conserver que celui de formule funéraire.
Des chrétiens ignorants, et l'orthographe de cette inscription
prouve que ceux qui l'ont fait graver étaient loin d'être instruits, ont donc pu employer cette formule sans y attacher
d'autre sens que celui qu'on lui donnait alors généralement.

Jacuzio a publié, *de titulo Bonusæ et Menuæ*, p. 51, une inscription du cimetière de Sainte-Basille, dans laquelle on lit :
Domina Basilla, commendamus tibi... filia(m) nostra(m). Celle-ci
contenant la même prière, il serait possible qu'elle provînt du
même cimetière, et que Boldetti se fût trompé en l'attribuant à
celui de Sainte-Agnès.

PLANCHE XXX

INSCRIPTION n° 72. — Cimetière de Sainte-Basille. Lupi,
Epitaph. Severæ martyris, p. 145; *Dissertazioni, lettere
ed altre operette*, p. 83, 178 et 228. Murat., p. 1850, 10.
Maffei, *Mus. Ver.*, p. 261, 7.

Cocillus maritus Coeciliae Placidinae, conjugi optime memoriae, cum qua vixi
annis x, bene, sene ulla querella. ΙΧΘΥΟ.

INSCRIPTION n° 73. —

Empta(m) bisomu(m) Lau(ren)tio. Vixit a(nnos) xxxv, d(epositus est)
III idus aug(ustas).

INSCRIPTION n° 73 *bis*. —

Afinia Burica se vivas emit sibi locum, se vivati mese otrobrum.

INSCRIPTION n° 74. — Cimetière de Sainte-Cyriaque. Boldetti, p. 419.

Vidua p(ia), Felicissima, in Deo vives !

D'un côté une palme, de l'autre une feuille.

INSCRIPTION n° 75. — Marini, *Lettera di un Giornalista ad
un suo amico;* Modena, 1790, 8°, p. 15. Furlanetto, in
Forcellini *Lexic.* s. v. PAPAS.

Perpetuam sedem, nutritor, possides ipse.
Hic meritus finem, magnis defuncte periclis,
Hic requiem felix sumis ergentibus annis.
Hic positus papas Antimio, qui vixit annis txx, depositus domino nostro Arcadio
II et Fl(avio) Rufino, v(iris) c(larissimis) c(onsulibus), nonas no(v)embr(es).

L'empereur Arcadius fut consul pour la deuxième fois, avec
Flavius Rufinus, en 392 de notre ère.

PLANCHE XXXI

INSCRIPTION n° 76. —

Bene merenti Quiraceti, in pace, quæ vixit annus xxv, m(enses) vII, d(ies) xv.

Quiraceti est pour *Cyriaceti*, lequel est lui-même le datif
de *Cyriace*.

Dans le latin classique, les noms propres féminins tirés du
grec et terminés en *e* au nominatif, appartiennent à la première
déclinaison, dont ils ont toutes les flexions, excepté au génitif,
qui est terminé en *es*. Dans le latin populaire, qui est celui des
inscriptions chrétiennes, ces noms prenaient, aux cas indirects,
les terminaisons de la troisième déclinaison, et se déclinaient
de deux manières :

1° En *e, enis, eni, en, ene*; voy. Lupi, *Epitaph. Severæ
mart.*, p. 160 et suiv., et Otto Jahn, *Specimen epigraphicum*,
p. 72. C'est par analogie avec cette déclinaison qu'on a fait
Ispeni de *Ispes* ou *Spes*, pl. xxxii, n° 82 *bis*.

2° En *e, etis, eti, eten, ete*; comme *Quiriaceti* de *Quiriace* ou
Cyriace, dans cette inscription; *Julianeti* de *Juliane*, pl. xl,
n° 132; *Pudentianeti* de *Pudentiane*, pl. xlii, n° 5; Ειρηνητι, pour
Ireneti, de *Irene*, pl. li, n° 36; *Ermioneti*, pour *Hermioneti*, de
Hermione, pl. lxi, n° 6; *Agniti* pour *Agnete*, de *Agne*, (le nominatif *Agnes* n'existe pas), pl. lv, n° 3; voy. Lupi, ouvrage cité,
p. 157 et suiv.

On trouve un autre exemple de ce système de déclinaison,
dans l'inscription suivante, qui a été trouvée le 28 avril 1846,
au cimetière de Saint-Hermès, et qui, avec les reliques qu'elle
recouvrait et le vase de sang dont elle était accompagnée, est
aujourd'hui conservée dans la cathédrale de Valence, départe-
ment de la Drôme :

ARIAE·EVTYCHIANETI·
CONIVGI·BENEMERENTI·FECIT·
AELIVS·CRISPINVS.

Ariae Eutychianeti, conjugi benemerenti, fecit Aelius Crispinus.

Les noms de familles d'*Eutychiane* et de son mari semblent
indiquer deux affranchis ou deux enfants d'affranchis de la
maison d'Antonin le Pieux; et la forme des lettres, qui sont
remarquablement belles, le style, l'orthographe de cette inscription permettent qu'on lui donne pour date le règne de ce
prince, ou celui de Marc-Aurèle.

INSCRIPTION n° 77. —

Innocentius infans, aniosa dulcis, quæ vixit. . . . .

INSCRIPTION n° 78. — Marini, *Iscriz. Albane*, p. 130.

Θαρσει Ακμε, ουδις αθανατος.

Bono animo esto, Acme, nemo immortalis.

A la droite de l'inscription, une palme.

Au lieu de Ακμε, Marini a lu Ασκλλ. Le Ϲ qui suit la première lettre de ce mot est le résultat d'une erreur du graveur,

qui, s'étant aperçu qu'il avait mis un O au lieu de cette lettre, dans le premier mot de l'inscription, a voulu réparer sa faute, en la mettant ici. Marini a cité de nombreux exemples de ces transpositions de lettres, dans ses *Iscriz. Albane*, p. 29 et 30, et dans ses *Fratelli Arvali*, p. 340.

ΘΑΡCΙ et OYΔΙC sont des iotacimes, pour ΘΑΡCΕΙ et OYΔΕΙC, comme dans l'inscription n° 10 de la planche LIX.

Inscription n° 79. — Cardinali, *Diplomi imperiali*, p. 22, n° 29.

Mauro Gaudentio bene merito, in pace.

Inscription n° 80. — Fea, *Frammenti di Fasti*, p. LXXXIX, n° XII. Marchi, *Monum. delle arti crist. primitiv.*, p. 101.

B(onae) M(emoriae).
Cubiculum Aureliae Martinae, castissimae adque pudicissimae feminae, que fecit in conjugio ann(os) XXII, d(ies) XIII, bene merenti, que vixit ann(os) XL, m(enses) XI, d(ies) XIII. Depositio ejus die III nonas oct(obres), Nepotiano et Facundo cons(ulibus), in pace.

Le consulat de *Flavius Popilius Nepotianus* et de *Facundus* correspond à l'an 336 de notre ère.

PLANCHE XXXII.

Inscription n° 80 *bis*. — Dans la chapelle du collége de Brugelette. Trouvée au cimetière de Sainte-Priscille, avec un vase de sang.

Genialis in pace.

Au-dessous, une barque, sur un des côtés de laquelle est posée une colombe tenant dans son bec un rameau d'olivier.

Inscription n° 80 *ter*. — Fea, *Frammenti di fasti cons.*, p. XC, n° XIII.

Deposito Juniani, pri(die) idus apriles, Marcellino et Probino cons(ulibus), qui [v]ixit annis XL, in pace decessit et amator pauperorum: [v]ixit cum [Vi]rg(i)nia annis XV; bene merenti [v]irginia sua; [V]ictora bene merenti fecit amatrix pauperorum et operaria.

Au-dessous, un monogramme.

« *Virginia*, conjux quam maritus virginem duxerat, *univira* ; » Fabretti, *Inscr. ant.*, p. 322. Comparez *Virginium*, dans l'inscription n° 81 *bis*.

Les consuls mentionnés sont *Flavius Antonius Marcellinus*, et *Cæsius Probinus*; leur consulat correspond à l'an 341 de notre ère.

Inscription n° 81. — Cimetière de Saint-Thrason et de Saint-Saturnin ; vase de sang. Lupi, *Epitaph. Severæ martyr.*, p. 11, Marangoni, *Act. s. Victorin.*, p. 77. Murat., p. 1884, 5. Osann., *Sylloge*, p. 431, LXVII.

Ἡράκλια Ῥώμη, ἐς ἀνάπαυσιν σοῦ ἡ ψυχή.
Heraclia Rhome, spiritus tuus in pace.

Inscription n° 81 *bis*. — Cimetière de Saint-Prétextat. Boldetti, p. 555. Lupi, *Epitaph. Severæ martyr.*, p. 151. Murat., p. 1860, 10 et 1669, 7. Ficoroni, *Tal. lusor.*, p. 124.

Cette inscription était déjà brisée en deux parties, quand le P. Lupi l'a publiée; on la possédait cependant toute entière. Depuis, la partie gauche s'est perdue. Je la reproduis ici telle que l'a donnée ce savant antiquaire; mais en retournant les lettres, qui sont rétrogrades sur la pierre.

ELIAVINCENTIAQVEVIXITAN[NVSXVI
ETMESISIICVMVIRGINIS[VVM
QVEVIXITANNVDIEM[MINVS

Elia Vincentia, que vixit annus XVI et mesis II, cum virgini(um) suum que vixit annu(m) diem minus.

Annu diem minus, pour *annum die minus*, un an moins un jour.

Inscription n° 81 *ter*. — Passionei, *Iscriz. ant.*, p. 135, n. 60.

Sab[at]ius, qui [v]ixit [annos] XIII, m[enses] VI, d(ie) m(inus) . . . .
Deo gratias, in p(a)c(e).

Inscription n° 82. — Marini, *Areal.*, p. 296. Orelli, *Inscr. select.*, n° 490.

Hic jacet Heraclius, civis praepositus militum
Secundus Retus, filius Lupici- Fotensium, et vixit
ni, ex presidibus, qui fuit annis XXXV, dep(ositus) est | [XII *kal(endas)* augustas.

Au milieu, dans un médaillon, un buste de jeune homme tenant de la main droite un *volumen*; au-dessus, un monogramme entre deux colombes.

A la dernière ligne, Marini a lu AVGVSTVS, au lieu de AVGVSTAS.

Civis Secundus Retus, né dans la deuxième Rhétie. On lit dans le même sens, *civis Pannonius*, pl. XXXVI, n° 116; *civis Hispanus*, pl. LXIII, n° 31; *civem Armeniacum Cappadocem*, pl. LXXVII, n° 2, enfin πολίτης τῆς Φοινίκης, pl. III, inscription J. La deuxième Rhétie fut formée sous Constantin du territoire de l'ancienne Vindélécie; voy. Bœcking, *Notit. imp. occid.*, p. 443. Elle était administrée par un *præses*.

Fotenses est pour *Fortenses*; le corps ou *numerus* des *milites Fortenses* était ainsi nommé parce qu'il avait été formé d'un démembrement de l'une des légions qui portaient le titre de *Fortis*; voy. Bœcking, *Notit. imp. orient.* p. 190.

Inscription n° 82 *bis*.

Jul(ius) Venerius Fla[v]iae Ispeni, coeugi inco(m)parabili, bene et caste.

Ispeni est pour *Speni*, comme Ἰσσπεραντία, pour *Sperantia*, pl. LXV, n° 2; et *Speni* est lui-même le datif de *Spes*; voy. la note sur l'inscription n° 76 de la pl. xxxi. *Cozugi* est pour *co-jugi*, comme *Zesu*, pour *Jesu*, pl. xiv, n° 6 ; Καλ. Ζονῶν, pour Καλ. Ἰονῶν, pl. lxii, n° 19 *bis* ; *Zenuaria*, pour *Jenuaria*, Lupi, *Epitaph. Sever. mart.*, p. 37. Au contraire, *Josimus* est pour *Zosimus*, dans l'inscription n° 90 de cette planche.

Inscription n° 82 *ter*. — Marini, *Arval*, p. 266.

Hic mihi semper dolor erit in aevo, et tuum [v]enerabilem vultum liceat
 videre sol[phœ], conjunx Albana, quæ mihi semper casta, pudica (fuisti).
 Relictum me tuo gremio queror, quod mihi sanctum te dederat divinitus
 Autor. Relictis tuis jaces in pace; sopore merita resurgis; temporalis tibi
 data (est) requetio.
Quæ vixit annis xlv men(ses) v dies xiii; dormit in pace. Fecit Cyriacus
 maritus.
Pax.

Entre le mot PAX et le reste de l'inscription, une colombe tenant dans son bec un rameau d'olivier.

Inscription n° 82 *quater*.

Autour d'un petit *arcosolium*, dont le côté gauche et la partie inférieure sont détruits :

 . . . τ]ῆς εὐσεβείας ὁ προεκλάμπων τύπος κ(αὶ) πίστεως
 τῆς ἐν Θ(ε)ῷ . . . . .

 . . . . pietatis praefulgens exemplar et fidei in Deum . . .

PLANCHE XXXIII.

Figure n° 83. — Monogramme entre deux colombes posées chacune sur un rameau d'olivier.

Inscription n° 84. —

Ge]ntiano [c]o]jugi in pace.

Au-dessous, un homme assis, peut-être le bon pasteur ; devant lui une brebis.

Inscription n° 85. —

in] pace
. . e filio.

Inscription n° 86. —

Peregrina, vix[it] an(nos) viii, m(enses) viii, d(ies) x . . .

Figure n° 87. — Monogramme entre deux colombes.

Inscription n° 88. — Maffei, *Museum Veron.*, p. 264, 13. Muratori, 1911, 6. Zaccar. *Ist. letter. d'Ital.*, t. V, p. 488.

Pete pro parentes tuos.
Matronata Matrona, que vixit an(num) i, di(es) lii.

Inscription n° 89. — Passionei, *Iscriz. ant.*, p. 125, 89.

Tarronise Probue bene mer(enti), a filio Leone et a omnibus merita(e).

La lettre E du mot *Leone* et la lettre I du mot *omnibus*, ayant été oubliées, ont été gravées après coup dans l'interligne.

Au lieu de LEONE, Passionei a lu ZEONE.

Inscription n° 90. — Amaduzzi, *Anecdot. litter.*, t. III, p. 382. Fea, *Frammenti di Fasti*, p. 14, iii. De Rossi, *Annali dell' Istituto di correspond. arch.*, 1849, p. 301.

Dep(ositus est) iii idus maii Josimus, qui vixit annos xxvii, qui fecit cum compare sua annos septe(m), mensis vii. Ben(e) merenti in pace, consulatu Nicomaci Fla[v]iani. Locum armararii quadrisomum.

Josimus est pour *Zosimus*, comme *Josima* pour *Zosima*, pl. lvi, n° 4. Voy. la note sur l'inscription n° 82 *bis*.

Nicomachus Flavianus fut nommé consul en 394, par le tyran Eugenius, qui régnait alors à Rome, et qui fut renversé par Théodose, au mois de septembre de la même année.

Armarari est pour *armarii*, comme *capsararius* (Marchi, *Monum. delle arti crist. primit.*, p. 27) est pour *capsarius*. C'est un nom de profession, qui se rapporte à *Josimus* : *locum armararii quadrisomum*, « place pour quatre corps appartenant à l'armarius. »

Inscription n° 91. —

Fl(avius) Vincentius, m(i)l(es) c(o)hor(tis) X urb(anae), vixit annos xx et vi
m(enses), d(ies) xxi. Muscula mar(ito) b(ene) m(erenti).

Il est question, dans l'inscription P de la planche iii, d'un centurion de la même cohorte.

PLANCHE XXXIV.

Inscription n° 92. — Cimetière de Saint-Prétextat. Marangoni, *Act. s. Victorin.*, p. 130. Passionei, *Iscriz. ant.*, p. 111, 4. Paciaudi, *Diatribe qua graeci anaglyphi interpretatio traditur*, p. 116.

Alexandra in pace.

Au milieu de l'inscription, une enfant dans l'attitude d'une orante, et une colombe tenant dans son bec une couronne.

Inscription n° 93. —

Jenuaria [v]irgini bene merenti, in pace [v]otis deposita.

A gauche, une colombe posée sur une branche d'arbre.

Inscription n° 94. — Cimetière de Saint-Calixte. Boldetti, p. 52. Murat., p. 1876, 6. Marchi, *Monum. delle arti crist. primitiv.*, p. 114.

Fortunatus se vivo sibi fecit, ut cum quieverit in pacem in Christum, locum paratum ha[beat].

Le mot *Christum* est exprimé par le monogramme.

FIGURE n° 95. — Un oiseau posé sur un arbre chargé de fruits, et tenant dans son bec un de ces fruits.

FIGURE n° 96. — Calogera, *Raccolta*, t. XXXIII, p. 371.

Un monogramme accosté de l'α et de l'ω. Au-dessous, entre un cercle et une palme, une croix redoublée.

INSCRIPTION n° 97. —

Locus Prejecti. Si vi(v)u emet Hylarinu.

Si vibu, pour *se viro*; *Hylarinu*, pour *ab Hilarino*.
On peut rapprocher de ce monument, une autre inscription du Vatican, publiée par Marini, *Arval.*, p. 405, et qui semble avoir été tirée du même tombeau :

PRAEIECTVS·SEVIVO
VISOMVMCON
PARAVITABILA
RINVM

Praejectus se vivo (h)isorum conparavit ab Barinum.

INSCRIPTION n° 98. — Bosio, *Roma sotterranea*, p. 534. Aringhi, t. II, p. 288. Reines., p. 937, 170. Fleetwood, *Sylloge*, p. 477, 4.

Salutiae, cojugi bene merenti.
Justus Serenn(s) po(suit) Valuriae Victorinae filiae.

Au-desous, trois vases en forme de coupes, contenant des fruits (?).

INSCRIPTION n° 99. —

Locu(m) emi trisomu(m) Celerianuo. In pace depositus, post c(onsulatu(m).....

PLANCHE XXXV.

INSCRIPTION n° 100. —

Locus Primi. Emet se (v)i(v)um.

INSCRIPTION n° 101. — Pavé de l'église de Sainte-Sabine. Mazocchi, *Epigramm. antiquæ Urbis*, f. 28, r°. Smet., *Inscr. Ant.*, p. 142, 8. Grut., p. 1056, 6. Fleetwood, *Sylloge*, p. 451, 3. Fabretti, *Inscr.*, p. 375, 178. Montfaucon, *Diar. Ital.*, p. 162. Murat., p. 1918, 3. Zuccar., *Paralipomen.*, in Caloger. *Raccolt*, t. XXXIII, p. 383.

Octaviae Matronae, viduae Dei.

Viduae Dei, veuve consacrée à Dieu et entretenue par l'Église. Voy. les notes sur l'inscription n° 2 de la pl. LXX, et sur l'inscription n° 2 de la pl. LXXII.

INSCRIPTION n° 102. — Fragment trop mutilé pour qu'on puisse même essayer de le restituer, mais intéressant, à cause de la barque (?) ornée de croix, qui précédait l'inscription.

INSCRIPTION n° 103. — Cimetière de Saint-Calixte. Boldetti, p. 418, Murat., p. 1825, 9. Mamachi, *Origin. christ.*, t. III, p. 25.

Aurelianus Rufinae cojugi carissime bene merenti. Spiritum tuum
Deus refrigeret.

A gauche de la première ligne, une feuille.

INSCRIPTION n° 104. — Passionei, *Iscriz. ant.*, p. 64, 19.

Mire bonitatis adque inenitabili(s) sanctitatis, totius castitatis, rari exempli
femine, caste, bono (v)ite et pietate, in omnibus gloriose, Bruttie Dignitati, que
vixit annos xxxvi, que sine lesione animi mei vixi(t) mecum annos xv, filios
autem procreavit vn, ex quibus secu(m) abet ad Dominum nu, et......

Passionei n'a pas lu la dernière ligne.
Mire bonitatis. Comparez *Mire industriae atque bonitatis*, pl. XXXVII, n° 121.
Dignitati est un nom propre; les noms de qualités morales employés comme noms propres féminins, ne sont pas rares dans les inscriptions. Voy. Marini, *Arval.*, p. 323, ; Cardinali, *Diplomi imperiali*, p. 156. O. Jahn., *Specimen epigraphic.*, p. 97.

INSCRIPTION n° 105. — Cimetière de Saint-Pontien. Amaduzzi, *Anecdot. litterar.*, t. IV, p. 542. Vermiglioli, *Iscriz. Perug.* ed. 1, p. 331. Cardinali, *Iscriz. Veliterne*, p. 201, 134.

Marcianus cnonfitus recesi(t). Coli tibi patent; (v)is(v)es in pace.

Au-dessus, un poisson en forme de dauphin.
Enonfitus, pour *neofitus* ou *neophytus*, par suite d'une erreur de graveur, semblable à celle que j'ai signalée pl. XXXI, n° 78.
Suivant Cardinali, cette inscription se trouve à Velletri, dans l'église de la Trinité.

INSCRIPTION n° 106. — Lupi, *Epitaph. Severæ mart.*, p. 137. Murat., p. 1954, 8. Pelliccia, *de christ. eccles. politia*, t. III, p. 269.

Varronius Filumenus Varroniae Fotine filiae suae fecit.

Une ancre, et au-dessous, en deux lignes, les mots Ἰησοῦ Χριστοῦ δούλη, *Jesu Christi ancilla*, le mot Χριστοῦ étant exprimé par le monogramme ordinaire; le mot Ἰησοῦ, au moyen d'un I et d'un H réunis par le prolongement de la barre transversale de la dernière de ces lettres. Suivant Pelliccia, cette explication, qui est celle du P. Lupi, serait erronée, et il ne faudrait voir dans ce sigle autre chose que le chiffre III. Mais des deux inscriptions, sur lesquelles il appuie cette nouvelle interprétation, l'une, qu'il emprunte au recueil de Gruter, p. 1080, 2, a été mal copiée, et l'autre, qui est tirée de l'*Antiquité expliquée* de Montfaucon, est évidemment fausse. D'ailleurs cette interprétation, si elle était admise, rendrait l'inscription inexplicable.

PLANCHE XXXVI.

INSCRIPTION n° 107. — Cimetière de Sainte-Cyriaque. Marini, *Iscriz. Albane*, p. 31.

Per binas hiemes, festina luce peregit,
Huc venieus placido posuit pia membra sephulero,
Hanc in aeterno sibi sedem Constantia quaerens.

La lettre *h* du mot *sepulchro* a été transposée par le graveur. Le mot *sibi* de la troisième ligne devrait, pour faire le vers, se trouver après le mot *hanc*; il aura sans doute été déplacé par suite d'une erreur de cet artisan.

Au commencement de la première ligne, Marini a lu *ter* au lieu de *per*.

INSCRIPTION n° 108. — Cimetière de Saint-Prétextat. Marangoni, *Act. s. Victorin.*, p. 132. Murat., p. 1855, 6. Passionei, *Iscriz. antich.*, p. 116, 33.

Currentio, servo Dei, dep(osito) d(ie) xvi kal(endas) nov(embros).

INSCRIPTION n° 109. — Trouvée en 1806, au cimetière de Saint-Calépode.

(V)i(b)ius Restutus.

Au-dessous, une barque.

Restutus est pour *Restitutus*, nom qui se rencontre fréquemment, sous l'une et l'autre forme, dans les inscriptions, et surtout dans les inscriptions chrétiennes. Voy. M. Edm. Leblant, *Inscr. chrét. de la Gaule*, Dissert 12, p. 36.

INSCRIPTION n° 110. —

In hac a)eterna domo requiescit Flo)rentina, innoces na-
o)ata q)uae vix(it) anno uno, m(ensibus) x,
dep(osita est)....] kal(endas) aug(ustas) in pace.

Voyez pour les mots *aeterna domo*, la note sur l'inscription n° 13 de la pl. VIII.

INSCRIPTION n° 111. —

Renato (?) ann(orum) xi.
Renato (?) Cosmo, vicar(io).

Les mots *Renate* et *Renato* sont exprimés par des monogrammes.

INSCRIPTION n° 112. —

Verecundae, pudicae totiusque integritatis feminae, Aureliae Geminiae, conjugi dulcissimae, Felix diak(onus).

INSCRIPTION n° 113. —

Candidus se [v]i[v]um locum sibi emit.

A gauche, un monogramme, dans une couronne attachée avec des bandelettes.

INSCRIPTION n° 114. —

Susanna, vivas in Deo!

INSCRIPTION n° 115. — Cimetière de Saint-Marcellin et de Saint-Pierre. Vettori, *Dissert. glyptograph.* p. 114.

Refrigera, Deus, anima(m) Bon[ulli (?)

INSCRIPTION n° 116. —

Fl(avius) Ursicinus, cives Pannonius, militans in officio magistri, vixit an(nis) xxi, decessit m kal(endas) no[v](embros).

Cives (pour *civis*) *Pannonius*, né en Pannonie; voy. pl. XXXII, n° 82.

Militans in officio magistri, servant dans l'office, c'est-à-dire parmi les officiers du maître des offices. Il ne peut, en effet, être ici question que du *magister officiorum*, ce haut dignitaire étant le seul, parmi ceux qui portaient le titre de *magister*, qui soit quelquefois désigné par ce seul titre pris absolument; voy. Cassiodore, cité par Bœcking, *ad Notit. imp. occid.*, p. 302.

Nous croyons devoir rapporter ici une autre inscription, qui a été découverte en 1854, dans le cimetière de Saint-Prétextat, et dans laquelle se trouve mentionné un officier du même ordre que Flavius Ursicinus. Cette inscription, avec le corps du saint dont elle nous fait connaître le nom, et le vase de sang qui l'accompagnait, est aujourd'hui déposée dans l'église des frères de l'instruction chrétienne à Ploërmel; elle est ainsi conçue :

Felicissimus, qui vixit ann(os) p(lus) m(inus) lxx, cum compare fecit ann(os) xxvii, militavit ann(os) xxxvi in offi(icio) vicari? inlibatus.

Ce monument ayant été trouvé à Rome, le vicaire qui y est mentionné, et dont le titre n'est accompagné d'aucun déterminatif, est nécessairement le vicaire de Rome, *vicarius Urbis Romae*; voy. Bœcking, *ad Notit. imp. occid.*, p. 427, sqq. C'est dans l'office, c'est-à-dire parmi les officiers de ce haut fonctionnaire, que Felicissimus avait servi.

INSCRIPTION n° 117. — Cimetière de Sainte-Priscille; vase de sang. Marini, *Papiri diplomatici*, p. 244 b. Cardinali, *Diplomi imperiali*, p. 189, 345.

Juste, nomen tu(u)m in agapo!

A droite, une colombe tenant dans son bec un rameau d'olivier.

PLANCHE XXXVII

Inscription n° 118. — Marchi, *Monum. delle arti crist. primit.*, p. 150.

Dracontius Pelagius et Julia et Filia Antonina pararerunt sibi locu(m) at Ippolitu(m), super arcosoliu(m), propter una(m) filia(m).

A droite de la deuxième ligne, un monogramme.

At Ippolitu pour *ad Hippolytum*. Il y a peu de permutations de lettres aussi fréquentes, dans les inscriptions, que celles du D et du T; voy. Lupi, *Epitaph. Severæ mart.*, p. 118, et Marini, *Iscriz. Albane*, p. 109.

Le P. Marchi lit *Etelia* en un seul mot; suivant lui cette inscription nous apprend qu'un mari, *Dracontius Pelagius*, et sa femme, *Julia Etelia Antonina*, ont préparé, pour eux et pour leur fille un tombeau, *locu(m)*, au-dessus de l'*arcosolium* qui contenait les reliques de saint Hippolyte. J'aimerais mieux traduire *propter unam filiam*, par « auprès d'une de leurs filles, » ou « auprès de leur fille unique. »

Inscription n° 119. —

Aurelius et Peregrina parentes filio Montano, qui vixit annis au, m(ensibus) vu, d(iebus) xxi, exivit in pacis vu kal(endas) Iulias.

Inscription n° 120. —

Dans un cartouche placé verticalement devant une figure de femme, peut-être une Victoire, qui tient de la main droite une couronne, et de la gauche une palme,

[I]nocentina, dulcis f(ilia).

La lettre I, initiale du premier mot, aura probablement été absorbée, en même temps que la barre verticale de la lettre D du mot *dulcis*, dans le côté supérieur du cartouche.

Inscription n° 121. — Bosio, p. 433. Aringhi, t. II, p. 168. Reines, p. 902, 21. Fleetwood, *Sylloge*, p. 350, 1. Reland., *Fast. cons.*, p. 361.

Mira industriae adque honitatis, cert(a) innocentia preditus. Fl(avio) Aur(elio) Lonat, neofito, qui vixit ann(os) v, m(enses) vu, dies xi. Requev(it) vi non(as) [J]ulias, Filippo et Salia cons(ulibus), Leo plissim(us).

Le consulat de Philippe et de Salia correspond à l'an 348 de notre ère.

Inscription n° 122. —

Tullie Augurili, cojugi b(e)n(e) m(erenti), qui vixit annis xvu [*et* m]enses vi.

Inscription n° 123. —

Justae, conjugi sanctissimae et dignissimae, Felicissimus maritus.

A droite et à gauche de l'inscription, on remarque deux petites cuvettes circulaires, et dans chacune de ces cuvettes, cinq trous qui percent la pierre de part en part. Ces cuvettes, qui n'ont pu être creusées que pour recevoir des libations, prouvent que cette pierre avait fait partie d'un tombeau païen, avant de recevoir cette inscription.

Inscription n° 124. — Osann, *Sylloge*, p. 441, 119.

Ζωτικέ, ζήσαις ἐν Κυρίῳ, θάρρι.

Zotice, vives in Domino, confide.

Θάρρι est pour θάρρει, et ζήσαις pour ζήσοις, comme dans l'acclamation si connue des verres chrétiens, πίε ζήσαις.

PLANCHE XXXVIII.

Inscription n° 125. —

Gregor]ius Gregoriae fili[ae bene merenti, q[uae v(ixit) a(nnos)].....
m(enses) vu, d(ies) vu, dep(osita est) ii...... in pace.

Au milieu de l'inscription, une orante entre deux roues, peut-être, deux monogrammes dans des couronnes.

Figure n° 126. — Une barque voguant à pleines voiles.

Inscription n° 127. — Lupi, *Epitaph. Severæ mart.*, p. 191. Murat., p. 1885, 2. Osann., *Sylloge*, p. 442, 128.

Ἑρμείσκι φῶς, ζῆς ἐν Θεῷ κυρείῳ Χριστῷ, ἀννωρουμ X, μνημορουμ septe(m).

Hermisce lux, vivis in Domino Deo Christo, annorum x, mensorum septem.

Ἑρμείσκι, κυρείῳ, Χριστῷ sont des iotacismes pour Ἑρμείσκε, κυρίῳ, Χριστῷ. Nous retrouverons, dans l'épitaphe de sainte Sévère, pl. lxx, n° 4, les mots ἀννωρουμ, μνημορουμ, écrits à peu près de la même manière.

Φῶς, *lux*, était un terme de tendresse assez usité; on en trouve des exemples dans d'autres inscriptions : TO ΦΩΣ ΤΗΣ ΟΙΚΙΑΣ, *Corp., inscr. gr.*, t. III, p. 875, 6184; ΦΩΣ ΤΟ ΓΛΥΚΥ, Fabretti, *Inscr. ant.*, p. 741, 506.

Inscription n° 128. — Oderic., *Sylloge*, p. 32. Fea, *Frammenti di Fasti*, p. xciii, n° xxi.

Perpetuo bene merenti in pac(e], qui vixit annos pl(us) m(inus) xte, me(nses. ... Depositus (est) idus aprilis, defu(nctus (est) nejustitus, perit in dies v, pos(t) consulatu(m) Victor[is et] Valentiniani nobil[issimi pueri.

Au-dessus, un monogramme, entre l'α et l'ω; à gauche, une feuille.

Au commencement de la troisième ligne, le graveur avait mis une M après les lettres DE; s'étant aperçu de son erreur, il a cherché à la réparer en faisant un P du premier jambage de cette lettre, dont il a ensuite oublié d'effacer le reste.

Une inscription publiée par Fabretti, *Inscr. ant.*, p. 419, 380, est datée ainsi qu'il suit :

XIII KAL·SEPT·VALENTINIANO·N·P·ET VICTORI CONS·

Notre inscription prouve que la lettre N, qui dans cette date se lit après le mot VALENTINIANO, est l'initiale de l'adjectif *nobilissimo* ; et cette date, à son tour, prouve qu'il faut, dans notre inscription, suppléer après l'adjectif *nobilissimi*, le mot *pueri*. Il s'agit en effet, dans ces deux documents, de Valentinien, fils de l'empereur Valens, qui fut consul avec Victor, en 369, quoiqu'il ne fût alors âgé que de trois ans. Les consuls de l'an 370 furent les empereurs Valentinien et Valens. Mais Valentinien se trouvait alors sur les bords du Rhin, et il y eut à Rome, au commencement de cette année, quelques troubles occasionnés par la cruauté du vicaire Maximin, qui, sous prétexte de rechercher et de punir le crime de magie, fit périr dans les supplices un grand nombre de personnes ; voy. Tillemont, *Hist. des emper.*, t. V, p. 55 et 689. Il n'y a donc pas lieu de s'étonner que certaines personnes y aient ignoré pendant quelque temps les noms des consuls de l'année, et daté par ceux de l'année précédente. Peut-être *Perpetuus*, auquel cette inscription est consacrée, et qui mourut après cinq jours de souffrances, *perit in dies quinque*, fut-il une des victimes de Maximin.

INSCRIPTION n° 129. — Cimetière de Saint-Thrason et de Saint-Saturnin. Marangoni, *Acta s. Victorin.*, p. 82. Murat., p. 2031, 2.

F]l(avio) Castino, singulari off(icii) p(raefecti) p(raetorio), q[ui, vix(it) an(nos) p(lus) m(inus) xxx. Collegas kar(issimo) posuerunt.

Marangoni, qui a vu cette inscription encore en place dans les Catacombes, a distingué au commencement de la première ligne, une F, qui a été enlevée depuis, par une cassure de la pierre, ou que l'estampage n'a pas rendue.

Les préfets du prétoire, et la plupart des hauts dignitaires de l'empire avaient à leur disposition un certain nombre de soldats, qui leur servaient en quelque sorte d'*ordonnances*, et que l'on appelait *singulares*. C'est parmi ces soldats que servait *Flavius Castinus*.

INSCRIPTION n° 130 — Marini, *Inscr. christ.*, p. 174, 4.
Sur un fragment de corniche :

Corporis et cordis maculas vitale [lavacrum
Purgat et omne simul abluit und[a scelus.

C'est évidemment l'inscription d'un baptistère.

PROVENANCES DIVERSES.

PLANCHE XXXIX.

INSCRIPTION n° 130 *bis*. — Couvent des Camaldules. Odéric., *Sylloge*, p. 346.

..... ano, puero bene merenti..... qui visit annis pl(us) mi(nus) vm, m(ensibus) v.

Au-dessus, un monogramme et un poisson.

INSCRIPTION n° 130 *ter*. — Ostie.

Juliae Antoniae. Pontius Musoris cojugi santissime, quae fuit in seculo ann(is) x... d[ep(osita est)] vi id(us) mai(as).
Tertulla innox, que visit anis vna, m(ensibus) vu, d(iebus) vu, hic dormit in pace Christi.

Le mot *Christi* est exprimé par le monogramme.

INSCRIPTION n° 130 *quater*. — Basilique de Sainte-Agnès.

Ἀκιλία, χαῖρε, σεμνοτάτη.
Acilia, vale, praestantissima.

INSCRIPTION n° 131. — Basilique de Sainte-Agnès. Marangoni, *Acta s. Victorini*, p. 138 ; *Cose gentil.*, p. 405 ; *Thesaur. paroch.*, p. 42. Murat., p. 1823, 4 ; *Antiq. Ital.*, t. V, p. 29. Bouada, *Carmina ant.*, t. II, 511.

Fam]a refert sanctos dudum retulisse parentes
Ag]nen, cum lugubres cantus tuba concrepuisset,
N]utricis gremium subito liquisse puellam,
Sponte trucis calcasse minas rabiemq(ue) tyranni,
Urere cum flammis voluisset nobile corpus,
Virib(us) immensum parvis superasse timorem,
Nudaque profusum crinem per membra dedisse,
Ne Domini templum facies peritura videret.
O veneranda mihi, sanctum decus, alma pudoris,
Ut Damasi precib(us) faveas precor, inclyta martyr.

C'est l'épitaphe de sainte Agnès, composée par le pape saint Damase. La table de marbre sur laquelle elle est gravée, après avoir été longtemps perdue, a été retrouvée en 1728, par Marangoni, au moment où des ouvriers, qui venaient de la retirer du pavé de la basilique, allaient la tailler en dalles de plus petites dimensions. Saint Damase avait composé beaucoup d'autres inscriptions, dont le texte a été publié d'après les manuscrits ; il en est peu qui, comme celle-ci, soient parvenues jusqu'à nous, pour ainsi dire, en original.

INSCRIPTION n° 131 *bis*. — Ostie.

Anicius Auchenius Bassus, v(ir) c(larissimus), et Turrenia Honorata, c(larissima) f(emina) ejus, cum filiis, Deo sanctisque devoti.

A droite, un monogramme en forme de croix.

Une inscription trouvée à Rome, et publiée par un grand nombre d'auteurs, notamment par Gudius, p. 114, 1, nous apprend qu'*Anicius Auchenius Bassus* fut successivement préteur *tutelaris*, c'est-à-dire, chargé de juger les affaires de tutèle, proconsul de Campanie et préfet de Rome. Comme il ne prend dans celle-ci, que le titre de *vir clarissimus*, il est probable qu'il n'avait encore obtenu, lorsqu'elle a été gravée, que le premier de ces honneurs. Il fut consul avec Flavius Philippus, en 408 de notre ère (voy. Borghesi, *Annal. dell' istituto di corresp. arch.*, 1853, p. 194), et une des inscriptions de ce recueil (pl. LV, n° 4) est datée de son consulat. Contemporain et ami de Symmaque, il est mentionné plusieurs fois dans les lettres de cet écrivain, qui parle de lui comme d'un homme de mérite (Lib. x, *Ep.* 33, 39, 47). L'inscription

que je viens de citer était gravée sur le piédestal d'une statue
qui lui avait été élevée à Rome. On lui en avait élevé deux
à Bénévent (Mommsen, *Inscr. R. Neap.*, n° 1418 et n° 1419)
une à Préneste (Orelli, *Inscr. select.*, n° 105), et une à
Gortyne, dans l'île de Crète (*Corp. inscr. gr.*, n° 2597; cf.
Mazochi, *in mutilum Campani amphit. titul.*, p. 38). Les inscriptions de ces différentes statues sont parvenues jusqu'à nous,
et nous en possédons une autre, qu'il avait lui-même fait
graver sur un monument réparé par ses soins, pendant qu'il
était préfet de Rome. (Murat., p. 464, 7.) Aucun de ces monuments ne pouvait faire soupçonner qu'il était chrétien;
celui-ci nous l'apprend, et c'est là un fait considérable pour
l'histoire des premiers temps du christianisme; la famille d'Anicius étant une des plus illustres et des plus anciennes de
l'aristocratie romaine de cette époque.

Du reste, cette inscription n'est pas, comme la plupart de
celles qui composent ce recueil, une épitaphe; elle a été gravée
pour perpétuer la mémoire d'une fondation pieuse faite par
Anicius Bassus, sa femme et ses enfants.

INSCRIPTION n° 131 *ter*. — Ostie.

Caelius hic dormit et Deeria, quando Deus [v]oluerit.

Quando Deus voluerit est une expression touchante de résigna-
tion aux décrets de la Providence; je n'en connais pas d'autre
exemple dans les inscriptions. Boldetti cite, p. 785, une expression analogue, *sicut voluit Deus*; mais les sigles, qu'il interprète
ainsi, dans l'inscription à laquelle il renvoie, pourraient peut-
être s'expliquer d'une autre manière.

INSCRIPTION n° 131 *quater*. — Couvent des Camaldules.

Severa, in pace, que vixit an(nos) un, mesis vint.

A droite, un monogramme et une croix réunis

GALERIE DU VATICAN

PLANCHE XL

INSCRIPTION n° 132. —
Devant de sarcophage orné de bas-reliefs symboliques. Au
milieu est l'inscription :

Jun(iae) Juliae Julianeti, conjugi dulcissime, Melibius, vn klus mai(a)s.

A droite est un troupeau de moutons, et dans un compartiment séparé, *Juliane* dans l'attitude d'une orante; son nom
est gravé au-dessus de sa tête.

A gauche, Jonas jeté à la mer et englouti par le monstre;
au-dessus, Noé dans l'arche, prêt à recevoir la colombe qui
revient avec un rameau d'olivier; et enfin, dans un compartiment séparé, le bon pasteur portant sur ses épaules la brebis
égarée.

PROVENANCES DIVERSES

PLANCHE XLI

INSCRIPTION n° 1. — Dépôt du Vatican.

Victor posuit cojugi bene merenti, quæ vixit annis plus minus lxx.

A gauche, un monogramme, et une colombe portant un
rameau d'olivier.

INSCRIPTION n° 2. — Dépôt du Vatican.

Aristobolus dormit in pace, qui vixit ann(is) u, m(ensibus) v, d(iebus) xx,
decessit xn kal(endas) sep(tembres).

Tous les E sont rétrogrades.

INSCRIPTION n° 3. — Dépôt du Vatican.

Fortunata, vives in Deo.

INSCRIPTION n° 4. — Dépôt du Vatican.

. . . . vixit anis . . . .

Au-dessous, un vase, et à droite, un lièvre courant vers la
gauche.

INSCRIPTION n° 5. — Dépôt du Vatican.

Constantiae, puellae bene merenti, in [pace], quae vixit ann(is) xu, m(ensibus)
vn, dieb(us) vi, Co[nstantius] pater fecit. Dep(osita est) un idus octob(res)
Jovi[ano et Varroni]ano cons(ulibus).

A gauche, une palme et un monogramme.
364 de notre ère, comme l'inscription n° 33 de la pl. xxi.

INSCRIPTION n° 6. — Dépôt du Vatican.

Discere si mo[num volue]ris meritum,
hunc Petrus . . . . verum secum et
somnio prae . . . , ... x vix mensib(us) a
natali Vene . . . . iso sacrato
laetitiae popu[lo . . . . . eo]ruedere jussit.
       vixit [annis . . . .] m(ensibus) xi, d(iebus) vi.

FIGURE n° 7. — Dépôt du Vatican. Un poisson au-dessus
d'un ornement formé de palmettes.

INSCRIPTION n° 8. — Dépôt du Vatican. Trouvée au cimetière de Saint-Hermès, avec un vase de sang. Marchi,
Monum. delle arti crist. primitiv., p. 123.

Aelio Fabio Restuto, filio piissimo, parintes fecerunt, qui vixit annis xvu,
mens(ibus) vn, in irene.

On trouve dans ce recueil de nombreux exemples de mots
latins écrits avec des lettres grecques; cette inscription nous
présente, au contraire, un mot grec écrit avec des lettres
latines, *irene*, pour εἰρήνη, *pace*.

INSCRIPTION n° 9. — Anagni.

Fl(avius) Lupercus, qui vixit annus vn, depositus (est) vu kal(endas)
dec(embres) in pace.

42

INSCRIPTION n° 10. — Dépôt du Vatican.

Une barque voguant vers un phare; à droite le commencement ou la fin d'une inscription,

..... dior|um

pour *dierum*, comme dans l'inscription n° 4 de la pl. LXX.

INSCRIPTION n° 11. — Musée de Beauvais.

Dans quelques exemplaires, on a, par erreur, reproduit ici l'inscription n° 14 de la pl. XV. Dans d'autres exemplaires, provenant d'un second tirage, cette inscription a été remplacée par la suivante, dont l'original fait aujourd'hui partie du musée de la Société Archéologique de Beauvais.

✳
```
VIXIT SECVNDI
HVS·ANN·XXX·ET·
DEF·DIE·VI·KAL
APRI·DDNN·VALE
NTINIANO ET VA
LENTE AVGGTER
CONS
```

Vixit Secundinus ann(os) xxx, et def(unctus est) die vi kal(endas) apri(les), d(ominis) n(ostris) Valentiniano et Valente Aug(ustis) ter cons(ulibus).

370 de notre ère, comme l'inscription n° 17 de la pl. XVI.

INSCRIPTION n° 12. — Dépôt du Vatican.

Pr]ofuturo, bono [m]emoriae, in pace, [Gr]aticus frater fecit.

INSCRIPTION n° 13. — Anagni. Trouvée au cimetière de Saint-Calixte ou de Saint-Prétextat; vase de sang. Boldetti, p. 365. Marini, *Inser. christ.*, p. 423, 2.

Bonifatia, que vixit anis vi, m(ensibus) vi, in pac(e).

Il ne reste plus que la partie supérieure des lettres PAC, du mot *pace*.

Au centre de l'inscription, dans un cartouche, un buste grossièrement dessiné.

INSCRIPTION n° 14. — Anagni. Trouvée au cimetière de Saint-Thrason et de Saint-Saturnin. Marangoni, *Act. s. Victorin.*, p. 88, Murat., 1822, 2.

Afusia Cecilia Diaboni, conjugi karissimo, incomparabili, Licinia Victoria conjex fecit, cum quan vixit annis xxxv, qui dormit in pace.

L'inscription suivante, qui a été trouvée dans le même cimetière, Marangoni, *Ibid.*, p. 85; Murat., p. 1964, 2, est probablement relative aux mêmes personnages.

```
ZABON·ET·VICTORIA·SE VIVIS
SIBI·ET·FELICISSIMO·FILIO
FECERVNT ☙ IN PACE
```
Zabon et Victoria, se vivis sibi et Felicissimo filio fecerunt, in pace.

Zabon est le même nom que *Diabon*. On a également *Zonisus*, pour *Dionysus*, pl. V, n° 1, et *Zaristus* pour *Diaristus*, pl. LVIII, n° 5.

INSCRIPTION n° 15. — Anagni. Trouvée au cimetière de Saint-Prétextat. Marangoni, *Act. s. Victorin.*, p. 106. Murat., p. 1941, 3.

Secundinus Paulae con[jugi suae], rari exxempli femine, q[ue sine onc]ini lesione vixit per an[nos....], in conju[gio]gio viri fuit mensibus x [..... deposita est....] idus martias, in pace......propter] matrem sua[m.

A gauche, un vase.

INSCRIPTION n° 16. — Dépôt au Vatican. Trouvée au cimetière de Sainte-Cyriaque. Boldetti, p. 368 et 494.

Surus in p(ace), vixit ann(is) vi.

Au-dessus, une souche de palmier d'où s'élancent deux palmes; voy. pl. II, n° 34; à gauche, une palme.

PLANCHE XLII

INSCRIPTION n° 1. — Crypte de la basilique de Sainte-Praxède. Georgi, *de Monogramm. Christi*, p. 33. Jac. Bos., *Crux triumphans*, t. VI, p. 710. Bimard. *Inscr. d'Apt.*, dans les *Mém. de l'Acad. des Inser.*, t. XV, p. 454.

Dulcis et innocens hic dormit Severianus in somnio pacis, qui vixit annos p(lus) m(inus) x, cujus spiritus in luce Domini susceptus est die vix k(a)l(endas) mart(ias), d(ominis) n(ostris) Flavio Caesario et Nonio Attico, v(iris) c(larissimis) c(onsulibus), quem locum emit Viricunda uxxor Pascasio ep(is)c(opo).

Dans l'inscription, deux monogrammes, après le mot *Severianus*, et avant le mot *die*; en dessous, un autre monogramme dans une couronne, et une colombe portant un rameau d'olivier.

Le consulat mentionné correspond à l'an 397 de notre ère.

INSCRIPTION n° 2. — Cloître du couvent des Camaldules. Oderic., *Sylloge*, p. 348.

[V]italiano, signo Cepula, bene merenti in pace, fecerunt parentes.

A gauche, une palme.

Signo Cepula, surnommé *Cepula*, pour *Caepula*, « ciboule ».

INSCRIPTION n° 3. — Église de Mugnano. Trouvée en 1802, au cimetière de Sainte-Priscille, avec un vase de sang.

Cette inscription est peinte en rouge sur trois tuiles ou tablettes de terre cuite. Évidemment, elle avait été tracée avant la fermeture de la tombe, et ces tablettes ont été déplacées par la personne qui fut chargée de cette opération, soit qu'elle ne sût pas lire, ou ce qui est plus probable, qu'elle fût forcée d'opérer avec une hâte extrême, circonstance qui devait souvent se présenter dans l'ensevelissement des martyrs. Quoi qu'il en soit, il faut, pour interpréter ce monument, reporter la première tablette, celle qui contient le mot LVMENA, à la suite des deux autres, et lire ainsi l'inscription

Filumena, pax tecum!

Au commencement de l'inscription, une palme; en dessous, deux ancres; entre les mots, des flèches et une torche.

La formule *Pax tecum* est rare dans les inscriptions des Catacombes; je n'en connais qu'un autre exemple, dans une inscription publiée par le P. Lupi, *Epitaph. Severæ mart.*, p. 173.

INSCRIPTION n° 4. — Cloître du couvent des Camaldules. Oderic., *Sylloge*, p. 341.

Antonius Discolius, filius, et [V]ibius Fellicissimus, alumnus, Valeriæ Crescenti, matri, [v]iduæ anorum xviiii, inter santos.

Viduæ anorum xviiii, qui a été veuve pendant dix-neuf ans.

INSCRIPTION n° 5. — Église de Sainte-Pudentienne. Bianchini, *Demonstr. hist. eccles.*, t. I, p. 3, 481, et *in Anastas.*, t. II, p. 12. Murat., p. 1854, 7.

Corn(elius) Pudentianeti bene m(erenti), q(uae) vixit an(nis) xxvu, d(ie) 1, Val(erius) Petronias mat(ri) dulc(issimae) in pace.

Au-dessous un buste, dont la tête paraît entourée d'un voile.

INSCRIPTION n° 6. — Crypte de l'église de Sainte-Martine. Trouvée au cimetière de Sainte-Agnès. Aringhi, t. 1, p. 602. Reines. p. 955, 249. Fleetwood, *Sylloge*, p. 351, 3. Boriado, *Carmin. ant.*, t. II, p. 509. Maraugoni, *Memor. dell' anfit. Flav.*, p. 18 et 74. Mamachi, *Orig. christ.*, t. I, p. 415. Bellori, *Frag. vestig. vet. Rom.*, p. 77. Bianchini, *Demonstr. hist. eccles.*, tab. 1, sec. 1, n. 54, et t. 1, p. 2, 418. Zaccar. *Ist. lett. d'Ital.*, t. V, p. 487. Venuti, *Deser. di Rom.*, t. 1, p. 15. Murat., p. 1878, 4. Orelli, *Inser. select.*, 4955. Marini. *Inser. christ.*, p. 380, 8.

Sic premia servas, Vespasiane dire !
Civitas ubi glorie tue autori ?
Premiatus es morte, Gaudenti, leture :
Promisit iste, dat Kristus omnia tibi,
Qui alium paravit theatru(m) in celo.

Cette inscription passe pour être l'épitaphe de l'architecte du Colisée, auquel Vespasien aurait promis le droit de cité, comme récompense de son talent, et qui, après avoir construit ce magnifique édifice, aurait été mis à mort comme chrétien, par ordre de ce prince. Mais, outre que le style et l'orthographe de ce document annoncent une époque de beaucoup postérieure au règne de Vespasien, la forme des lettres, notamment celle des i, qui sont tous surmontés de points, appartient au moyen âge. On peut dire, il est vrai, que cette inscription a été composée alors, pour remplacer une inscription plus ancienne; mais, si l'architecte du Colisée n'était pas citoyen romain, il devait être grec, et, par conséquent, au lieu de s'appeler *Gaudentius*, nom d'origine latine, et qui annonce lui-même une époque assez basse, il devrait porter un nom grec.

Sur le côté opposé de la pierre, on lit une inscription païenne, ainsi conçue :

AVRELIA ⚓ AVGVRINA ⚓ HIC EST.

MUSÉE KIRCHER

PLANCHE XLIII

INSCRIPTION n° 1. — Cimetière de Saint-Hermès. Lupi, *Epitaph. Severæ martyris*, p. 137, tab. XVIII. Muratori, p. 1896, 1. Oderic., *Sylloge*, p. 265. Brunati, *Musei Kirch. inser.*, p. 112, 257. Galeotti, *Ficoronii gemma*, p. 121.

Kalemere, Deus refrigeret spiritum tuum, una cum sororis tuae Hilare.

Au milieu, le bon pasteur portant sur ses épaules la brebis égarée; à ses côtés, deux brebis qui tournent vers lui la tête; à sa gauche un arbre, sur lequel est posé un oiseau. De chaque côté de l'inscription, une feuille.

PLANCHE XLIV

INSCRIPTION n° 2. — Cimetière du Vatican. Voy. Marchi, *Monum. delle arti crist. primitiv.*, p. 70, et de Rossi, *de christianis monumentis* ΙΧΘΥΝ *exhibentibus*, in *Spicil. Solesm.*, t. III, p. 573, n° 9.

Les sigles D. M., séparés par une couronne; au-dessous, les mots ἰχθὺς ζώντων; au dessous encore, une ancre entre deux poissons, et enfin cette inscription :

Liciniae Amiati, matri bene merenti. Vixit......

INSCRIPTION n° 3. — Cimetière de Sainte-Agnès. Marchi, *Monum. delle arti christ. primitiv.*, p. 104. Wiseman, *Fabiola*, p. 203 de la traduction franc.

Διονύσιος, νήπιος ἄκακος, ἐνθάδε κεῖτε μετὰ τῶν ἁγίων.
Μνήσκεσθε δὲ καὶ ἡμῶν ἐν ταῖς ἁγίαις ὑμῶν προσευχαῖς,
καὶ τοῦ γλύψαντες καὶ γράψαντος.

Dionysius, infans innox, hic jacet cum sanctis. Mementote autem nostrum in sanctis precibus vestris, et ejus qui incidit, et ejus qui scripsit.

Au-dessous, une ancre, une colombe posée sur un rameau d'olivier, et deux feuilles.

PLANCHE XLV

INSCRIPTION n° 4. —

Laurentius in pace, qui vixit ann(is) III, d(iebus) xxv, depositus (est) xII kal(endas) octob(res), cons(ulatu) Arcadii et Honorii Aug(ustorum) v.

402 de notre ère, comme l'inscription F de la pl. III.

INSCRIPTION n° 5. —

Πρόκλη ὑρεπτή.
Procle alumna.

Inscription n° 6. — Murat., p. 1928, 6. D'Agincourt, *Hist. de l'art*, sculpture, t. IV, pl. vii, n° 11. Brunati, *Mus. Kirch. inscr.*, p. 114, 263.

Priscus, qui vixit annis xxxvi, functus v kal(endas) junias. Frater fecit, in pace.

Au-dessus un orant, entre une colombe et un monogramme; au-dessous du monogramme, une tête d'homme, vue de profil.

Inscription n° 7. — Vase de sang. Lupi, *Epitaph. Severæ mart.*, p. 98. Murat., p. 386, 4. Marini, *Inscr. christ.*, p. 438, 9. Brunati, *Mus. Kirch. inscr.*, p. 113, 259. Settele, *Atti dell' accad. Rom. di arch.*, t. II, p. 60.

Bene merenti in pace Libera[e], quæ [v]ixit an(nis) vii, neofita dep(osita est) die iii nonas maias, cons(ulibus) Gratiano III et Equitio.

374 de notre ère, comme l'inscription n° 9 de la pl. vii.

Inscription n° 8. — Lupi, *Epitaph. Severæ mart.*, p. 102.

Μεγίσ[φ.....

Au-dessous, une palme.

Inscription n° 9. — Brunati, *Mus. Kirch. inscr.*, p. 115, 264.

Hic depositus est Romylus die mercur(ii), x kal(endas) decembr(es), qui vix(it) a[nnos.....

A la fin de la première ligne, une palme; à la fin de la troisième, peut-être un monogramme dans une couronne.

PLANCHE XLVI

Inscription n° 10. —

C(aio) Vi[b]io Alexandro, [e]t Atisia Pompeie. Refrigeretis!

Inscription n° 11. —

Λονγεῖνος Εὐπρόσδεκτος ἐγγόνῳ γλυκυτάτῳ.
Longinus Euprosdectus nepoti dulcissimo.

Inscription n° 12. — Maffei, *Mus. Veron.*, p. 261, 8. Brunati, *Mus. Kirch. inscr.*, p. 111, 254.

Depositus Hermel[i]us, qui [v]ixe plus minus annus [xi].

Bise pour *vixit*.

Inscription n° 12 bis. —

Monument presque indéchiffrable, sur lequel je lis seulement, à la première ligne VALENTINIA, le V étant renversé; à la troisième FAL OCTOBRIS DIE BENER, et à la fin de la quatrième, VALENTINI, aussi avec un V renversé.

Inscription n° 13. —

D(iis) M(anibus).
Erotis alumno dulcissimo et panumoso, gymnico. Valentinos, filios meos.
Vixit annos xvi, defunctus est idibus juniis, die Saturni, ora nona.

A gauche de la dernière ligne, une couronne; à droite, une palme.

L'adjectif *panumusus*, πάμμουσος, manque aux dictionnaires; on n'y trouve pas non plus le mot *gymnicus*, du moins dans le sens qu'il a sur ce monument.

Inscription n° 14. —

D(iis) M(anibus), (memoria) b(ona).
Aur(elio) Diogenie, quo [v]ixit annis lxx, m(ensibus) iii, d(iebus) v.
Filius matri (mer)en(ti) fecit; in p(ace).

Pour les sigles D. M., dans cette inscription et dans la précédente, voyez la note sur l'inscription n° 11 de la pl. vii.

PLANCHE XLVII

Inscription n° 15. — Brunati, *Mus. Kirch. inscr.*, p. 116, 268.

Victora, [v]irgo Dei, qui vixit an(n)is xxvii in pace, in idus febr(uarius).

A gauche, un monogramme dont le P est tourné à droite, comme celui que nous avons signalé pl. x, n° 25; et une colombe posée sur une branche d'arbre.

Virgo Dei, vierge consacrée à Dieu, comme *Vidua Dei*, pl. xxxv, n° 101.

Inscription n° 16. —

Ireneus.

A gauche, un pain; à droite un oiseau; en-dessous, un lièvre courant vers la gauche.

Inscription n° 17. —

Felicissima dulcis.

Au-dessous un gril (?) et une palme.

Figure n° 18. — Cinq pains et deux poissons.

Figure n° 19. — Un niveau, une règle, deux colombes et une équerre.

PLANCHE XLVIII

Figure n° 20. — D'Agincourt, *Hist. de l'art*, sculpture, t. IV, pl. vii, n° 10.

Le bon pasteur entre deux brebis, deux arbres, et deux colombes.

Inscription n° 21. ——

Dalmatio, filio dulcissimo, totius ingeniositatis ac sapientiae puero, quem plenis septem annis perfrui patri infelici non licuit, qui, studens litteras graecas, non monstratas sibi latinas adelpuit, et in triduo ereptus est rebus humanis, ni id(us) fe(b)(ruarias), natus VIII kal(endas) apr(iles). Dalmatius pater fec(it).

A la fin de la troisième ligne, une colombe à moitié effacée.

PLANCHE XLIX

Inscription n° 22. — Marchi, *Monum. delle arti crist. primit.*, p. 114.

Ego Secunda feci cupella(m) bonae memorie filiam meam Secundinem, que recessit in fidem, cum fratrem su(u)m Laurentium. In pace recesserund.

Au-dessus, un monogramme.

Cupella, diminutif de *cupa*, et, suivant le P. Marchi, synonyme de *locus* ou *loculus*. On ne connaît aucun autre exemple de ce mot; mais on en a plusieurs du mot *cupa* employé dans le sens de sarcophage; voy. Gruter, p. 845, 1; Doni, *Inscr.*, cl. xi, n° 6.

Inscription n° 23. — Murat., p. 1898, 7. Brunati, *Mus. Kirch. inscr.*, p. 115, 265.

Laurentic bene merenti, in pace, qua vixit annus xvii, deposita (est) vi kal(endas) octobreis.

Au-dessous, une colombe tenant un rameau d'olivier; au milieu de l'inscription, une petite cuvette percée d'un trou, comme celles que nous avons signalées dans l'inscription n° 123 de la pl. xxxvii.

Le mot *Laurentie*, qui est exprimé par un sigle, est placé entre deux monogrammes du Christ; l'inscription entière est entourée d'un cercle.

Inscription n° 24. — Marini, *Papir. diplom.*, p. 301.

L(ocus) Faustini, quem comparavit a Julio mans(i)onario, sub conscientia presbyteri Marciani.

Ce monument, qui, par la forme des caractères, rappelle les belles inscriptions du pape saint Damase; (voy. l'épitaphe de sainte Agnès, pl. xxxix, n° 131), est, suivant Marini, le plus ancien témoignage que l'on ait de l'existence des *mansionarii*, qui, à cette époque reculée, remplissaient dans les églises des fonctions analogues à celles qui furent depuis confiées aux chanoines. Ils étaient ainsi appelés parce qu'ils habitaient près des églises, où ils devaient nuit et jour, chanter les louanges du Seigneur.

PLANCHE L

Inscription n° 25. — Murat., p. 1863, 2.

Ερμης νίψεται in Deo †

A la fin de l'inscription, un monogramme accosté de l'α et de l'ω.

Inscription n° 26. — Cimetière de Sainte-Cyriaque. Boldetti, p. 429.

Domina mea Ursa, uxs(o)r dulcis, qui vixsit cum marito annos xii et dies xxiii, redetpost pridie calendas de(cem)bras. (V)italio posuit.

Le lapicide avait commencé à graver le mot *recessit*, qui se lit en effet dans un grand nombre d'inscriptions chrétiennes; mais sa copie portait probablement le mot *deposita* : il s'en sera aperçu et aura voulu corriger la faute qu'il avait commise, mais sans pouvoir y parvenir. De là cet assemblage de lettres, presque inexplicable, que l'on remarque à la fin de la troisième ligne et au commencement de la quatrième.

Inscription n° 27. —

PICENTINVSETPANTERISIPACE
ΔΟΥΛΙΙΤΙΟΥΥΕΜΕΜCΕΤΕΤΕΚΝΑ

Picentinus et Panteris i(n) pace.
Δοῦλοι, αἰτέου ὑπὲρ ἐμέ· μ(νή)σετε, τέκνα (?).

L'Y qui précède le mot ἐμέ est barré, ce qui en fait le sigle du mot ὑπέρ.

Inscription n° 28. — Cimetière de Saint-Caliste. Boldetti, p. 461. Lupi, *Epitaph. Severæ mart.*, pl. ix, 2, p. 57. Murat., p. 1182, 1 et p. 1896, 7. Brunati, *Mus. Kirch. inscr.*, p. 115, 267.

D(iis) M(anibus) s(acrum).
Laevia Firmina mater Vettiae Simpliciae filiae suae, quae vixit ann(os) xiii, menses vi. Mater filiae incomparabili fecit Simpliciae, quae dormit in pace.

Au-dessous une palme, et plus bas, un cheval dont la tête est ornée d'une sorte de croissant; derrière lui une équerre.

Inscription n° 29. — Cimetière de Saint-Hermès. Marchi, *Monum. delle arti crist. primit.*, p. 198.

Πρῶτος ἐν ἁγίῳ Πνεύματι Θεοῦ ἐνθάδε κεῖται.
Φιρμιλλα ἀδελφὴ μνήμης χάριν.

Protus in sancto spiritu Dei hic jacet. Firmilla soror
memoriae causa.

Cette inscription est gravée sur une tablette d'ardoise.

Inscription n° 30. —

Locus Ino. . . . . *qui vixit*
annos n|umero. . . . . . . dep(ositus est). . . . .
feb(ruarias), post co(n)sulatum. . . . . .

Inscription n° 31. — Cimetière de Saint-Gordien. Boldetti, p. 391. Osann., *Sylloge*, p. 485, 11.

Στεφάνινος εζησεν ετη, ε΄, μῆνας δ΄, ἡμέρας ιϛ΄, ὥρας ι΄ ἄμεμπτα
Stephaninus vixit annos v, menses iii, dies xii, horas x, inlibatus.

INSCRIPTION n° 32. — Brunati, *Mus. Kirch. inscr.*, p. 110, 252.

Dedamia, que vixit annus xiii, defuncta es(t) xiiii k(a)l(endas) dec(em)b(res), defuncta es(t) virgo, quiescet in pace.

PLANCHE LI

INSCRIPTION n° 33. —

[V]erecunda [v]ixit annos duo, meses nn, diis xxv, in pace.

A gauche, un monogramme; à droite, une colombe.

FIGURE n° 34. — Une souche de palmier d'où s'élancent trois palmes; voy. pl. XLI, n° 16.

INSCRIPTION n° 34 *bis*. — Osann, *Sylloge*, p. 486, 12.

Τῷ ἀνατεπαυμένῳ Πρινκιπίῳ ἐν Θεῷ.
Principio quiescenti in Deo.

Il ne manque rien à cette inscription; la lacune que l'on remarque entre ses deux parties avait probablement été laissée pour y placer un *orant*, qu'on n'aura pas en le temps, ou qu'on aura oublié de graver.

INSCRIPTION n° 35. — Cimetière de Saint-Prétextat. Lupi, *Epitaph. Severæ mart.*, p. 105. Murat., p. 1928, 4. Mamachi, *Orig. christ.*, t. III, p. 20. Georg., *de Monogr. Chr.*, p. 59. Brunati, *Mus. Kirch. inscr.*, p. 114, 263. Settele, *Sull' importanza dei monum. che si trovano nei cemeterj*, p. 60 du tirage à part.

Diis Manibus.
Principio filio dulcissimo suo posuit, qui vixit annis vi, dies xxvii, in pace.

PLANCHE LII

INSCRIPTION n° 36. — Osann, *Sylloge*, p. 485, 9.

Εἰρήνῃ, Φορτουνάτι θυγατρὶ γλυκυτάτῃ.
Ireneti, Fortunata filiae dulcissimae.

A droite, une orante (?).

Ireneti est le datif de *Irene*; voyez la note sur l'inscription n° 76 de la pl. XXXI.

FIGURE n° 37. — Un pied.

FIGURE n° 38. — Un semeur et un arbre.

FIGURE n° 39. — Un arpenteur, *agrimensor*.

INSCRIPTION n° 40. — Cimetière de Sainte-Priscille, ou, suivant d'autres, cimetière de Sainte-Lucine. Boldetti, p. 79, 385 et 411. Bianchini, *Hist. eccles. quadrip.*, t. III, p. 489, et pl. I, s. 2, n° 52. Murat., p. 374, 4. Buonarotti, *Vetri ant.*, pref., p. XXV. D. Tassin, *Traité de Diplom.*, t. II, p. 39. Brunati, *Mus. Kirch. inscr.*, p. 111, n° 256.

Innocentia, conjunx issigu[aris], quae cum eum vixit bon[e] annis x, dies duodecim, quae de saeculo exi[v]it istibus aug(ustis), Galliceno cons(ule).

Les suppléments de la première ligne sont empruntés au texte de Buonarroti, qui avait vu cette inscription lorsqu'elle était encore entière.

On trouve quatre fois dans les *Fastes*, le nom de Gallicanus, en 127, en 150, en 317 et en 330. S'il fallait choisir entre ces quatre années la date de cette inscription, j'opterais pour une des deux dernières, à cause du nom d'*Issiguaris*, qui annonce une époque assez basse.

INSCRIPTION n° 41. — Une roue et, au-dessous, un cartouche contenant les initiales des mots :

Ἰησοῦς Χριστός, Θεοῦ υἱός, σωτήρ.
Jesus Christus, Dei filius, salvator.

L'inscription suivante, dont M. Perret n'a pu se procurer l'estampage, et qui, par cette raison, ne figure point dans les planches de cet ouvrage, se trouve également au musée Kircher; elle est assez importante pour mériter d'être reproduite ici :

ALEXANDER
AVGG · SER · FECIT
SE BIVO · MARCO · FILIO
DVLCISIMO · CAPVTA
FRICESI · QVI · DEPVTA
BATVR INTER BESTITO
RES · QVI · VIXIT · AN · NIS
XVIII · MENSIBV · VIIII
DIEBV · V · PETOAROSIS
FRA · TRES · BONI . PER
VNVM · DEVM · NE · QVIS
VII · TITE · LOM........
POST MO.............

Les lettres IT du mot FECIT, à la fin de la deuxième ligne, forment un monogramme.

Alexander, Augustorum duorum ser(vus), fecit, se [v]ivo, Marco, filio dulcissimo, Caputafricesi, qui deputabatur inter [v]estitores, qui vixit annis xviii, mensibu(s) viiii, diebu(s) v. Peto a [v]obis, fratres boni, per unum Deum, ne quis septimum titelo(m) m[olestet] post mo[rtem meam].

Les suppléments m[olestet] et mo[rtem meam] sont du chev. P. E. Visconti, qui a publié cette inscription dans les *Actes de l'Académie romaine d'Archéologie*, t. VI, p. 43, et qui dit en avoir trouvé les éléments sur la pierre.

Le prénom *Marcus*, par lequel est désigné le jeune homme à qui elle est consacrée, et la régularité remarquable de l'orthographe, me feraient croire que les deux Augustes dont il est ici question, sont Marc-Aurèle et son fils Commode.

On sait qu'un quartier de Rome, mentionné par les régionnaires, portait le nom de *caput Africae*; voy. Firmicus, livre III, c. II, n. 9 et c. xiv, n. 3. Il y avait, dans ce quartier, des écoles qui étaient destinées spécialement aux jeunes esclaves de la maison des empereurs; c'est ce que semblent du moins prouver les inscriptions où sont mentionnés des maîtres de ces écoles, et qui nous montrent dans ces maîtres eux-mêmes des esclaves ou des affranchis des empereurs. Voy. Fabretti, *Inscr. ant.*, p. 296, 257; Marini, *Arval.*, p. 425; Lupi, *Epitaph. Sever.*, p. 138; Gruter, p. 585, 6. Notre *Marcus* n'était donc pas né dans ce quartier, comme le suppose M. Visconti; mais il était un des élèves de ces écoles; et c'est peut-être à cause de l'instruction qu'il y avait reçue, qu'on lui avait confié, dans la communauté chrétienne, les fonctions de *vestitor*, ou de *vestiarius*; car l'emploi du verbe *deputabatur* prouve, comme l'a très-bien démontré le savant que je viens de citer, qu'il ne peut être ici question que de fonctions ecclésiastiques.

La prière qui termine cette inscription, et qui contient une si remarquable profession de foi (*per unum Deum*), peut être comparée aux anathèmes prononcés dans la même intention, dans l'inscription de *Bonusa et Menna*, pl. ix, n° 16.

Pour comprendre les mots VII·TITE·LOM, *septimum titulum*, de l'avant-dernière ligne, il faut se rappeler que dans certaines galeries des Catacombes, les *loculi* étaient numérotés, et que quelques-uns mêmes n'avaient pas d'autre inscription que leur numéro; voy. M. Visconti, *ouvrage cité*, p. 51.

Ce monument a été trouvé en 1832, au cimetière de Saint-Hermès. Il a été aussi publié par Brunati, *Musei Kircheriani inscriptiones*, p. 108, et par M. Edm. Le Blant, *Inscriptions chrétiennes de la Gaule*, dissert. 57, p. 120.

CIMETIÈRE DE SAINTE-AGNÈS

PLANCHE LIII

INSCRIPTION n° 1. —

Φιλουμένη, ἐν εἰρήνῃ σοῦ τὸ πνεῦμα.
Philumena, spiritus tuus in pace.

INSCRIPTION n° 2. —

Dulciss(imo) fil(io) [V]ernac(u)lo, in pace.

INSCRIPTION n° 3. —

Furiae Septimi(ae.

Furiae Sep)timiae, inn(o)centi neofite, quae vixit annis duobus, menses v, diebus xxv, deposita (est) v idu(s) jan(uarias), Furius Callistratus et Aur(elia) Justa filiae dulcissime.

A la fin de la dernière ligne, une colombe tenant dans son bec un rameau d'olivier.

INSCRIPTION n° 4. —

..... io, alumne, qua(e) vixit annis xxx.
..... merenti fecit, qua(e) vixit
..... eum] maritum su(u)m vixit dies xxxxn.

INSCRIPTION n° 5. — Marchi, *Monum. delle arti crist. primit.*, p. 90.

Joanes, Lucill[ianu]s et Prochus, nepotes Maximiano, avo [b](e)n(e) m(erenti) in pace, vii kal(endas) ma(ias). Pater, et filia et cognatus ipso mese.

Le V du mot AVO est renversé, et les lettres VN, qui viennent ensuite, sont pour BN, abréviation de *bene*.

Trois petits-fils, Jean, Lucillianus et Prochus ou Proculus, nous apprennent, dans cette inscription, qu'ils ont rendu les derniers devoirs à leur aïeul Maximianus, le vii des kalendes de mai; et l'un d'eux ajoute qu'il a perdu, dans le même mois, son père, sa fille et son cousin. Suivant le P. Marchi, auquel est due la découverte de ce monument, l'inscription n° 8 de la pl. xxxii, du tome Ier, qui a été trouvée au même endroit, serait l'épitaphe des trois personnes dont il s'agit. Cette inscription ayant été fort maltraitée par le temps, je crois devoir la reproduire ici.

```
........PROCLVS·ANN·III·AVGVSTVLE
..APRI·LVCILLIANO·Q·VIX·ANN·XXXV·
..O·ANN·X·FOSSOR·ANN·VIIII·REDDIT·
...I·MAI·VHOMES·TOTITRES·V·NM·IN PACE
```

Enfin, Bosio avait trouvé au même endroit une troisième inscription ainsi conçue (*Roma sott.*, p. 137; cf. Aringhi, t. II, p. 175; Reines., p. 926, 122; Fleetwood, *Sylloge*, p. 443, 1) :

```
MAIO FOSSORI NEPOTES ET BONO NVTRITOR...
PROCLVS QVI VIXIT ANNIS XCGII ET DORMI...
VI IDVS MAIAS IN PACE ET FOSSOR...
CALLIGONVS FOSSOR PATRI........
```

Suivant le P. Marchi, cette inscription serait relative à des personnes de la même famille, et en effet, on y voit figurer un personnage dont le nom se trouve aussi dans la précédente, *Prochus*; et le titre de *fossor*, qui se lit aussi dans celle-ci, y est répété jusqu'à trois fois. Ces trois monuments nous feraient donc connaître toute une famille de fossoyeurs, employée dans le cimetière de Sainte-Agnès, et qui y aurait eu naturellement sa sépulture.

Inscription n° 6. —

> Julia Justina matri benemerenti in pace.

A gauche, une barque.

Inscription n° 7. — Boldetti, p. 391.

> Fortunatus Sabino fratri bene merenti fecit, in pace.

En dessous, un buste d'homme.

PLANCHE LIV

Inscription n° 8. —

> In pace, Gaio bene merenti, cojux cum filiis

Au-dessous, des instruments de fossoyeur.

Inscription n° 9. — Trouvée près de la basilique de Sainte-Agnès.

> Μ(α)καριους θιξε.....
> Δεκεδρια θιξε ανους οκτω(γιν)τα.
>
> Macarius vixit. . . . ,
> Decembria vixit annos octoginta.

Au-dessus, un monogramme et un vase entre deux colombes.

Inscription n° 10. —

> Cassane Vitalioni, alumno benemerenti, qui vixit annos xxi.

A droite et à gauche, des instruments de fossoyeur.

Inscription n° 11. —

> Elpis et Cyriaco fecit.

Au-dessous, une ancre.

Inscription n° 12. —

> Amantio, filio dulcissimo, qui vixit annis duobus et d(iebus) xv, in pace.

Au-dessus, un vase.

Figure n° 13. — Ornement formé de deux chapelets de perles (?), réunis par une ligne transversale.

Inscription n° 14. — Gravée sur la chaux; vase de sang.

> Vixit annis centum.

A gauche, un monogramme.

Inscription n° 15. —

> Septimus Marciane in pace, que (v)ixit mecu(m) annos xvii.
> Dormit in pace.

A droite, une feuille.

GRAND ESCALIER DE LA BASILIQUE DE SAINTE-AGNÈS

PLANCHE LV

Inscription n° 1. — Murat., p. 389, 1, et *Antiq. Ital.*, t. V, p. 29. *Nov. lett. Ven.* 1729, p. 46.

> Praesbyter hic situs est Celerinus nomine dic(tus,
> Corporeos rumpens nexus qui gaudet in astris.
> Dep(ositus) vun kal(endas) jun(ias), Fl(avio) Syagrio et Eucerio.

Le consulat de Syagrius et d'Eucherius, correspond à l'an 381 de notre ère.

Inscription n° 2. — Maffei, *Mus. Veron.*, p. 279, 9.

> Locus Maximi presbyteri.

Inscription n° 3. — Bosio, p. 434. Aringhi, t. II, p. 169. Reines., p. 945, 206. Fleetwood, *Sylloge*, p. 494, 5. Boldetti, p. 266. Murat., p. 414, 1. Reland., *Fast. cons.*, p. 658, 655.

> Thomas cum Agnite se vivo comparaverunt die kal(endarum) sept(em)b(rium), cons(ulata) Fausti, v(iri) c(larissimi), junioris.

Agnite est pour *Agnete*; voy. la note sur l'inscription n° 76 de la pl. xxxi.

Le consulat de Faustus le jeune correspond à l'an 490 de notre ère.

Inscription n° 4. — Bosio, p. 433. Aringhi, t. II, p. 168 et 684. Reines., p. 943, 197. Fleetwood, *Sylloge*, p. 484, 5. Fabretti, *Inscr.*, p. 268, 120. Bianchini, *Hist. eccles.*, t. I, p. 2, 340. Reland., *Fast. cons.*, p. 558. Cittadini, *Orig. della ling. volg.*, c. 20.

> Deposita (est) Susanna in pace, die xvm kalendas no(v)embres, consulatu Anicii Bassi et Fl(avii) Fylippi, v(irorum) c(larissimorum), quae [v]ixit annis pl(us) m(inus) xxv, fecit cum marito annus p(lus) m(inus) septe(m). Exuperantius maritus se vivo uxori dulcissime, sibi et posterisque suis hoc tumulum fecit.

A la fin de l'inscription, un monogramme accosté de l'a et de l'ω.

Voyez, sur le consulat d'Anicius Bassus et de Flavius Philippus, la note sur l'inscription n° 131 *bis* de la pl. xxxix.

Inscription n° 5. — Dans quelques exemplaires, on a reproduit ici, par erreur, l'inscription qui se lit pl. xviii, n° 23 ; dans d'autres exemplaires provenant d'un deuxième tirage, cette erreur a été réparée, et l'inscription dont il s'agit a été remplacée par celle-ci :

COIVGI·AGVRINE·B·M
IN·PACE·FECIT #
MARTINVS

Cojugi A(u)gurine b(ene) m(erenti), in pace, fecit Ma(r)tinus.

A droite, une feuille.

Inscription n° 6. — Aringhi, t. II, p. 168. Bosio, p. 929, 131. Marangoni, *Cose gentilesche*, p. 436. Ursat., *De notis Rom.*, p. 128. Reland., *Fast. cons.*, p. 387. Fleetwood, *Sylloge*, p. 447. *Nov. lett. Ven.*, 1729, p. 46.

Mucia Paulina Licinio Herc(u)lanio, filio benemerenti, qui vixit annis xx in pace, fecit.
Supra scripta Paulina in pac(e) requievit di(e) xun kal(endas) decem(bres), Dat(iano) et Caer(eali) cons(ulibus).

Au-dessus, un monogramme.

Les trois dernières lignes qui forment l'épitaphe de Paulina, sont d'une écriture beaucoup moins régulière, et ont été, évidemment, gravées plusieurs années après celles qui précèdent.

Le consulat de Datianus et de Cerealis correspond à l'an 358 de notre ère.

CIMETIÈRE DE SAINT-SIXTE.

PLANCHE LVI

Inscription n° 1. —

Concordia et Tigrinus se vivo fecerunt, filiis iscientes.

Au-dessous, une palme et un vase.
Filiis iscientes, pour *filiis scientibus*, à la connaissance de leurs fils.

Inscription n° 2. —

Pancrati benedicto.

Au-dessous, une ancre et une colombe tenant à son bec une grappe de raisin.

Figure n° 3. — Un ornement.

Inscription n° 4. —

Eufrosinus et Josima se vivos (b)isomum facer(unt).

A droite, un monogramme en forme de croix.
Josima est pour *Zosima*, comme *Josimus* pour *Zosimus*, pl. xxxiii, n° 90.

Inscription n° 5. —

Πραξγ, Ἀντωνις ἐτῶν ϛ′, μῆνας θ′, ἡμερῶν ις′.
Raptus est Antonius annorum vi, mensium viii, dierum xvi.

Ἀντωνις pour Ἀντώνιος; voy. la note sur l'inscription J de la pl. iii.

Inscription n° 6. —

Hic est posita virgo Cornelia, quae vixit ann(os) un, m(enses) iii, d(ies) xx, decess(it) iii idus octobres, in pace.

A gauche, un monogramme.

Figure n° 7. — Jonas sur le point d'être englouti par le monstre; au-dessus, un oiseau.

Figure n° 8. — Au musée chrétien de Saint-Jean-de-Latran. De Rossi, *De Christianis monumentis* ΙΧΘΥΝ *exhibentibus*, in *Spicileg. Solesm.* t. III, p. 576, n° 75.
Un vase rempli de pains, sur les bords duquel sont posés deux paons; de chaque côté, une ancre et un dauphin.

Inscription n° 9. —

Βικτώρια ιϲ. . . . . .
Victoria is. . . . . . .

Inscription n° 10. — Le mot *Amate* (?) en monogramme.

Inscription n° 11. — Fragment d'inscription grecque, avec une roue.

Inscription n° 12. —

Θάλλια Ἰρη. . . . .
Thallia Irejne (?).

Inscription n° 13. —

Λεόντιδος.
Leontidis.

L'inscription suivante a été trouvée en avril 1851, au cimetière de Saint-Sixte; elle était gravée sur la chaux. Nous la reproduisons d'après une copie qui nous a été communiquée, et qui n'est peut-être pas d'une exactitude parfaite. Mgr. le cardinal Wiseman en a donné, dans sa *Fabiola*, p. 220 de la traduction française, un texte moins complet, et qui ne nous paraît pas plus certain:

```
BENE MERENTI SORORI BON.....E ☧
        VIII FAL NOB
    ΔЄ            CΠΙ
    OYC           PIT...
    XPIC          TOY...
    TOYC          PЄΦ...
    OΜN           IГЄ
    IΠO           PЄT
    TЄC           IN☧
```

Bene merenti sorori Bon[ors]e, viii kal(endas) no(v)(embres).
Deus Christus omnipotens spirit(um) tu(um) ref(r)igeret in Christo.

Les deux lignes verticales sont en latin, comme le commencement de l'inscription; seulement elles sont écrites avec des lettres grecques.

CLOITRE DE SAINT-PAUL.

PLANCHE LVIII.

INSCRIPTION n° 1. —

Hic est positus [V]italis, pistor. . . . . , qui [v]icsit annos pl(us) minus n(umero) xLv, dep[o]situs in paci natale domnes Sitiretis, tertium idus feb(ruarias), consul(a)tum Fl(a)v(ii) M(a)g(n)entii, v(iri) c(larissimi), cons(ulis).

Au-dessous, un boisseau (*modius*) rempli de blé, emblème de la profession de *Vitalis*.

Sitiretis, pour *Sotiretis*, est le génitif de *Sotire*, Σώτειρα; voy. la note sur l'inscription n° 76 de la pl. xxxi.

Voyez, pour le sens du mot *natali*, la note sur l'inscription n° 3 de la pl. lxxviii. L'anniversaire du martyre de sainte Sotère est placé, dans le martyrologe romain, au iii des ides de février.

Le consulat de Magnence correspond à l'an 351 de notre ère.

INSCRIPTION n° 2. — Cimetière de Saint-Gordien et de Saint-Épimaque. Boldetti, p. 416. Nicolaï, *Basil. di S. Paolo*, p. 157, 254.

Limenio medico, fratri carissimo, q(ui) vixit annos xxIIII, meses III, die[s. . . . .

INSCRIPTION n° 3. — Margarini, *Inscr. basil. S. Pauli*, xxIv, 344. Nicolaï, *Basil. di S. Paolo*, p. 114, 220. Muratori, p. 1915, 1; il a en outre répété la partie inférieure de l'inscription, p. 438, 5, et la partie supérieure, p. 2000, 6, et p. 438, 6, en la rattachant à un autre monument.

Soror piissi]ma, quae vixit
an(nos). . . . . d(ominis) n(ostris) T[heodos(io) et Val(entiniano) cons(ulibus).
Consta]ntia, deposita in pace vu id(us) oct(obres).
Janu]arius et Leontius se [v]i[v]i fecer]unt. . . . .

Théodose le jeune fut quatre fois consul avec Valentinien, en 425, en 426, en 430 et en 435.

INSCRIPTION n° 4. — Nicolaï, *Basil. di S. Paolo*, p. 135, 187.

Ἀλέξανδρος φηλικιτάτι, τῇ ἀγαθῇ ψυχῇ.
Alexander Felicitati, bonae animae.

INSCRIPTION n° 5. — Nicolaï, *Basil. di S. Paolo*, p. 175, 297.

DEOPATRIOMHIPOTEN
TIETXPOEIVSE[T]SANCTIS
MARTYRIBVS[TA]VRIHO
ETHERCVLA[HOO]MHI
ORAGRATIA[SAGI]MVS
HEVIVSZARI[STVSE]T
CONSTAHT[IAMEMO
RIASIBISE[CERVHT

Deo Patri omnipotenti et Christo ejus, e[t] sanctis martyribus [Ta]urino et Herculae, o]mni [h]ora gratia[s agi]mus. Nevius Zari[stus et Constant]ia memo]ria(m) sibi fe]cerunt.

Zaristus pour *Diaristus*, Διάριστος, comme *Zonisus* pour *Dionisus*, pl. v, inscription I; et *Zaconus* pour *Diaconus*, Murat., p. 381, 2.

INSCRIPTION n° 6. — Nicolaï, *Basil. di S. Paolo*, p. 136, 192.

. . . . . aos se viva si[b]i fecit. . . . . deposita i]n pace III idus januarias, [d(omino) n(ostro) Fl(avio)] Theo(do)sio xiii et Placido Valentiniano ter Aug(usti)s
. . . . . lie Laurentiae, ancille Dei.

Au-dessus de la dernière ligne, un monogramme en forme de croix, aux branches duquel sont suspendus l'α et l'ω; à droite une palme.

Placidius Valentinianus fut consul pour la troisième fois, en 430 de notre ère. Théodose le jeune l'était alors pour la treizième.

PLANCHE LIX.

INSCRIPTION n° 7. — Cimetière de Sainte-Lucine. Bosio, p. 152. Aringhi, t. I, p. 414. Reines., p. 937, 168. Sirmond, *Ad Ennod.*, vi, ep. 29, Fleetwood, *Sylloge*, p. 476, 3. Murat., p. 418, 7. Guasco, *Inser. capitol.*, t. III, p. 148. Margarini, *Inscr. basil. S. Pauli*, p. xiii, 179. Nicolaï, *Basil. di S. Paolo*, p. 154, 247. Nicolaï, *De Sigl. veter.*, p. 257.

Hic requiescit in pace Sabinus, v(ir) s(pectabilis), praef(ectus) ann(onae) s(acrae), qui [v]ixit annos LIIII et dies xxIII, d(e)p(ositus est) xvi kal(endas) a(u)gustas, cons(ulatu) Symm(acho) et Boetio, v(iris) c(larissimis) cons(ulibus).

Le préfet de l'annone, *praefectus annonae sacrae*, était chargé de veiller aux approvisionnements de Rome. Sous les premiers empereurs, depuis Auguste jusqu'à Constantin, cette charge était une des plus élevées que l'on pût confier à un chevalier romain; elle était placée, dans la hiérarchie des fonctions publiques, immédiatement au-dessous de celle de préfet d'Égypte. Dans le Bas-Empire, quand les distinctions de chevaliers et de patriciens eurent entièrement disparu, le préfet de l'annone devint un des premiers personnages de l'État, presque l'égal du vicaire et du préfet de Rome.

Le consulat de Symmaque et de Boèce correspond à l'an 522 de notre ère.

INSCRIPTION n° 8. — Margarini, *Inscr. basil. S. Pauli*, p. xiv, 197. Nicolaï, *Basil. di S. Paolo*, p. 153, 243.

Ce fragment d'inscription avait quelques lettres de plus, lorsque Margarini l'a publié; le voici tel que cet auteur le donne :

TINPACEVPPOLITVSVC
AMATORPAVPERVMQVI
RILISXIIIPCBASILIINDII
SPRESVMSERITVELINTE

Hic requiescit in pace Yppolitus, v(ir) c(larissimus). . . . . . . amator pauperum, qui [dep(ositus) est. . . . . ap]rilis, xiii p(ost) c(onsulatum) Basili, ind(ictione). . . . . . si qui]s presumpserit, vel in te. . . .

La 13ᵐᵉ année après le consulat de Basile correspond à l'an 554 de notre ère.

INSCRIPTION n° 9. — Murat., p. 1959, 9. Margarini, *Inser. basil. S. Pauli*, p. xiv, 195. Nicolaï, *Basil. di S. Paolo*, p. 142, 210. Georgi, *de Liturgia Rom. pont.*, t. II, p. xcij.

Ulpius lector quiesc'it in] pace, qui vixit ann(os) xx , d(ies) xiii, defuncto[s) d(ie) xvi kal(endas) april(es), dep(ositus est) xiii k[alendas.

INSCRIPTION n° 10. — Cimetière de Saint-Prétextat, ou de Sainte-Cyriaque. Buonarroti, *Vetri antichi*, p. 168. Boldetti, p. 382. Mamachi, *Origin. christ.*, t. III, p. 27. Merklin, ap. Gerhard, *Archæolog. Zeit.*, 1849, p. 106. Franz, *Corp. inser. græc.*, t. III, p. 978, 6523 b.

Εὐψύχει Σεκοῦνδα. Οὐδείς ἀθάνατος Ῥηγιῖανα.
Bono animo esto Secunda. — Nemo immortalis Regitana.

A droite une colombe.

C'est un dialogue, comme on en rencontre tant dans les inscriptions funéraires grecques, entre la morte *Secunda* et *Regitana*, qui lui a fait donner la sépulture.

INSCRIPTION n° 11. —

Locjus (?) Beati, et Quiraci servi Dei.

INSCRIPTION n° 12. — Margarini, *Inser. basil. S. Pauli*, p. xvii, 242. Murat., p. 414, 3. Nicolaï, *Basil. di S. Paolo*, p. 132, 178.

Cette inscription était encore entière lorsque Margarini l'a copiée; cependant il l'a donnée sans en distinguer les lignes. Je la rétablis en comparant le texte de ce collecteur avec le fac-simile.

HIC REQVIESCIT IN PACE LAVREN]TIVS PREPOSITVS BASILICE B[EAT]I PAVLI APOSTOLI
QVI VIXIT ANNVS P M· LX]DP XI FAL FEBRVARIAS [OLI]BRIO V C CONS

Hic requiescit in pace Laurentius, prepositus basilice beati Pauli apostoli,
qui vixit annus p(lus) m(inus) lx, d(e)p(ositus) xi kal(endas) februarias,
Olibrio, v(iro) c(larissimo), consule.

491 ou 526 de notre ère.

INSCRIPTION n° 13. —

In hoc loco depositus est Eareter, protector domesticus, qui vixit annus xcv,
requiescit in pacem.

A droite, une colombe sur une branche d'arbre; à gauche, une couronne.

Les *protectores domestici* étaient un des corps de troupes dont se composait la garde des empereurs, à l'époque du Bas-Empire.

INSCRIPTION n° 14. — Marchi, *Monum. delle arti crist. primit.*, p. 27.

Cinnamius Opas, lector tituli Fasciole, amicus pauperum, qui vixit ann(os) xlvi, mens(es) vii, d(ies) viii, deposit(us est) in pace x kal(endas) mart(ias), Gratiano IIII et Merobaude cons(ulibus).

377 de notre ère.

INSCRIPTION n° 15. — Aringhi, t. I, p. 414. Bosio, p. 148. Smettius, fol. 142, 10. Gruter, 1055, 3. Fleetwood, p. 445, 2. Margarini, *Inser. bas. S. Pauli*, p. vii, 76. Boldetti, p. 275. Fabretti, *Inser. ant.*, p. 558, 67. Nicolaï, *Basil. di S. Paolo*, p. 151, 13. Zaccaria, *Ist. lett. d'Ital.*, t. V, p. 522.

Mandrosa hic nomine omnium gratia plena, fidelis in Christo, ejus mandata reservans, martyrum obsequiis devota, transegi falsi seculi vitam, unius viri consortio ter quinas conjuncta per annos; reddidi nunc d(omi)no rerum debitum communem omnibus olim. Quae vixit ann(is) pl(us) m(inus) xxxii; d(e)p(osita est) viii kal(endas) februarias, cons(ulatu) Aginantii Fausti, v(iri) c(larissimi).

Le consulat d'*Aginantius Faustus*, correspond à l'an 483 de notre ère. Dans les autres monuments où il est mentionné, ce consul n'est désigné que par son surnom, *Faustus*. Il n'eut pas de collègue.

PLANCHE LX

INSCRIPTION n° 16. —

Mara, que vixit virgo plus minus xiii, d(e)p(osita est) xm kal(endas) aug(us)t(as), in pace.

Au-dessous, une colombe.

INSCRIPTION n° 17. — Murat., p. 1847, 10. Nicolaï, *Basil. di S. Paolo*, p. 137, 196.

B(onae)] m(emoriae) Calopodius, notar(ius),
Q(ui) v(ixit)] ann(os) xlviii, deposit(us est)...

Tous les tribunaux et la plupart des grands officiers de l'empire avaient des *notarii*, officiers qui étaient chargés de recueillir en notes, c'est-à-dire au moyen d'une sorte de *sténographie*, leurs décisions à mesure qu'ils les prononçaient. Voy. Marini, *Papiri diplomatici*, p. 298, not. 21. Mais peut-être est-il ici question d'un notaire ecclésiastique; car on désignait aussi quelquefois par ce nom les *scrinarii* ou *cartularii* des églises; voy. Marini, ouvrage cité, p. 219, note 3.

INSCRIPTION n° 18. — Dans une couronne,

Sanctissime filiae Victoriae, virgini benemerenti, annorum xxvi, parentes posuerunt. [V](i)[v]as in pace! Pri(die) non(as) oct(obres).

INSCRIPTION n° 19. — Nicolaï, *Basil. di S. Paolo*, p. 135, 188.

Potestate Cristo horatione fecet Agape, que vix(it) ann(is) xxv, m(ensibus) vi, d(iebus) xxvi, dep(osita est) xii kal(endas) dec(em)b(res).

Inscription n° 20. — Nicolaï, *Basil. di S. Paolo*, p. 128, 164.

. . . sanjctae arcediaconis
. . . via, c(larissima) f(emina).

Inscription n° 21. — Nicolaï, *Basil. di S. Paolo*, p. 147, 227.

Januaria casta vix(it) an(nis) ix.

MANUSCRITS DE LA CUSTODE DES RELIQUES
DE SAINT-APOLLINAIRE.

PLANCHE LXI

Inscription n° 1. — Cimetière de Sainte-Cyriaque. Boldetti, p. 55, 388 et 419. Buonarotti, *Vetri ant.*, p. 167. Lupi, *Epitaph. Severæ mart.*, p. 171, not. 4. Murat., p. 1965, 3. Pelliccia, *de christianæ Ecclesiæ politia*, t. III, p. 278.

Anima dulcis, incomparabili filio q(ui) vixit annis xvii, non meritus
vita(m) reddit in pace Domini.

Les parents de ce jeune homme, dans la douleur que leur avait causée sa perte, ont oublié de nous faire connaître son nom. C'est aussi à la vivacité de leur douleur qu'il faut attribuer l'emploi de la formule *non meritus* (sous-entendez *tam præcocem mortem*), commune dans les inscriptions païennes, mais assez rare sur les monuments chrétiens. On en trouve cependant un autre exemple dans l'inscription suivante, qui a été publiée par Boldetti, p. 380 :

INNOCENTISSIME ANIME NON MERENTI
PETRONIE QVI VIXIT ANNOS XXXVII
CVM MARITV ANNOS XXII · DP IIII IDVS
MAR IN PACE

Innocentissime anime, non merenti, Petronie, qui vixit annos xxxvii, cum
marito annos xxii, d(e)p(osita est) iiii idus mar(tias) in pace.

Nous avons déjà rencontré l'expression *non merentes*, dans l'inscription n° 61 de la pl. xxvii; mais là, au lieu de s'appliquer au mort, elle s'applique à ses parents, ce qui est plus naturel et plus conforme aux idées chrétiennes.

Inscription n° 2. — Trouvée en 1844, au cimetière de Sainte-Cyriaque.

Dep(ositio), in n(omine) Christi, Caccaboniani, xv k(alendas) aug(ustas), qui
vixit ann(um) i, m(enses) iii, dies xii, palumbulus sine fel(e), in pace.

Le mot *Christi* est exprimé par le monogramme.

L'expression de tendresse qui termine cette inscription, *palumbulus sine fele*, est remarquable; elle n'est pas commune. On peut cependant citer une autre expression analogue dans l'inscription suivante, qui provient du cimetière

du Saint-Hermès, et a été publiée par Marangoni, *Act. s. Victorini*, p. 120, et par Muratori, p. 1830, 11 :

ASELLECAIGNOS
PALVMBASINEFEL
QVEVIXITME
SESX&XXI·

Asello Caïgnos, palumba sine fel(e), que vixit meses x, d(ies) xxi.

Voyez aussi *Agnellus*, pl. xiii, n° 1.

Inscription n° 3. — Pierre portant de chaque côté une inscription.

Côté principal :

Sanctae ac dulcissimae conjugi Felicitati, cujus industria vel conservantia
difficile invenire poterit, quae vixit an(nos) xxxv, dep(osita est) in pace
die v nonas jul(ias), Ausonio [e]t Olibrio cons(ulibus).

Côté opposé :

. . . . . . b]ene merenti compari. . . . . . .

Au-dessus, un monogramme dans un cercle, entre l'α et l'ω. Cette seconde inscription étant incomplète, il est évident qu'elle est la plus ancienne des deux; le tombeau qu'elle indiquait ayant été détruit par une cause qu'on ne peut deviner, la pierre a été retaillée pour être employée à la construction d'une autre tombe.

Le consulat d'Ausone et d'Olybrius correspond à l'an 379 de notre ère.

Inscription n° 4. — Trouvée en 1838, au cimetière de Saint-Hippolyte.

D(iis) M(anibus).
Hilarioni innocentissimo, qui vixit annos xvii, d(ies) v, in pace.
D(iis) M(anibus).
Januario innocentissimo, qui vixit annos viii, menses ii,
dies xi, in pace.

Au-dessus, une couronne.

Inscription n° 5. — Trouvée en 1808, au cimetière de Sainte-Priscille.

Dulcissimo Antistheni, conjugi suo, refrigerium.

Inscription n° 6. — Trouvée au cimetière de Sainte-Priscille, suivant le manuscrit de la Custode des Reliques; au cimetière de Sainte-Cyriaque, suivant Boldetti, p. 380. Murat., p. 1863, 3.

Pater filie Ermioneti, dulci anime, innocenti, q(uae) vix(i)t anos ii et
meses iii, usque in iii idus martias.

Inscription n° 7. — Trouvée en 1839, au cimetière de Sainte-Cyriaque.

M(emoria) Anastasiae.
Fl(avio) Caesario et Nonio Attico, v(iris) c(larissimis), cons(ulibus), v kal(endas)
martias d(ie) Mercur(ii), h(ora) xii, recessit de hac luce puella nomine
Anastasia, q(uae) vixit annos n(umero) ii, d(ies) vi.

Au-dessous, une couronne entre deux palmes, et un monogramme.

Le consulat de *Flavius Cæsarius* et de *Nonius Atticus* correspond à l'an 397 de notre ère.

INSCRIPTION n° 8. — Trouvée en 1804, au cimetière de
Sainte-Priscille.

(V)iolosa, Deus tibi refrigeret! quae vixit annos xxxi, recessit die
xiii kal(endas) oct(o)b(res).

A la fin de l'inscription, un monogramme.

INSCRIPTION n° 9. — Trouvée en 1838, au cimetière de
Sainte-Cyriaque.

Cette pierre porte, comme le n° 3, une inscription sur
chacune de ces faces; mais ici, la face principale est celle
dont le dessin occupe, dans la planche, la partie inférieure :
elle ne contient que le nom

SEUERI.

Se(v)eri.

La face opposée a conservé les dessins et une partie des
inscriptions d'une table à jouer aux dés. Il manque quelque
chose à la première ligne, qui devait nécessairement se com-
poser de six lettres, comme chacune des deux autres; celles-ci
se lisent ainsi :

et cito
vici te,

et bientôt je t'ai vaincu.

On peut voir des tables semblables, également trouvées
dans les Catacombes sur le revers de pierres sépulcrales,
chez Boldetti, p. 443 et 447; le P. Lupi, *Epitaph. Sever. mart.*,
pl. ix, n° 6, et Marangoni, *Cose gentilesche*, p. 393. On en
trouvera d'autres encore chez Maffei, *Museum Veron.*, p. 256,
8; Muratori, p. 661, 3, et Orelli, *Inscr. select.*, n. 2586.
Labus a fourni à ce dernier ouvrage, t. II, p. 447, une note
intéressante sur ces monuments.

INSCRIPTION n° 10. — Trouvée en 1805, au cimetière de
Sainte-Priscille, avec un vase de sang.

Januarius Vibie Adjutrici conjugi dulcissime feci, quae vixit annis xvin,
diebus x. Hec fuit ejus senectus vitos.

A gauche, une feuille.

L'expression *hace fuit senectus vitae* est remarquable; je n'en
connais pas d'autre exemple dans les inscriptions.

INSCRIPTION n° 11. — Trouvée en 1844, au cimetière de
Sainte-Cyriaque.

Totius bonitatis innocentiae feminae, Seliae Victorinae, uxori karissimae,
quae vixit annis p(lus) m(inus) xxxin, in maritali conjugio fecit ann(os) xv.
Aur(elius) Felix maritus uxori optime quiescente in pace, in n(omine)
Christi.

Le mot *Christi* est exprimé par le monogramme.

A l'expression *totius bonitatis innocentiae feminae*, on peut
comparer *totius integritatis feminae*, pl. xxxvi, n° 112. On lit
de même *totius innocentiae Julio*, dans une inscription publiée
par Boldetti, p. 389, et *totius integritatis homo*, dans une autre
inscription publiée par Muratori, p. 395, 5.

INSCRIPTION n° 12. — Trouvée en 1843, au cimetière
de Sainte-Cyriaque.

Gaudentio filio, mater sua.

INSCRIPTION n° 13. — Cimetière de Sainte-Priscille, vase
de sang. Marini, *Papyr. diplom.*, p. 244 b. Cardinali, *Diplomi imperiali*, p. 189, 344.

Mesia Elia, spiritu(s) tu)us in pace.

INSCRIPTION n° 14. — Cimetière de Saint-Calixte. Bosio,
p. 254. Aringhi, t. J, p. 459.

Sancto martyri Maximo.

INSCRIPTION n° 15. — Trouvée en 1802, au cimetière de
Sainte-Priscille, avec deux corps d'enfants.

Agapetus.

Au-dessous, une ancre, entre les deux branches de laquelle
se voient deux P, initiales du mot *Pax* (?).

INSCRIPTION n° 16. —

Ju(v)enalis, qoi v(i)f)xit anno uno, mesis octo, d(e)p(ositus est) u nonas
aug(ustas), in pace.

A gauche, une palme; à droite, le monogramme du Christ.

INSCRIPTION n° 17. — Cimetière de Sainte-Cyriaque.

Sa)t(u)rio Sexto Florentio, (g)ui visit annis xn, mensis......, dies xvi,
in pace, fecit, pater filio.

Saturio est au nominatif; c'est le nom du père de *Sextus
Florentius*.

INSCRIPTION n° 18. —

Saturo matri in pace, filii fecerunt. Red(didit) un idus feb(ruarias).

Voyez, pour l'explication du mot *reddidit*, la note sur l'inscription n° 21 de la pl. ix.

PLANCHE n° 19. —

Faelicia (v)idua, te cum pace!

Voyez, pour l'explication de la formule *te cum pace*, la note
sur l'inscription N de la pl. v.

INSCRIPTION n° 19 *bis*. — Cimetière de Sainte-Agnès. Boldetti, p. 406. Lupi, *Epitaph. Severæ martyr.*, p. 188.
Corsini, *Proleg. in not. Graec.*, p. xxxvii.

Τάζα, ιδ′ καλ(ανδῶν) ζουνων, ἐωρματ ἐν παxε. Φιλια ἐδι(x) (?).
Taza, xn kal(endas) junias, dormit in pace. Filin ejus (fecit).

Au lieu de ΤΑΖΑ, le P. Lupi et Boldetti ont lu ΓΑΖΑ

INSCRIPTION n° 20. — Cimetière de Sainte-Priscille. Boldetti, p. 403.

Cette inscription a été brisée, depuis que Boldetti l'a copiée; il la donne ainsi, en deux lignes :

BRVMASIAEFILIEDVLCISSIMEBENEME
RENTIQVEVIXITANNIMNVIIHINPACI

Brumasiae, filio dulcissimo, benemerenti, quæ vixit ann(um) I, m(enses) n(umero) VIII, in paci.

INSCRIPTION n° 20 bis. — Trouvée en 1804, au cimetière de Sainte-Priscille, vase de sang.

Aurelia Aretusa, vivas in Deo!

A droite, une feuille, une couronne et une colombe; à gauche, une colombe seulement.

INSCRIPTION n° 21. — Trouvée en 1843, au cimetière de Sainte-Cyriaque.

Ἀλύπιος πιστὸς ἐν εἰρήνῃ.
Alypius fidelis in pace.

INSCRIPTION n° 21 bis. — Trouvée en 1839, au cimetière de Sainte-Agnès.

Vere, filiae dulcissimae, inreparabili, quæ vix[it] ann(is) II, m(ensibus) X, dieb(us) XIII, d(eif[uncta est)] mi n(onas) oct(obres), in pace.

Les mots in pace sont placés, le premier à gauche, le second à droite de l'inscription. Dans les inscriptions païennes, surtout dans celles de la Gaule, les sigles D. M. sont très-souvent placés de même, aux deux côtés du monument.

L'épithète inreparabili est remarquable; je ne crois pas qu'on puisse en citer un autre exemple analogue.

CUSTODE
DES RELIQUES DE SAINT-APOLLINAIRE.

PLANCHE LXIII

FIGURE n° 22. — Trouvée en 1844, au cimetière de Sainte-Priscille.

Un cheval marchant vers la gauche.

INSCRIPTION n° 23. —

Maria fecit filiae Siriae.

FIGURE n° 24. — Trouvée au cimetière de Sainte-Cyriaque.

Un lièvre courant vers la gauche.

INSCRIPTION n° 25. — Cimetière de Sainte-Agnès. Boldetti, p. 344.

Entre les deux lignes horizontales :

Constantia, in pace, qui vixit annos . . . . . .

Dans la partie circulaire de la figure, entre les branches d'un monogramme :

[V]i[v]as in Cr(i)sto!

FIGURE n° 26. — Deux oiseaux tenant une guirlande.

INSCRIPTION n° 27. — Trouvée en 1845, au cimetière de Sainte-Cyriaque.

Gerontio Peregrino bone merito, dulcissimo nutritori Valens, qui vixit in pace annos XXVII, decessit in kal(endas) decen(bres); die [V]eneris.

FIGURE n° 28. — Deux dauphins.

FIGURE n° 29. — Trouvée au cimetière de Sainte-Cyriaque.

Moïse frappant le rocher, le bon pasteur rapportant sur ses épaules la brebis égarée, Jésus ressuscitant Lazare.

INSCRIPTION n° 30. — Tirée en 1846, du cimetière de Sainte-Cyriaque. Boldetti, p. 407. Murat., p. 1852, 2.

Citrasio, filio dulcissimo, Citrasius pater et Dilarina mater titulum posuerunt.

INSCRIPTION n° 31. — Trouvée en 1847, au Cimetière de Sainte-Cyriaque.

Rapofiga medicus, civis Hispanus, qui vixit in p(ace) ann(os) p(lus) m(inus) XLV. Hoc pater Nichius fecit, d(omino) n(ostro) Maximo Aug(usto) II.

De l'an 388 de notre ère, comme l'inscription O de la pl. V.

INSCRIPTION n° 32. —

Geminae, bene vivente Futicianus, qui vixit annis XXV m(ensibus) III, qui vixit cum [p]ace an(nis) XXV, m(ensibus) III.

A droite, un objet que je ne puis déterminer.

INSCRIPTION n° 33. —

Σπεράντι, εὐλόγι, γλυκός, χρηστέ.
Speranti, bono animo esto, dulcis, bone.

A gauche de l'inscription, un canard, sur le corps duquel on lit le mot ANATEC, homophone de anates (des canards), et qui est ici pour ἀνάθες, cesse; à droite, un bœuf, sur le corps duquel on lit le mot BOYAFIN, pour βοάειν, beugler, crier. En réunissant ces deux mots, on a ἀνάθες βοάειν, cesse de crier, exhortation analogue à celle qui compose l'inscription elle-même. Ces deux animaux sont donc ici une espèce d'allégorie parlante, comme la petite chèvre de l'épitaphe de *Capriola*, pl. v, inscription M.

CUSTODE DES RELIQUES DU PALAIS QUIRINAL.

PLANCHE LXIV

INSCRIPTION n° 1. —

Irene dulcis.

A droite, deux feuilles.

On rencontre souvent des œufs dans les Catacombes; voy. Boldetti, p. 519; R. Rochette, 3e *Mémoire sur les antiquités chrétiennes*, *Acad. des Inscr.*, t. XIII, p. 780; Cavedoni, *Ragguaglio critico*, p. 48.

INSCRIPTION n° 2. —

Gaudentia pausat, dulcis spiritus, annorum ii, mensorum tres.

Au-dessus un monogramme accosté de l'ꭓ et de l'ω; à droite et à gauche, une colombe tenant un rameau d'olivier.

INSCRIPTION n° 3. —

Bene merenti Laurentio, puelle virgini, parentes (fecerunt), que vixit ann(os), ii m(enses) v in pace, d(ie) iii idus aug(ustas).

Une feuille dans chacun des deux orillons du cartouche; au-dessus, le monogramme du Christ; à gauche, un olivier, et sur un des rameaux de cet arbre un oiseau mangeant des olives.

INSCRIPTION n° 4. —

Primiti[vius, d(epositus) v k(alendas) oct(obres).

INSCRIPTION n° 5. —

Felicitas Eliodoro, felio suo et se viva fecit.

La lettre L et tous les V de la seconde ligne sont renversés; les lettres du mot *fecit*, quoique tournées à droite, sont rangées de droite à gauche.

INSCRIPTION n° 6. —

Viator.

FIGURE n° 7. — Un *dolium*.

INSCRIPTION n° 8. —

Florentina.

CHAPELLE DE LA TRINITÉ A VELLÉTRI.

PLANCHE LXV

INSCRIPTION n° 1. — Cardinali, *Iscriz. Velit.*, p. 186, cxxi.

Bonosa in pace, dep(osita) v idus aug(ustas).

INSCRIPTION n° 2. — Vermiglioli, *Iscriz. Perugine*, ed. I, p. 337. Cardinali, *Iscriz. Velit.*, p. 214, cxlvi.

Ιοπηραντια βενε μερεντι φηκειτ.
Sperantia bene merenti fecit.

INSCRIPTION n° 3. — Lupi, *Epitaph. Severæ mart.*, p. 176.

. . . . que vixit ann(is) xv, mensibus septem, dies xviii. Te in pace, cum virgin(i)tate tua.

Le P. Lupi a vu cette inscription au musée Kircher; Cardinali ne la donne pas parmi celles de Vellétri : peut-être M. Perret s'est-il trompé en l'attribuant à cette ville.

INSCRIPTION n° 4. — Amaduzzi, *Anecdot. litt. Rom.*, t. IV, p. 541, 57. Cardinali, *Iscriz. Velit.*, p. 187, cxxii.

Honoso bene merenti in pace, qui vixit annis ii, m(ensibus) iii, d(iebus) xx, dep(ositus est) prid(ie) idus sept(embres), post cons(ulatum) Amantii et Albini.

A gauche, un monogramme; à la fin de l'inscription, un autre monogramme.

Cardinali a lu BALBINI, au lieu de ALBINI.

Amantius et *Albinus* avaient été consuls en 345; les consuls de l'année 346, pendant laquelle cette inscription a été gravée, furent *Constant* pour la troisième fois, et *Constance* pour la quatrième; cette inscription n'est pas le seul document de cette année qui soit daté par le consulat de leurs prédécesseurs; voy. Reland., *Fast. cons.*, p. 359.

INSCRIPTION n° 5. — Montfaucon, *Diarium Ital.*, p. 163. Murat., 1841, 6. Cardinali, *Iscriz. Velit.*, p. 213, cxliv.

Cette inscription, qui est aujourd'hui incomplète, était encore entière lorsque Montfaucon l'a publiée; en voici le texte, tel que le donne Muratori, qui a emprunté ce monument au savant bénédictin :

BASSILIAHVSAESSORCISTA
COIVGIBEHEMEREHTIIHPACAE

Bassilianus aessorcista (pour exorcista) cojugi bene merenti in pace.

Oderico a publié, *Sylloge*, p. 258, xcviii, une inscription du cimetière de Saint-Hermès, dans laquelle il est également question d'un exorciste; on en trouve deux dans le recueil de Gruter, p. 1054, 2, et 1060, 9; une parmi les *Inscr. christ.* de Marini, p. 383, 3; une autre parmi les *Inscr. R. Neap.* de M. Mommsen, n° 1293, et enfin, une, outre celle-ci, chez Muratori, p. 1916, 1.

INSCRIPTION n° 6. — Trouvée dans un ancien cimetière chrétien, près de Vellétri. Piacentini, *De Græca pronunciatione*, p. 36. Amaduzzi, *Anecdot. litt. Rom.*, t. II, p. 484, 53. Cardinali, *Iscriz. Velit.*, p. 209, CXLII.

[B]enegestus, pre[b]jter, in pace Dom(ini) dormit.

PLANCHE LXVI

INSCRIPTION n° 7. — Cardinali, *Iscriz. Velit.*, p. 212, CXLIII.

.... m]oines Pastori bon[e merenti, qui vixit annos plus mi]nus XXXVI, menses V........ depositus est...... [se]ptembres. Bene merenti in p(ace)....... sisto quinqui(e)s consulibus.

Le consulat dont est datée cette inscription ne peut être que celui de deux empereurs qui ont été consuls ensemble, tous les deux pour la cinquième fois. Or cela ne se rencontre que deux fois dans les fastes, en 305, avec *Constance Chlore* et *Galère Maximien*, et en 402, avec *Arcadius* et *Honorius*. Mais les lettres *sisto*, qui se lisent avant le mot *quinqui(e)s* ne pouvant provenir du nom d'aucun de ces princes, il est évident que leurs noms avaient été omis par le lapicide; or on n'a pu noter ainsi un consulat, que la première fois que se présenta la circonstance de deux empereurs consuls ensemble pour la cinquième fois; voy. Marini, *Iscriz. Alban.*, p. 48 et suiv. C'est donc l'année 305 qu'il faut prendre pour la date de ce monument, et non l'année 402, pour laquelle Cardinali s'est prononcé sans faire connaître les motifs de son choix.

INSCRIPTION n° 8. — Cardinali, *Iscriz. Velit.*, p. 203, CXXXV.

Benemerentis filiis dulcissimis, qui vixerunt, Olimpia annos XX, Paulinus annos X; depositi (sunt) Valentiniano Aug(usto) IIII et Neutorio, V kal(endas) oct(obres).

Le consulat de Valentinien et de *Neotherius* correspond à l'an 390 de notre ère.

INSCRIPTION n° 9. — Cimetière de Saint-Prétextat, suivant Marini, *Inscr. christ.*, p. 383, 5; cimetière de Saint-Sébastien, vase de sang, suivant Cardinali, *Iscriz. Velit.*, p. 198, CXXII. Orelli, *Inscr. select.*, 4131 et 4924.

Hic requiescit in pace Jovinus, de scola carrucarum, qui vixsit annus plus minus XXXV, et mcnses VI, et dies VIII.

De chaque côté de la dernière ligne, une branche d'arbre.
A proprement parler la *schola* était le lieu où se réunissait un collège, une corporation. Ici ce mot est pris pour le collège lui-même. Jovinus avait donc fait partie du collège des carrosses, *carrucarum*, ou, ce qui revient au même, des carrossiers.

INSCRIPTION n° 10. — Cardinali, *Iscriz. Velit.*, p. 197, CXXXI.

Ma[v]iae Felicissimae.

Au-dessous, une ancre.

INSCRIPTION n° 11. — Cardinali, *Iscriz. Velit.*, p. 214, CXLV.

Ἀνάτολις, ἡμῶν πρωτότοκον τέκνον, ὅστις ἤμεινε δοθὴς πρὸς ὀλίγον χρόνον. Εὔχου ὑπὲρ ἡμῶν.

Anatolius, primogenitus filius noster, qui mansit datus in breve tempus. Ora pro nobis.

Au lieu de ΠΡΟC ΟΛΙΓΟΝ, Cardinali a lu ΠΟC ΟΛΙΓΟΝ. Ἀνάτολις pour Ἀνατόλιος; voy. la note sur l'inscription J de la pl. III. Ἤμεινε δοθής pour ἔμεινε δοθείς.

PROVENANCES DIVERSES.

PLANCHE LXVII

INSCRIPTION n° 12. — Salle des antiques du Capitole. Guasco, *Inscr. Capitol.*, p. 156, 1248.

Hic requiescit in pace Felicio[la *fidelis* (?),
quae vixit annus LX, quae feci[t *cum marito*
suo annus XLV, deposita (est) pridie...........
Honorio Aug(usto) VII. Ullar(i)anus co[njugi, *contra*
votum posuit.

Au-dessous, une orante.
Contra votum est une formule qui se rencontre assez souvent dans les inscriptions funéraires; voyez notamment Grut., p. 716, 7; 794, 2; 838, 5; 1025, 5.
Le septième consulat d'Honorius correspond à l'an 407 de notre ère.

INSCRIPTION n° 13. — Chapelle de la Trinité, à Vellétri. Cimetière de Sainte-Cyriaque, vase de sang. Bottari, t. III, p. 116. Boldetti, p. 368. Cardinali, *Iscriz. Velit.*, p. 212, CXLV. Marini, *Inscr. christ.*, p. 453, 9.

Urbica in pace.

L'inscription est gravée au-dessous d'une guirlande tenue par deux oiseaux; au-dessus est un monogramme.

INSCRIPTION n° 14. — Chapelle de la Trinité, à Vellétri. Cardinali, *Iscriz. Velit.*, p. 184, CXVIII.

Arcalli, te in pace.

Au-dessus, un buste d'enfant.

INSCRIPTION n° 15. — Chapelle de la Trinité, à Vellétri. Cardinali, *Iscriz. Velit.*, p. 184, CXIX.

Ampelius.

Au-dessous, un boisseau d'où s'échappent des épis, entre deux arbres sur l'un desquels est posé un oiseau.

FIGURE n° 16. — Chapelle de la Trinité, à Vellétri. Cardinali, *Iscriz. Velit.*, p. 182, CXVI.

Monogramme en forme de croix, dans une couronne.

Inscription n° 17. — Salle des antiques du Capitole.
Guasco, *Inser. Capitol.*, p. 173, 1270.

[V]italio Justine, cojugi b(ene) m(erenti) f(ecit), que vixit annis xvii, m(ensibus) iii, d(iebus) xxv, et in cojugio annos iii, m(enses) viii, d(ies) xiv; dormit vii kal(endas) aug(ustas) in pace.

A la fin de la première ligne, une couronne.

Presque toutes les syllabes sont séparées par des points, ce qui, sans être commun, se rencontre pourtant quelquefois, surtout dans les inscriptions des n° et m° siècles de notre ère; voy. Zaccaria, *Istituzione antiquario-lapidaria*, p. 339 et suiv.

CLOITRE
DE LA BASILIQUE DE SAINT-LAURENT.

PLANCHE LXVIII

Inscription n° 1. —

Flavia Tigris, filia carissima, que vixit annis v, meses iii, dies oras iiii.

A gauche, une palme.

Inscription n° 2. —

Sabinus cojugi merenti, quae vixit in pace.

Au-dessus, le bon pasteur appuyé sur un bâton et jouant de la syrinx. Son chien est à ses pieds; à droite et à gauche sont deux brebis, dont une, celle qui est à sa gauche, tourne la tête vers lui. A sa droite est un arbre, à une des branches duquel est suspendu un vase à traire, *mulctrale*, comme on en voit plusieurs dans les peintures et sur les verres des Catacombes; voyez vol. II, pl. xxv et pl. xlvii; cf. Buonarroti, *Vetri antichi*, p. 31.

PLANCHE LXIX

Inscription n° 3. — Cimetière de Sainte-Cyriaque.
Boldetti, p. 369.

Un lion marchant vers la droite, au milieu d'une inscription dont il ne reste plus que quelques lettres.

Figure n° 4. — Un poisson.

Inscription n° 5. —

Cyriace, Rodine.

Au-dessous une colombe et son petit, qui se becquètent et représentent, probablement, *Cyriace* et sa fille *Rhodine*.

Figure n° 6. — Une colombe posé sur une palme et buvant dans un vase.

Figure n° 7. — Une barque voguant à droite, vers le monogramme du Christ. Un oiseau, perché au sommet du mât, est également tourné vers le monogramme.

BASILIQUE
DE SANTA-MARIA-IN-TRASTEVERE.

PLANCHE LXX

Inscription n° 1. — Maffei, *Mus. Veron.*, p. 281, 8.

Ligitimus benemerenie filio Asello dulcissimo, qui v(i)xit annis vii, et m(ensibus) x, et d(iebus) xxi. [Dep]ositus (est) d(ie) viii k(alendas) oc(tobres), Gratiano et Dagalaifo cons(ulibus).

A gauche de la deuxième ligne, un monogramme; à droite, une couronne.

Le consulat mentionné correspond à l'an 366 de notre ère.

Inscription n° 2. — Marchi, *Monum. delle arti crist. primit.*, t. I, p. 98.

Dafnen vidua, q(uae) cun vix[erit annos . . . . . aeleaia(m) nih(il) gravavit . . . .

Les chrétiens de la primitive Église se faisaient un devoir de nourrir les veuves; on lit dans une lettre du pape saint Corneille, qu'en 251, l'Église de Rome à elle seule entretenait plus de quinze cents veuves et infirmes, *viduas cum thlibomenis plus mille quingintas, quibus omnibus Domini gratia et benignitas alimenta suppeditat* (Cornelii Papæ *Ep. IX, ad Fab.*, in *Epist. Rom. pont.*, ed. Constant, Paris, 1721). Mais beaucoup de veuves vivaient de leur travail, pour obéir au précepte de saint Paul (*Ep. II, ad Thessalonicens.*, ii, 8, 9.), *Neque gratis panem mandicavimus ab aliquo, sed in labore et in fatigatione nocte et die operantes,* NE QUEM VESTRUM GRAVAREMUS, *non quasi non habuerimus potestatem, sed ut nosmetipsos formam daremus vobis ad imitandum nos;* et pour imiter les apôtres, qui, suivant l'expression de saint Jérôme (*Ep. IV, ad Rusticum*), *laborabant manibus suis,* NE QUEM GRAVARENT. Beaucoup aussi vivaient du travail de leurs proches qui, en les soutenant, suivaient aussi un précepte de saint Paul (*Ep. I, ad Tim.*, v, 6.), *si quis fidelis habet viduas, subministret illis, et* NON GRAVETUR ECCLESIA, *ut iis quæ vere viduæ sunt sufficiat.* La parfaite similitude des expressions employées par saint Paul et par l'auteur de cette inscription, montre combien le texte des Écritures était alors familier aux fidèles. Nous retrouverons encore ces expressions dans la pl. lxxii, n° 2.

Je viens de citer le nom du pape saint Corneille; on a retrouvé tout récemment son tombeau dans le cimetière de Saint-Calixte, où l'on savait d'ailleurs que le saint pontife avait été inhumé. L'inscription qui a fait reconnaître ce précieux monument est ainsi conçue :

CORNELIVS · MARTYR
EP ·

Cornelius martyr, ep(iscopus).

Cette inscription est aujourd'hui déposée au musée Kircher; voyez Mgr. Wiseman, *Fabiola*, p. 227 et 228 de la traduction française, et M. Bonnetty, *Annales de philosophie chrétienne*, iv° série, t. IX, p. 106.

Inscription n° 3. — Cimetière de Saint-Calixte. Boldetti, p. 361. Murat., p. 1820, 6. Mamachi, *Origin. christ.*, t. III, p. 93, 101.

Aelia [V]ictorina posuit Aureliae Probae

Au-dessous, une brebis et un paon.

Inscription n° 4. — Cimetière de Saint-Thrason et de Saint-Saturnin, vase de sang. Cette inscription est peinte en rouge sur une tablette de marbre. Lupi, *Dissertatio et animadversationes ad nuper inventum Severæ martyris epitaphium* (Panormi, 1734, in-4°), p. 5. Marangoni, *Acta s. Victorin.*, p. 67. Murat., p. 366, 1. Bimard, *Dissert.*, in Murat., *Thes.*, t. 1, p. 27. Mamachi, *Origin. christ.*, t. III, p. 449. Pelliccia, *Politia*, t. III, p. 312. De Magistris, *Marm. Ostiens*, p. 20. Marin. *Inser. christ.*, p. 448, 1.

Κωσουλι Κλυδειω
εδ Πατερνω, νωνεις
νοβενβρειβους, δεα Βενερες, λουνα xxiiii,
Λευκες φελαιε Σεβηρε καρισσεμε ποσουετε,
εδ εισπειρειτω σανατω τουω.

[Μαρ]τουα αννουσρων ςλ', εδ μησσωρων xi, δεουφων x.

Consule Claudio et Paterno, nonis novembribus, die Veneris, luna xxiiii, Leuces filiae Severae carissimae posuit, et spirito sancto tuo.
Mortua annorum xxxvi et mensorum ii, deorum x.

C'est la fameuse inscription de sainte Sévère, qui a fourni au P. Lupi l'occasion d'écrire le beau livre dont j'ai rappelé le titre, en tête de la liste des ouvrages dans lesquels ce monument a été reproduit. Je ne puis mieux faire que de renvoyer le lecteur à ce livre, qui est considéré, avec raison, comme le meilleur traité d'épigraphie chrétienne que l'on ait encore publié.

Inscription n° 5. — Cimetière de Sainte-Priscille. Marangoni, *Cose gentilesche*, p. 456.

Annolius filio benemerenti fecit, qui vixit annis vi, mensis vii, diebus xi.
Ispiritus tuus bene requiescat in Deo; peta pro sorore tua.

Ce recueil contient un grand nombre d'inscriptions, qui témoignent, comme celle-ci, de la croyance des premiers chrétiens au dogme de *l'intercession des saints*; je crois cependant devoir y ajouter encore les deux suivantes, qui ont été récem-

ment découvertes, au cimetière de *Domitilla*, et dans lesquelles cette croyance est exprimée par des formules peu communes.

H · IVH
IVIBAS
IN PACE ET PETE
PRO NOBIS

. . . . . dep(ositus est) (?) . . . ne)n(as) Iun(ias). . . . . . Vi(v)as in pace et pete pro nobis.

ΚΑΤΤΗΠΡΟΙΓΚΑΛ
ΙΟΥΝΑΥΓΕΝΔΕ
ΖΗΣΑΙΣΕΝΚΩΚΑΙ
ΕΡΩΤΑΥΠΕΡΗΜΩΝ

Κατ(άθεσις) τῇ πρὸ ιγ' καλ(ανδῶν) Ἰουν(ίων). Αὐγενδε, ζήσαις ἐν Κ(υρί)ω καὶ ἐρώτα ὑπὲρ ἡμῶν.

Depositio xiii kal(endas) junias. Augende, vivus in Domino et ora pro nobis.

J'ai emprunté le texte de ces deux inscriptions au savant recueil de M. Bonnetty, *Annales de philosophie chrétienne*, iv° série, t. IX, p. 111.

PLANCHE LXXI

Inscription n° 6. — Cimetière de Saint-Processus et de Saint-Martinien, vase de sang. Lupi, *Epitaph. Severæ mart.*, p. 181. Marangoni, *Acta s. Victorin.*, p. 101. Murat., p. 1922, 5. Zaccar., *Ist. lett. d'Ital.*, t. 1, p. 227. Corsini, *Dissert.* I, in *Append. ad not. Græc.*, p. 12. Vettori, *Dissert. phil.*, p. 40.

Pecori(us), dulcis anima, (v)enit in cimitero vu kdus jul(ias), d(e)p(ositus est) postera die Marturoru(m).

Pecori pour *Pecorius*, comme *Theodoraci* pour *Theodoracius*, pl. LXXIII, n° 11.

Suivant Corsini, les mots *die Martyrorum* désignent ici l'anniversaire du martyre de sainte Félicité et de ses fils, martyre qui eut lieu, en effet, le vii des ides de juillet, et dont l'Église célèbre la fête le jour suivant; il faudrait alors ponctuer ainsi la fin de l'inscription : *depositus est postera die, (die) Martyrorum*; « il fut déposé le lendemain, jour des Martyrs. »

Inscription n° 7. — Boldetti, p. 808. Muratori, p. 385, 3.

Hic jacet Muscula, quae et Galatia, quae vix(it) ann(is) duob(us), mens(ibus) duobus) et d(iebus) xvii; dep(osita est) xv kal(endas) aug(ustas), Gratiano Aug(usto) II et Probo cons(ulibus), in pace Christi.

Le mot *Christi* est exprimé par le monogramme.

371 de notre ère, comme l'inscription n° 16 de la pl. XVI.

Inscription n° 8. — Cimetière de Sainte-Agnès, vase de sang. Maffei, *Museum Veron.*, p. 282, 1. Murat., p. 1874, 5. Boldetti, p. 414. Bianchini, *Demonst. Histor. eccles.*, tab. I, sec. i, n° 9.

P)l(avio) Secundino benemerenti, ministratori christiano, in pace, qui vixit ann(os) xxxvi, d(e)p(ositus est) iii non(as) mar(tias).

Ministrator, synonyme de *minister*. Les païens nommaient

ainsi des prêtres d'un rang inférieur, chargés d'aider les prêtres proprement dits, dans l'accomplissement des cérémonies du culte; voy. Gruter, p. 315, 2. De là l'épithète de *chrestiano*, donnée à Secundinus, pour le distinguer de ces prêtres païens. C'est sans doute aussi pour cela que le titre grec *diaconus*, διάκονος, a prévalu dans l'Église, pour désigner ces ministres de la religion, qui ne purent plus dès lors être confondus avec ceux du paganisme. Du reste, si le titre de *ministrator* tombe bientôt en désuétude dans la communauté chrétienne, le verbe *ministrare* continua d'y être employé pour exprimer les fonctions des diacres; témoin l'inscription suivante, qui est d'une époque où il n'y avait probablement plus de païens en Italie, et dont j'emprunte le texte à Marini, *Papir. diplom.*, p. 345.

IN HOC LOCO SCO REQVIESCIT
V·V IANVARHIS DIAC · QVI
MINISTRAVIT ANN · IN DIAC
OFFIC·XLVII·DEP·EST

In hoc loco s(an)c(t)o requiescit v(ir) v(enerabilis) Ianuar(iu)s, diac(onus), qui ministravit ann(os) in diac(oni) offic(io) xLvii, dep(ositus) est . . . . . .

INSCRIPTION n° 9. — Cimetière de Saint-Gordien et de Saint-Épimaque, vase de sang. Maffei, *Museum Veron.*, p. 281, 9. Boldetti, p. 372. Mamachi, *Origin. christ.*, t. III, p. 91.

Firmia Victora, que vixit annis Lxv.

Au dessous, une barque voguant vers un phare.

INSCRIPTION n° 10. — Cimetière de Saint-Calixte. Boldetti, p. 81. Murat., p. 376, 3. Marangoni, *Cose gentilesche*, p. 455. Georgi, *de Liturgia Romani pontif.*, t. II, p. LXXXV.

. . . . . . Heraclius, qui fuit in saeculum an(nos) xvm, m(enses) vu, d(ies) xx, lector r(egionis) sec(undae). Fecerun(t) sibi et filio suo benemerenti, in p(ace). Decessit vu idus feb(ruarias), Urso o(t) Polemio cons(ulibus).

A droite, un monogramme et une colombe tenant dans son bec un rameau d'olivier.

Le consulat mentionné correspond à l'an 338 de notre ère.

INSCRIPTION n° 11. — Cimetière de Sainte-Priscille. Marangoni, *Cose gentilesche*, p. 455. Marini, *Papir. diplom.*, p. 288 *b*.

Ispirito santo bono, Florentio, qui vixit anis xm, Coritus magiter, qui plus amavit, quam si filium suum, et Cotdeus mater, filio bene mereti fecerunt.

Coritus est pour *Corinthus*; *Cotdeus*, pour *Coddeus*, lequel est lui-même une abréviation de *Quodvultdeus*. On trouve chez Maffei, *Museum Veron.*, p. 279, 8, un exemple de ce nom appliqué à un homme, *Venantius Coddeus*; ici il est donné à une femme. On trouve de même deux femmes nommées *Quodvultdeus*, chez Fabretti, *Inscr. ant.*, p. 580, LxxIx, et chez Maffei, *Museum Veron.*, p. 464, 6.

CHAPELLE DE LA VILLA ALBANI.

PLANCHE LXXII

INSCRIPTION n° 1. — Cimetière de Sainte-Cyriaque, vase de sang. Oderic., *Sylloge*, p. 251, LxxxVII. Marini, *Villa Albani*, p. 188, 167; *Inscr. christ.* p. 364, 3.

Antiloco pincernae, q(ui) v(ixit) a(nnis) xxi.

A gauche, une coupe, qui rappelle la profession d'*Antilochus*. C'est jusqu'à présent la seule inscription où se trouve le titre de *pincerna*. Suivant Marini, ce titre désigne ici un officier de la maison impériale; et, en effet, si Antilochus eût été attaché en qualité d'échanson à un particulier, on ne se serait pas contenté de lui donner ce titre, ou plutôt on ne le lui aurait pas donné.

INSCRIPTION n° 2. — Cimetière de Saint-Thrason et de Saint-Saturnin, vase de sang. Oderic. *Sylloge*, p. 259, c. Marini, *Villa Albani*, p. 195, 172. Marchi, *Monum. delle arti crist. primit.*, t. I, p. 98.

Rigine [b]ene merenti filia sua fecit [B]enerigine, matri viduae, que sedit viduu annos Lx, et Eclesa(m) numqua(m) gravavit, unib(y)ra, que vixit annos Lxxx, mesis v, dies xxvi.

A gauche, une feuille et une colombe posée sur un rameau d'olivier.

Venerigine, pour *Beneregina*, est un nom composé comme *Benegestus*, que nous avons rencontré pl. LxV, n° 6.

On trouve un autre exemple de l'expression *vidua sedit*, « a siégé parmi les veuves », dans une inscription publiée par Boldetti, p. 452. Tertullien a dit en parlant des veuves inscrites sur le registre des personnes auxquelles l'Église fournissait des aliments, *ad quam* SEDEM *praeter annos sexaginta non tantum univirae, sed et matres eliguntur* (*De veland. virgin.*, c. 8). *Unibyra* est ici pour *univira*, « qui n'a été mariée qu'une seule fois. » On peut voir chez Fabretti, *Inscr.*, p. 324, 450, un autre exemple de cette singulière orthographe. Quant à la phrase *et Ecclesiam nunquam gravavit*, nous l'avons déjà vue, dans l'inscription n° 2 de la pl. Lxx.

PROVENANCES DIVERSES.

PLANCHE LXXIII

INSCRIPTION n° 3. — Galerie du Vatican.

[J]ovinus sibi comparavit a [V]ictorino bismou(m) locu(m), et Exuperu collega ipsi(us).

Au-dessus, un monogramme.

INSCRIPTION n° 4. — Escalier de la basilique de Sainte-Agnès.

Τῇ γλυκυτάτῃ μοῦ θυγατρὶ Βικτωρίῳ Ἡσυχις.
Dulcissimae filiae meae Victorium, Hesychius (fecit).

Βικτωρίῳ, *Victorium*, est un nom de femme formé comme *Eustochium*, *Glycerium*, etc. Ἡσυχις est pour Ἡσύχιος; voyez la note sur l'inscription J de la pl. III.

INSCRIPTION n° 5. — Cloître de Saint-Pierre-aux-Liens. Trouvée au cimetière de Sainte-Cyriaque, ou au cimetière de Saint-Hippolyte. Marchi, *Monum. delle arti crist., primit.*, t. I, p. 85 et 165.

Comparavi Saturninus a
Sosto locum (b)isouium, auri solid-
os duos, in luminare majore. Que posita est ibi, que fuit cum marito an(nis) LI.

A gauche, une feuille; au-dessous, une colombe.

Il manque à ce monument le nom de la personne dont il indiquait la dernière demeure, soit que ce nom ait été emporté avec le commencement de l'inscription, par une cassure de la pierre; soit qu'il ait été omis à dessein ou par oubli. Quoi qu'il en soit, cette inscription n'en est pas moins intéressante, d'abord comme monument paléographique, et ensuite, parce qu'elle nous fournit un nouvel exemple de l'emploi du mot *Luminare*. Outre celui-ci, on n'en connaît qu'un autre, qui nous est fourni par l'inscription qui a été reproduite dans le premier volume de cet ouvrage, pl. XXXIII, n° 7.

FIGURE n° 6. — Cloître de Saint-Laurent. Un livre ou des tablettes, un style et un encrier avec des roseaux à écrire.

INSCRIPTION n° 7. — Anagni. Trouvée au cimetière de Saint-Gordien et de Saint-Épimaque, avec un vase de sang. Marangoni, *Acta s. Victorin.*, p. 103. Boldetti, p. 344 et 372. Muratori, p. 1860, 1. Mamachi, *Origin. christ.*, t. I, p. 465. Marini, *Inscr. christ.*, p. 375, 1.

Dorotheo, filio dulcissimo, qui vixit m(ensibus) VI, d(iebus) XX, or(is) III,
in pace.

Au milieu de la première ligne, un monogramme; au-dessous de l'inscription, une colombe posée sur des branches d'olivier.

INSCRIPTION n° 8. — Chapelle de la villa Albani. Marini, *Giornale di Pisa*, 1772, t. VI, p. 40; *Villa Albani*, p. 189, 168.

Hic quiescit ancilla Dei, que de sua omnia possedit domum ista(m), quem
unice dellent solaciumq(ue) requirunt. Pro hunc unum ora subolem, quem
superistitem re(li)quisti. Eterna(m) requiem felicitas causa man(e)bis;
mu kalendas otobris. Cucurbitinus et Abu(nd)antius hic cimul quiescit,
d(ominis) n(ostris) Gratiano V et Theodosio Aug(ustis) consulibus).

Au-dessous, une couronne attachée avec des bandelettes, dont les extrémités sont tenues par deux colombes.

Pro hunc unum ora subolem, etc.; « prie pour ce seul rejeton que tu as laissé survivant. » *Subolem* pour *sobolem* se rencontre souvent dans les inscriptions; voy. Grut., p. 1176, 3; Murat., p. 1341, 10, etc.

Que de sua omnia possedit domum istam. La même idée est souvent exprimée dans les inscriptions funéraires; pour ne citer que des monuments chrétiens, on lit à la fin d'une inscription du cimetière de Saint-Calixte, publiée par Boldetti, p. 650 : ΕΚ ΤΩΝ ΕΜΩΝ ΠΑΝΤΩΝ ΤΥΤΟ ΕΜΩΝ, ἐκ τῶν ἐμῶν πάντων τοῦτο ἐμόν, et dans une autre, publiée par Aringhi, livre IV, p. 147 : DE MEIS FACVLTATIBVS HOC MEVM PROPRIVM.

Marini a renoncé à expliquer le mot *causa*, qui suit le mot *felicitas* et commence la sixième ligne; il propose même de le remplacer par *pausa*, et voit dans le mot *felicitas* le nom de la personne à laquelle cette inscription est consacrée. Ce même mot *causa* se retrouve dans une situation analogue et également difficile à expliquer, dans une inscription chrétienne de la ville d'Anse, près de Lyon, que j'ai publiée, d'après un estampage, dans le *Bulletin du comité de la langue, de l'histoire et des arts de la France*, t. III, p. 205, et que M. Edm. Le Blant a donnée en fac-simile, dans son *Recueil des Inscr. chrétiennes de la Gaule*, pl. III, n° 9. On y lit le distique suivant :

Hunc m(o)estus pater est, avine matriq(ue) perennis.
(tris)titia. Heu factous! causa perit pietas,

où *pietas* me paraît avoir été mis, avec intention, pour *pietatis*. Peut-être ici le mot *felicitas* est-il de même pour *felicitatis*, et la phrase en question doit-elle s'expliquer ainsi : « Tu attendras pour ton bonheur le repos éternel. » Je sais bien que, dans cette hypothèse, le nom de la personne enterrée aurait été omis; mais ce ne serait pas le premier exemple que nous rencontrerions d'une omission semblable.

IIIIX, pour XIIII, manière d'écrire conforme à la prononciation, *quatuordecim*, et qui se rencontre surtout dans les inscriptions funéraires chrétiennes. Nous en avons déjà vu dans ce recueil, plusieurs exemples, pl. II, n° 17 et n° 18, etc. Le premier A du mot *kalendas* a la forme d'une II, particularité qui s'est déjà présentée, dans le mot AETERNALI de l'inscription n° 71, pl. XXXIX.

Le cinquième consulat de Gratien correspond à l'an 380 de notre ère,

INSCRIPTION n° 9. — Cloître de Saint-Paul. Margarini, *Basil. S. Pauli*, p. 12, 164.

Instruments de maçon ou de tailleur de pierre, avec ce reste d'inscription :

. . . . e, XVIII kal(endas).

FIGURE n° 10. — Palais Chablais.

Un homme conduisant deux chevaux ou deux mulets de bât. Au-dessus de l'homme on lit : *Constanti*; au-dessus du premier mulet, *Germanus*; au-dessus du second, *Barbarus*. Il n'est pas bien sûr que ce monument soit chrétien.

Inscription n° 11. — Crypte de la basilique de Sainte-Cécile. Baronius, *Annal.*, p. 618, 8. Pagi, *Critic. ad Annal. Baron.*, t. II, p. 760. Lupi, *Epitaph. Severæ mart.*, p. 25. Murat., p. 432, 2.

Hic requiescit Theodorus, v(ir) c(larissimus), Grecus [B]izan(t)enis, qui fuit fidelis et carus amicus multorum reipublicae judicum, amicitiae custus, benignus, pius, domui suae bene praepositus, quem etiam locum comparavit a v(iro) v(enerabili) Victore, archipr(esbyter)o tit(uli) s(an)c(t)ae Cæciliae, sol(i)dos vi; depositus (est) die quinta decima m(ensis) augusti, ind(ictione) septima, et filius ejus Theodoraci(us), qui [v]ixit m(enses) vi, depositus (est) idus octo(b)ris, imp(erantibus) d(ominis) n(ostris) piissimis Aug(ustis) Heracl(i)o anno nono, p(ost) c(onsulatum) ejusdem d(omini) n(ostri) anno octa(v)o, atq(ue) Heraclio Constantino novo, filio ipsius, anno septimo, indict(ione) septima; qui vixit annos plus minus LXXV.

Cette inscription est de l'an 619 de notre ère.

Inscription n° 12. — Castel-Gandolfo. Cimetière de Sainte-Cyriaque. Boldetti, p. 402. Lupi, *Epitaph. Severæ mart.*, p. 64. Murat., p. 1855, 10. Marini, *Inscr. christ.*, p. 457, 1.

Κυριακῇ τῇ γλυ(κυ)τάτῃ. Κατάθεσις ἐν παχι Χριστοῦ Θεοῦ. Ἔζησεν ἔτη λε'. Πρὸ μιᾶς εἰδῶν μαρτίων.

Cyriaco dulcissimae. Depositio in pace Christi Dei. Vixit annos xxxv. Pridie idus martias.

Entre les deux lignes, deux colombes, et peut-être un vase. Les mots Χριστοῦ Θεοῦ sont exprimés par un sigle composé du monogramme en forme de croix, et d'un Δ, ou d'un Θ triangulaire.

La division des lignes n'a pas été observée dans la collection de Marini.

GROTTES VATICANES

PLANCHE LXXIV

Inscription n° 1. — Aringhi, t. I, p. 337. Bosio, p. 105. Reines., p. 934, 156. Fleetwood, *Sylloge*, p. 461, 1. Reland., *Fast. cons.*, p. 553. Torrigio, *Grot. Vatic.*, p. 458.

Benemereuti in pace Proclo, qui [v]ixit annus xvi, depositus (est) vi idus octobris, d(ominis) n(ostris) Honorio Augusto VIII et Theodosio V c(on)s(ulibus).

Au-dessous, un vase entre deux colombes.
412 de notre ère.

Inscription n° 2. — Aringhi, t. I, p. 387. Bosio, p. 106. Ciampini, *De sacris ædif. Const.*, p. 107. Reines., p. 915, 75. Fabretti, *Inscr.*, p. 659, 498. Reland., *Fast. cons.*, p. 631. Zaccar., *Ist. letter. d'Ital.*, t. V, p. 487, et t. VI, p. 483.

Dep(o)s(itus est) Felix diac(onus) v idus martias, Theodosio XV et Pl(aci)d(io) Valentiniano IIII Aug(ustis) cons(ulibus).

435 de notre ère.

Inscription n° 3. —

Dedica[tum...... die m, men(sis)...... Gregorio(a)..... iod(ictione) m.

Inscription n° 4. —

.....o, qui [vixit...... depositus] i pace.......s]ept(embris).....
...s]t Syagrio v(iris) c(larissimis) cons(ulibus).

Flavius Syagrius fut consul en 381 de notre ère; *Afranius Syagrius* le fut l'année suivante; enfin quelques monuments de l'an 383 sont datés, *post consulatum Antonii et Syagrii* (voy. Reland., *Fast. cons.*, p. 478). Cette inscription est nécessairement de l'une de ces trois années.

Inscription n° 5. — Cimetière de Saint-Calépode. Aringhi, t. I, p. 291 et t. II, p. 63. Bosio, p. 59. Reines., p. 991, 405. Bottari, *Scult. e pittur.*, tav. XX. Ursat., *de Notis Rom.*, 45, 407. Fleetwood, *Sylloge*, p. 500. Fabretti, *Inscr.*, p. 545, 2.

Cette inscription, aujourd'hui incomplète, était encore entière lorsque les auteurs ci-dessus cités l'ont publiée; j'en emprunte le texte au recueil de Fabretti.

BALERIALATOBIAO[FQVEVIXAHN
VSXLIIMIIID[XVFVITBEDVA
AHHVSXIIDEP[OSITAIIIIDVS
SEPTERISIN[PACE

[V]aleria Latobia o(ptima) f(emina), que vix(it) annos xiu, m(enses) iii, d(ies) xv, fuit [v]edua annos xii, deposita (est) iii idus septe(mb)ris, in pace.

Inscription n° 6

... in[e]onparabili et sibi. . . . . orus, v(ir) inl(ustris), ex. . .
. . . d]ecurior(um) fecit.

Inscription n° 7. —

Hic requiesc]it in pace Titianus, v(ir) s(pectabilis), qui vixit annus [*plus minus*] xx, qui est depositus iii nonas. . . . . . as, cons(ulatu) Fl(avii) Petri, v(iri) c(larissimi).

516 de notre ère.

Inscription n° 8.

Hic Leo requiescit, omni[um
bonorum consiliator, q(ui) an. . . .
Tutiano et Symmacho cons(ulibus). . .
et ejus Alexand]er. . . . .

Le mot LOLIO, qui compose à lui seul la dernière ligne, et qui est formé de lettres plus grandes et plus profondément gravées, paraît être le reste d'une inscription plus ancienne.

Le consulat de Tatien et de Symmaque correspond à l'an 391 de notre ère.

Inscription n° 9. — Migliore, *Opuscoli Ferraresi*, t. I.,
p. 1. Marini, *Papiri diplomatici*, p. 251.

Hic requiescit in pace Iohannis, v(ir) h(onestus), olografus propina Isidori,
qui vixi(t) ann(os) plus m(inus) xxv, dep(ositus est) x kalen(das) juni(a)s,
consulate (B)lisarii, v(iri) c(larissimi).

Au commencement de l'inscription, une croix.

On appelait *propina*, suivant Isidore de Séville, *Origin.* XV,
2, 1, des établissements situés dans le voisinage des bains, et
dans lesquels on donnait à manger aux baigneurs ; c'était,
on le voit, une sorte de *restaurants*, comme les *popinæ*. Le
personnage auquel a été consacrée cette inscription, et qui y
est qualifié de *vir honestus*, était chargé de tenir les écritures,
holographus, dans la *propina* d'un nommé Isidore. C'est là, du
reste, une acception nouvelle du mot *holographus*, qui, ordinairement, est employé comme adjectif, et signifie *écrit en
toutes lettres*, et écrit *entièrement de la main de l'auteur*. Aussi
Marini pense-t-il qu'il y a eu ici erreur du graveur de lettres,
lequel aura écrit *olographus* pour *logographus*. *Logographus*
était en effet le mot propre pour exprimer l'idée de teneur
de livres.

Le consulat de Bélisaire correspond à l'an 535 de notre
ère.

Inscription n° 10. — Aringhi, t. I, p. 338. Bosio,
p. 106. Reines., p. 961, 271. Fleetwood, *Sylloge*,
p. 375, 6. Torrigio, *Grot. Vat.*, p. 329. Reland., *Fast.
cons.*, p. 674.

Hic requiescit Catellus, n. . . . . . . qui vixit ann(os) pl(us) m(inus) x,
dep(ositus est) in pa[ce]. . . . . Avieno juniore v(iro) c(larissimo)
co[n]sule.

Catellus, est un nom du même genre qu'*Asellus*, pl. xi,
n° 1, et pl. lxx, n° 1, et que *Capriola*, pl. v, M, et pl. lxxv,
n° 1.

Le consulat de *Fl. Probus* et d'*Avenius Junior* correspond à
l'an 502 de notre ère.

Inscription n° 11. — Aringhi, t. I, p. 337. Bosio,
p. 105. Reines., p. 952, 237. Fleetwood, *Sylloge*,
p. 348, 2. Reland, *Fast. cons.*, p. 680. Torrigio, *Grot.
Vat.*, p. 134.

Fl(avio) Fel[ic]ce v(iro) c(larissimo) con(sule), s(ub) d(ie) m id(us) oct(ob(ris),
d(e)p(osita est) in pace. . . . . . . Albinu, c(larissima) p(uella).

428 ou 511 de notre ère. Les consuls de l'an 428 furent
Taurus en Orient et *Flavius Felix* en Occident ; ceux de l'an
511, *Secundinus* en Orient et un autre *Flavius Felix* en
Occident ; on a un assez grand nombre de monuments de
l'une et l'autre année, datés seulement par le nom du consul
d'Occident.

PALAIS CHABLAIS.

PLANCHE LXXV

Inscription n° 1.

Alexius et Capriola fecerunt se vivi, jussu Archelai et Dulcitii,
presb(yterorum).

Inscription n° 2.

Aproniamus se (v)iv(a)m emet, sibi et suis fecet.

Inscription n° 3.

D(iis) M(anibus).
Paulina(e) benemereti, que vixi(t) anis duo, dies vn.

Au milieu un vase d'où sortent des flammes ; à droite une
colombe ornée d'un collier et tenant dans son bec un rameau
d'olivier ; à gauche une grande feuille renversée.

Inscription n° 4. — Cimetière de Saint-Calixte. Marchi,
Monum. delle arti crist. primit., t. I, p. 101.

Cubiculus Fal(erii) Gaudentii, argentarii.

Au-dessus, trois monogrammes en forme de croix.

Fal(erii) est pour *Val(erii)*. On a, même dans les bas temps, des
exemples de l'emploi de F pour V ; voy. Marini, *Arval.*, p. 97.

Inscription n° 5.

Laurenti. . . . . . . depositione. . . .

Inscription n° 6.

Solus Deus animam tuam defendad, Alexandre !

PROVENANCES DIVERSES.

PLANCHE LXXVI

Inscription n° 1. — Civita-Vecchia.

Hic requiescit in pace W(i)lithea, qui vissxit annus pl(us) m(inus) xvi, deposita
est vini kal(enda)s augustas, p(ost) c(onsulatum) Basili, v(iri) c(larissimi),
anno xvi, indi(ctione)s quintas, d(evota) m(artyribu)s.

Au commencement de l'inscription, une croix.
557 de notre ère.

Inscription n° 2. — Cimetière de Saint-Calixte. Bosio,
p. 276. Aringhi, t. I, p. 584. Reines., p. 990, 401.
Malvasia, *Marm. Felsin.*, p. 439. Fleetwood, *Sylloge*,
p. 493, 4.

Treptus Hilaro filio dulcissimo, qui vixit ann(os) xvm, et m(enses) m,
et d(ies) vm.

Au milieu de l'inscription, un jeune homme *succinctus*,
c'est-à-dire dont la tunique est relevée par une ceinture. Il

appuie la main droite sur sa poitrine, et semble se reposer sur un bâton, qui est passé sous son bras gauche; sa chaussure est formée de brodequins, dont la partie supérieure est repliée.

INSCRIPTION n° 3. — Église Saint-Marc; trouvée au cimetière de Saint-Sébastien, avec un vase de sang. Marini, *Inscr. christ.*, p. 433, 7.

Dep(osita) in p(ace) XV kal(endas) sep(tembres) Fortissima, cons(ulibus) Timasio et Promoto, v(iris) c(larissimis).

Au-dessus, un monogramme entre l'α et l'ω; à gauche, un autre monogramme au-dessus d'un vase; en dessous une colombe tenant à son bec un rameau d'olivier, mais très-grossièrement figurée; à droite et à gauche de la deuxième ligne, deux monogrammes en forme de croix.

Le consulat mentionné correspond à l'an 389 de notre ère.

INSCRIPTION n° 4. — Église Saint-Marc; provenant du cimetière de Sainte-Priscille. Aringhi, t. II, p. 288. Bosio, p. 534. Reines., p. 932, 146. Marchi, *Monum. delle arti crist. primit.*, t. I, p. 27.

Hic positus est Petrus, VIII idus martias, qui vixit annis XVIII. Dep(ositus est) in pace, Philippo et Salia co(n)s(ulibus).
Duo fratres.
Venantius, lector de Pallacine, qui vixit a(nnis) XX, dep(ositus est) XII kal(endas) sep(tembres).

Cette inscription est incomplète chez tous les auteurs qui l'ont jusqu'ici publiée.

Le consulat de Philippe et de Salia correspond à l'an 348 de notre ère.

INSCRIPTION n° 5. — Église Saint-Marc; provenant du cimetière de Saint-Hippolyte. Settele, *Atti della Pontif. Accad. Rom. di Archeol.*, t. V, p. 200, n° 5.

D(iis) [M(anibus)], b(onae) m(emoriae). Aposelano Lucilliano, conjugi benemerenti, qui vixit annis LVI, m(ensibus) III, d(iebus) X, or(is) N, Justa conjux et Istercorius filius digno fecerunt.

PLANCHE LXXVII

INSCRIPTION n° 1. — Musée de Saint-Jean-de-Latran.

Βηρατίους Νικάτορ, Λαζαρίη, καὶ Ἰουλίη, καὶ Ὀνησίμη, κον φίλιους βενεμερεντες.
Ὁ βίος ταῦτα

Veratius Nicator, Lazaria, et Iulia, et Onesime, cum filios benemerentes.
Tantum est vita!

Au-dessous, deux monogrammes en forme de croix, le bon pasteur entre deux monstres, et une ancre.

La disposition de la dernière ligne prouve que les quatre petites cuvettes percées d'un trou, que l'on voit sur le marbre, existaient avant la gravure de l'inscription. Voyez la note sur l'inscription n° 123 de la pl. XXXVII.

Le mot TAYTA, qui se lit quelquefois à la fin des inscriptions funéraires, même des inscriptions funéraires latines, n'a point encore été interprété d'une manière satisfaisante; voy. Marini, *Villa Albani*, p. 97 et suiv.; Franz, *Corp. Inscr. Gr.*, n° 6460. Ce monument, dont la dernière ligne doit évidemment se traduire ainsi: « *Voilà ce que c'est que la vie!* », nous en donne la véritable explication. C'est cette pensée qu'exprime en abrégé le mot TAYTA, et qu'on a rendue en latin, d'une manière également abrégée, par le mot TANTVM, dans une inscription copiée à Canosa, par M. Mommsen, *Inscript. Regni Neap. lat.*, n° 671.

INSCRIPTION n° 2. — Musée de Saint-Jean-de-Latran.

Civem Armeniacum Cappadocem nomine Quirillus, pius, omnibus amiculus, vixit annos p(lus) m(inus) LXX, praecessit ad pacem VI id(us) mart(ias); post cons(ulibus) Ricomere et Clearco, die lunae. Risomn(m) (unit) cum Yperechium conparcru.

Civem Armeniacum Cappadocem. Voyez pl. XXXII, n° 82. On sait que l'Arménie proprement dite, ou la grande Arménie, ne fut qu'un instant réduite en province romaine, sous le règne de Trajan. La petite Arménie, qui, dès le règne de Vespasien, avait été réunie à la Cappadoce, fut, sous celui de Constantin, divisée en deux provinces, qui prirent les noms d'*Armenia prima* et d'*Armenia secunda.* C'est de l'une de ces deux Arménies, que *Quirillus,* ou plutôt *Cyrillus,* était originaire. On a ajouté à son titre de *civis Armeniacus,* l'épithète de *Cappadox,* afin qu'il n'y eût pas d'équivoque, et que l'on ne crût pas qu'il était né dans la grande Arménie.

Numine est pour *nomine.* Au commencement de la cinquième ligne, il vaudrait peut-être mieux lire vn *d(ie) martis,* le D barré étant presque toujours, dans les inscriptions des Catacombes, l'abréviation du mot *dies.*

On a vu pl. III, inscription K, que le consulat de *Ricomes* et de *Clearchus* correspond à l'an 384 de notre ère; cette inscription, qui est de l'année suivante, est donc de l'an 385.

INSCRIPTION n° 3. — Couvent des Camaldules. Oderic. *Sylloge,* p. 347, 20.

Ofellius Laelus f(ecit) Aur(eliae) Secundine, cojugi b(ene) m(erenti), cum qua vixi m(enses) XI, d(ies) XXI, que fuit signo Sirica, q(ue) vix(it) ann(os) XVII.

À droite de l'inscription, une ancre.
Signo Sirica, surnommée Sirica. Voy. pl. XLII, n° 2.

INSCRIPTION n° 4. — Cloître de la basilique de Saint-Laurent.

Caritose.

Au milieu de l'inscription, une souche de palmier (?), d'où s'élance une palme; à droite, un monogramme.

INSCRIPTION n° 5. — Cloître de la basilique de Saint-Laurent.

. . . . . *matri*] suae Caelerine, bene[merenti,
quæ vixit] annis xv; m(ensibus) vi, d(iebus) xv . . . . .

INSCRIPTION n° 6. —

Νικηφόρου.
Nicephori.

Au-dessous, le bon pasteur, entre une brebis et un bélier.

INSCRIPTION n° 7. — Église Saint-Marc.

Δέκεμβρο[ς], πρὸ ζ' ἰδῶν μαιῶν.
December, ante diem vii idus maias.

INSCRIPTION n° 8. — Cloître de la basilique de Saint-Laurent.
Maffei, *Mus. Veron.*, p. 279, 1.

Epictetus et Felicia parentes Felici filio dulcissimo, benemerenti, qui vixit
annis xiii, mensis vi, dies xviii. Te in pace!

À droite, Noé dans l'arche, étendant la main pour recevoir
la colombe, qui revient avec un rameau d'olivier; à gauche, une
figure qu'il m'est impossible de déterminer.

PLANCHE LXXVIII

INSCRIPTION n° 1. — Villa Pamphili.

Depositus est Januarius iii idus sept(embres), qui vixit ann(is) ii,
m(ensibus) xi, in pace.

Aux deux côtés de l'inscription, deux hommes vêtus de la
toge; peut-être saint Pierre et saint Paul.

INSCRIPTION n° 2. — Custode des reliques de Saint-Apollinaire; provenant du cimetière de Sainte-Cyriaque.
Boldetti, p. 382.

Un monogramme, et en dessous, une orante entre deux
colombes; à gauche, un reste d'inscription.

INSCRIPTION n° 3. — Crypte de la basilique de Sainte-Cécile.
Boldetti, p. 234. Mamachi, *Origin. christ.*, t. II, p. 230.
Vettori, *Dissert. phil.*, p. 38.

Sanctis martyribus Tiburtio, [V]aleriano et Maximo, quorum natales est
xviii kalendas maias.

Natales, pour *natalis*, sous-entendu *dies*. On désignait ainsi
l'anniversaire de la mort des martyrs, anniversaire que l'on
considérait comme celui de leur naissance à la vie éternelle;
c'est ce que démontrerait au besoin l'inscription suivante, qui
a été trouvée au cimetière de Saint-Thrason et de Saint-Satur-

nin; et publiée par Marangoni, *Acta s. Victorin.*, p. 88; par
Muratori, p. 1913, 9, et par Vettori, *Dissert. phil.*, p. 42.

PARENTES FILIO MERCVRIO FECE
RVNT · QVI VIXIT · ANN · V · ET MESES VIII ·
NATVS IN PACE IDVS FEBRV ·

Parentes filio Mercurio fecerunt, qui vixit ann(os) v et meses v111, natus in pace
quinto idus febru(arias).

Natus in pace, né à la vie éternelle; tel est le sens qu'il faut
attacher ici à ces mots.

INSCRIPTION n° 4. — Chapelle de la Propagande; trouvée
en 1845, au cimetière de Saint-Hermès, avec un
vase de sang. Marchi, *Monum. delle arti crist. primitiv.*,
t. I, p. 238 et 263.

D(e)p(ositus est) iii idus septe(m)bris Yacinthus martyr.

Près de l'endroit où cette inscription avait été trouvée, le
P. Marchi a découvert, peu de temps après, un fragment de
table de marbre blanc, sur lequel on lit:

SEPVLCRVM PROTIM
Sepulcrum Proti m[artyris.

Ces deux inscriptions sont, ainsi que l'a démontré le P.
Marchi, les épitaphes de saint Hyacinthe et de saint Protus,
qui ont donné leur nom à la partie du cimetière de Saint-
Hermès où ces monuments ont été découverts.

INSCRIPTION n° 5. — Cimetière de Saint-Urbain.

Ἐνθάδε κεῖται
Ἀρτεμισία, φίλη δέ[σποινα,
ζήσασα ἐν παροίκῳ ἔτη,
η', οὐδὲ μεστά · κατ̓λιπ̓ δὲ
λύπην ἀδελφῷ [καὶ] μονό…υσε (?)
τὸν ἄνδρα.

Hic jacet Artemisia, cara domina, quae vixit in paroecia annos viii,
nec plenos; reliquit autem dolorem fratri et desolavit (?) virum.

Φίλη δέσποινα. Un mari donne de même à sa femme les épi-
thètes de κυρία ἀγαθή, dans une inscription publiée par le
P. Lupi, *Epitaph. Severæ mart.*, p. 66; c'est le *domina* ou
domna des inscriptions latines.

INSCRIPTION n° 6. — Oderic. *Sylloge*, p. 255.

Hic requiescit in p(ace) Lea, qui vixit ann(is) p(lus) m(inus) xxx, deposita est
in p(a)c(e) xvi kal(endas) jan(uarias), Symmaco et Boetio c(larissimis)
v(iris).

Au-dessous, une croix entre deux feuilles.
522 de notre ère, comme l'inscription n° 7 de la pl. LIX.

INSCRIPTIONS DES VOLUMES I ET III.

Nous avons cru devoir reproduire ici ces inscriptions, afin de réunir, en un seul recueil, tous les monuments épigraphiques publiés dans cet ouvrage.

VOLUME I — PLANCHE XXX

Cimetière de Saint-Calixte, au-dessus d'une peinture représentant un fossoyeur. Boldetti, p. 60 et 64. Muratori, p. 1969, 9.

DIOGEHES·FOSSOR·IH PACE DEPOSITVS
OCTABV·FALENDAS·OCTOBRIS

Diogenes fossor, in pace depositus octa[v]u kalendas octobris.

PLANCHE XXXI

Inscription n° 6. — Galerie du Vatican.

LOCVS
ADEO.
·ATI

Locus Adeo[d]ati.

PLANCHE XXXII

Inscription n° 1 — Basilique de Santa-Maria-in-Trastevere. Marini, *Arval.*, p. 345.

LOCVS·FILVMINI·COT
EMETSVISAFLORENTIV
FOSORE

Locus Filumini, cot emel suis a Florentiu fosore.

Cot est pour *quod*; on lit de même *cot est collegi*, pour *quod est collegii*; dans une inscription du musée Bourbon, Mommseu, *Inscr. Regni Neap. lat.*, n° 6912, et *it cot testamento suo legavit*, dans une inscription de Lambèse, *Inscr. Rom. de l'Algérie*, n° 1166.

Inscription n° 2. — Galerie du Vatican.

LOCVS SIRICES BID
VES QVEM EMIT A FOS
SSORE HILARV BISOMV

Locus Sirices [v]idnes, quem emit a fossore Hilaru bisomu(m).

Inscription n° 3. — Chapelle de la Trinité à Vellétri. Amaduzzi, *Anecdot. litter. Rom.*, t. IV, p. 552, 59. Cardinali, *Iscriz. Velit.*, p. 196, 130.

FAVSTIHVS
EMIT LOCVM
BISOMVM A L
EOHE FOSSORE

Faustinus emit locum bisomum a Leone fossore.

Inscription n° 4. —

HIMERITA·VIVA
S·IN D·EGO ASIT
IVS CRISCIS·HIMI
LOCVM A FOSSORE
IANVARIO. .OMAI
VRO IH PACE DEI
☦   ☦

Himerita, vivas in D(eo)! Ego Asitius Criscis himi locum a fossore Januario. . . omaiuro (?), in pace Dei (?)

Himerita, pour *Emerita*; *Criscis* pour *Crescens*; *himi* pour *emi*. La fin de l'inscription, après le mot *Januario*, est très-incertaine.

PLANCHE XXXIII

Inscription n° 5. — Salle des antiques au Capitole. Marini, *Arval.*, p. 695. Marchi, *Monum. delle arti crist. primitiv.*, p. 85.

EMETVM LOCVM AB AR
TAEMISIVMVISOMVM
HOC EST ET PRAETIVM
DATVM FOSSORI HILA
RO ID EST FOLN ∞ D PRAE
SENTIA SEVERI FOSS ET LAVREHTI

Em[p]tum locum ab Artaemisium [b]isomum, hoc est et praetium datum fossori Hilaro, id est fol(les) n(umero) mille et quingenti, praesentia Severi foss(oris) et Laurentii.

Inscription n° 6. — Galerie du Vatican.

SERBVLVS EMIT BISOMV
A LEOHTIV FOSSORE

Ser[v]ulus emit bisomu(m) a Leontiu fossore.

Inscription n° 7. — Bibliothèque Ambroisienne à Milan. Labus, *Intorno due antichi epitaffi*, p. 8. Orelli, *Inscr. lat.*, n° 4575.

Tablette de marbre portant de chaque côté une inscription, savoir : d'un côté,

AVRELI
VS·LEO
HTIVS

Aurelius Leontius.

De l'autre côté,

EGO EVSEBIVS ANTIOCENO
SAH·PL·M·LXX·COMPARAVIE
GOSS·VIVVSIHCATACVMBASAD
LVMENAREMAFOSSOREOC
APATOSTANEES AMICV
S☦IIIIDVS SEPT ☦

Ego Eusebius Antiocenus, au(norum) pl(us) m(inus) LXX. Comparavi ego s(upra) s(criptus), vivus, in catacumbas ad lumenarem, a fossore Ocepato, Stanees (?) amicus, d(ie) iu idus sept(embres).

C'est, jusqu'à présent, la seule inscription connue, où se
lise le mot de *Catacumba*. Le mot *Luminare* ne se lit que dans
une autre, qui a été reproduite dans la planche LXXIII, n° 5, du
V° volume.

L'inscription suivante, qui a été trouvée il y a quelques
années dans le cimetière de Saint-Nérée et de Saint-Achillée,
et dont j'emprunte le texte à Mgr le cardinal Wiseman,
Fabiola, trad. franç. p. 210, contient un autre mot nouveau
pour l'épigraphie chrétienne :

M · A N T O N I
V S · R E S T V T V
S · F E C I T · Y P O
G E V · S I B I · E T
S V I S · F I D E N T I
B V S · I N · D O M I N O

Marcus Antonius Restutus fecit ypogeu(m) sibi et suis fidentibus in Domino.

On connaît quelques exemples du mot *hypogeum* dans les
inscriptions païennes; voy. Gruter, p. 1114, 3, et Doni,
p. 316, 14; on ne l'avait pas encore rencontré dans une
inscription des Catacombes.

INSCRIPTION n° 8. —

Cette inscription a été reproduite plus haut, p. 171, dans
la note sur l'inscription n° 5 de la pl. LIII.

INSCRIPTION n° 9. — Anagni.

H I L A R I N V S E T Z O S I M E
S E V I V O S E M E R V N T L O
C V B I S O M V A G A V D E N
T I V F O S S O R E

Hilarinus et Zosime se vivos emerunt locu(m) bisomu(m)
a Gaudentiu fossore.

VOLUME III. — PLANCHE XXIV

Peinte en rouge sur la voûte d'une chapelle du cimetière
de Saint-Thrason et de Saint-Saturnin.

Ο Β Ρ Ι Δ Ο С Π Α Λ Λ Α Δ Ι Ω
Γ Λ Υ Κ Υ Τ Α Τ Ω Α Ν Ε Ψ Ι Ω
С Υ Ν С Χ Ο Λ Α С Τ Η Μ Ν Η Μ Η С
Χ Α Ρ Ι Ν

Ὄβριμος Παλλαδίῳ γλυκυτάτῳ ἀνεψιῷ συσχολαστῇ, μνήμης χάριν.

Obrimus Palladio, dulcissimo nepoti, condiscipulo, memoriæ causa.

PLANCHE XXV

Également peinte en rouge, sur une autre partie de
la même voûte.

Ο Β Ρ Ι Δ Ο С Ν Ε С Τ Ο Ρ Ι Α Ν Η
Μ Α Κ Α Ρ Ι Α Γ Λ Υ Κ Υ Τ Α Τ Η

Ὄβριμος Νεστοριανῇ μακαρίᾳ, γλυκυτάτῃ.

Obrimus Nestorianæ defunctæ, dulcissimæ.

PLANCHE XLV

Cimetière de Sainte-Cyriaque, vase de sang.
Boldetti, p. 213.

C Y R I A C A E D V L C I S S I M A E D E P O S I T A E
I N P A C E · V I X I T · A N N O S · X X X V
I D I B V S · M A R T I I S

Cyriacae dulcissimae, depositae in pace. Vixit annos xxxv, idibus martiis.

Le lecteur ne nous saura peut-être pas mauvais gré d'avoir
consacré le peu de blanc qui aurait dû rester au bas de cette
page, à la reproduction d'une inscription des Catacombes,
qui se trouve aujourd'hui à Paris, et dont un estampage nous
a été communiqué au moment où nous lisions les épreuves
des dernières feuilles de cet ouvrage. Cette inscription a été
trouvée le 20 avril 1849, au cimetière de Saint-Prétextat;
la plaque de marbre sur laquelle elle est gravée, le corps de
la sainte dont elle nous fait connaître le nom, et le vase de
sang qui accompagnait ces précieuses reliques, sont maintenant
déposés dans l'église de Saint-Joseph-des-Allemands à la Villette.
C'est au R. P. Chable, de la compagnie de Jésus, que M. Perret
a dû la communication de ce document.

B O N I F A T I E · M A R I T V S
Q V E · B I S · A · X X X · M · I I I
D · V I I I · I · I E N V A

Bonifatie maritus [fecit], quae [v]ixi(t) a(nnos) xxx, m(enses) iii, d(ies).....;
d(eposita est) vat i(dus) jenua[rias].

Nous avons déjà vu *bise*, pour *vixit*, vol. V, planche XLVI,
n° 12, et *Jenuarie* pour *Januarias*, planche XXXIV, n° 93.

TABLES

TABLE GÉNÉRALE DES MATIÈRES

Les monuments d'architecture, tels que baptistères, chapelles, cryptes, entrées de cimetières, plans généraux, sont placés par ordre de planche à chaque cimetière respectif.

Les notices générales ou notes sont indiquées au commencement de chaque sujet.

Les pages indiquées dans cette table, sans mention de volume, sont celles du volume des descriptions.

Les nombres fractionnaires placés au-dessous des monuments dans les planches, indiquent la réduction.

L'astérisque placé en tête d'un article, dans la description des planches, indique que le monument, objet de cet article, est inédit à notre connaissance.

C

COQUILLES, vol. IV, pl. xii, n°° 1, 6, 8, p. 112. — Avec un poisson, pâte bleue, vol. IV, pl. xvi, n° 41, p. 114.

CORBEILLE, verre doré, vol. IV, pl. xxiv, n° 24, p. 122. — Renfermant des fruits et un cordeau, verre doré, vol. IV, pl. xxxi, n° 86, p. 127.

CORBEILLES (Sept), une table, deux pains et un poisson, peinture, vol. I, pl. lxi, p. 41. Voyez *Multiplication des pains.*

CORCELLE (Déclaration de M. de), ambassadeur de France près le Saint-Siége, en 1848, p. 132.

CORNE servant à contenir l'huile consacrée, verre doré, vol. IV, pl. xxiv, n°° 23, 29, p. 122.

COUPE EN TERRE CUITE, vol. IV, pl. xx, n° 12, p. 120. Voyez *Vases divers.*

COURONNE, pierres sépulcrales, vol. V, pl. xviii, n° 22, p. 153; pl. xliv, n° 2, p. 167; pl. lix, n° 13, p. 175; pl. lx, n° 18, p. 175. — Avec deux colombes, pierre sépulcrale, vol. V, pl. lxxiii, n° 8, p. 184. — Avec le monogramme, pierre sépulcrale, vol. V, pl. lxvii, n° 16, p. 180. — Avec l'inscription d'un martyr, patène en albâtre, vol. IV, pl. xxxiii, n° 109, p. 129. — Avec une inscription, verre doré, vol. IV, pl. xxiv, n° 25, p. 122. — Avec une palme, brique sigillée, vol. III, frontispice, p. 71. Jaspe rouge, vol. IV, pl. xvi, n° 13, p. 113. — Entre deux époux, verre doré, vol. IV, pl. xxxiii, n° 113, p. 130. — Entre deux saints, verres dorés, vol. IV, pl. xxii, n° 12, p. 121; pl. xxv, n° 38, p. 123; pl. xxxii, n° 95, p. 128. — Portée par des saints ou des saintes, mosaïque, vol. I, pl. lxxv, titre, p. 44. Peintures, vol. I, pl. viii, p. 25. Vol. III, pl. xii, xiii, p. 76; pl. xxxviii, xxxix, xl, p. 86; pl. lviii, p. 91. — Sur la tête de saints, de saintes ou de personnages, peintures, vol. I, pl. xiii, p. 25. Vol. II, pl. lvii, p. 65. Vol. III, pl. iii, iv, p. 74. — Surmontant la tête de saint Pierre et de saint Paul, verre doré, vol. IV, pl. xxi, n° 3, p. 120. — Sur une colonne entre deux époux, verre doré, vol. IV, pl. xxvi, n° 49, p. 124.

COURONNES (Notice sur les), p. 75. — Lampe, vol. IV, pl. xiii, n° 3, p. 112. — Avec la colombe au milieu, symbole de la victoire, peinture, vol. III, pl. viii, p. 75, 95. — En forme de chapiteaux, vol. I, pl. lxii, p. 41. — Posées par Notre-Seigneur sur la tête de deux saints, peinture, vol. III, pl. lvi, p. 90.

COURONNEMENT D'UNE MARTYRE, peinture, vol. III, pl. xxiv, p. 79.

CRÈCHE (La), pâte antique, vol. IV, pl. xvi, n° 84, p. 116.

CRÉDENCE, vol. II, pl. xxxi, p. 59.

CRÉDENCES, vol. II, pl. xv, p. 56; pl. xviii, p. 57.

CROIX, lampe, vol. IV, pl. v, n°° 3, 5, p. 110; pl. xiii, n° 4, p. 112. Pierres sépulcrales, vol. V, pl. v, l, p. 144; pl. vi, n° 7; pl. ix, n° 18 *bis*, p. 148; pl. xvii, n° 20, p. 162; pl. xxxv, n° 102, p. 161; pl. lxxiv, n° 9, p. 186. Verre doré, vol. IV, pl. xxvi, n° 48, p. 124. — Entre deux chevaux, pierre sépulcrale, p. 118, n° 93. — Entre deux colombes au fond d'un *arcosolium*, peinture, vol. I, pl. lv, p. 39. — Gemmée au fond du baptistère de Saint-Pontien, peinture, vol. III, pl. lvii, p. 91. En usage sous Constantin, lampes, vol. IV, pl. xv, n°° 1, 5, p. 112. Et deux saints, peinture, vol. III, pl. lix, p. 91. — Pattée, fibule en bronze, vol. IV, pl. xvi, n° 94, p. 118. — Placées sur les voies publiques, p. 91, note 6. — Redoublée, peintures, vol. I, pl. xxx, p. 33; vol. III, pl. xxvi, p. 79. Pierre sépulcrale, vol. V, pl. xxxiv, n° 96, p. 171. — Sur un vase en argent doré, vol. IV, pl. x, n° 4, p. 111.

CRUCIFIX. Ses différentes formes, p. 91, 129.

CRYPTE appelée *memoria, martyrium, confessio,* p. 55. — Voyez *Cimetière.* — Voyez le mot CRYPTA à la *Table des Inscriptions.*

CUBICULA. Leur forme, leurs diverses dénominations, p. 14, 29, note 2. — Superposés ou deux étages. Vue de leur coupe, vol. II, pl. xxxviii, p. 60, 61. — Voyez ce mot à la *Table des inscriptions.*

CUBICULUM CLARUM, p. 38.

CUCURBITE. Détermine la date des peintures, p. 42. — Représentée dans les peintures d'après l'ancienne Vulgate, peinture, vol. I, pl. lxvii, p. 41.

CUILLERS en bronze, vol. IV, pl. xi, n°° 2, 8, p. 111.

CUSTODIETTES. Leur usage, p. 117. Voyez *Boîtes d'or.*

CYPRIEN (St) (?), verre doré, vol. IV, pl. xxii, n° 12, p. 121.

CYRIAQUE (Ste). Cimetière de ce nom, p. 84. — Peinture, vol. III, pl. xxxviii, p. 86.

D

DAMASE (St), pape. Cimetière de ce nom, p. 9. — Découverte de l'inscription de son tombeau par le chev. de Rossi, p. 38.

DANIEL DANS LA FOSSE AUX LIONS, médaillon en métal, vol. IV, pl. xx, n° 7, p. 120. Mosaïque, vol. III, pl. xxxvi, p. 84. Peintures, vol. I, pl. xxxiv *bis*, p. 35. Vol. II, pl. xxxv, p. 60; pl. xlii, p. 61; pl. lxi, p. 66. Vol. III, pl. vii, p. 74. Pierre gravée, vol. IV, pl. xvi, n° 8, p. 113. Pierre sépulcrale, vol. V, pl. xii, n° 3, p. 149. — Daniel vêtu, agenouillé entre deux lions, et le prophète Habacuc, médaillon en métal, p. 120, note 2.

DAUPHIN. Pâte de verre, vol. IV, pl. xvi, n° 17, p. 113. Pâte de verre brun, vol. IV, pl. xvi, n° 88, p. 117. — Avec colombes sur une corne d'abondance et sur un panier, onyx, vol. IV, pl. xvi, n° 35, p. 114. — Et ancre, pâte rouge, vol. IV, pl. xvi, n° 70, p. 115. — Et ancre avec le poisson, cornaline, vol. IV, pl. xvi, n° 36, p. 114. — Et palme, grenat, vol. IV, pl. xvi, n° 39, p. 115.

DAUPHINS, pierres sépulcrales, vol. V, pl. lxii, n° 28, p. 178. — Avec une ancre, pl. lvii, n° 8, p. 173.

DAVID armé de la fronde, peinture, vol. I, pl. xxxiv *bis*, p. 35.

DEDICATORIÆ, sorte d'agapes, p. 66.

DEPOSITUS. Sens chrétien de ce mot, p. 33, note 9.

DIACRES (Les six premiers), avec saint Étienne (?), peinture, vol. II, pl. xxiv, p. 58.

DIIS MANIBUS. Pourquoi cette formule se trouve quelquefois sur les tombes chrétiennes, p. 37, 146.

DILYCHNE ou lampe à deux becs, vol. IV, pl. xv, n° 2, p. 112.

DISCIPLINE de la primitive Église relativement à la loi du secret, p. 32. — A la séparation des sexes, p. 11; vol. I, pl. lix, p. 40. Vol. II, pl. vii, p. 54; pl. xlii, p. 67. Vol. III, pl. xxviii, p. 80; pl. xxxiii, p. 82. — Aux catéchumènes, vol. I, pl. lix, p. 40.

DISCOBOLE (Un), verre doré, vol. IV, pl. xxvii, n° 54, p. 124.

DOLIUM, peinture, p. 68; vol. III, pl. xxxi, p. 80. Pierres sépulcrales, vol. V, pl. lix, l, p. 142; pl. lxiv, n° 7, p. 179.

DORMIT IN PACE, p. 37, note 4.

DORURE des verres antiques (Procédés pour la), p. 104.

DROITE (La) assignée presque toujours à saint Pierre dans les monuments des premiers siècles, vol. IV, pl. xxi, n° 3, p. 120.

E

ECCLESIÆ BREVISSIMÆ. Voyez *Oratoria.*

ÉGLISE (L'). Comment symbolisée, p. 73, 95, 109, 117.

ÉGLISE DE SAINT-HERMÈS. Voyez *Cimetière de Saint-Hermès.*

ÉGLISE DE SAINT-URBAIN, l'un des premiers temples païens consacrés au vrai Dieu, p. 46.

ÉGLISES SOUTERRAINES. Leur disposition, p. 15.

ÉLIE enlevé au ciel, symbole de la foi ardente et de la résurrection. Camée, sardoine, vol. IV, pl. xvi, n° 21, p. 114. — Sur le Thabor, verre doré, vol. IV, pl. xxx, n° 80, p. 127.

ÉMÉRENTIENNE (Ste). Sa tombe (?), p. 57.

ENFANT (Un) avec sa nourrice, verre doré, vol. IV, pl. xxxiii, n° 110, p. 129.

ENFANT (L') JÉSUS avec la Sainte Vierge, peintures, vol. I, frontispice, p. 21. Vol. II, pl. vi, p. 53. Vol. III, pl. xlii, p. 86. Pierre sépulcrale, vol. V, pl. xii, n° 2, p. 149. Verre doré, vol. IV, pl. xxvii, n° 58, p. 124. — Avec la Sainte Vierge, saint Jean et saint Urbain, peinture, vol. I, pl. lxxxiii, p. 48. — Avec la Sainte Vierge, saint Joseph, pâte antique, vol. IV, pl. xvi, n° 84, p. 116.

ENFANTS (Les trois) dans la fournaise, peintures, vol. II, pl. xxxvi, xxxix, p. 60. Voyez *Hébreux* (Les jeunes) dans la fournaise.

50

vol. IV, pl. XXIV n° 26, p. 123. — Avec saint Pierre couronné par Notre-Seigneur, verres dorés, vol. IV, pl. XXVI, n° 43, p. 123; pl. XXIX, n° 70, p. 125; pl. XXXII, n° 93, p. 128. — Avec saint Pierre et sainte Agnès, verres dorés, vol. IV, pl. XXVI, n° 42, p. 123; pl. XXVIII, n° 65, p. 125; pl. XXXIII, n° 114, p. 130. — Près d'une colonne, verre doré, vol. IV, pl. XXIII, n° 22, p. 122. — Tradition au sujet de la translation de son corps, p. 22. — Type traditionnel, médaille en bronze, vol. I, pl. II, titre, p. 23. Peinture, vol. I, pl. XI, p. 25. Verres dorés, vol. IV, pl. XXI, n° 3, p. 120; pl. XXXI, n° 91, p. 128.

PAULINE (Ste) précipitée vivante dans les Catacombes, p. 39.

PÊCHEUR (Un), avec le mot ιχθυς, une ligne et un poisson, cornaline, p. 97, note 5. — Portant une ligne, un filet et un poisson, lampe, p. 97, note 5.

PEDUM, avec le X formant le monogramme, p. 113, n° 4. — Avec un poisson et une palme, pierre gravée, vol. IV, pl. XVI, n° 3, p. 113. Voyez *Bon Pasteur avec le pedum*.

PEIGNE de fer (*pecten*), instrument de martyre, vol. IV, pl. XIV, n° 6, p. 112. — En ivoire, avec l'inscription EVSEBI ANNI, vol. IV, pl. XX, n. 8, p. 120.

PEINTURES (Considérations générales sur les), p. 16. — Peintures anciennes, auteurs qui en parlent, p. 17, 73, note 7, p. 75. — Peintures dans les Catacombes, leur but au point de vue religieux, p. 73. — Peintures du II° au III° siècle : Cimetière de Saint-Calixte, p. 17, 27. Cimetière de Sainte-Agnès, p. 52. Cimetière de Saint-Marcellin et de Saint-Pierre, p. 65. Voyez aussi les peintures découvertes par la Commission archéologique de Rome, p. 28. — Peintures du II° au V° siècle : Cimetière de Saint-Priscille, p. 73. Cimetière de Saint-Thrason et de Saint-Saturnin, p. 77. Puits de la *Platonia*. — Peintures du VI° au VIII° siècle : Cimetière de Saint-Pontien, p. 89.

PÈLERINS (Inscriptions de) découvertes aux Catacombes par M. le chevalier de Rossi, p. 27.

PENULA, peinture, vol. II, pl. LI, p. 63.

PÈRE ÉTERNEL (Le) représenté sous la forme d'un vieillard, à quelle époque, p. 40. Voyez *main sortant des nuages*.

PERSONNAGE (Un), peinture, vol. I, pl. LXXIX, p. 45. Vol. III, pl. X, p. 76. — Assis, verres dorés, vol. IV, pl. XXIII, n° 21, p. 122; pl. XXX, n° 78, p. 126. — Avec un hermès et cinq couronnes, verre doré, vol. IV, pl. XXVII, n° 56, p. 124. — Bénissant, peinture, vol. I, pl. XXI, p. 30. — Debout, tenant un livre fermé, verre doré, vol. IV, pl. XXXII, n° 96, p. 128. — En pied, vêtu d'un riche costume, verre doré, vol. IV, pl. XXII, n° 14, p. 121.

PERSONNAGES (Deux) assis avec Notre-Seigneur, peinture, vol. III, pl. XLIII, p. 87. — (Trois) assis avec acclamation, verre doré, vol. IV, pl. XXVII, n° 54, p. 124. — En pied, LAVRENTIVS, CRIPRANVS, avec acclamation, verre doré, vol. IV, pl. XXII, n° 12, p. 121. — (Deux) et le monogramme sur une colonne, verre doré, vol. IV, pl. XXX, n° 79, p. 126. — Paraissant soutenir les bras d'une orante, peinture, vol. III, pl. XLVI, p. 88. — (Sept) portant un *dolium*, peinture, vol. III, pl. XXXI, p. 80.

PÉTRONILLE (Ste). Cimetière de ce nom, p. 9.

PHARE ET NAVIRE ou BARQUE, pierres sépulcrales, vol. V, pl. XLI, n° 10, p. 166; pl. LXXI, n° 9, p. 183.

PHÉNIX, verre doré, vol. IV, pl. XXXII, n° 94, p. 128. — Avec une palme, cornaline, vol. IV, pl. XVI, n° 68, p. 115. — Nimbé et perché sur un palmier, mosaïque, vol. I, pl. LXXV, titre, p. 44. — Sur les vêtements de sainte Agnès, mosaïque, vol. II, pl. I, titre, p. 52. — Symbole de la résurrection, mosaïques, vol. I, pl. LXXV, titre, p. 44. Vol. II, titre, p. 52. Verre doré, vol. IV, pl. XXX, n° 80, p. 127.

PIED HUMAIN, pierre sépulcrale, vol. V, pl. LII, n° 37, p. 170.

PIE IX (Le pape) nomme une Commission spéciale d'archéologues pour les Catacombes, p. 28.

PIERRE (St). Double tradition au sujet de la translation de son corps, p. 22. — Verre doré, vol. IV, pl. XXII, n° 17, p. 121. — Marchant sur les flots, onyx, vol. IV, pl. XVI, n° 85, p. 116. — Occupant presque toujours la droite, verre doré, vol. IV, pl. XXI, n° 3, p. 120. — PETRVS, sous la figure de Moïse frappant le rocher, verre doré, vol. IV, pl. XXVIII, n° 63, p. 125. — Portant le monogramme du Christ, statuette en métal, p. 96, note 9. — Tenant les clefs, peinture, vol. III, pl. XII, p. 76.

PIERRE (St) ET SAINT PAUL. Déposition de leurs corps à la *Platonia*, p. 22. — Lampe en bronze, sous la forme d'un navire, vol. IV, pl. II, p. 109. Médaille en bronze, vol. II, frontispice, p. 51. Peinture, vol. I, pl. LXXVI, p. 45. — Pierre sépulcrale, vol. V, pl. XI, n° 1, p. 149. Verre doré, vol. IV, pl. XXIV, n° 26, p. 123.

— Avec la Sainte Vierge, verres dorés, vol. III, pl. XIV, titre, n° 3, p. 78. Vol. IV, pl. XXXII, n° 101, p. 128. — Avec Notre-Seigneur, peinture, vol. I, pl. VII, p. 25. Pierre sépulcrale, vol. V, pl. III, n, p. 142. Verre doré, vol. IV, pl. XXXIII, n° 115, p. 130. — Avec sainte Agnès, verres dorés, vol. IV, pl. XXVI, n° 42, p. 123; pl. XXVIII, n° 65, p. 125; pl. XXXIII, n° 114, p. 130. — Couronnés par Notre-Seigneur, verres dorés, vol. IV, pl. XXVI, n° 43, p. 124; pl. XXIX, n° 70, p. 125; pl. XXXII, n° 93, p. 128. — Leurs portraits montrés à Constantin pendant son sommeil, p. 23. — Type traditionnel, médaille, vol. I, pl. II, titre, p. 23. Verre doré, vol. IV, pl. XXI, n° 3, p. 120.

PIERRE (St) exorciste, peinture, vol. III, pl. LVIII, p. 91.

PIERRE (St), SAINTE PRAXÈDE ET SAINTE PUDENTIENNE, peinture, vol. III, pl. XII, p. 76.

PIERRE GRAVÉE avec les mots DEVSDEDIT VIVAS IN DEO, vol. IV, pl. XVI, n° 42, p. 114. — Portant l'acclamation ΘΕΟC ΘΕΟΥ ΥΙΟC ΙΗΣΟΙ, vol. IV, pl. XVI, n° 14, p. 113.

PIERRES GRAVÉES, anneaux, instruments et autres objets (Notice sur les), p. 101. — Pierres gravées et objets chrétiens, vol. IV, pl. XVI, p. 113.

PIE ZESES. Voyez *Acclamations*, à la Table des inscriptions.

PINCES DENTELÉES, vol. IV, pl. XIV, n° 1, p. 112.

PISCINE. Origine de ce nom, p. 97.

PLACIDIE (Buste de l'impératrice) avec celui de Valentinien III (?), plaque d'or, vol. IV, pl. XVI, n° 63, p. 115.

PLAN GÉNÉRAL DE CIMETIÈRE. Voyez *Cimetière*.

PLANTE DE PIED gravée sur les anneaux et sur les pierres sépulcrales, signe de la propriété, vol. IV, pl. XI, n° 4, p. 111.

PLANTES DE PIED empreintes sur le sépulcre d'un martyr, vol. IV, pl. XXIII, n° 21, p. 122. — Pierre sépulcrale, vol. V, pl. XXVI, n° 53, p. 156.

PLATONIA (Notice sur la Catacombe dite), p. 21 suiv. — Plan, vol. I, pl. III, p. 24. — Coupe longitudinale, vol. I, pl. IV, p. 24. — Coupe transversale, vol. I, pl. V, p. 24. — (Puits de la). Plan et coupe, vol. I, pl. VI, p. 24.

PLUMBATÆ, instrument de martyre, vol. IV, pl. XIV, n°s 2, 4, 5, p. 112.

POISSON (Notice sur le), p. 94. — Faits évangéliques qui se rattachent à ce symbole, p. 97. Bague d'or, vol. IV, pl. XVI, n° 5, p. 113. Lampe, vol. IV, pl. IX, n° 3, p. 111. Pâte rouge, vol. IV, pl. XVI, n° 33, p. 114. Pierres sépulcrales, vol. V, pl. XXXV, n° 105, p. 161; pl. XLI, n° 7, p. 165; pl. LXIX, n° 4, p. 181. Verre doré, vol. IV, pl. XVI, n° 4, p. 118. — Avec ancre, pierre sépulcrale, vol. V, pl. XXI, n° 34, p. 154. — Avec ancre, colombes et le mot ιχθυς, pierre gravée, vol. IV, pl. XVI, n° 26, p. 114. — Avec ancre et le mot ΚΟΙΙΤΗ[ΧΑ]ΒΟΥ, pierre gravée, vol. IV, pl. XVI, n° 7, p. 113. — Avec deux pains sur une table, symbole de l'Eucharistie, peinture, vol. I, pl. LXI, p. 41. — Avec divers sujets de l'Ancien Testament, pierre gravée, vol. IV, pl. XVI, n° 5, p. 113. — Avec le buste de Notre-Seigneur et le mot ΧΡΙΣΤΟΥ, calcédoine blanche, vol. IV, pl. XVI, n° 47, p. 114. — Avec le dauphin, une ancre et une colombe, cornaline, vol. IV, pl. XVI, n° 36, p. 114. — Avec le monogramme, pierre sépulcrale, vol. V, pl. XXXIX, n° 130 *bis*, p. 164. — Avec Tobie, verres dorés, vol. IV, pl. XXV, n° 33, p. 123; pl. XXIX, n° 68, p. 125. — Avec Tobie et l'ange, peinture, vol. III, pl. XXVI, n° 79. — Avec un crustacé, cornaline, vol. IV, pl. XVI, n° 57, p. 115. — Avec une palme et un *pedum*, pierre gravée, vol. IV, pl. XVI, n° 3, p. 113. — Au-dessus de deux coquilles, pâte bleue, vol. IV, pl. XVI, n° 41, p. 114. — Autour d'un gouvernail, améthysté, vol. IV, pl. XVI, n° 32, p. 114. — En métal, avec le mot ϹΩϹΑΙϹ, vol. IV, pl. XII, n° 11, p. 112. — En verre ou en cristal, vol. IV, pl. XII, n°s 2, 3, p. 112. — Nourrissant un oiseau, symbole de l'Eucharistie, peinture, vol. III, pl. XLI, p. 86. — Portant une corbeille de pains, peinture, p. 28. — Sous une barque, onyx, vol. IV, pl. XVI, n° 85, p. 117.

POISSONS, lampe, vol. IV, pl. VII, n° 1, p. 110. Pâtes, vol. IV, pl. XVI, n°s 56, 75, p. 115. — Avec cinq pains, pierre sépulcrale, vol. V, pl. XLVII, n° 18. — Avec une ancre, le mot ιχθυς, le Bon Pasteur et une colombe, vol. IV, pl. XVI, n° 12, p. 113. — Avec une ancre, cornalines, vol. IV, pl. XVI, n°s 20, 31, p. 114. Onyx, n° 86, p. 117. Pierres gravées, vol. IV, pl. XVI, n° 1, p. 113, n° 73, p. 115. — Avec une ancre et les mots ιχθυς ζωντικ, pierre sépulcrale, vol. V, pl. XLIV, n° 2, p. 167. — Avec une colombe sur une couronne et une palme, lapis-lazuli, vol. IV, pl. XVI, n° 10, p. 113. — Avec une croix, lampe, vol. IV, pl. XIII, n° 4, p. 112. — Avec une palme et le mot ΡΒΟΙΣΙΧΥΑ, pâte jaune, vol. IV, pl. XVI, n° 45, p. 114. — Au-dessus d'un vase, pierre gravée, vol. IV, pl. XVI, n° 24, p. 114.

POILLON (St), peinture, vol. III, pl. LVIII, p. 91.

PONTIEN (St). Cimetière de ce nom, notice, p. 88.

T

TABLE

DES INSCRIPTIONS DU IVe VOLUME

W

Y

Z

Λ

Β

Γ

Δ

Ε

Ζ

Η

Θ

Ι

1. La deuxième ligne de cette inscription a été mal interprétée dans le texte, p. 169 ; elle doit se lire ainsi :
Αυρηλιου κὲ (p. val) Μαξίμης νίκα.

Κ

Λ

Μ

Ν

Ο

Π

Ρ

Σ

Τ

Φ

II

PREMIERS MOTS DES INSCRIPTIONS ANONYMES

III

DATES ET CONSULATS

389. TIMASIO ET PROMOTO, pl. LXXVI, n° 3, p. 187.
390. VALENTINIANO AVG. IIII ET XEVTHERIO, pl. LXVI, n° 8, p. 180.
391. TATIANO ET SYMMACHO, pl. LXXIV, n° 8, p. 185.
392. D. N. ARCADIO II ET FL. RVFINO V. C., pl. XXX, n° 75, p. 158.
394. NICOMACHO FLAVIANO, pl. XXXIII, n° 90, p. 160.
397. FLAVIO CAESARIO ET NONIO ATTICO, pl. XLII, n° 1, p. 166, et pl. LXI, n° 7, p. 176.
402. ARCADIO V ET HONORIO IIII (?), pl. III, F. p. 142.
402. ARCADIO ET HONORIO V, pl. XLV, n° 3, p. 167.
405. POST CONS. D. N. HONORII VI, pl. IX, n° 22, p. 148.

407. HONORIO AVG. VII, pl. LXVII, n° 12, p. 180.
408. ANICIO BASSO ET FL. PHILIPPO, pl. LV, n° 4, p. 172.
412. D. N. HONORIO AVG. VIII (?) ET THEODOSIO V, pl. LXXIV, n° 4, p. 185.
428 ou 511. [FL. FELICE C. V., pl. LXXIV, n° 11.
425, 426, 430 ou 435. THEODOS. ET VAL., pl. LVIII, n° 8, p. 174.
430. THEODOSIO ET PLACIDO VALENTINIANO TER AVGG., pl. LVIII, n° 6, p. 174.
435. THEODOSIO XV ET PL.D. VALENTINIANO, AVGG., pl. LXXIV, n° 8, p. 185.
442. DIOSCORO V. C., p. 151.
444 (?). [ALBINO V. C., pl. XV, n° 12, p. 150.
461. SEVERINO, pl. XXIII, n° 40, p. 154.
483. AGINANTIO FAVSTO, pl. LIX, n° 15, p. 175.

490. FAVSTO V. C. IVNIORE, pl. LV, n° 3, p. 172.
491 ou 526. OLYBRIO V. C., pl. LIX, n° 12, p. 175.
502. AVIENO IVNIORE V. C., pl. LXXIV, n° 10, p. 186.
516. FL. PETRO, pl. LXXIV, n° 7, p. 185.
522. SYMMACHO ET BOETIO, pl. LIX, n° 7, p. 174, et pl. LXXVIII, n° 6, p. 188.
535. BELISARIO V. C., pl. LXXIV, n° 9, p. 186.
554. XIII POST CONS. BASILI INDICTIONE II, pl. LIX, n° 8, p. 174.
557. POST CONS. BASILI ANNO XVI INDICTIONE V, pl. LXXVI, n° 1, p. 186.
619. IMPERANTIBVS D. N. HERACLIO ANNO IX ATQVE HERACLIO CONSTANTINO NOVO ANNO VII IND. VII, pl. LXXIII, n° 11, p. 185.

IV

MOTS, FORMULES ET ACCLAMATIONS

A

AE, p. E. Voy. Aecclesia, Aessorcista, Benae merenti, diae, pacae.
AS, p. AE. Voy. Collegas, Filios.
A filio et a omnibus merita, pl. XXXIII, n° 80, p. 160.
A Juda (anatema abeat), pl. IX, n° 16, p. 147.
Abet, p. habet, pl. XXXV, n° 104, p. 161.
Accepit, pl. 10, N, p. 143.
Aeclesia nihil gravavit, pl. LXX, n° 2, p. 181. Voyez Eclesam.
Ad Dominum, pl. XXXV, n° 104, p. 161.
Ad pacem, pl. LXXVII, n° 2, p. 187.
Adripuit (litteras latinas), pl. XLVII, n° 21, p. 169.
Aecclesia, pl. XV, n° 9, p. 150.
Aessorcista, pl. LXV, n° 5, p. 179.
Aeterna domus, pl. XXXVI, n° 110, p. 162. Voyez Domus.
Aeterna requies, pl. LXXIII, n° 8, p. 184.
Aevum, pl. XXXII, n° 82 ter, p. 160.
Agape, pl. XXXVI, n° 117, p. 162.
Agneglus Dei, pl. XIII, n° 1, p. 149.
Alumna, pl. V, B, p. 143; pl. XXVII, n° 60, p. 156; pl. LII, n° 4, p. 171.
Alumnus, pl. XLII, n° 4, p. 167; pl. XLVI, n° 13, p. 168; pl. LIV, n° 10, p. 172.
Amator pauperum, pl. XXXII, n° 80 ter, p. 159; pl. LIX, n° 8, p. 174; cf. Amicus pauperum.
Amatrix pauperorum, pl. XXXII, n° 80 ter, p. 159.
Ambiana, pl. XV, n° 13, p. 150.
Amiratus (omnibus), pl. LXXVII, n° 2, p. 187.
Amicus omnium, pl. XXVI, n° 51, p. 155.
Amicus pauperum, pl. LIX, n° 14, p. 175.
Anatema (abeat) a Juda, pl. IX, n° 16, p. 147.
Ancilla Dei, pl. LVIII, n° 6, p. 174, et pl. LXXII, n° 8, p. 184.
Anima dulcis, pl. III, E, p. 142; pl. V, J, p. 144; pl. XXXI, n° 77, p. 158; pl. LXI, n° 1, p. 176. Voy. Dulcis anima.
Anima dulces, innoca, sapiens et pulcra, pl. VII, n° 10, p. 146.
Annoente (Deo), pl. XXIII, n° 41, p. 153.
Annoro, p. annorum, pl. XXVI, n° 52, p. 156.
Annui diem minus, pl. XXXII, n° 81 bis, p. 159.
Apostolus, pl. LIX, n° 12, p. 175.
Arcediaconis, pl. LX, n° 30, p. 176.
Archipresbyter, pl. LXXIII, n° 11, p. 184.
Arcosolium, pl. XVIII, n° 23, p. 153; pl. XXXVII, n° 118, p. 163.
Argentarius, pl. LXXV, n° 4, p. 186.
Armararius, pl. XXXIII, n° 90, p. 160.
Armeniacus, pl. LXXVII, n° 2, p. 187.
Astulit atro dies, pl. XXVII, n° 62, p. 157.
Ai, p. ad, pl. XXXVII, n° 118, p. 163.
Atfabilis, p. 149 a, n° 1.
Autor, pl. XXXII, n° 82 ter, p. 160.

B

B, p. V, passim.
B. M, bene merenti, pl. XXXIII, n° 91, p. 160; pl. LV, n° 5, p. 173; pl. LXXVII, n° 3, p. 187.
B. M, bonae memoriae, pl. XXV, n° 49, p. 155; pl. XXXI, n° 80, p. 159; pl. LX, n° 17, p. 175.
B. M. F, bene merenti fecit, pl. XV, n° 13, p. 150; pl. XXI, n° 33, p. 153.
BNM, bene merenti, pl. XXXVII, n° 122, p. 163; pl. LIII, n° 5, p. 171.
Balbynae (cimiterium), pl. XXIX, n° 67, p. 157.
Basilica S. Pauli, pl. LIX, n° 14, p. 175.
Bedua, p. vidua, pl. LXXIV, n° 5, p. 185.
Belabru (lector de), pl. XXIII, n° 40, p. 154.
Benae merenti, pl. XXIX, n° 71, p. 157.
Bene in pace, pl. XXIII, n° 43, p. 155.
Bene requiescat in Deo, pl. LXX, n° 5, p. 182.
Bene vixi, ou vixit, pl. XXX, n° 72, p. 158; pl. LII, n° 40, p. 170.
Bene vivente, pl. LXIII, n° 32, p. 178.
Benedicta, pl. V, J, p. 144.
Benedictus, pl. LVI, n° 2, p. 173.
Benemeritus, pl. XXXI, n° 79, p. 159.
Beneris dies, pl. XXVI, n° 55, p. 156; pl. XLVI, n° 12 bis, p. 168; pl. LXIII, n° 27, p. 178.
Bepit in cimitero, pl. LXXI, n° 6, p. 182.
Benturas (cekendas), pl. IX, n° 18, p. 147.

TABLE DES INSCRIPTIONS.

FIN DES TABLES.

CIMETIERE

DE SAINT PRETEXTAT

VOIE APPIENNE

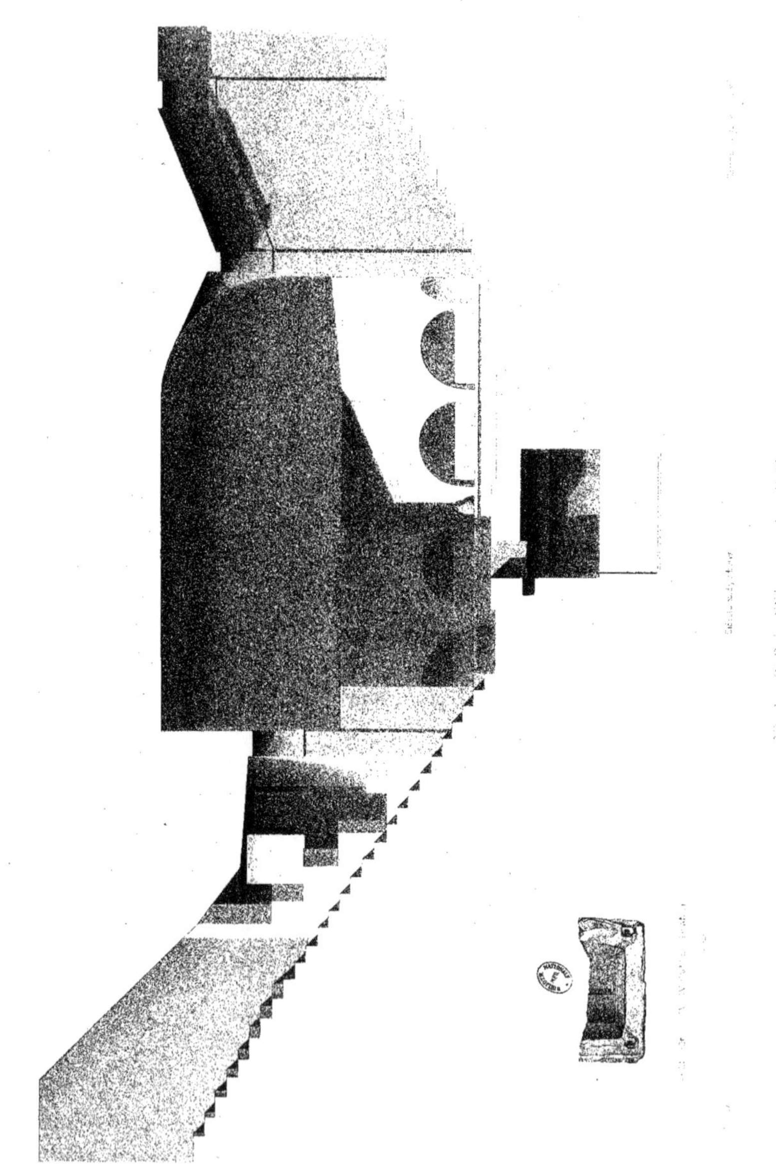

L'ÂME DU SEIGNEUR PORTÉE PAR DEUX ANGES

NOTRE SEIGNEUR EN CROIX

SAINT PAUL
(D'APRÈS L'ORIGINAL)

CHAPELLE PEINTE A DEUX SALLES

PLAN

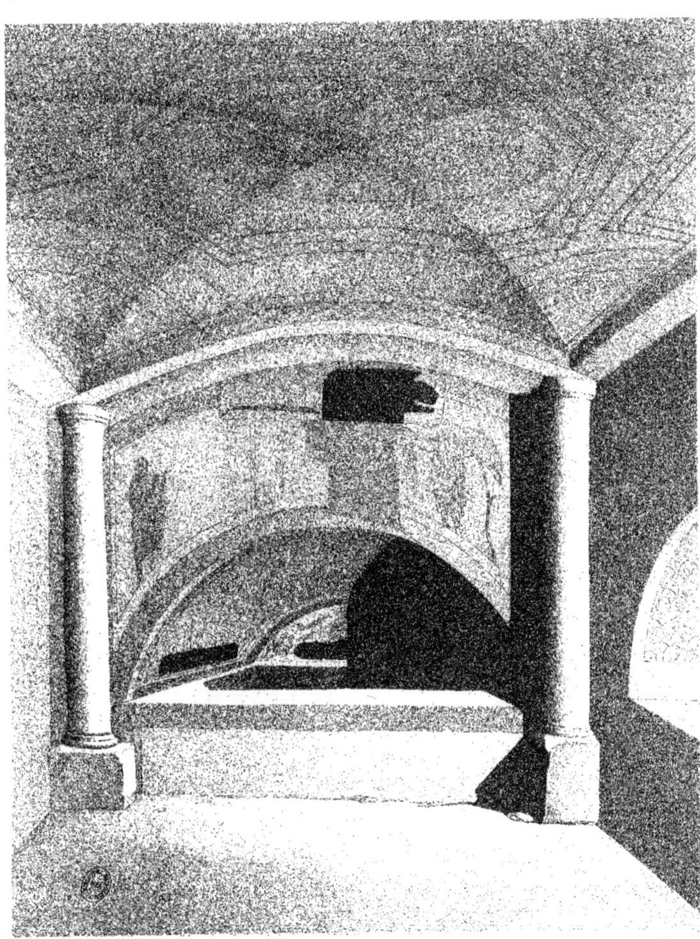

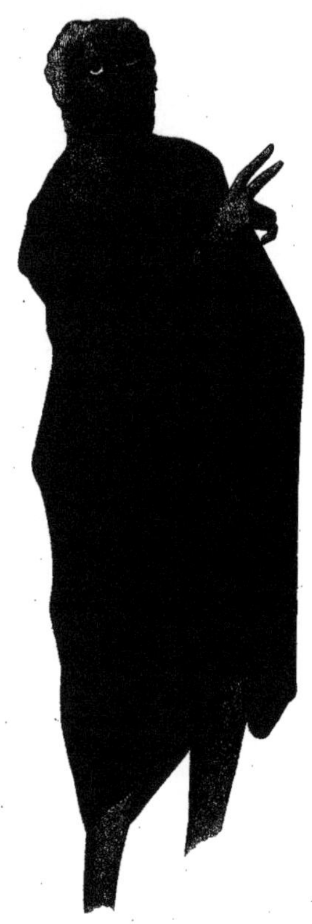

UN PERSONNAGE BÉNISSANT

Fond bleuâtre.   Calotte d'ivoire à trous.   Ornement argileux ou d'ivoire.

ORNEMENTS DIVERS SOUS LES ARCOSOLIA DE LA SALLE A...

Vol. I

CIMETIÈRE DE St CALIXTE

Pl. XXI

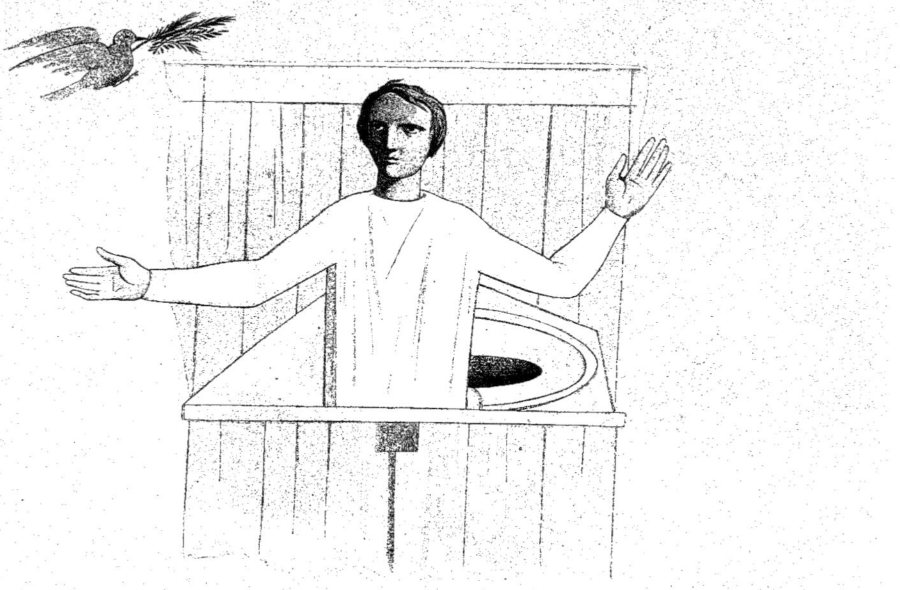

MOÏSE QUITTANT SA CHAUSSURE

RÉSURRECTION DE LAZARE.

Grav. et imp. Baudry, Éditeurs.

Imp. Auguste Bry, Paris.

LA MULTIPLICATION DES PAINS

DIOGENES · FOSSOR · IN PACE DEPOSITVS
OCTABV · KALENDAS · OCTOBRIS

INSTRUMENTS DE FOSSOYEURS GRAVÉS SUR LES PIERRES SÉPULCRALES.

N° 1.

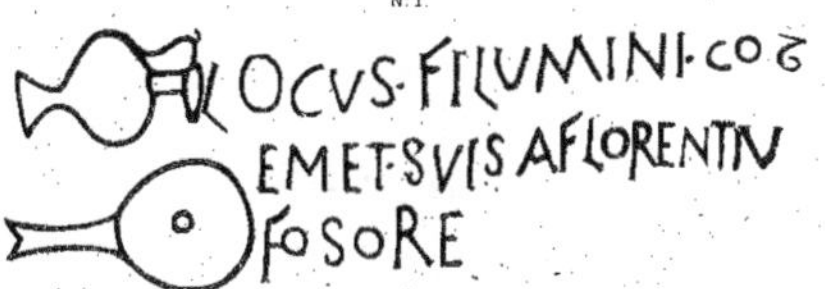

$\frac{1}{3}$

N° 2.

LOCVS·SIRICESBID
VESQVEMEMITTAFO
SSOREHILARVBISOMV

$\frac{1}{8}$

N° 3.

FAVSTINVS
EMITLOCVM
BISOMVMAL
EONEFOSSORE

$\frac{1}{2}$

N° 4.

HIMERITA·VIVA
SIND·ICOASII
IVSCRISCIS·KIMI
LOCVMAFOSSORE
IANVARIO·ROMN
VIO

$\frac{1}{2}$

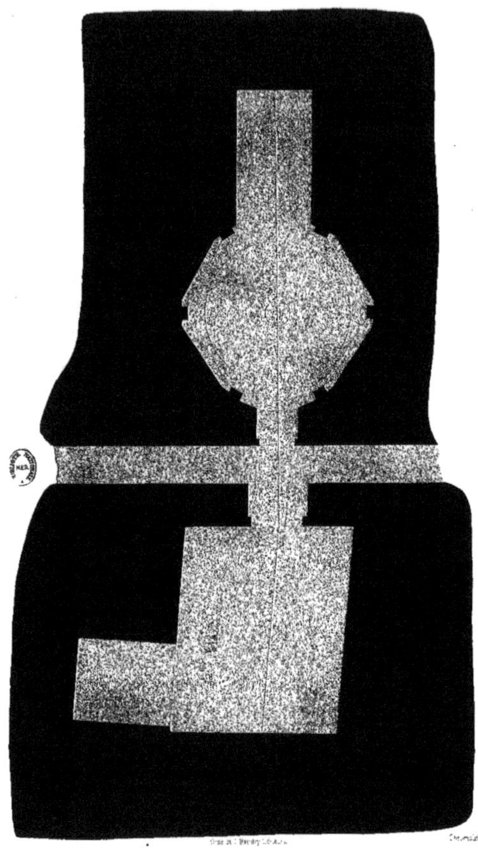
CHAPELLE A DEUX SALLES
découverte en 1940
PLAN

CHAPELLE AUX SAINTS
[illegible]
[illegible]
[illegible]

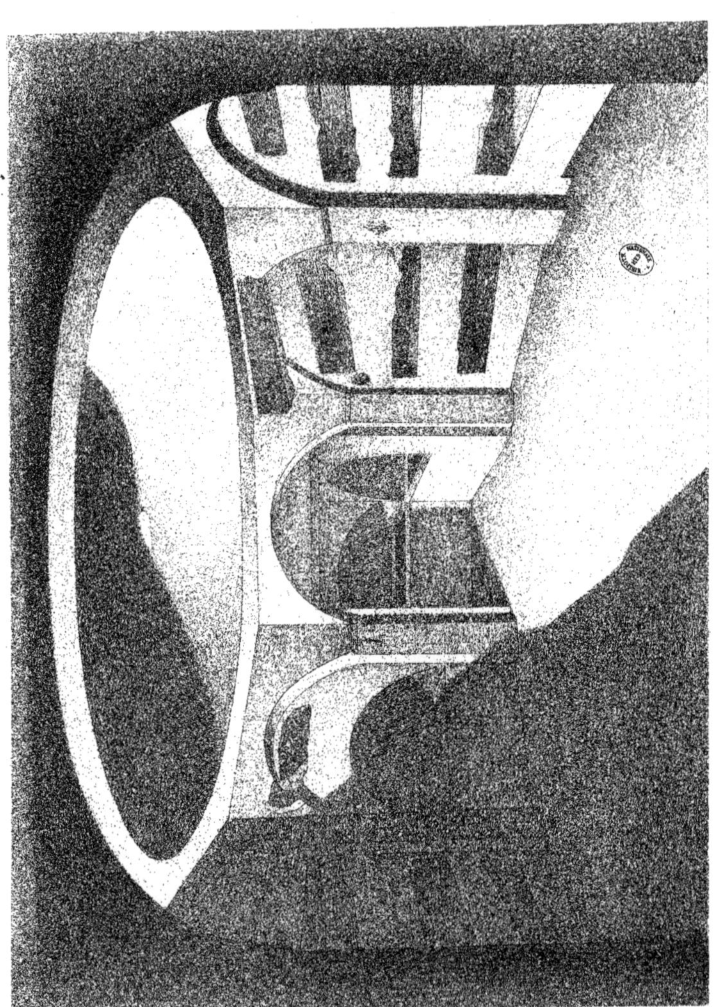

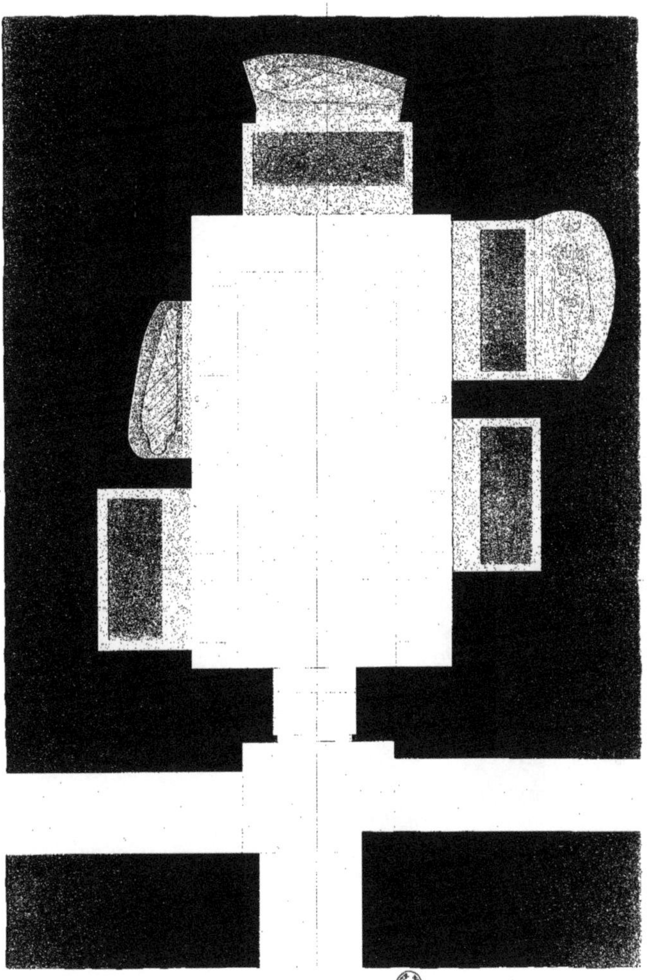
CIMETIÈRE DE LA PROCENTAL
PLAN

CHAPELLE PEINTE A DEUX SALLES AVEC ORNEMENTS

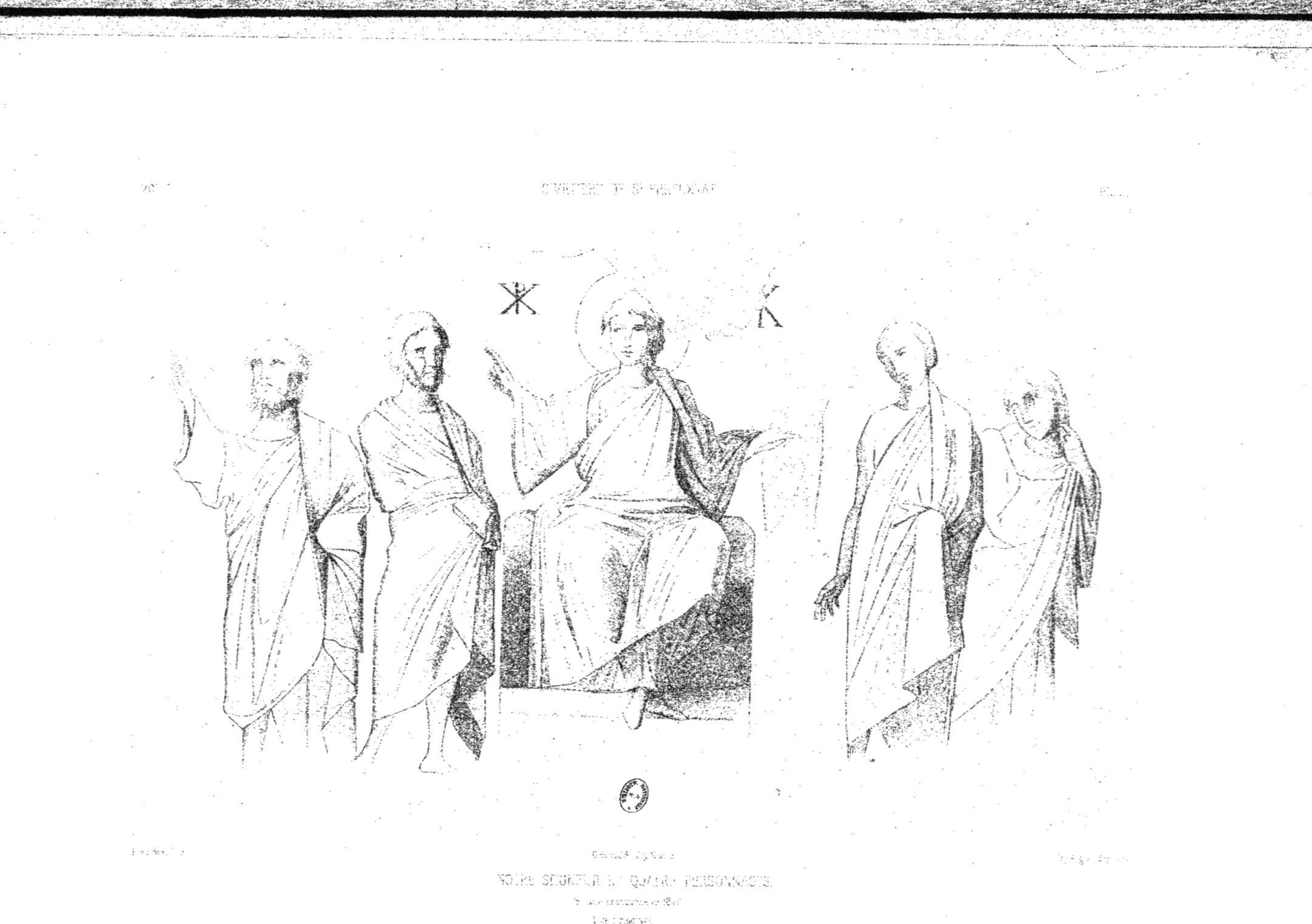

CIMETIÈRE DE Ste PÉTRONILLE
NOTRE SEIGNEUR ET QUATRE PERSONNAGES

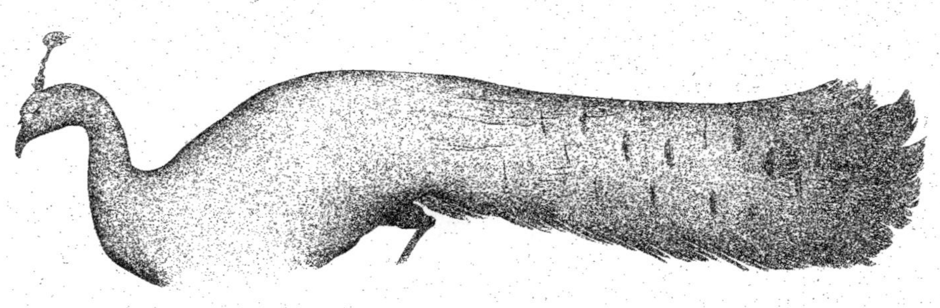
UN PAON
Peinture découverte en 184...
par Th. [illegible]

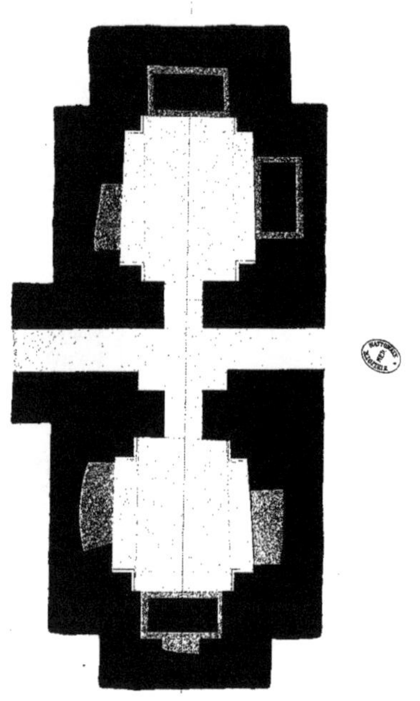

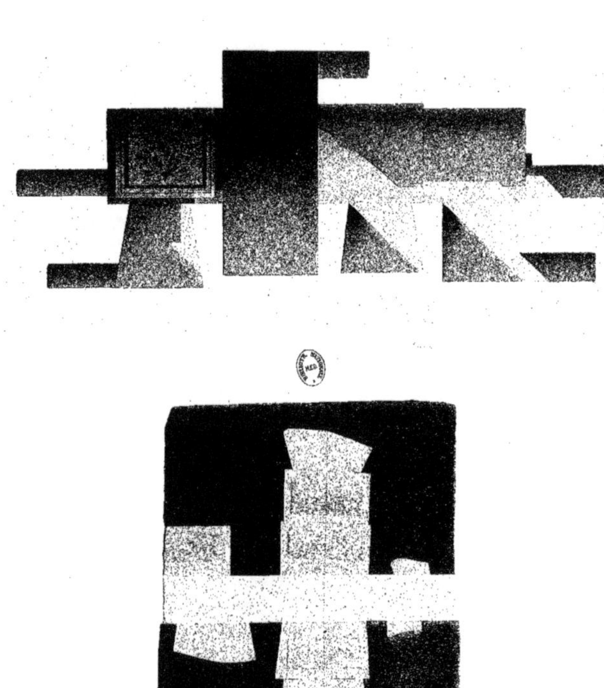

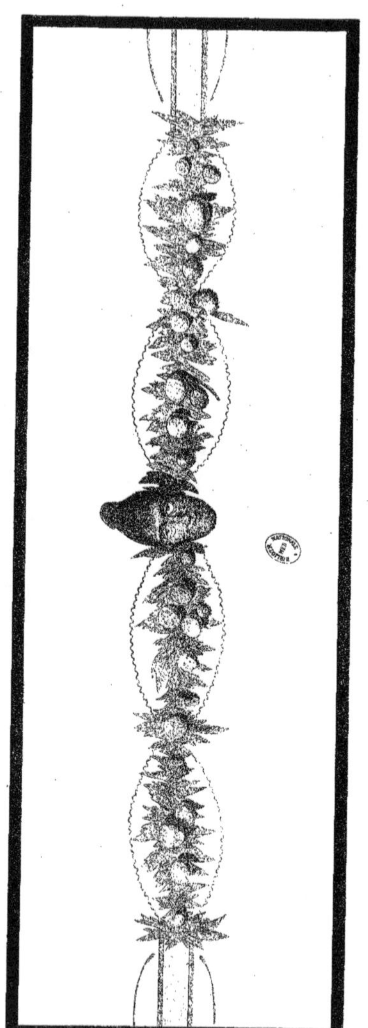

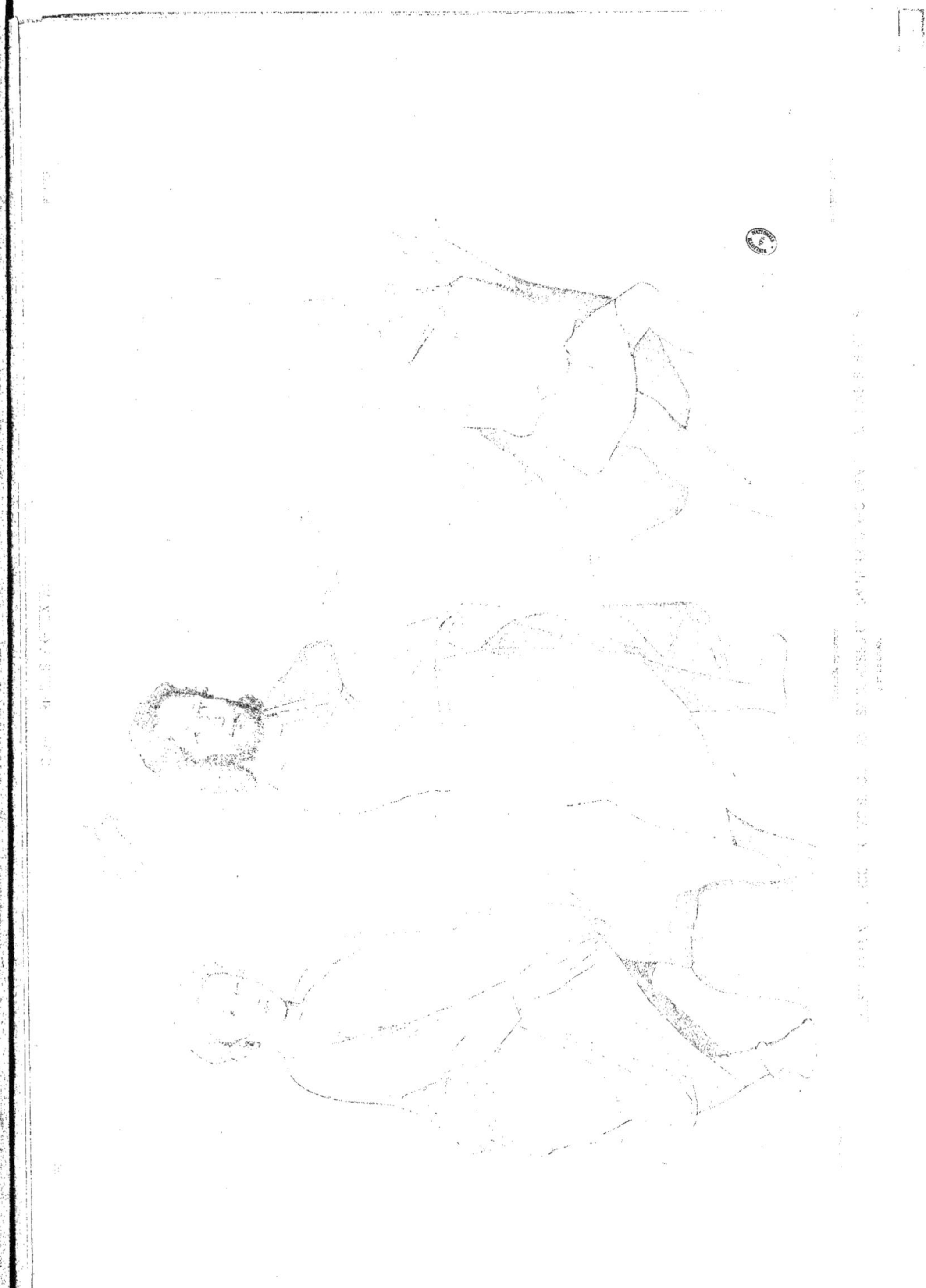

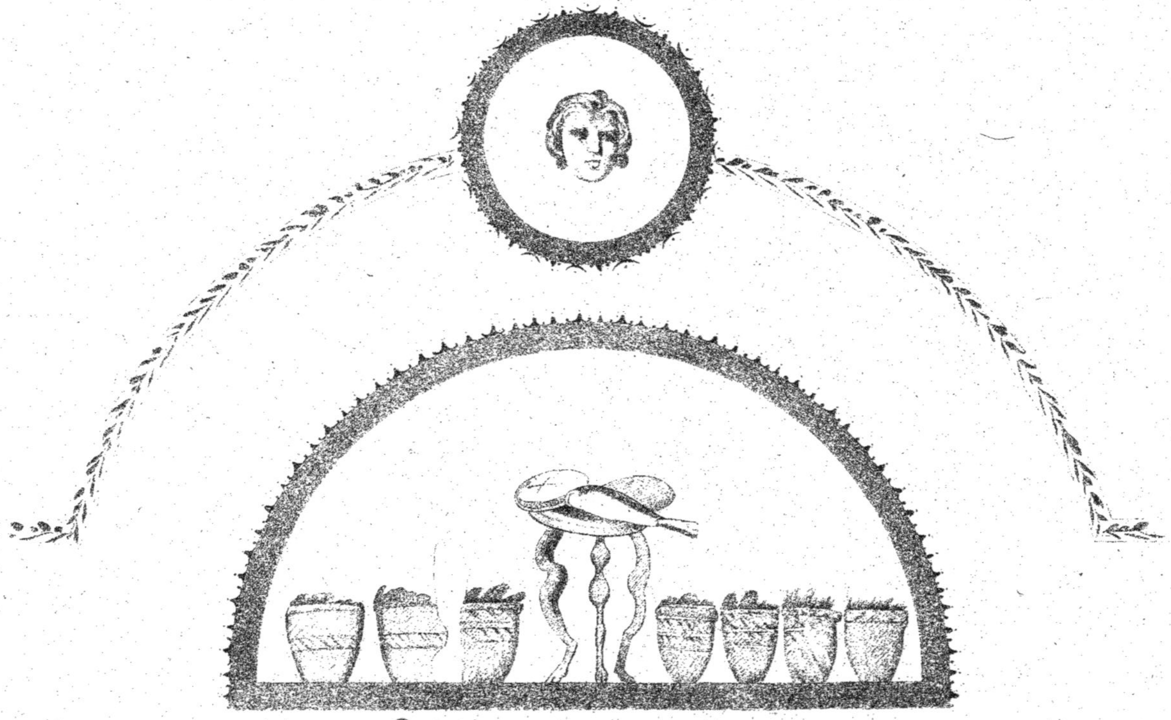

SUR... CORBEILLES — ... DEUX VINS ... UN POISSON.

ORNEMENTS D'UN ARCOSOLIVM

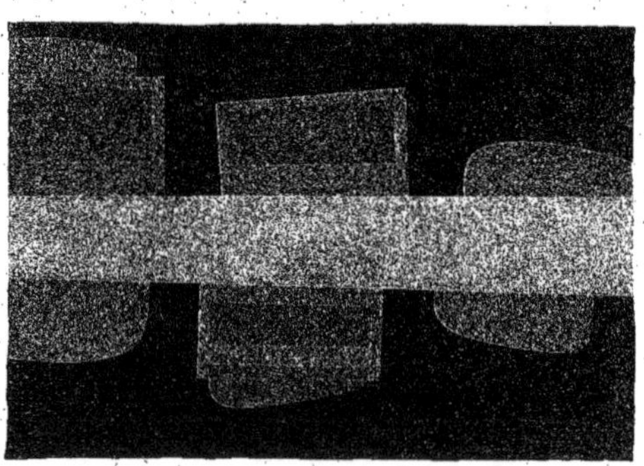

PAVLVS

SVSAINNA
SINIO
RIS

JÉSUS CHRIST ET LA SAMARITAINE

TROIS FIGURES